JACQUES DUTRONC,
LA BIO

Du même auteur

Sacrifice
La Loupiote, « Zèbres », 1997

La Sposata
Baleine, « Tourisme et polar », 1998

Quand la haine sera morte
Flammarion, 1999

Dutronc
J'ai lu, « Librio musique », 1999

Sussex and sun
Hachette, « Le Polar du Routard », 2000

Le Dernier Car
Les Belles Lettres, « Le Cabinet noir », 2000

Nouvelles de Grand-Lieu
Siloë, 2000

Noires américaines
J'ai lu, « Librio noir », 2001

Dutronc, la bio
Seuil, 2004

Aux Diables ! Des hommes qui pleurent
Le Serpent à plumes, « Serpent noir », 2005

MICHEL LEYDIER

JACQUES DUTRONC,

LA BIO

ÉDITIONS DU SEUIL
*27, rue Jacob, Paris VIe*

ISBN 978-2-02-101287-3

www.editionsduseuil.fr

Antipasti

Le mail tombe dans ma messagerie le 9 mars 2009 à 20h02. Il me fait l'effet d'une bombe. « Figure-toi que Jacques pense remonter sur scène à la rentrée prochaine ! »

Il a tellement dit et redit qu'on ne l'y prendrait plus que j'ai beaucoup de mal à le croire. Pourtant, la source est on ne peut plus fiable puisque l'expéditrice n'est autre que l'épouse légitime de l'intéressé. Cependant, elle nuance : il a encore quelques doutes et rien n'est officiel…

J'appelle M. Jacques, laisse des messages, envoie mails et textos… Dutronc a pris le maquis, il est aux abonnés absents. Inutile d'insister.

Trois mois plus tard, le 2 juin, je vais écouter Thomas faire swinguer son jazz manouche au Bataclan de Paris. Après son spectacle, nous bavardons un instant. Je lui demande où en est le projet de son père. Il sourit avant de répondre : « Y a un dossier ! Il faut que je t'en parle, mais pas ici… » Ça n'est effectivement pas le lieu ni le moment pour des confidences familiales. Des proches du clan Dutronc (amis de Thomas de longue date) sont présents : Yann Orhan, concepteur des jaquettes des deux derniers CD de Jacques, Arnaud Garoux, coparolier de plusieurs titres de *Brèves rencontres…* Tous ont l'air confiant : la décision de Jacques semble prise. Les dates ont glissé de la rentrée 2009 à début 2010, mais le gentleman chanteur devrait refaire une tournée. Je remets la mienne en me demandant quelle mouche a bien pu le piquer pour qu'il décide de repiquer en 2010, à soixante-six ans, dix-sept ans après son mémorable Casino de Paris et la tournée marathon qui avait suivi… Pour ceux qui auraient oublié, raté l'événement (qui déjà mettait fin à une absence scénique de vingt ans) ou qui n'étaient pas en âge d'aller au concert en 1992-1993, Dutronc avait alors sillonné l'Hexagone durant dix mois, comme au plus fort des années 1960, triomphant de ville en ville, de Printemps de Bourges en Francofolies, et s'offrant deux mois de résidence au Casino. Il en reste un CD et un DVD d'anthologie.

Le 22 juin, je finis par avoir le comédien Dutronc au téléphone. Il tourne en région parisienne *Joseph et la fille* sous la direction de Xavier de Choudens. On papote quelques minutes entre deux scènes. De tout et de rien. Sa convalescence – il a subi une opération de la hanche quelques mois plus tôt –, son film en chantier... Puis je le lance sur le brûlant sujet :

« Alors, cette tournée ?

– Ouais, je vais peut-être la faire... Mais je sais pas si je pourrai... Je crois pas... C'est trop dur... Faudrait passer au régime sec, tout ça... Rose Léandri [son agent, n.d.a.] ajoute des dates tous les jours... Non, c'est trop !... (Il soupire puis ricane.) Mais faut bien que je nourrisse mes chats... Pff, en fait j'en sais rien... »

Toujours cette indécision légendaire. Je cherche à en savoir plus sur ses réelles motivations mais un assistant interrompt notre conversation en faisant irruption dans sa loge : on réclame M. Dutronc sur le plateau !

De jour en jour, la rumeur enfle, et dans le landerneau de la presse parisienne on traque l'exclusivité. Deux journalistes bien inspirés vont empocher le jackscoop : Anthony Martin (RTL) et Emmanuel Marolle (*Le Parisien*). Le 24 juin, en fin de journée, Jacques les convoque à Chantilly, au Musée vivant du Cheval, lieu de tournage du jour. De bonne grâce et d'humeur badine, il livre son info et officialise enfin l'annonce de son retour sur scène.

L'entretien radio est diffusé le lendemain par la radio luxembourgeoise. « Je me suis retrouvé dans l'engrenage de refaire une tournée grâce, ou à cause de Thomas, déclare Jacques. Je venais d'être opéré, je ne pouvais pas sortir de ma chambre, et donc ça me faisait une espèce de liberté d'un seul coup qu'il me parle de ça. Donc je vais tenter de refaire ça, oui, si médicalement je peux. [...] Mais j'aimerais que tout roule déjà. Alors que là, j'ai le problème de la page blanche... ou plutôt de la scène vide ! » Quant à la réalisation d'un nouvel album d'ici là, la réponse est sans appel : « Je pense que je n'aurai pas le temps de le faire. Donc vous aurez droit aux vieux rogatons ! »

L'interview écrite, elle, s'étale dans les colonnes du quotidien de la capitale. Extrait :

« *Depuis quand pensez-vous à ce retour sur scène ?*

– Oh ! Je n'y pensais pas du tout. J'avais dit, il y a plusieurs années, que je n'en ferais plus. [...] Cela me paraissait fatigant. On est quand même mieux en Corse. Et puis, c'est Thomas qui m'en a parlé.

– *Il était même question d'une tournée commune avec lui, non ?*

– Il me l'a présenté comme cela, effectivement. Il m'a persuadé, puis s'est retiré du projet. Il m'a gentiment piégé en insistant sur le fait que les gens adoreraient ça. Pendant ce temps-là, Françoise me disait : "Mais tu n'y penses pas, tu es trop vieux !" »

Interrogée par mail, Françoise Hardy se défend d'avoir tenu de tels propos à son mari ; ses seules réserves concernaient la difficulté de remplir des grandes salles en temps de crise économique.

Quoi qu'il en soit, vieux ou pas, les places sont mises en vente le jour même et prises d'assaut sur Internet. Aux trois dates initialement prévues au Zénith de Paris, deux autres sont ajoutées quelques jours plus tard, alors que la campagne promotionnelle (médias, affichage, etc.) ne démarrera qu'à l'automne. Au total : une grosse cinquantaine de dates va s'étaler sur le premier semestre 2010 ! Que des Zénith et autres salles du même gabarit !

Au printemps 1987, Dutronc s'apprêtait à sortir son album *CQFD*. La réalisation de l'opus ayant pris du retard, il déclarait alors avec l'ironie qu'on lui connaît que pour ne pas gêner la sortie du prochain disque de Michael Jackson (*Bad*) il sortirait le sien à la rentrée. Ce qu'il fit. Le 25 juin 2009, jour de l'annonce du retour sur scène de Jacques, le King of Pop décède à Los Angeles, à quelques jours du sien...

Début juillet, le tournage de *Joseph et la Fille* achevé, Jacques regagne la Corse. Je me rends quelques jours à Monticello à la fin du mois pour en savoir davantage sur ce mystérieux come-back. Dans quel état d'esprit se trouve-t-il avant ce challenge qui lui faisait si peur jusque-là ? À quoi ce nouveau spectacle ressemblera-t-il ? Doit-on s'attendre à un Casino *bis* ? À voir surgir Dutronc-le-Rocker ou Jacques-le-Crooner ? Perfecto-Kro ou costard-cigare ? Un Zénith n'est pas un théâtre aux fauteuils rouges. Ça se prépare sûrement différemment.

Naturellement, cet été 2009 à Monticello, ce retour sur scène est un sujet qui revient souvent. Les discussions tournent beaucoup autour du répertoire à interpréter. Jacques recueille les avis de chacun avant de prendre ses décisions. Quelques invités résident dans la maison corse pour un séjour estival plus ou moins long. Hugues, un ingénieur du son d'une quarantaine d'années déjà très présent aux côtés de Jacques à l'époque de *Brèves rencontres* et pressenti pour assurer la sonorisation des retours sur scène lors de la prochaine tournée, séjourne ici depuis le début du mois, officiant comme barman-homme à tout faire de la saison. Agnès, une jeune cadreuse de vingt-quatre ans, est là aussi. Jacques et Sylvie Duval (sa maquilleuse cinéma et assistante multicarte) ont copiné avec elle pendant le tournage de *Joseph et la Fille*, du coup elle est venue passer quelques jours de vacances à Monticello. Dans le même vol que le mien se trouvait le pianiste organiste Georges Rodi, le vieux complice des années Vogue (l'orgue de Barbarie du *Petit Jardin*, le piano sur *L'Arsène*, le mélotron de *L'Hôtesse de l'air*… c'était lui !). Jacques a fait appel à lui pour qu'ils réfléchissent ensemble à la composition de l'orchestre – toujours ce besoin de se retrouver entre amis. Thomas était chez son père la veille de mon arrivée, profitant d'un petit trou dans sa tournée pour souffler quelques jours en Corse. Et puis les amis de Balagne ne sont jamais loin. François Paoli monte déjeuner tous les dimanches après la fermeture de sa boucherie. Lucien Colombani fait toujours le taxi et s'arrête boire une bière ou partager un repas lorsqu'il ramène un invité de l'aéroport – sans jamais porter de bagages : il est, selon Jacques, le seul chauffeur de l'île à laisser ses clients se débrouiller avec… Durant tous ces moments de convivialité, sur la terrasse ou dans le salon-auditorium, on écoute en boucle le répertoire de Dutronc qui guette les réactions des uns et des autres. Sylvie Duval inscrit sur un tableau Velleda les titres retenus. Parmi eux, il y a les incontournables, tous ceux que le public attend : *Et moi, et moi, et moi*, *Il est cinq heures, Paris s'éveille*, *Les Cactus*,

Gentleman cambrioleur, *J'aime les filles*, *L'Opportuniste*, *La Fille du Père Noël*, *Merde in France*, etc. Il y a aussi de gros succès qui avaient été écartés pour la tournée du Casino et qui aujourd'hui recueillent de nombreux suffrages, comme *L'Hôtesse de l'air*, *Fais pas ci, fais pas ça*, *Le Petit Jardin*, *Le Bon et les Méchants* ou *On nous cache tout, on nous dit rien*. Il y a également un choix à faire entre quantité d'autres pépites plus ou moins connues et qui mériteraient d'être déterrées : *Le Plus Difficile*, *Le Responsable*, *Comment elles dorment*, *À tout berzingue*, *Savez-vous planquer vos sous*, *Je suis content*... La liste s'allonge, une trentaine de chansons, même si certaines sont prudemment entourées de parenthèses (« Faut voir !... »). Et puis il y a celles qu'on inscrit d'office, sans en débattre : *L'Hymne à l'amour (moi l'nœud)* (« C'est ma préférée ! » argue Jacques), *À la vie, à l'amour* (« C'est la préférée de Françoise, je suis obligé de la chanter ! »), *Tous les goûts sont dans ma nature* (« Évidemment, mais avec ou sans Daho ? »)...

Côté formation, Jacques et Georges évoquent les noms d'anciens complices. Tel batteur semble convenir parfaitement à la situation. Oui, mais qui tiendrait la basse ? On lance quelques noms... « Faudrait les appeler et voir s'ils sont disponibles, non ? » suggère Jacques. Pour les guitaristes, la tâche est encore plus rude : Untel est fou furieux, l'autre est devenu imbuvable ou au contraire boit trop... Jacques aimerait par ailleurs disposer d'une section de cuivres. « Mais il faudrait que le sax puisse aussi faire la flûte sur *Paris s'éveille*, sinon je suis marron ! » Pas simple. Et des cordes, ce serait bien aussi, des cordes, non ? « Non, réplique Jacques. Si tu n'en prends que trois ou quatre, ça sonne pas, il faut les doubler avec des claviers, donc c'est pas la peine... Il faudrait une vraie section, mais ça coûte une fortune. N'oubliez pas qu'au bout du compte c'est moi qui paie, les mecs ! »

Jacques a envie de donner une couleur rock à ses concerts. Il veut de l'énergie et du décibel, de la décontraction et de la bonne humeur. Les Zénith ne se prêteraient pas aux ambiances feutrées jazzy, selon lui. Il ne se voit pas seul sur une grande scène, avec juste un piano à queue derrière lui. Il sait à peu près ce qu'il veut faire, il a en tête une idée du spectacle qu'il présentera, même s'il n'en dit pas grand-chose pour le moment et si certaines zones sont encore floues et le demeureront peut-être jusqu'à la dernière minute. Il n'offrira pas un show *à la* Hallyday, genre grosse machinerie, effets spéciaux et feux d'artifice. Jacques n'affectionne pas particulièrement – pour ce qui le concerne – les mises en scène sophistiquées. Il préfère conserver une certaine spontanéité, le travail en amont ne doit pas être trop visible. Il faut que ce soit carré sans que ça sente la sueur. Et, bien sûr, le tout doit être saupoudré d'une indispensable dose d'humour et de dérision. On veut bien être pro, mais de là à se prendre au sérieux…

Curieusement, il ne paraît pas trop inquiet. En revanche, il semble plus concerné que je ne l'aurais imaginé. Il ne prend pas l'entreprise à la légère. Une chose le rassure : ses proches seront bien à ses côtés durant toute la tournée. Une sorte de garde rapprochée qui fera le tampon entre l'artiste et les autres, en l'occurrence : ses musiciens, le staff technique, le public et les médias. Face aux micros des journalistes, la provoc n'est jamais loin (« J'ai besoin de renouveler mon stock de Cohiba [1] ») mais l'enthousiasme est bel et bien là (« Revoir les gens sourire devant moi, ça me ferait vraiment plaisir [2] »), à peine atténué par quelques petits doutes.

« Bien sûr que ça me plaît d'y retourner, me confie-t-il, si tout roule. Mais si je dois y aller en claudiquant, ça me fait chier… Il faudra que tout soit bien net !

– Et à quoi peut-on s'attendre ?

– On va remettre au goût du jour des vieilles chansons, mais sans les dénaturer, en gardant l'esprit de l'époque. Et derrière, il va falloir que ça assure !… Il faudra aussi que je me trouve deux trois petites idées qui me font rire, même si elles ne font pas rire les autres, c'est pas grave, du moment que ça me détend un peu.

– Donc tout va bien…

– Ce que je n'aime pas, c'est l'avant. Un peu comme au cinéma. Tant qu'on n'a pas dit "Moteur"… »

À la mi-septembre, bien carré dans un fauteuil en cuir sombre, costard noir sur tee-shirt noir, jambes croisées, bottes noires rutilantes,

---

1. In *La Provence*, 26 juillet 2009.
2. *Ibid.*

le dos de la main contre une joue et sourire malicieux au coin des lèvres, Dutronc nous fait savoir par voie d'affichage (colonnes Morris et 4 × 3 dans le métro parisien) qu'il « prépare le Zénith ». On ne cherche donc pas à briser cette réputation de dilettante. Pour autant, s'il y a forcément une opération marketing autour de l'événement une fois celui-ci rendu officiel par l'artiste, ce retour en lui-même ne répond pas à une gamberge longuement mûrie de la part de Jacques, ni à une stratégie particulière élaborée par une maison de disques ou des agents, lesquels ne l'ont jamais forcé à faire quoi que ce soit. Le dernier CD en date, *Madame l'Existence*, fêtera ses sept printemps en 2010, on ne peut donc pas parler de tournée de promotion. Un nouvel album serait-il en voie de réalisation et cette tournée viserait-elle à raviver la flamme dutronnesque du public avant qu'il ne déboule dans les bacs ? Que nenni ! Trois mois avant son come-back sur scène, Jacques n'a pas un seul titre nouveau en poche et il ne se penche même pas sur la question. Non, Dutronc fait ce qu'il a toujours fait : agir à sa guise, disparaître quand les usages de la profession voudraient qu'il se montre, et surgir au moment le plus inattendu, sans calcul particulier. Il est une sorte d'anarchiste du show-biz, dans le sens où il gardera toujours cette liberté de n'obéir à rien ni personne, qu'à sa propre fantaisie et à son instinct.

Jacques accepte de recevoir quelques journalistes à Monticello. Laurent Boyer y réalise sa quotidienne (*La Tête dans les Étoiles*) en direct sur RTL le 15 septembre sous une pluie diluvienne. Quelques jours plus tard, c'est au tour de *Paris Match* d'investir les lieux. Jacques glisse dans l'interview parue dans l'édition datée du 8 octobre d'autres explications à son retour sur scène : « J'en avais marre que les jolies filles me demandent des autographes pour leur grand-mère. De ce côté-là, il fallait aussi remettre les pendules à l'heure. » Ou : « J'étais sur un lit médicalisé, entouré de deux belles infirmières, Françoise et Sylvie. J'aurais pu finir ma vie ainsi, j'étais bien nourri, je ne fumais pas, je ne buvais pas. Mais il y a un Méphisto en moi… » Enfin : « Si je rechante, c'est un peu pour plaire à Françoise. Elle n'aime que les chanteurs, les bons auteurs, les bons mots. C'est une midinette, moi je suis une minuitnette ! » Un peu plus loin il caresse un impossible rêve : interpréter sur scène en duo avec elle *Puisque vous partez en voyage*. « Ça aurait de la gueule… Et il y a cette phrase qu'elle aimerait certainement me balancer : “Puisque nous nous quittons ce soir” »... Interrogé sur la politique, Jacques botte en touche, comme à son habitude. « Ségolène Royal, je la veux, mais pas comme présidente. Je la veux chez moi, que pour moi. Ou avec mes potes. » La réponse de l'ex-candidate socialiste à la présidentielle de 2007 ne se fait pas attendre. Dans les jours qui suivent, Jacques reçoit un courrier enjoué de sa part. Mme Royal remercie personnellement et chaleureusement M. Dutronc de l'avoir tant amusée.

Des premières répétitions ont lieu en octobre. On convoque des musiciens à Monticello. Formation réduite. On s'installe dans le studio sous la maison, on fait des essais. Il faut s'entendre, se retrouver musicalement. Une chose rassure tout le monde, et Jacques en premier lieu : la voix est là. Intacte ! Elle a muri, certes, descend volontiers dans des registres plus graves que par le passé, mais elle répond comme au premier jour.

Le mois de novembre sera parisien. Repos, remise en forme, régime alimentaire, concentration. En décembre auront lieu trois semaines de répétition. Les vraies, cette fois. Et le 8 janvier 2010, à 20 heures, Jacques montera sur la scène des Arènes de l'Agora à Évry (91)...

Saura-t-on jamais les véritables raisons qui ont poussé Jacques à refaire cette tournée... L'énorme succès de son fiston a fatalement réveillé quelque chose en lui. Comme un coup d'étrier dans le ventre. Le vieux cheval a d'abord éprouvé de la fierté, bien sûr, puis il a dû se poser des questions. Pourquoi lui-même ne rechanterait-il pas ? Rien ne l'empêche de reprendre la route. Se remettre en selle serait après tout une façon pas si bête de renflouer les caisses tout en se redonnant un petit coup de jeune, de se faire plaisir tout en se prouvant qu'on est encore capable d'en donner aux autres. Bref, s'administrer à soi-même un bon coup de pied dans le derrière en se disant, merde, après tout, pourquoi pas y retourner ?

Octobre 2009

Apéritif

3 juillet 2003

L'avion se pose sur le tarmac surchauffé de l'aéroport de Calvi-Sainte-Catherine vers 13 h 30, avec une bonne heure de retard due à un incident technique au décollage. À l'agence de location de voitures, nouveaux déboires : les ordinateurs sont en rade, ma résa en souffrance. On finit par me remettre les clés d'une Clio dans laquelle je déplie ma carte Michelin avant de tailler la route en plein cagnard, clim à fond !

Suivre la côte jusqu'à l'Île-Rousse, prendre sur la droite la départementale qui grimpe, passer le village de Monticello. Ensuite, je sors le plan que m'a dicté par téléphone Sylvie Duval car on attaque la piste. Un vrai jeu de piste, justement : il n'y a plus aucune signalisation. Je crois suivre à la lettre les indications dont je dispose – la chapelle, un chemin chaotique, un club équestre –, mais je m'enfonce peu à peu dans l'aridité hostile du maquis et dans mon égarement. J'ai dû passer devant la bonne maison sans l'identifier. Je persiste encore avant de me rendre à l'évidence : je suis perdu sur un chemin de bout du monde. Plus âme qui vive, pas même une biquette effarouchée dans cette étuve à ciel ouvert, et impossible dans l'immédiat de faire demi-tour – j'aurais dû louer un 4 × 4.

Bientôt la topographie des lieux m'autorise quelques manœuvres. Je sors alors mon portable et compose le numéro de la maison Hardy-Dutronc. Pas de réseau ! Merde, j'ai déjà doublé l'heure de retard prise par l'avion…

Il est 15 heures passées lorsque je me trouve enfin devant un portail pas comme les autres. Pas de doute, c'est le bon. J'étais prévu pour le déjeuner. Jacques est très à cheval sur la ponctualité, il déteste les retards, les siens comme ceux des autres. Entrée en matière réussie. Je sonne à l'intervidéophone ; la double porte métallique s'ouvre dans un feulement qui trouble à peine le silence épais de la touffeur ambiante.

Première surprise : on m'a attendu avant de passer à table. J'apprendrai vite que la courtoisie est un mot qui prend tout son sens en ces lieux. Au bar de la terrasse, chœur de la propriété, là où se dit la messe chaque jour, je retrouve Jacques en compagnie de Jean-Charles Felli, cadre chez Sony Music, et de Jean Luisi, le vieux complice, arrivés tous les deux de Paris quelques jours auparavant. Jacques m'accueille à sa manière, un sourire presque timide, une poignée de main, des petits bouts de phrases marmonnés. Nous ne nous sommes rencontrés que deux ou trois fois. « C'est bien que tu sois là... Je te l'avais dit que ça se ferait... » Puis il esquisse un geste court en direction du panorama, d'un air de dire : « Tout est là ! Y a rien à ajouter. » Comme si j'étais venu pour faire du tourisme. Comme si le propos du livre à écrire était étendu sous nos yeux, qu'il valait mieux que sa personne.

Le champagne de la Commanderie est frappé à souhait. Les glaçons collent à la bouteille. Nous restons tous les quatre scotchés au bar un bon moment à deviser de tout et de rien, ivres de vent chaud, de bulles fraîches et de bleu – bleu du ciel et de la mer. J'ai l'impression d'être là depuis toujours, d'avoir vécu cette scène des centaines de fois. Je crois qu'on appelle ça l'hospitalité.

Marie-Do, une femme du village qui s'occupe du ménage dans la maison, a monté comme chaque jour un plat cuisiné : aujourd'hui c'est un bœuf-carottes accompagné de macaronis ! Jacques s'amuse des menus qu'elle compose en plein été. Nous nous dirigeons vers la salle à manger, climatisée – impossible de manger dehors à cause des chats. Une longue table à l'ancienne entourée de bancs d'égale longueur épouse le rectangle d'une petite pièce voûtée. Léger contretemps : la pince à pâtes a disparu. Ça agace Jacques qui retourne la cuisine et l'arrière-cuisine en pestant contre ceux qui ne remettent pas les choses en place. Sylvie Duval – absente en ce mois de juillet pour cause de tournage en Ardèche, elle est maquilleuse cinéma de son premier métier – m'a prévenu : « Il est assez maniaque, il ne supporte pas qu'on laisse traîner un verre ou une tasse à café. Et il faut bien fermer les portes car les chats sont interdits de séjour à l'intérieur… » Il y a matière à enquête et le disciple de l'inspecteur Derrick se fera un plaisir de résoudre (avec brio) l'énigme de la pince perdue dans le courant de l'après-midi – ou de ce qu'il en reste.

Après déjeuner, Jacques me montre mes appartements. Je suis logé dans ce qu'on nomme ici la « petite maison » : un bungalow construit à une trentaine de mètres de la maison principale. Mobilier noir, coin cuisine, salle de bains individuelle, terrasse et salon de jardin privés. Jacques m'installe un décodeur satellite. « La douche est un peu bizarre », prévient-il – je l'apprivoiserai au deuxième jour. En défaisant mes bagages, je réalise que je me trouve dans un coin de paradis. Par la fenêtre, on aperçoit une suite de caps se jetant dans la mer, en enfilade. En arrière-plan, au-delà du golfe de Saint-Florent, la face ouest du cap Corse qui file plein nord comme un doigt pointé vers le continent.

Je retrouve Jacques, Luisi et Felli, affairés à l'arrière de la propriété. Par-delà la vallée, une sorte de brume s'agrippe aux contreforts de la Balagne qui se dressent au loin. De la fumée. Le feu menace encore. Une tradition estivale à laquelle cette saison n'échappe malheureusement pas – la colline voisine a cramé il y a deux jours –, qui chagrine le maître des lieux au-delà de ce que l'on pourrait imaginer. Un seul arbre calciné est vécu par lui comme un drame. Comme chaque fois qu'il y a départ de feu, Jacques inspecte, jumelles en main, depuis la piste qui dessert la maison, quand le premier adjoint au maire vient à passer par là. Jacques l'invite à boire un verre – c'est déjà l'heure de l'apéro du soir. Le référendum sur le statut de la Corse a lieu dimanche prochain. On ne parle que de ça sur l'île. Quant à voter oui ou non au projet Sarkozy-Raffarin, il faut être corse pour savoir interpréter ce qui se dit ici. On prêche souvent le faux ; il y a ceux qui ne l'ignorent pas, et les autres. Jacques a su faire siennes certaines de ces fantaisies de la rhétorique locale. Je ne tarderai pas à l'apprendre.

Durant cette conversation ordinaire entre un élu et son administré, un éclair me traverse l'esprit : la raison de ma présence ici, chez Jacques Dutronc…

Quelques mois plus tôt, dans un atelier d'artiste en région parisienne…

Sur une estrade, un bric-à-brac d'objets hétéroclites parmi lesquels on distingue quelques cactus, un Père Noël, des lunettes noires, des bottes, un Perfecto. Des guitares et des cigares, des chats en porcelaine, une carte de la Corse, des micros et des claps. Des centaines de petites choses insignifiantes au premier abord. Un inventaire de bric et de broc assemblé de manière apparemment anarchique. Sauf qu'en un endroit précis de l'atelier, un point unique dans cet espace mouillé de lumière du jour filtrée par une verrière, un appareil photo fixé sur un trépied, lui-même juché sur une mezzanine, capte l'essence de l'œuvre. Effet d'optique, suppression d'une dimension, la sculpture écrasée dans l'objectif offre un portrait saisissant de Jacques Dutronc.

Ce matin du 6 mars 2003, dans l'atelier du peintre et sculpteur Bernard Pras, rue des Plâtrières à Montreuil-sous-Bois, le Sujet découvre l'Œuvre. Jean 501 bleu, tee-shirt noir, veste noire, manteau noir, il place son œil derrière l'appareil photo, lève le doigt et déclare : « J'achète ! »

Cette sculpture géante a été commandée au plasticien par Sony Columbia, la maison de disques de Jacques. Une reproduction figurera dans le livret du CD *Madame l'Existence*, à paraître dans deux mois et demi, soit trois semaines après son soixantième anniversaire. Une équipe vidéo tourne aujourd'hui un documentaire promotionnel sur la rencontre de Jacques avec son portrait en 3D, mais aussi avec son créateur, lequel a déjà « opéré » Mao Tsé-toung, Marilyn Monroe, Jimi Hendrix ou Einstein. L'ordre du jour comporte également la réalisation d'une interview. C'est la raison de ma présence ici. Jacques et moi ne nous connaissons pas. Jean-Charles Felli, en charge de la promo du disque, nous présente l'un à l'autre. Nous nous serrons la main, en silence, sourire timide. Je sens qu'il faudrait peut-être dire quelque chose, alors je lance bêtement :

« Vous êtes prêt pour les questions ?

– Les questions, y a pas de problèmes… Pour les réponses, c'est autre chose… »

Puis il enchaîne aussitôt:

« Vous voulez pas une bière ? »

L'entourage – qui se limite ce matin à Jean-Charles Felli, Jo-le-taxi, fidèle chauffeur-compagnon parisien, et Sylvie Duval – a bien fait les choses: saint-estèphe, champagne frappé et Sapporo, bière japonaise, sont là en quantité raisonnable. Plus solide: des salades, de la charcuterie corse, dont Jacques soutiendra *mordicus* que le jambon n'est pas de là-bas, pas même de Bayonne mais sans doute d'Ardèche... Naturellement, j'accepte sa Sapporo car j'ai la gorge sèche, les mains moites, un trac fou. Je n'ai pas bien compris, n'étant pas journaliste, pourquoi on m'avait sollicité pour interviewer Dutronc. À cause de cette biographie succincte écrite il y a quatre ans [1] ? « T'inquiète pas ! » C'est tout ce qu'on a trouvé à dire pour me rassurer. Après quelques essais de lumière et de son, l'entretien, prévu pour durer une demi-heure, peut commencer... Il se terminera une heure trente plus tard...

Le buffet est maintenant ouvert. L'équipe technique vidéo, la production, Bernard Pras, son assistant Lucien, des gens de chez Sony arrivés entre-temps, chacun se restaure, le boulot est terminé. Il est environ 14 heures.

Au moment où je formule ma requête, je ne mesure pas ce à quoi je m'expose, sans doute parce que je n'y crois pas du tout, persuadé que la réponse sera négative. En revanche, je sais que je me reprocherai toute ma vie de ne pas l'avoir tenté si je me tais. Aussi, je m'approche de Jacques.

« Dites, j'ai un projet dont j'aimerais vous parler.

– Oui ?

– J'ai depuis longtemps envie d'écrire un livre sur vous. Un autre. Le livre qui n'a pas encore été fait, une sorte de bouquin de référence... »

Il se marre, mi-flatté mi-embarrassé, me semble-t-il. J'insiste.

« Mais celui-là, je ne pourrai pas le faire sans vous. Pour celui-là, j'aurai besoin de votre concours. Il faudrait qu'on puisse parler plus longuement, dans d'autres conditions, sans caméra... »

---

1. *Dutronc*, Paris, J'ai lu, coll. « Librio musique », 1999.

Son rire s'estompe. J'insiste encore un peu. Pas trop.

« Je voudrais aussi rencontrer votre père, votre frère, Thomas, Françoise, tous ceux qui ont compté… Une vraie bio autorisée, quoi. Officielle… »

Il me coupe :

« Pourquoi tu ne viendrais pas en Corse ? Viens voir comment ça se passe… Tu auras ta chambre… Vois avec Sylvie pour les dates ! »

Sur le moment, je me dis que c'est une manière habile de se débarrasser d'un emmerdeur qui l'empêche de manger tranquillement. Ou alors que Jacques fait partie de ces gens qui ne savent pas dire non et que le refus viendra plus tard, *via* une tierce personne. Bref, je ne mords pas. Et ce ne sont pas les verres et les coupes qui se succéderont ce jour-là jusqu'à minuit passé, moment où nous nous quitterons au sortir d'un restaurant, qui me feront changer d'avis…

Pourtant, les choses se sont concrétisées. Jacques n'est pas revenu sur sa proposition et Sylvie Duval a fait en sorte que les questions pratiques ne restent pas orphelines de réponses. Me voilà donc en mission dans cette maison adossée à la colline, à San Francesco – lieu-dit de la commune de Monticello –, mais elle n'est pas bleue. C'est une maison qui ne ressemble à aucune autre. Elle se fond dans le décor, s'appuie sur des rochers fantasmagoriques, respecte la végétation – le tracé de la terrasse contourne un chêne qui était là bien avant l'arrivée des pelleteuses. Confortable sans être luxueuse, spacieuse sans être gigantesque, belle sans être tape-à-l'œil, elle est avant tout accueillante, à l'image du maître des lieux, Jacques Dutronc, qui l'entretient avec amour, préserve son âme. Une maison que l'on ne peut dissocier du jardin qui l'entoure, vaste terrain accidenté et arboré. Pas davantage ne peut-on la dissocier de la vue qu'elle offre sur la baie de l'Île-Rousse, petite ville portuaire de quelque deux mille cinq cents âmes située entre Calvi et Saint-Florent, sur la côte ouest de l'île de Beauté. Impossible de se promener dans ce jardin ou de lézarder sur la terrasse sans que le regard ne soit happé par ce tapis bleu en contrebas. Du balcon d'un théâtre à l'italienne, on ne voit que la scène.

Dire que le panorama est superbe tiendrait du cliché. Excessive beauté, peut-être, comme le suggère parfois Jacques jamais avare de paradoxes, que ce spectacle permanent, là, sous vos yeux, qui vous nargue et vous ramène à la laideur du reste, à votre propre médiocrité. Salon, terrasse, bureau, chambres, tout penche vers cette indécente harmonie. De la chambre à coucher du patron, le regard embrasse tout le littoral au travers d'une grande baie vitrée. Il a baptisé ce panorama son 16/9e. « Tout est beaucoup trop beau ici. On n'est jamais à la hauteur. On ne pourra jamais être à la hauteur. » Il m'avouera à plusieurs reprises que cette beauté est encore plus dure à supporter lorsqu'il est seul. Mais Jacques est rarement seul, où qu'il soit, il s'entoure d'amis, de collaborateurs, de copains. Tant de célébrités sont passées ou ont séjourné ici – impossible d'en dresser une liste complète –, et tant d'anonymes aussi.

Cette maison corse est un refuge, un repaire et un point de repère, Jacques y passerait le plus clair de son temps s'il n'avait rien d'autre à faire et si la compagnie lui y était assurée d'un bout à l'autre de l'année. Mais personne n'a cette liberté ni ce pouvoir, pas même Jacques Dutronc. Alors il compose. Il y va, en revient, au point de ne plus savoir s'il part à Monticello ou s'il y rentre. Quoi qu'il en soit, aller en Corse est un mouvement naturel, un voyage mille fois répété, qui se décide sur un coup de tête le plus souvent. Un aller (un retour ?) simple, toujours. Une semaine là-bas peut se transformer en un séjour de plusieurs mois. Jacques dit qu'il n'aime pas aller en Corse car cela signifie qu'il faudra la quitter pour en revenir. Il jouit à Monticello d'une paix unique. Paix respectée par les habitants de l'île comme par les agents parisiens qui écrèment les sollicitations avant d'oser l'importuner. Sylvie, lorsqu'elle est là à ses côtés, filtre encore. Le temps est tout à lui et cette dimension supplémentaire que lui confère l'extraordinaire cadre fait qu'il s'écoule différemment. Les jours s'y suivent, comme ailleurs, mais ils s'y ressemblent certainement davantage. On perd la notion même du temps qui ne compte plus beaucoup puisqu'on y confond hier et demain : une effervescence relative agite pareillement les matins, une égale torpeur berce les après-midi, les moments de restauration rythment les journées. Ce qui varie d'un jour à l'autre, en réalité, ce sont les personnes qui entourent Jacques dans ces instants de convivialité que sont les apéritifs et les repas. Mais qu'il s'agisse de continentaux, célèbres ou pas, ou de gens d'ici, l'accueil est le même, le cérémonial identique.

Vers 11 heures, Jacques (ou un ami séjournant là) descend dans les caves situées sous la terrasse chercher de la glace. Une machine en fabrique bien assez pour remplir les quatre ou cinq seaux nécessaires. Le patron décide du liquide qu'il convient de remonter de la cave. Champagnes, vins, bières... Son bar en terrasse est aussi fourni que le bistrot du coin. On y trouve tous les apéritifs classiques, des digestifs de toutes sortes, une variété de bières corses ainsi que des liqueurs, des vins cuits, un éventail d'eaux en bouteille et bien d'autres choses encore. Tout cela pour ses invités puisque Jacques boit exclusivement du champagne, du bordeaux et occasionnellement de la bière. Rien qui dépasse les 13° quoi qu'il arrive !

Parmi les amis corses de Jacques, fidèle parmi les fidèles, François Paoli, boucher à l'Île-Rousse. Il monte souvent vers 13 heures, après la fermeture de sa boutique. Beaucoup de glace, deux volumes de whisky, un volume d'eau plate. Le rituel est immuable. On parle de tout et de rien. Au troisième verre, François refait le monde : « Écoute-moi, je vais te dire ! » Il se sent soudain capable de vous expliquer la quadrature du cercle et si sa démonstration vous laisse de marbre, il vous tapote le bras de son poignet : « Tu vois ce que je veux te dire ? » Mieux vaut acquiescer.

Quels que soient les visiteurs ou invités du jour, ce temps passé accoudé au bar sous la vigne vierge bichonnée par Jacques peut s'étirer des heures. Parfois, les oreilles se satisfont, en guise de fond sonore, de l'air qui souffle de la mer et chante dans les arbres. À d'autres moments, une chaîne hi-fi installée derrière le bar prend le relais. Elle vit dehors et en souffre, elle le fait savoir, la garce, refusant obstinément de *jouer* certains disques. Jacques sait mieux que quiconque lui parler. Cet été 2003, il y a quelques rengaines qui font un tabac ici. Mais rien à voir avec ce qu'on pourrait entendre dans les campings et discothèques du bord de mer en contrebas. Le tube de l'été chez Jacques a bien trente ans d'âge cette année. Il s'appelle *Là où y a des frites* et est interprété par Georgette Plana. Jacques s'est gravé la chanson vingt-sept fois de suite sur un même CD. On ne pouvait pas en mettre plus. Il s'agit d'une valse accordéonisée qui vous fait croire dès les premières mesures que vous êtes sous les tonnelles du côté de Nogent. «*Là où y a des frites/Au rythme d'un orchestre qui fait des pom-pom/On s'enfile des litres/Le gros bleu ça fait mieux passer les pom-pom...*» À la première écoute, on rit franchement. À la deuxième, on se surprend à marquer les «pom-pom». Vers la quatrième, on connaît la chanson par cœur, on la chante à tue-tête. À la cinquième, on jure de se l'offrir à la première occasion. Vers la dixième, on commence à se lasser. Deux de plus et on la déteste! On la vomit, on supplie pour que ça cesse. Personne ne supporte les vingt-sept écoutes consécutives. N'empêche, le lendemain, il y a toujours quelqu'un pour réclamer un petit coup de frites! Deuxième au hit-parade de Monticello-le-Haut 2003, *Les Gros Cons*, par Aïoli, un groupe de Toulon spécialiste de la parodie. La chanson épingle les machos, les gros bras et autres garçons de plage à tête d'épingle sur un *beat* disco. Hilarant. Le reste du temps, Jacques écoute du jazz, des chansons corses (I Muvrini, A Filleta...), de la country, des crooners...

Le passage à table est toujours un instant douloureux. Il sonne la fin du meilleur moment de la journée pour Jacques. Si quelqu'un aux fourneaux a le malheur de crier: «À table!», il remet aussitôt une tournée: «Non mais, on ne nous donne pas d'ordre!» Il faut user de beaucoup de diplomatie pour déplacer l'assistance du bar vers la salle à manger où l'on boit avec modération pendant le déjeuner.

Les après-midi se composent ici de siestes pour les uns, de lecture, de bains de soleil ou de promenades pour les autres. Les endroits conviviaux se dépeuplent. Quelles que soient ces activités, le plus souvent léthargiques, on note un éparpillement. La chaleur se subit en solitaire et en silence. Le regroupement se produit en fin de journée quand le soleil entame son déclin. La maison a ceci d'original que toutes les chambres d'amis (au rez-de-chaussée comme à l'étage) donnent sur l'extérieur, à la manière d'un motel. Il n'y a pas de couloir interne les desservant. Chacune étant équipée de sanitaires, on n'y ressent aucune promiscuité.

Même quand la maison est pleine, Jacques se retire souvent, dans sa chambre ou dans son bureau. Il aime savoir que la compagnie est à portée de main. Jacques vit dans son monde à lui, dont les codes sont connus d'une poignée de proches. Un monde où proverbes et dictons populaires n'ont parfois plus de sens, il faudrait les réécrire:

pourquoi faire aujourd'hui ce qu'on peut remettre à demain ?... Il n'y a jamais bien loin de la coupe aux lèvres... Le travail, ce n'est pas la santé. La preuve, c'est lui qui la donne : « Puisqu'il existe une médecine du travail, c'est bien que c'est une maladie ! »... Dis-moi qui tu fréquentes, je te dirai qui tu n'es pas !

Ce 3 juillet 2003, au moment où je réfléchis à ce livre que je suis venu ici mettre en route, je me dis qu'une biographie de Jacques Dutronc ne peut pas ressembler à celles, au hasard, de Jacques Brel ou de Johnny Hallyday. Ceux-là avaient la rage au ventre, ils avaient faim de gloire, de reconnaissance, ils croyaient en leur talent et auraient (ont ?) tout fait pour y arriver. Ils se savaient faits pour ce métier et n'ont jamais remis en cause ses pratiques. Jacques n'a pas eu d'ambition particulière. Il n'a jamais été prêt à tout, pourtant tout a souvent été prêt pour lui. Il n'avait aucune attirance pour le métier de chanteur et ne rêvait pas davantage de faire du cinéma. Toute sa carrière s'est bâtie sur des rencontres fortuites, des plans du hasard, des coups du sort, des fantaisies du destin. La notion même de carrière lui est étrangère. Quasiment une insulte. Les choses se sont enchaînées, presque à son insu. Ça peut d'ailleurs être frustrant, pour un biographe, de ne pas avoir à raconter les années de vaches maigres de l'artiste forcément maudit, les plus ou moins longues années d'attente angoissée dans l'antichambre du succès, l'extrême fébrilité lors des moments décisifs, le climax vécu pendant la rencontre avec le public, la dépression des creux de vague... bref, toutes ces choses tellement romanesques qui font le sel des biographies classiques, le miel des aficionados et le beurre des biographes – tout en alimentant la légende des artistes. Mais Dutronc ne serait pas Dutronc s'il avait dû faire les trois-huit pour s'acheter sa première guitare ou du sit-in dans des agences de casting pour obtenir des figurations. Il a enregistré un premier disque sans vraiment le vouloir, est monté sur scène une première fois en pensant que ce serait la dernière, est devenu acteur presque malgré lui. Il n'appartient pas à la secte des winners, ces soldats de la réussite aux mâchoires d'acier nés pour vaincre. Il n'est pas un loser non plus, puisque tout lui sourit. Il se situe ailleurs, ni gagnant ni perdant ; il n'est pas joueur.

Jacques a eu soixante ans cette année. Si j'ignore toujours pourquoi il m'a invité à venir chez lui écrire ce livre, je me dis que son âge y est peut-être pour quelque chose. Au risque de me tromper, j'avancerais qu'il a conscience d'avoir atteint un âge où il devient raisonnable de poser enfin les choses, de les dire, d'affronter le miroir de la biographie. Pas trop tôt…

Noir dans la salle ; le rideau peut s'ouvrir sur l'écran des souvenirs…

PREMIÈRE PARTIE

1943 – 1961

Il fait sombre, on ne gaspille pas d'énergie à illuminer les rues. Cette nuit du 27 au 28 avril 1943, Pierre Dutronc marche dans Paris, sans *Ausweis*, le ventre noué. Couvre-feu. « Il fallait se méfier. On était à la merci d'une patrouille. » Pierre Dutronc n'est pas juif mais il est circoncis. « À l'époque, ça traînait pas : "*Du bist Juden !* Allez hop !" »

Bruits de bottes sur pavés luisants, la peur nichée dans les entrailles. Ce Paris occupé-là fait inévitablement penser à celui de Gabin et Bourvil dans *La Traversée de Paris* de Claude Autant-Lara. Et c'est effectivement dans une mini-traversée de Paris que se lance Pierre Dutronc en pleine nuit. Il ne transporte pas de jambon ni quoi que ce soit de négociable au marché noir, juste un besoin urgent de secours. Malheureusement, il devient quasiment aveugle dès qu'il fait nuit, impossible dans le noir de retrouver son chemin.

Pierre et Madeleine ne possèdent pas le téléphone. Des voisins ont appelé pour eux la mairie de la rue Drouot mais on leur a répondu qu'il fallait se déplacer, ces messieurs-dames ne se dérangent pas sur simple coup de téléphone et ils n'ont que faire du danger encouru à s'aventurer dehors en ces temps barbares. C'est pourquoi Pierre s'est résigné à sortir sans laissez-passer, bravant le couvre-feu. Que faire d'autre ?

Il cherche à gagner le commissariat de police. Il devine qu'on l'y prendra au sérieux. La distance à parcourir n'est pas énorme mais avec ce foutu sens de l'orientation qui s'évanouit dans le noir, Pierre tourne en rond. Longtemps. Il finit par déboucher sur le seul bâtiment éclairé du quartier.

« C'était la Kommandantur ! Je me suis dit, tant pis, je prends le risque. » Il s'approche, frappe, conscient du danger. De l'autre côté, des pas résonnent, la lourde porte s'ouvre : un soldat lui colle la pointe de sa baïonnette sur l'estomac ! Pierre ne s'affole pas : « Je savais qu'il y aurait au moins un agent là-dedans qui m'écouterait. » Effectivement, il se fait comprendre des soldats allemands et conduire à un responsable à l'intérieur qui lui dit : « Je n'ai pas le droit de bouger, il faut que vous alliez par vous-même au commissariat sous l'Opéra. »

Soixante ans ont passé. Le 7 juillet 2003, Pierre Dutronc se remémore cet événement, allongé sur son lit dans une chambre au dernier étage de « L'Âge d'or », maison de retraite médicalisée située à la sortie de l'Île-Rousse, direction Monticello, Haute-Corse. Pierre Dutronc a quatre-vingt-quinze ans ! La voix est ferme, l'oreille un peu dure – ou plus exactement sélective –, l'œil d'un bleu diaphane mais fatigué : le cristallin est de plus en plus trouble. Mais pas question d'opérer : à qui lui vante les bienfaits d'une intervention de la cataracte, il lance, espiègle : « Vous le ferez quand je serai mort si ça vous amuse ! » Le sens de la repartie se transmet de père en fils chez les Dutronc...

Le commissariat en question se trouve à deux pas et on lui en indique le chemin. Cette fois, il y parvient sans encombre et obtient qu'on envoie un car pour transporter sa femme à la clinique.

Entre-temps, le « travail » a bien avancé. Il s'en faut de peu que le deuxième et dernier enfant de Pierre et Madeleine ne naisse dans le car de police. « Ma femme n'a même pas eu le temps d'aller jusque dans la chambre : elle a accouché de notre Jacquot national dans le hall de cette clinique qui se situait près de la porte de Champerret ! »

Un large sourire se dessine rétrospectivement sur le visage de l'heureux papa. Aujourd'hui arrière-grand-père, Pierre Dutronc, dont la retraite ensoleillée, paisible et autonome a été bouleversée trois semaines plus tôt par une mauvaise chute dans son appartement de l'Île-Rousse, accepte de se retourner et d'allumer sur le chemin parcouru les bougies du souvenir :

« J'avais un cousin qui était archiviste. On est remonté dans l'arbre généalogique : le berceau de la famille Dutronc se situe à Hérouville-Saint-Clair, à côté de Caen, en Basse-Normandie. Notre ancêtre était le seul du village à savoir signer son nom et tenait par conséquent le registre d'état civil. Mais à l'église ! Car tout se passait à l'église, il n'y avait pas encore de mairie. »

Les origines sociales de la famille Dutronc sont diverses, les occupations des ancêtres variées. On recense un peu de tout, des cultivateurs naturellement, et puis des épiciers. « Aujourd'hui on se figure un Arabe dans une petite boutique, mais je parle de chercheurs d'épices. » Ça sonne presque comme des chercheurs d'or dans sa bouche. Ces épiciers-là avaient de la fortune, ils possédaient des navires et ramenaient de leurs expéditions des épices qui les enrichissaient encore davantage. On se souvient également d'un ancêtre postier à Longjumeau, un maître de relais. Mais c'est à Montrouge, en banlieue parisienne, au XIXe siècle, que les traces s'épaississent et que la famille Dutronc prend réellement racine…

Ce mois de juillet 2003, la canicule s'est installée sur tout le pays. Avant la fin de l'été, elle va précipiter des milliers de personnes âgées vers l'autre bord. Elle épargnera Pierre Dutronc mais l'éprouvera. L'atmosphère dans sa chambre est difficilement supportable. Porte et fenêtres ouvertes, rien ne bouge. Le vieil homme reprend son souffle. Il ventile son corps avec un pan de sa chemise blanche, tapote le couvre-lit avec sa canne en bois le long de ces jambes qui ne veulent plus le porter, à moins qu'il ne désire plus leur donner d'ordres. Traumatisme de la chute ? Lassitude de la vie ?

Dans l'angle de la pièce : un bureau sur lequel trône un cadre. Madeleine, maman de Jacques, décédée en 1991. Il y a aussi des boîtes de médicaments, quelques souvenirs, du courrier. Face au lit, des photos punaisées au mur. On y voit, posant à côté de Jacques pour *Corse-Matin*, une lumineuse Sandrine Bonnaire, tout sourires, lors d'un séjour à Monticello chez le plus célèbre de ses habitants. Un agrandissement représente Pierre Dutronc tenant dans ses bras son petit-fils Thomas, fils de Jacques et de Françoise Hardy. Il y a aussi le portrait de Jacques réalisé par Bernard Pras pour le livret du CD *Madame l'Existence*. Et bien d'autres clichés encore, essentiellement de la descendance de Pierre Dutronc.

Placé à portée de main sur le lit, à côté de la canne, le téléphone se met à sonner. C'est la descendance justement. Isabelle, institutrice, mère de trois enfants, petite-fille de Pierre Dutronc – par ailleurs nièce et filleule de Jacques. Comme tous les membres du clan, elle appelle régulièrement pour prendre des nouvelles de « Pépé ». Thomas téléphone souvent lui aussi. Il écrit également. Sur la table de chevet, une carte postale fraîchement postée de Sète ou de Nîmes où le disciple de Django est allé égrener ses notes manouches lors d'une tournée des festivals d'été.

La conversation téléphonique terminée, la machine à remonter le temps peut reprendre son cours. Montrouge, le grand-père paternel de Jacques...

C'est en effet à Montrouge à la fin du XIXe siècle que les pièces du puzzle s'assemblent. Gustave Dutronc, né le 18 mai 1861 à Florimont (Belfort), chef de bureau au service Exploitation des Chemins de Fer PLM, et accessoirement organiste à la paroisse du Grand-Montrouge, épouse Alice Albertine Sautet, née à Paris dans le XIVe arrondissement, le 29 décembre 1871, fille d'un Périgourdin monté à Montrouge créer une huilerie à vapeur, la première usine de ce qui n'est encore qu'un village. Depuis, les Sautet sont bien implantés à Montrouge. Un frère d'Alice Sautet aura un fils qu'il prénommera Claude, lequel deviendra metteur en scène et fera tourner son petit-cousin Jacques Dutronc aux côtés de Michel Piccoli et de Romy Schneider dans *Mado*, en 1976. Mais revenons à ce qui nous intéresse : Gustave et Alice Dutronc donnent naissance à sept enfants, tous nés à Montrouge entre 1896 et 1911 : Jean, Paul, Marie, Francis, Pierre, Alice et Jacques – les deux derniers étant jumeaux. La fratrie tout juste constituée, Gustave tire sa révérence. Le 15 avril 1912, il décède à son domicile de complications postopératoires. Ainsi, Pierre Dutronc, né le 22 juin 1908, n'a pas quatre ans lorsqu'il devient orphelin de père.

L'enfance est rude, l'éducation rigide. Pierre est élevé en partie par sa grand-mère paternelle, une femme austère, sévère, qui habite un ancien couvent. La place ne manque pas, pourtant Pierre est relégué au sous-sol, sans chauffage. Le petit garçon en bave, il souffre d'engelures mais il se forge une santé de fer et une philosophie de vie bien particulière. Il garde aussi de cette éducation une pudeur à parler de lui-même, une réticence à étaler ses petits malheurs. Philippe, le frère de Jacques, va nous en dire davantage...

En septembre 2003, Philippe Dutronc vient passer quelques jours de vacances chez son frère à Monticello. Nous sommes installés « sous le chêne », un salon de jardin en tek qui surplombe le potager. La canicule s'est éloignée depuis quelque temps et un vent frais impose le port d'un blouson.

Philippe a six ans et demi de plus que Jacques, il vit avec sa femme en région parisienne. Lui qui, curieusement, n'a jamais été sollicité par aucun journaliste ni biographe depuis que son frère a acquis cette célébrité que l'on sait, accepte sans réticence d'apporter son témoignage.

Les oncles aînés entreprennent de grandes études ; les difficultés financières écourteront celles des derniers. Néanmoins, on a dans la famille le sens des principes et des valeurs religieuses, jusqu'au paradoxe. « Mon père a été à l'école chez les Jésuites, explique Philippe, à Jersey, à une époque où l'État français ne voyait pas d'un bon œil la présence de jésuites sur le territoire. » On tire un peu le diable par la queue chez les Dutronc, en ce début de XXe siècle, mais on n'hésite pas à envoyer ses enfants dans des pensionnats aussi coûteux qu'éloignés. Après Jersey, c'est à Évreux que Pierre étudie. Il décrochera un bac lettres.

Sous ce même chêne corse, quelques jours plus tôt, c'est Jacques lui-même qui évoque le souvenir de ses oncles. Jean, l'aîné, un ogre : « Quand il passait à table, il mangeait cinq entrées minimum, trois poissons, quatre volailles, de la viande, des fromages et des desserts... Mais ils bouffaient tous comme ça, c'était monstrueux. » La bonne chère, les plaisirs de la bouche, le goût de la table, des repas qui durent, des banquets où l'on mange, boit, fume, parle plus que de raison, une tradition chez les Dutronc. Claude Sautet, le cinéaste, savait de quoi il parlait. Au milieu de la fratrie : Francis, le jésuite. Francis enseigne les lettres jusqu'au Liban. « Il a eu tous les hommes politiques du monde comme élèves, précise Jacques avec fierté, c'était un maître, un cerveau, mais jésuite : pas de cadeau ! » Puis il ajoute : « C'était un mec formidable, mais leur drame à tous, c'était leur éducation : "Je ne veux pas déranger." Mon père, c'est pareil : "Je ne veux pas déranger." Résultat, il emmerde tout le monde. Tu ne sais jamais, donc tu dois deviner. C'est terrible, cette éducation. » – Jacques en sait quelque chose, dans le genre devinez ce dont j'ai envie, il est virtuose.

Et puis il y a Jacques, le petit dernier, l'homonyme de celui qui nous intéresse, batteur dans un orchestre de jazz, qu'il n'a pas connu mais dont la tragédie a marqué la famille : « C'était terrible pour un jeune appelé, de se retrouver avec les deux jambes en moins… et d'en crever. Moi, j'ai distribué des faire-part au lycée du Petit Condorcet : "Jacques Dutronc, mort pour la France." Mais ça n'aurait pas fait rire mon père. » Non, et ça ne fait pas beaucoup rire Jacques non plus ce soir-là, tandis qu'il se remémore à la tombée du jour sur la baie de l'Île-Rousse cette blague de potache un peu douteuse.

Le souvenir de ce jour de juin 1940 où il est convoqué à l'hôpital de Beauvais pour reconnaître le corps de son jeune frère parmi d'autres cadavres est intact dans l'esprit de Pierre Dutronc : « Ils étaient enterrés dans leur capote à même la terre crue. On l'a découvert comme ça, avec les deux jambes arrachées… il y avait des espèces de chiffons… Pauvre gosse ! Et il n'a même pas eu la grâce d'être tué sur le coup. Il a mis trois jours à mourir. » Alice, la sœur jumelle de ce Jacques Dutronc-là, enterré au Père-Lachaise, entre dans l'ordre des Dominicaines après le drame. Et, bien évidemment, Pierre et Madeleine Dutronc donnent à leur second fils ce prénom, trois ans plus tard, en souvenir du jeune soldat mort au champ d'honneur le 7 juin 1940.

Deux principes fondamentaux régissent l'existence chez les Dutronc : la religion et la musique. Deux des sept enfants ont choisi de « servir Dieu », mais tous ont été sensibilisés à la musique. On leur a appris à la comprendre, à l'aimer et à la pratiquer. « Mon père a su la musique avant de savoir lire, avoue Pierre Dutronc. Il a été organiste d'église, ce qui n'est pas rien, et il était très bon violoniste, sans avoir jamais pris une leçon de violon. »

À la fin des années 1920, Pierre Dutronc commence sa carrière professionnelle dans les assurances. Il est engagé en tant que rédacteur à l'Union, place des Vosges. Quelque temps plus tard, il y rencontre Madeleine Sounier, une jeune Ardéchoise née à Nevers le 4 septembre 1914 – accidentellement, précise Pierre Dutronc, car sa mère y était de passage –, d'une famille de coloniaux. « Mon beau-père a fait, on peut dire, Madagascar avec le général Gallieni. Et puis il a été blessé mortellement en 1914, tout à fait au début de la guerre. Il est mort de ses blessures dans un hôpital à Bordeaux… » Ainsi Madeleine a grandi sans père, tout comme celui qu'elle épouse le 8 février 1935 à Paris. Pierre quitte alors le pavillon de la cité Rondelet à Montrouge et il s'installe avec Madeleine dans un deux-pièces au 67, rue de Provence. La rue de Provence traverse le IXe arrondissement du boulevard Haussmann jusqu'à la rue du Faubourg-Montmartre, traçant une frontière imaginaire entre les quartiers chic : la Chaussée-d'Antin, la Madeleine, l'Opéra et d'autres, plus populaires : Saint-Lazare, la Trinité. C'est une rue où les péripatéticiennes tiennent trottoir le soir venu, un quartier qui s'anime de spectacles en tous genres, du palais Garnier au théâtre Mogador, de l'Olympia au Casino de Paris.

Même s'ils changent plusieurs fois d'appartement, Pierre et Madeleine resteront dans l'immeuble plus d'un demi-siècle. « C'était une maison constituée de trois corps de bâtiment qui appartenaient en indivision à la famille Dutronc, souligne Pierre. Ça faisait deux cents ans que c'était dans la famille. » Plus tard, l'indivision est rompue entre Pierre Dutronc, ses frères et sœurs et un cousin germain, archiviste du département de la Vienne – celui-là même qui a écrit la généalogie de la famille permettant de remonter jusqu'à Hérouville-Saint-Clair. Dans le partage amiable qui est fait – car, chez les Dutronc, on évite les conflits, on préfère le consensus à la rupture, et on peaufine la façade, on ne montre pas de faille, de division interne, en toute situation on fait bloc, on se serre les coudes, prêt à affronter l'adversité dans l'unité –, Pierre et Madeleine obtiennent l'appartement qu'ils occupent, ainsi qu'un autre plus petit qu'ils revendent aussitôt à ceux qui l'habitent. Il ne faut pas penser que ces trois bâtiments pullulent de Dutronc : la plupart des appartements sont loués.

Mariée, Madeleine cesse de travailler pour embrasser le rôle de femme au foyer – encore une histoire de principe, entre vieille France et France profonde. Pierre, quant à lui, n'envisage pas de rester longtemps dans les assurances car, pour y creuser son trou, dit-il, «je sentais qu'il fallait être pistonné, je n'avais aucune carrière à y faire». Mais on a décidément le sens de l'entraide dans la famille, puisqu'un autre cousin, Bertrand, va intervenir dans son parcours professionnel. «Il était ingénieur des Mines et poursuivait sa carrière dans les bureaux, il m'a fait entrer aux Charbonnages de France.» Grâce à ce cousin encore, Pierre est assimilé au bout de quelques années au titre d'ingénieur des Mines, comme s'il était sorti de l'École du même nom. Titre gagné sur le tas, donc, à l'ancienneté, ce qui n'est pas du goût des diplômés de la prestigieuse école, polytechniciens pour la plupart, qui ne rendent pas les choses faciles aux bénéficiaires de la promotion interne. Pierre Dutronc pourrait en souffrir mais son tempérament gai et optimiste lui sert de paravent. Peu de choses l'affectent en profondeur.

En mai 1936, le Front populaire emporte les élections; en juillet de la même année, le général Franco mène le soulèvement qui donne le coup d'envoi de la guerre civile d'Espagne; de l'autre côté du Rhin, Hitler poursuit la mise en œuvre de son plan. C'est dans ce contexte particulier que naît Philippe Dutronc le 18 octobre 1936 à Paris XIVe, premier enfant de Pierre et Madeleine. Un petit garçon sans problème. Trois ans plus tard éclate la Seconde Guerre mondiale. Durant celle-ci (ainsi que dans l'immédiat après-guerre), Pierre Dutronc est affecté à l'ORCHAR, l'Office de répartition du charbon. Le combustible est devenu une denrée rare et, en cette période de pénurie, il faut bien en réorganiser la production et la distribution. Les inspecteurs de cet organisme ont vocation d'aller fouiner partout. «Ils contrôlaient les bougnats, commente Philippe, qui vendaient le charbon aux particuliers, et les gros consommateurs comme les administrations...» Jacques, lui, résume ce travail à ce qu'il a sans doute eu de plus pittoresque et de plus récréatif, préférant dire que son père faisait la tournée des boxons parisiens afin de surveiller leur consommation de charbon...

* * *

Jacques Emmanuel Dutronc grandit dans les jupes de sa maman, il y est accroché en permanence et, dans le souvenir de Philippe, ce géant de près de sept ans son aîné, c'est ainsi qu'il apprend à marcher.

Jacques, selon lui, fait ses premiers pas dans une station de métro qui sert d'abri pendant les bombardements alliés. Les deux versions ne sont pas incompatibles.

Les premières années de sa vie, Jacques couche dans la chambre de ses parents tandis que son grand frère occupe une petite chambre attenante. On n'a pas beaucoup de place rue de Provence, on se serre un peu sans se marcher dessus. La guerre est terminée mais les cicatrices sont profondes dans tout le pays. C'est le règne du manque. Cependant on n'est pas du genre à se plaindre : Pierre gagne correctement sa vie, il a arraché son titre d'ingénieur à la force du poignet ; Madeleine non seulement s'occupe de ses deux fils, mais donne de son temps à la paroisse du quartier, notamment en effectuant des travaux de secrétariat pour l'abbé Martin, un habitué des dîners à la maison – on est aussi croyant chez les Sounier que chez les Dutronc. Le couple élève ses deux enfants avec les moyens du bord, dans le respect d'une certaine tradition et des valeurs chrétiennes. Instruction, discrétion, retenue, bienséance, pudeur, charité, humilité… Un exemple de cette « petite bourgeoisie » dont les rangs grossissent au rythme de la reconstruction de la France.

Tout irait pour le mieux dans le meilleur des mondes si, très jeune, des ennuis de santé ne venaient troubler la paisible enfance de Jacques qui manque de perdre la vie à l'âge de trois ans. Cet été 1946, Madeleine Dutronc est en vacances avec ses deux fils dans la Vienne, près de Poitiers. Une nuit, Jacques est pris de violentes douleurs dans le bas-ventre. Autour de lui, on s'inquiète un peu, on ne sait trop que faire, mais on ne s'alarme sans doute pas suffisamment. Le cousin chez qui les Parisiens séjournent ne mesure ni l'urgence ni la gravité de la situation. Les heures passant et l'état de Jacquot empirant, il se décide finalement à le conduire avec sa mère à l'hôpital de Poitiers, à la dernière limite. Le diagnostic tombe, immédiat et sans appel : hernie étranglée ! Jacques est opéré sur-le-champ, mais « mal opéré, se souvient Philippe, mal soigné, on a dû le réopérer deux ou trois fois, c'était terrible ! Il a bien failli disparaître ». La convalescence sera longue.

Jacques est un enfant singulier. Il a déjà du caractère, il sait ce qu'il veut et ne se gêne pas pour faire savoir ce qu'il ne veut pas. Pour Françoise, il est un enfant gâté : « Ses parents étaient des gens très discrets, très pudiques, timides. Sa mère l'adorait et a été d'une incroyable permissivité à son égard. Son père comme sa mère ont été l'un et l'autre orphelins de père, avec une mère peu affectueuse qui les avait mis en pension. Ils ont probablement réagi à leur enfance difficile en prenant le contre-pied de leurs parents lorsqu'ils sont devenus parents à leur tour. » Philippe attribue cette permissivité aux ennuis de santé de Jacques peu après sa naissance : « Il y a eu un sentiment tout à fait explicable de la part des parents de protéger, voire surprotéger, l'enfant qu'ils ont failli perdre… » Mais il précise aussitôt : « Cette permissivité était tout de même relative. De toute façon, Jacques avait un caractère tel qu'il fallait soit être d'une fermeté absolue, soit composer en laissant filer un peu. » Pierre et Madeleine ne sont pas des parents fouettards. Ils auront tendance à lâcher du lest. *A posteriori*, toujours selon Philippe, la méthode choisie a été la bonne : « Si Jacques avait reçu une opposition dure de la part de mes parents, il ne serait pas devenu ce qu'il est. »

L'institution Rocroy-Saint-Léon, l'école des Oratoriens où l'inscrivent ses parents, se situe au 106, rue du Faubourg-Poissonnière. C'est l'école libre la plus proche de la rue de Provence. « Chez nous, avoue Pierre Dutronc avec une sorte de fatalisme amusé, c'était une manie d'envoyer les enfants dans une école religieuse. » Philippe est, bien sûr, passé par là. Et Pierre Dutronc n'a-t-il pas lui-même été confronté à la rudesse des Jésuites lorsqu'il était gamin ?

Le déjeuner dominical en famille est une tradition respectée chez les Dutronc – qui survivra d'ailleurs au vedettariat de Jacques. Tant que les deux grand-mères sont encore de ce monde, on alterne : on déjeune tantôt chez Marguerite Sounier, la grand-mère maternelle, quai aux Fleurs à Paris puis rue Greffulhe, tantôt chez Alice Dutronc, qui habitait un appartement au 29, avenue de la République à Montrouge. C'est toujours une corvée pour des enfants, ces déjeuners qui n'en finissent pas, où seuls les adultes ont le droit de s'exprimer, ces après-midi gris, monotones, enfermés avec des vieux dans des odeurs de cigare et de pot-au-feu. Philippe, en grand garçon qu'il est, sait se tenir, on l'a habitué à se taire. Jacques n'a jamais su se plier à cette discipline. À peine arrivé, il lance : « Bon, on s'en va ? » On rit. Un peu jaune, parce que les bonnes manières en prennent un coup. On s'en tire avec un : « Qu'il est drôle, ce petit Jacquot ! »

À la maison, Jacques est facile à vivre malgré son tempérament déterminé. Avec son frère ils jouent parfois aux petites voitures ou aux soldats. Pas souvent. Lorsqu'on est enfant, six ans et demi de différence, c'est un monde. De fait, ils vivent des enfances parallèles. Philippe est sage et studieux ; il pratique le modélisme. Naturellement, Jacques s'emploie à détruire les modèles réduits que son frère a assemblés minutieusement : il fracasse ses avions contre les murs et écrase ses bateaux en déboulant avec sa voiture à pédales. Le grand se venge en visant le petit avec sa sarbacane. « On appelait ça des canons à patates, se souvient Jacques. Combien de fois il m'a frappé l'œil !... D'ailleurs je n'y vois plus rien de celui-ci... » Rapports ordinaires, donc, entre deux frères. « Une vie normale dans une famille normale... », résume Philippe.

Sans jamais sombrer dans la nostalgie, Jacques aime bien évoquer le passé. Nous sommes au bar de la terrasse, un soir de cet été 2003 à Monticello. Quelques nuages s'étirent en banderoles rosâtres sur lesquelles on est censé lire que demain sera venteux. Jean Luisi est de service derrière le comptoir, il a ouvert un château phélan-ségur [1] 1999.

« À sept ans, dit Jacques en allumant un cigare, j'ai fumé tous les mégots qui se trouvaient dans les cendriers de la maison et j'ai gerbé dans ma caisse à jouets.

– Moi, intervient Luisi, j'ai dû commencer vers neuf ou dix ans. Je crois que mon père m'a fait tirer un peu sur son cigare.

– Ah ! fait Jacques en feignant de comprendre de travers. Ils ont des mœurs particulières dans ta famille. Il a pas fait de la taule pour ça ? »

Quelques chats se contorsionnent, mais pas de rire : c'est l'heure de la toilette d'après dîner. Jacques les observe sans se lasser. Les animaux et lui, c'est une longue histoire...

1. Un saint-estèphe.

Depuis que Jacquot est né, le 67, rue de Provence a un petit air de ménagerie. Peut-être en a-t-il l'odeur également, puisque y ont habité jusqu'à deux cents souris blanches ! Des souris que Jacques exige d'emmener en vacances d'été – à Saint-Cast ou à Batz-sur-Mer, cités balnéaires bretonnes où les Dutronc louent régulièrement une petite maison. Prisonnières de cages à oiseaux recouvertes de papier journal, elles sont de ces interminables voyages en chemin de fer d'antan sans confort… La colonie de rongeurs finira à l'Institut Pasteur.

Il y a aussi une période grenouilles. Curieux du monde animal, Jacques se fait offrir des têtards. La nature faisant parfois son boulot, l'un d'eux deviendra grenouille. Leçon de sciences-nat' à domicile : on regarde évoluer le batracien de jour en jour et ça passionne le petit Jacques. Si seulement l'école savait être aussi vivante… Un jour de beau temps, Madeleine dépose le bocal sur le rebord de la fenêtre. Le saut initiatique de la grenouille sera son dernier. Finir au fond d'une cour près de la Chaussée-d'Antin, après son premier saut hors de l'eau…

Un chat, fraîchement adopté, l'imitera quelque temps après. Blessé, il se réfugie chez la gardienne de l'immeuble où il se terre, incognito, pendant quinze jours sous un lit. « Ce n'est pas sa blessure qui l'a paralysé pendant deux semaines, certifie Jacques, il a dû être asphyxié par l'odeur qui régnait dans la loge ! » Puis il faut aussi tester le genre préhistorique en appartement. Le petit veut des tortues ? On lui offre des tortues. Elles, au moins, ne risquent pas de sauter par la fenêtre. Alors que les enfants sont à l'école et Pierre au travail, Madeleine Dutronc inspecte, un matin, la famille tortue. Inanimée. Elle les soulève une par une, les secoue, les retourne, rien. « Elles ne respiraient plus ! » dira-t-elle à Jacques. Madeleine les croit mortes. Le cœur brisé pour son Jacquot chéri, elle les jette à la poubelle. « En fait, elles hibernaient, avoue Jacques, hilare. Je te l'ai insultée ! »

Mais, de tous ces animaux, ceux qui amusent le plus Jacques, ce sont les hamsters. Espiègle, il leur donne un paquet de coton hydrophile qu'ils s'empressent d'ingurgiter. En réalité, ils stockent tout dans ces bajoues qu'ils ont élastiques. Il n'a plus qu'à leur ouvrir la gueule, choper un petit morceau et tirer : « Ça faisait un fil de coton de plusieurs étages… »

Et puis, il y a les chiens. Pierre Dutronc accompagne un jour son Jacquot, alors âgé d'une dizaine d'années, à la SPA. Ils en reviennent avec l'horrible Cisko. « C'est Jacques qui l'a choisi. En revenant, je lui ai demandé les raisons de son choix et il m'a répondu que personne certainement n'en voudrait tellement il était laid. » Jacques confirme : « C'était même pas un bâtard de concierge, même pas le ratier noir et blanc, le petit truc idiot et fidèle… » Mais Cisko est méchant. Il mord Jacques un jour à Saint-Cast. Une autre fois, c'est Madeleine qui est visée. Sans raison apparente. Pierre fait piquer le chien mais Jacques n'en sait rien sur le moment. Version officielle : on a confié Cisko à des chasseurs.

Les Dutronc posséderont d'autres chiens. Pas mieux choisis. À Batz-sur-Mer, ils adoptent deux chiens-loups. Des terreurs élevées par l'armée allemande ! Le mâle s'appelle Lolo et sa femelle Surprise – en raison du caractère totalement imprévisible de ses réactions. Jacques se souvient qu'elle « croquait direct » tout ce qui pénétrait sur son territoire. « J'étais le seul, parce que je devais être innocent, à pouvoir entrer dans son réduit. »

On pourrait penser que l'attirance de Jacques pour les bestiaux en tous genres est rassasiée par ces adoptions multiples. Bien sûr, on se trompe. À la moindre occasion, il traîne son père au zoo de Vincennes dont ils sont des visiteurs assidus. Mais Jacques ignore ce qui attire le plus grand nombre : « Je fuyais tous les gens qui étaient morts de rire en regardant les singes se gratter la quéquette, je trouvais cette espèce de faux miroir ridicule. » Si Jacques insiste pour aller à Vincennes si souvent, c'est parce qu'il est tombé amoureux d'une bête fascinante à ses yeux : un canard mandarin. Et puis, il y a cet okapi qui l'intrigue aussi beaucoup et auquel il s'attache également. « J'ai toujours eu l'impression que je pouvais mieux dialoguer – c'est-à-dire ne rien dire – avec les bestioles qu'avec les gens… »

Jacques aime les animaux et espère que la réciproque est vraie, qu'il est à leurs yeux une bête plutôt sympathique. Comme tout môme, il souhaiterait devenir vétérinaire. Problème : il est plus doué pour le dessin que pour les maths.

Autre engouement de Jacquot : l'uniforme. Aussi curieux que cela puisse paraître, il ne rate pas un défilé militaire. Toutes les occasions sont bonnes pour aller voir marcher au pas. Généralement, Pierre Dutronc l'accompagne. Le 14-Juillet, ils assistent au spectacle des rangées parfaites, des saluts rigides, et le jeune garçon vibre au spectacle de cette militaire chorégraphie. Les costumes le fascinent, il veut les mêmes. Mais pour endosser l'habit militaire, Jacques devra attendre de faire l'armée. Pour l'heure, il est un autre costume qu'il aime enfiler : au cours de ses années préadolescentes, il se joint aux Cadets de la mer, un club de marins d'eau douce. En compagnie d'autres petits gars de la marine, il rame sur la Seine en uniforme et pompon bleu. Autre habit régulièrement porté : l'aube. On se doute bien que, chez les Dutronc, l'éducation religieuse n'est pas une option facultative. Jacques fait ses deux communions à l'église de la Trinité où, naturellement, il sert comme enfant de chœur. Un dimanche, durant l'office, pour faire rire ses copains présents, il tente un geste fantaisiste avec l'encensoir : un 360°, comme on fait tourner son micro au bout du câble. Le numéro n'est pas encore au point : un peu de braise tombe sur le tapis qui se consume aussitôt… Départ de feu. Mais l'exercice le plus pénible de ces services religieux, c'est de devoir tenir le plateau sous le menton des communiants. Difficile de garder son sérieux. « Je n'en pouvais plus du spectacle des gens qui tendaient leur langue. J'étais en aube et mon rêve était d'être à poil là-dessous. Tout comme les curés, je suis sûr. »

Des hommes d'Église, les enfants Dutronc en croisent beaucoup. À commencer par l'abbé Martin, qui vient régulièrement dîner rue de Provence et à qui Madeleine donne beaucoup de son temps, et puis l'oncle Francis. Mais le seul à trouver grâce à ses yeux, dont il se souviendra toujours, c'est le père Vanal. « Il avait un charisme terrible, ce type-là, et une telle tronche qu'il pouvait s'adresser à n'importe qui, y compris les fameux cuirs noirs de la Trinité, il était écouté. » Pierre Dutronc confirme : « Il savait parler aux enfants qui étaient bouche bée devant lui. » Bref, un homme formidable, qui impressionne tout le monde. « Heureusement qu'il y en a quelques-uns, concède Jacques. Mais on trouve des types extraordinaires partout : il y a bien des voleurs parmi les gendarmes, des pyromanes chez les pompiers, et des cons chez les cons… Ça, c'est plus grave. Ça me rappelle une réplique d'Audiard : Quelle est la différence entre un voleur et un con ? Le voleur s'arrête de temps en temps ! »

Malgré l'éducation conforme aux rites, l'attrait de la religion reste limité pour Jacques. Les Évangiles ne le passionnent que très modérément et aux arcanes de la sainte Trinité, il préfère les dédales mystérieux de l'église de la Trinité. À la moindre occasion, il s'aventure dans les couloirs privés, les escaliers secrets, les bas-fonds du bâtiment, au royaume de la pénombre et du silence, de la pierre froide et de l'humidité grisâtre. Il rôde sans autorisation dans ces salles où reposent un tas de meubles poussiéreux. « Ça ressemblait un peu au *Secret de la Licorne*, dans les entrepôts du château, les trésors en moins. » Le lieu est sans mystère pour lui, il le connaît dans ses moindres recoins. Mais sa présence n'échappe pas aux âmes vigilantes et, évidemment, cela énerve. Quand ce n'est pas le suisse – un prêtre ivre du matin au soir, selon Jacques – qui le poursuit en costume avec un bicorne et une hallebarde, c'est un sacristain qui le menace. « Il me faisait chier, lui, il voulait me frapper. Mais je crois que c'est mon frère qui lui a mis son poing dans la gueule finalement. Ça fait plaisir quand même de frapper un sacristain. Ça devait être une ordure, ce mec. »

Des années plus tard, Jacques retournera à l'église de la Trinité, peut-être pour la dernière fois. Ce sera pour voir, et surtout écouter, Olivier Messiaen. « Dans ces cas-là, il *faut* aller à l'église. »

* * *

Comme tous les garçons de son âge, Jacques joue aux petites voitures. À l'époque, elles sont encore en métal, ce sont des vraies, de sacrées belles bagnoles, des Dinky Toys ! Il en possède une assez belle collection et trouve un moyen peu catholique mais efficace pour l'enjoliver : il vole celles qu'il n'a pas à ses petits camarades de jeu du square de la Trinité. Pour éviter d'être pris la main dans le sac, il les enterre sur place. Naturellement, l'enfant victime se fait gronder par sa mère parce qu'il perd sans arrêt ses affaires, et s'il a le malheur de désigner le voleur, il reçoit une gifle parce que, en plus, il ment. Jacques n'a plus qu'à revenir en fin de journée au jardin public déterrer sa nouvelle pièce. Et, sans le savoir, il imite les vrais receleurs de vraies voitures volées : il les repeint méticuleusement chez lui. Ni vu ni connu, il peut sans crainte retourner au square le lendemain exhiber sa nouvelle acquisition.

Jacques passe trois ans à l'institut Rocroy-Saint-Léon chez les Oratoriens. Il apparaît très tôt qu'entre l'école et lui, ce ne sera jamais le grand amour. Naturellement, chez les Dutronc, on s'étonne, on s'interroge, Philippe est si bon élève, si studieux, si appliqué, si conforme à la tradition, pourquoi le petit est-il tellement différent ? Question de tempérament ? Avouons aussi qu'on ne force peut-être pas beaucoup pour lui donner le goût de l'école, c'est qu'il faut le ménager, on n'a pas oublié la hernie étranglée et ce qu'elle a failli entraîner… Mais peut-être n'y a-t-il pas d'explication valable à cette hostilité…

En septembre 1953, année de ses dix ans, on essaie l'école publique. On l'inscrit en classe de huitième à la communale de la rue Blanche. L'ambiance est autre et Jacques s'y plaît davantage. Non pas que l'école soudainement le passionne, mais les rencontres qu'il va y faire vont le marquer. Jean-Louis Licard devient son ami et on le verra longtemps dans son sillage. Au cours de ces années, Jacques croise également le chemin d'Hadi Kalafate, un habitué d'origine turco-kabyle du square de la Trinité, futur compagnon de galère puis de gloire. Ces gamins-là vont créer ensemble leur propre langage. Une sorte d'argot compris d'eux seulement, mais tellement imagé et servi par de tels ambassadeurs que certaines expressions finiront par passer dans le langage courant. Exemple : avoir (ou faire) un plan ; une soute (une fille, parce qu'on y dépose son bagage…) ; une râpe (une guitare) ; la fashionne connediou (« yaourt » déposé – cf. *Merde in France*)… D'autres trouvailles ne dépasseront pas le quartier comme tic-tic, malgré la chanson éponyme de Jacques (*Avec ma pince, je fais tic-tic…* – en clair : je me soulage à la pogne…).

Le jeune Dutronc est déjà un original, un petit gars facétieux qui veut découvrir la vie par lui-même, toujours partant pour la rigolade. Ni teigne ni cancre, plutôt étranger dans sa classe. Il se lance dans de drôles d'expériences qu'il a lui-même du mal à expliquer : « À la communale, je ne me suis pas lavé un pied pendant plusieurs mois. Il était noir comme du charbon. On m'a renvoyé chez moi pour le nettoyer, c'était impossible. Tu pouvais mettre tout le savon que tu voulais, ça faisait comme une espèce de chaussette de crasse. Je l'avais fait sur un seul pied pour bien apprécier la différence. Je ne sais pas pourquoi j'avais décidé ça. »

À douze ans, Jacques entre en sixième au lycée du Petit Condorcet rue d'Amsterdam. Les résultats ne s'améliorent guère. L'année suivante, il redouble sa cinquième. Les études secondaires, pour lui, s'avèrent très secondaires…

Philippe s'en est beaucoup mieux tiré : communale, Oratoriens, Petit puis Grand Condorcet, il a réussi un bac philo – dans la famille, il est d'usage d'apprendre le grec et le latin, pas question de faire des sciences. Néanmoins, il s'est inscrit en médecine. Il pose aujourd'hui un regard presque paternel sur la scolarité chaotique de Jacques : « Il n'était manifestement pas intéressé par l'école. Il avait sûrement des capacités, mais il n'a pas voulu les exploiter. Il est certain que Jacques avait déjà des prédispositions artistiques qui le poussaient naturellement à rechercher d'autres voies que les études prolongées. Mais je ne dirais pas qu'il était mauvais élève, il ne voulait pas être élève, ce n'est pas la même chose. »

Les années 1950 sont bien entamées. Il commence à flotter dans les rues de la capitale des parfums de rock'n roll, les images de la mèche de Bill Haley, des déhanchements d'Elvis parviennent à traverser l'Atlantique. Il y a dans le quartier de la Trinité un jeune homme qui ne fréquente pas beaucoup l'école et qui ne se balade jamais sans sa guitare. Un grand blond aux yeux bleus qui chasse sa timidité en prenant volontiers des attitudes provocantes. Il s'appelle Jean-Philippe Smet et croise Jacques de temps à autre. On sympathise par petites touches. Mais ces années 1950 restent marquées par la grisaille. C'est encore le règne du charbon. « J'ai des souvenirs de trajets vers le collège ou la communale, dit Jacques, des journées terribles, des journées à rester chez soi, où le ciel était sale ; j'avais envie de nettoyer le ciel. Et puis les salles de classe qui puaient… » Et il avoue volontiers que les blousons noirs du square de la Trinité l'impressionnaient bien plus que les ingénieurs en électronique. Il a envie de rêver et l'école n'a jamais été le meilleur dealer de rêves.

Au terme d'une quatrième passablement laborieuse, Jacques rate son examen de passage en troisième. Il est forcé de quitter le lycée Condorcet. Pierre Dutronc est toujours prêt à pardonner le manque d'ardeur au travail scolaire de son fils : « Est-ce qu'on peut appeler un défaut le fait de ne pas beaucoup aimer l'école ? Non ! » Puis il ajoute : « Son frère Philippe était un assoiffé de savoir, premier partout... mais Jacques détestait l'école au fond. Et il en a fait, des écoles buissonnières... Une fois j'ai été convoqué par le surveillant général du lycée Condorcet qui m'a montré une pile de mots d'excuse de ma femme. Il m'a dit : "Elle a pas mal d'imagination, je crois que cette année votre fils n'a enterré que trois fois sa grand-mère." (Rires.) Et je n'en savais rien. Il faut dire aussi que Jacquot souffrait de rhumatismes cette année-là. » Car l'adolescence de Jacques est perturbée par des rhumatismes. Il souffre de la maladie de Bouillaud, une forme de rhumatisme articulaire aigu, qui s'accompagne de fièvre. C'est le genou qui est d'abord touché. Il enfle, chauffe, rougit, devient énorme, handicapant Jacques pendant pratiquement six mois.

L'adolescent apprend la souffrance physique. Il n'est pas douillet. Il se prête volontiers aux examens, aux prises de sang. C'est toujours ça de gagné sur le collège. Un jour, il se rend avec sa mère dans un laboratoire d'analyses. Il donne son bras sans broncher, fier et digne. Ils sont déjà dans l'escalier lorsqu'on les rappelle : « Excusez-nous, il faut la refaire ! » On a oublié de mettre quelque chose dans l'éprouvette... Curieusement, Jacques tire de cette banale anecdote une leçon : « Dans la vie, il ne faut jamais être très fier de ce que l'on fait, il vaut mieux laisser passer les choses... » Une leçon qu'il retiendra.

Il y a un piano droit dans le salon de la rue de Provence, auquel Jacques n'a jamais touché. Philippe, le grand frère, possède une guitare sèche et en joue, plutôt pas mal d'ailleurs. C'est à l'occasion de cette longue convalescence que Jacques va s'y essayer à son tour. « J'ai réellement commencé à jouer de la guitare durant cette période. Mais je n'ai jamais vraiment travaillé l'instrument. J'ai plutôt fait l'erreur de chercher à jouer des morceaux tout de suite. Il y avait aussi une batterie dans ma chambre. On rigolait bien... » Qu'en aurait-il été du destin de Jacques Dutronc sans cette maladie ? Difficile à dire. En tout cas, les rhumatismes finissent par s'éloigner, comme ils étaient venus, traités à l'aspirine uniquement. Mais la maladie de Bouillaud frappe n'importe où, n'importe quand, au gré des streptocoques, et c'est le poignet qui est bientôt visé. L'adolescent encaisse sans se révolter.

Puis les rhumatismes disparaissent. Définitivement cette fois.

On ne parle pas politique chez les Dutronc, pas plus en privé qu'en public. Seule l'appartenance religieuse mérite d'être revendiquée. La foi est l'unique croyance qui vaille. Pierre et Madeleine n'ont jamais été militants ou même sympathisants d'aucun parti. On a certes ses idées mais on a appris à les garder pour soi, profondément enfouies comme de honteuses maladies. Il y a bien eu ces petits-cousins qui ont essayé jadis d'embringuer Pierre dans l'Action française. Des Camelots du roi qui faisaient tout pour « abattre la Gueuse » – la République – comme ils disaient. C'était bien avant la guerre. Mais Pierre a résisté à leur propagande royaliste et nationaliste.

Nous sommes toujours dans les années 1950, la télévision n'a pas encore envahi les foyers. La radio vit la fin de son âge d'or, la TSF fait partie des meubles chez tout un chacun ; l'œil vert des postes à lampes fascine grands et petits. Au 67, rue de Provence, on écoute *Les Maîtres du mystère* et autres pièces radiophoniques que Jacques adore. Des voix désincarnées, un bruitage succinct mais efficace, c'est assez pour stimuler l'imagination d'un petit garçon.

La TSF diffuse aussi de la musique. Les premières séances d'écoute ont eu lieu chez la grand-mère maternelle, un dimanche sur deux, au temps des retransmissions des concerts Colonne ou Pasdeloup. Philippe se souvient que « ça se faisait dans un silence religieux, il ne fallait surtout pas lever un cil, ça dérangeait ». De quoi vous dégoûter à vie de la musique classique ! Mais quand on a ça dans les gènes…

Et puis les électrophones Teppaz sont arrivés, avec les premiers microsillons, détrônant gramophones et antiques galettes 78 tours. La grand-mère, Alice Dutronc, possédait une de ces pièces de musée à Montrouge, dont l'aiguille a usé jusqu'à la corde les grands airs du répertoire ainsi que la collection de disques de jazz américain que l'oncle Jacques, le batteur, a laissée derrière lui. Lorsque le premier électrophone fait son apparition rue de Provence, c'est toujours pour écouter du jazz, mais *made in* France cette fois : Claude Luter, Sidney Bechet…

Le disque n'est pas encore un bien de consommation très répandu. Seuls les mélomanes et les gens aisés en achètent. Sinon, il faut brancher la TSF et tendre l'oreille pour capter quelques airs portés par des ondes plus ou moins longues. Madeleine écoute volontiers les chansons à la radio. Charles Trenet, Édith Piaf, Henri Salvador, qu'elle apprécie particulièrement, et bien d'autres. Mais les chanteurs ne sont à cette époque que des voix, quelques rengaines familières, tout au plus une image noir et blanc entraperçue sur une pochette de disque ou dans un magazine. Les mots vidéo ou téléchargement n'ont pas été inventés. Le chanteur est presque une abstraction, en tout cas un être intouchable. Dans ces conditions, les vocations chez les jeunes sont rares. Jusqu'à ce qu'Elvis change la donne…

Pierre Dutronc, lui, pratique la musique chaque week-end. Presque un second métier, presque une double vie. Il ne joue pas du piano, comme il aime dire, modestement, il pianote. « Les patrons étaient très indulgents pour mes talents de pianiste… » N'empêche que tous les samedis soir et les dimanches en matinée, durant plus de trois décennies, il est derrière son clavier dans des orchestres de variétés qui interprètent les airs du moment. On y va pour danser : tangos, javas, slows, valses, musettes, tout y passe, il faut savoir jouer n'importe quoi. C'est la dure loi des balochards, passer de Duke Ellington à Yvette Horner et de Johann Strauss à Tino Rossi sans en avoir l'air. Aucun espoir de connaître la gloire au bout de ce chemin-là mais une manière de jouer régulièrement en s'assurant une rentrée d'argent.

De la Bastille à la Croix-Nivert, des bords de Marne à la Nation, Pierre écume les orchestres. Souvent, on ne se connaît pas avant de jouer, on est venu remplacer Untel, malade ou sur un autre coup, mais tous les répertoires se ressemblent : un œil sur les partoches, l'autre en direction du patron de l'orchestre et zou ! Cependant, Pierre est plutôt un fidèle. Quand la place est bonne, pourquoi aller voir ailleurs ? Il reste par exemple trois ans rue de la Croix-Nivert dans la même maison. « En général j'étais bien vu des patrons. Ils changeaient souvent de musiciens et c'est toujours moi qui restais alors que j'étais le plus nul de tous. Mais je ne buvais pas et j'étais toujours à l'heure. » De ces deux indéniables atouts aux yeux d'un employeur, Jacques en adoptera un, définitivement.

C'est dans un dancing près de la Nation que Pierre mettra un terme à sa carrière de pianiste de bal, à la fin des années 1950. Chez Bertaz, le bal n'est qu'une façade, une couverture. Tandis qu'au premier étage, on joue, on tripote jusqu'à des heures indues, en bas l'orchestre débite ses airs comme un infatigable juke-box. Pierre est sur les genoux. Des années qu'il mène de front ses deux activités. On est encore au temps de la semaine anglaise où l'on travaille du lundi 8 heures au samedi midi. Tout l'après-midi du samedi, Pierre dort. À 20 heures, il part jouer, rentre vers 5 heures du matin. Il récupère jusqu'à midi et, après l'incontournable déjeuner dominical, repart assurer en matinée et parfois aussi la soirée. Pierre a beau être de constitution robuste, le rythme est éprouvant à la longue. Il use. Pour tenir éveillé, derrière son piano comme aux Charbonnages, l'ingénieur pianiste carbure au Maxiton, alors en vente libre. Mais il en abuse et finit par tomber malade.

Jacques grandit avec les absences de son père : « Je me rappelle qu'on ne le voyait pas souvent à la maison. » Il ne semble pas en souffrir, Madeleine est là à plein-temps, elle, et lui est dévouée corps et âme. Jacques est encore un peu jeune pour accompagner Pierre le musicien lorsque celui-ci met fin à sa carrière. Il ne l'a vu qu'une seule fois derrière son instrument : « Il portait un chapeau mexicain… Il devait tellement rigoler qu'il ne voulait peut-être pas que je vienne le voir. Je crois d'ailleurs qu'il ne me l'a jamais demandé. »

De temps en temps, le vendredi soir après le boulot, Pierre Dutronc emmène ses fils près du théâtre de la Renaissance à la porte Saint-Martin où se déroule un drôle de marché. Tous les musiciens amateurs de Paris viennent s'y échanger des informations sur les bons et les mauvais « plans ». Sur le terre-plein de la place, on cause comme sous l'arbre à palabres. On se propose des places, des remplacements dans des orchestres, on se refile ou on s'échange des tuyaux pour jouer plus souvent ou à meilleur cachet… Ils se rendent aussi à Pigalle où a lieu un rituel comparable, en plus professionnel. « De grands interprètes venaient, se souvient Philippe, ils parlaient très spontanément sur le trottoir, échangeaient des informations, leurs expériences... Ça a complètement disparu.» Parfois, après la bavette taillée sur le macadam de Pigalle, on va écouter des jazzmen américains qui jouent juste en face, à la Cigale. Pierre Dutronc adore le jazz, il a un faible pour Duke Ellington: «C'était mon roi. Non seulement il était très bon pianiste, mais c'était aussi un grand compositeur. Du jazz symphonique, on peut dire.» Jacques n'est pas de ces virées nocturnes. Pas l'âge d'abord, et puis il n'est déjà pas du soir, c'est un oiseau de jour, couche-tôt lève-tôt. Néanmoins, quand elle ne lui fait pas la lecture du *Petit Prince*, Madeleine doit lui gratter le dos pendant vingt minutes pour l'accompagner dans le sommeil. Comme elle ne sait rien lui refuser, elle s'exécute de bonne grâce, de même qu'elle subit en épouse chrétienne les horaires de son mari. «Oh, ça ne lui plaisait sans doute pas beaucoup, commente l'intéressé, mais ça mettait du beurre dans les épinards.» Car on ne roule pas sur l'or chez les Dutronc; tout ingénieur qu'il est, le salaire de Pierre assure un train de vie confortable mais modeste. «Le 15 du mois, lâche-t-il, il n'y avait plus rien!» Du coup, les concerts du week-end ne sont pas qu'une simple récréation. Ils aident à faire bouillir la marmite familiale, même s'il faut pour cela y laisser sa santé...

* * *

Jacques a un bon coup de crayon. Depuis qu'il est tout petit, il dessine, crobarde, peint et il aime ça. Le lycée d'enseignement général ne veut plus de lui? Pierre et Madeleine ont l'idée de lui faire apprendre le dessin industriel. Un métier comme un autre. Ils le font entrer en septembre 1959 à l'École professionnelle de dessin industriel (EPDI), section dessin publicitaire. La discipline y est plus dure qu'ailleurs, le chef d'établissement plus orthodoxe: pour punir certains élèves, il les fait courir derrière sa voiture dans les rues de Paris! C'est l'une de ses insolites méthodes pédagogiques. Avec le recul, Pierre Dutronc regretterait presque d'avoir inscrit son fils dans cet établissement: «C'était le bagne pour lui. Le directeur était un vrai fou. C'était peut-être une bêtise de ma part de l'envoyer là-bas...»

Un matin, le directeur en question glisse sur l'estrade préalablement huilée par quelques élèves (des-noms-des-noms!...) et se casse la figure devant la classe de Jacques. Il se retrouve en délicate posture et, les quatre fers en l'air, interroge :

« Vous me prenez pour un con ? »

Tous les élèves de nier :

« Non m'sieur ! non m'sieur !

– Vous n'y connaissez rien ! »

La punition, ce jour-là, ressemble à un marathon…

Au cours de ces deux années passées à l'EPDI, Jacques fait la connaissance de Jean-Pierre Huster, frère de Francis, et d'une certaine Ghislaine, dont les charmes ne laissent pas Jacquot insensible – nous y reviendrons. Dans le quartier, il rencontre aussi Francis Andrieux, dit Bibof, que l'on verra à l'occasion jouer du tambourin ou charger des caisses aux côtés de Jacques sur scène bien des années après.

Durant cette période, Kalafate devient très proche de Jacques et il va le rester pendant plus de trente ans. Impossible de ne pas chercher à le rencontrer. Nous déjeunons ensemble dans un restaurant près de Montparnasse et il me raconte les circonstances du déclic : « On se connaissait de vue sans être amis. Mon oncle m'avait donné une guitare, je ne savais pas m'en servir, je l'avais accrochée chez moi. Un jour, je vois passer Jacques et Jean-Pierre Huster au square de la Trinité, avec des étuis à guitare. Je les arrête et je leur dis :

– Qu'est-ce que vous faites ?

– On va jouer dans une cave rue de Clichy.

– Je peux venir avec vous ? J'ai une guitare…

» Et je demande à Jacques :

– Tu pourrais pas me l'accorder ?

» C'est parti de là. On avait une quinzaine d'années et Jacques jouait déjà dans un petit groupe, c'est comme ça que je suis entré dedans. »

Kalafate, qui est apprenti menuisier, habite à cinq cents mètres de chez Jacques. Dès lors, ils ne se quittent plus. Hadi passe son temps chez les Dutronc : « Il y avait une ambiance dingue chez eux ! C'était génial. Il y avait une immense bibliothèque dans l'entrée, tout était sombre, entre deux lumières. Le père qui jouait du piano, papier maïs au bec, les cendres tombant sur le clavier. La chambre de Jacques, complètement rock'n roll. Et souvent, le soir, ça devenait très calme parce que Francis et le père Martin de la Trinité venaient dîner. C'était semi-roulotte, semi-église ! Très étonnant. Une ambiance à la fois intello – parce que Pierre lisait beaucoup –, religieuse, et rock'n roll ! » Hadi se souvient bien de l'oncle Francis, le jésuite, toujours en soutane : « Il nous impressionnait vachement, il mesurait deux mètres, un peu hautain, distingué, la vieille France profonde, fallait pas rigoler. Je n'ai jamais vu un sourire sur son visage, et en même temps il était adorable, pas un mot plus haut que l'autre. Alors que Pierre était un déconneur de première, toujours prêt à balancer une plaisanterie, une contrepèterie. Madeleine disait toujours : "Mais vous n'avez pas bientôt fini de dire des bêtises, vous ne pouvez pas être un peu sérieux, vous ne pensez qu'à vous amuser !" »...

Lorsque Jacques entre à l'EPDI, Philippe fête ses vingt-trois ans. Il a arrêté les études de médecine au terme de sa troisième année car cela ne correspondait pas à ce qu'il ressentait. Après un moment de doute, de désarroi presque, il a résilié son sursis militaire. Affecté dans les services de santé, il a été retenu au peloton d'élèves officiers de réserve, et, comme beaucoup de jeunes gens de sa génération, il est parti pour l'Algérie.

Philippe reconnaît le talent de son frère dans le domaine pictural : « Il dessinait pas mal, il peignait bien, il a fait des tableaux intéressants. J'ai toujours regretté qu'il n'ait pas poursuivi. » À l'époque, il estime que Jacques a les moyens de se faire un nom dans le dessin publicitaire même s'il sait que la profession est colonisée par quelques grands noms qui écrasent tous ceux qui tentent de percer. Encore faudrait-il que Jacques fournisse un minimum d'efforts, or il semble réfractaire à toute forme d'enseignement. Les résultats sont encore moyens. Il est à présent âgé de seize ans et consacre plus de temps à ses potes de la Trinité qu'à ses devoirs. Kalafate, Bibof, Licard, Huster, ils sont tous là, et bien d'autres aussi, qui prennent possession du square, comme Jean-Philippe Smet, Christian Blondiau (futur Long Chris) et bientôt Claude Moine (un gars de Belleville qui bossera au Crédit Lyonnais de la Trinité avant de se faire connaître sous le pseudonyme d'Eddy Mitchell). On traîne dans les rues, au Calypso, rue Joubert, ou dans n'importe quel autre troquet, du moment qu'on peut y jouer pendant des heures au flipper ou au baby et y entendre un juke-box déverser cette « musique de nègres » baptisée rock'n roll. Les premiers 45 tours s'échangent sous le manteau. Elvis Presley, Chuck Berry, Bo Diddley, Fats Domino, Buddy Holly, Gene Vincent, Eddy Cochran, Little Richard… Ça vient d'Amérique bien sûr et ça donne des idées, toutes ces chansons pleines d'énergie et de bruit, construites sur trois accords. Alors on commence à jouer dans des caves à droite à gauche, on confronte ses connaissances, ses talents ou ses absences de.

Qu'est-ce qu'on fait d'autre à seize ans en 1959 à la Trinité ? On chahute, on drague les filles, on joue aux durs pour s'affirmer. On se castagne un peu aussi. La bande du Sacré-Cœur descend parfois défier celle de la Trinité mais le rapport de forces est inégal. Les autres sont beaucoup plus nombreux et ça se termine le plus souvent en débandade pour les petits gars de la Trinité. Quelques bleus, un blouson déchiré, des lunettes cassées… On résistera mieux samedi prochain. Faudra penser aux chaînes de vélo.

Pour Jacques, impossible de prendre son avenir au sérieux. Les rouages de la petite bourgeoisie lui sont étrangers. Un métier pour la vie ? Une bonne situation ? Une carrière à envisager ? Pas pour lui. Rigoler, écouter de la musique, en jouer, peindre, aller au cinéma, traîner dehors… voilà ce qui compte. Rien d'autre n'a vraiment d'importance. Alors l'EPDI…

« Je me souviens qu'en langue étrangère, dit Philippe, il avait choisi le russe avec Jean-Pierre Huster uniquement parce qu'ils savaient qu'ils ne seraient que tous les deux et qu'ils pourraient chahuter tout le temps… Tout était comme ça ! »

Rarement inquiets pour l'avenir de leur fils, sans pour autant s'en désintéresser, Pierre et Madeleine s'accommodent des résultats de Jacques. Ou plutôt, ils font avec. À cette époque, Pierre a des soucis professionnels. Il est mis à la retraite de façon prématurée. En ces temps-là, les droits des employés sont limités, et maigres sont les avantages qui découlent de son arrêt forcé. La situation est délicate, il doit encore travailler avant de pouvoir toucher sa pension de retraité. Grâce à ses relations aux Charbonnages, il parvient à se faire embaucher comme contractuel dans un organisme de recherche qui s'occupe des cendres volantes.

On a oublié ce que représentait l'exploitation du charbon lorsque celui-ci était encore la principale source d'énergie. Chaque jour, deux trains de mille tonnes de charbon arrivaient à la centrale thermique de Chantilly. Il faut imaginer ce que cela signifiait comme fumées, dans lesquelles subsistaient des particules de charbon exploitables, appelées cendres volantes. Récupérées, elles servaient de liant pour le ciment ou de sous-revêtement pour les autoroutes.

Les choses rentrent donc dans l'ordre : Pierre échappe à l'inactivité, Madeleine poursuit son rôle de mère au foyer et accessoirement de secrétaire paroissiale, quant à Jacques, il continue son petit bonhomme de chemin. Il commence à beaucoup fréquenter les salles de cinéma du quartier. Les grandes affiches peintes sur le fronton du Palace, du Club ou du Cinéac Saint-Lazare ont de quoi faire rêver les ados. Rapidement, il trouve le moyen d'entrer sans payer en s'introduisant par les portes de sortie. Le premier film qu'il a vu, c'était avec son père quelques années auparavant. Ça s'appelait *Gendarmes et Voleurs*, un film italien de Steno et Mario Monicelli durant lequel il a profondément dormi – bien plus tard, lorsque Jacques disposera d'un projecteur à domicile, il achètera une copie du film, par vengeance envers son père ou simplement pour lui faire plaisir ? En attendant, ses goûts s'affirment, il apprécie l'humour et le jeu de comédiens tels que Francis Blanche, Noël Roquevert, Bernard Blier… et le charme de Kim Novak dans l'inoubliable *Vertigo* (*Sueurs froides*)… Son autre passe-temps favori du moment (gratuit celui-là aussi) : pénétrer avec ses copains dans un immeuble du quartier, piquer les poubelles (encore en ferraille) dans la cour, grimper avec jusqu'au dernier étage et les jeter dans l'escalier. Juste pour le boucan que ça fait en dévalant jusqu'au rez-de-chaussée. Juste pour emmerder les locataires. « Un sommet ! » Condition indispensable : savoir courir très vite !

Dans les combles du 67, rue de Provence, Jacques fait un jour une étrange découverte : « Une malle gigantesque remplie de caleçons, style kangourou, des vraies montgolfières genre gros dégueulasse. » Des caleçons par centaines, donc, ce qui ne peut le laisser sans réaction. Généreux, il en dépose sur chaque paillasson de l'immeuble et avec le reste se confectionne un drapeau à l'aide d'un manche à balai.

Tel un chef indien en campagne, il déambule square de la Trinité en le brandissant. « C'est d'ailleurs pour ça qu'on m'appelait Calcif dans le quartier. »

Quand il est chez lui, Jacques peint ou grattouille. Le reste du temps, il houspille sa mère qui le surnomme « le Grincheux ». Jacques a cette propension à être très exigeant avec les gens qu'il aime, il attend d'eux qu'ils soient parfaits ; en ce sens, il incarne à la perfection le dicton « qui aime bien, châtie bien ». Quant à ceux qui l'aiment, il sait parfois le leur faire payer, comme si ce sentiment à son égard le gênait. L'aimer, c'est vouloir le regarder de trop près, et Jacques n'a pas une estime très développée de sa personne. Il n'est dupe de rien, certainement pas de lui-même. Même ses proches n'ont pas le droit de trop s'intéresser à lui. Il déteste par exemple qu'on lui pose des questions, à tel point que sa mère interdit un jour à son mari de lui en poser dorénavant.

Les choses s'accélèrent dans la vie de Jacques au tournant des années 1960.

La société de consommation trouve son rythme de croisière, la publicité envahit le quotidien. Le rock'n roll, cette musique bâtarde née de l'accouplement du rhythm and blues et de la country, veut dénoncer cela tout en s'en servant. Les jeunes cherchent à s'émanciper, à s'exprimer, sexe-primer, l'industrie du disque va se faire un plaisir de les y aider – ou comment faire rimer culture et rentabilité…

La musique n'est pas la seule chose à s'américaniser d'ailleurs. Les vêtements aussi s'onclesamisent. Chemises à carreaux, pantalons et blousons en jean, tee-shirts et sweat-shirts font leur apparition sur le dos et les fesses des adolescents. Des voitures ornées d'ailes fuselées, longues comme dans les dessins animés de Tex Avery viennent narguer nos 2 CV et 4 CV aux rondeurs surannées. La restauration n'est pas en reste : Wimpies et autres snack-bars (avant-goûts des McDo) fleurissent sur les boulevards et on apprend à avaler sur le pouce un hot dog ou un Coca à toute heure ; les premiers drugstores voient le jour.

Opportuniste autant qu'avide de changements, la jeunesse en redemande. Jacques, en apparence Français moyen par excellence, c'est-à-dire à la fois frondeur et conservateur, loup et agneau, se laisse porter par ce vent d'ouest. Il prend et recrache, fait le tri. Décidément, il préfère son costume de dessinateur industriel à la tenue du cow-boy dont il snobe les cigarettes au profit des productions Seita. À part ça? À part ça, il délaisse peu à peu le pinceau pour le médiator. On se marre plus à cinq dans une cave à faire de la musique en fumant des gauloises que tout seul devant son chevalet. Et si toute la vie de Jacques se résumait à cela finalement: la recherche du plus court chemin vers la rigolade?

Jacques écoute beaucoup de musiques différentes. Brassens, Piaf, Brel, mais aussi du jazz: Sidney Bechet, Barney Kessel, Chet Atkins, Django Reinhardt, également – et paradoxalement – André Claveau, Gloria Lasso; bien sûr Elvis et, dernièrement, les Shadows qui balancent en 1960 leur universel *Apache*, un instrumental où s'illustre la guitare électrique. Cet été-là, à Saint-Cast, pendant que Madeleine et Pierre goûtent aux plaisirs de la plage («Quand mon père se baignait, il faisait la planche pour pouvoir fumer. Ma mère l'appelait le remorqueur»), Jacques passe plus de temps courbé sur son manche qu'à ramasser des coquillages ou à soigner son bronzage. Hank B. Marvin n'est pas plus doué que lui et le petit binoclard blondinet qu'il est a aussi des idées de mélodies qui lui trottinent dans la caboche. Alors ça sort, presque naturellement, sans effort ni péridurale.

«C'est là que pour la première fois on a entendu *Le Temps de l'amour*», se remémore Pierre Dutronc. L'air est encore nu comme un bébé. Il connaîtra bientôt un joli succès sous le titre de *Fort Chabrol*, interprété par les Fantômes, avant de devenir (habillé d'un texte *teenage* à souhait signé André Salvet et Lucien Morisse, le tôlier d'Europe 1) *Le Temps de l'amour*, deuxième tube d'une chanteuse encore inconnue, Françoise Hardy. Au cours de ce même été breton, Jacques répète avec quelques acolytes dans un casino en ruine (pour l'écho naturel obtenu – ça permet d'approcher le son des Shadows), mais aussi au Canari, une boîte de nuit équipée d'une mini-scène où le groupe amateur peut interpréter quelques titres en matinée ou en soirée. Jacques Paoli, un haut responsable d'Europe 1 en vacances dans le coin, l'écoute et l'encourage. C'est le premier professionnel à inciter Jacques à poursuivre son travail de guitariste. Ça ne s'oublie pas. Pas plus que la jupette et les socquettes blanches que porte Betty Poirier pour aller jouer au tennis. Une jeune fille de son âge qui roule en Solex et qui est certainement responsable de sérieux émois pour qu'il s'en souvienne encore aujourd'hui…

Au retour de l'armée, le frangin Philippe reprend ses études. Il fait des sciences économiques et du droit. Bientôt il sera contractuel aux Finances et fera toute sa carrière dans la fonction publique, de la Défense à Matignon, gravissant un à un les échelons pour finir, en 2002, chef de service à la Direction des services administratifs et financiers du Premier ministre. Le grand écart est parfait avec Jacques. Pourtant, lorsqu'il voit son jeune frère s'engouffrer dans cette faille que le rock creuse dans la société française, même si lui, en amateur, reste fidèle au jazz, il ne s'en étonne ni ne s'en inquiète. « Je trouvais ça bien. Les individus doivent s'assumer, si on veut contraindre quelqu'un, il revient de toute manière sur le chemin qu'il voulait se tracer. »

À tempérament peu ordinaire, destinée hors du commun. Les artistes dans la famille, on connaît, c'est dans le sang. Il y a toujours eu des passionnés, des pratiquants. Si peu d'entre eux ont réussi à franchir un certain palier de notoriété jusque-là, on pressent que Jacques peut aller plus loin. Madeleine et Pierre sont ravis de la direction prise par leur Jacquot. « Cependant, s'empresse d'ajouter Philippe, ma mère était un peu inquiète alors que mon père pas du tout. »

Après le temps des bœufs impromptus dans les caves du quartier, vient celui des répétitions plus structurées où les formations se cristallisent, où l'on se crée un répertoire digne de ce nom et où l'on se forge une identité en tant que groupe. Celui de Jacques, encore à géométrie variable, compte quelques vieilles connaissances comme Hadi Kalafate, Jean-Louis Licard ou Jean-Pierre Huster. Plusieurs apprentis batteurs se succèdent : Denis Pépin, Michel Pelay et Charlot Bénaroch.

La première audition du combo a lieu bientôt, pour Suzy Louba. Un coup pour voir. Suzy Louba est une sorte d'agent artistique indépendant. Sa référence : Frida Boccara ! La prestation a lieu au Globe près de la porte Saint-Martin, là précisément où Dutronc et

Lanzmann se verront remettre en 1993 le trophée de la Chanson préférée des Français depuis 1950 pour *Il est cinq heures, Paris s'éveille* (enquête « Quarante ans de 45 tours » réalisée par *Le Nouvel Observateur*). Curieuse revanche car, en 1960, Jacquot et ses acolytes se font proprement virer ! « Pourtant, précise Jacques, pour faire mieux, Jean-Pierre avait piqué des boutons de velours rouge à sa mère et il avait collé ça sur les postes de radio qui nous servaient d'amplis. Un sommet ! » Mais leur rock instrumental à la Shadows laisse Suzy de marbre.

Alors, toujours dans le but d'en imposer davantage tout en vérifiant la devise selon laquelle plus on est de fous plus on rit, on intègre deux saxophonistes, les frères Zammer. « Comme dans les films italiens, s'en amuse encore Jacques aujourd'hui, c'était le plus petit qui jouait du baryton alors que l'alto était tenu par un géant. » Kalafate est le chanteur de cette formation qui élargit son répertoire au tango et autres paso doble, et qui se produit à la fête des Loges, l'école Saint-Cyr et divers endroits de ce genre. Rien de glorieux, on se fait la main. Leur nom de scène : les Dritons ! Dans la cave de la rue de Clichy où ils répètent, Jean-Philippe Smet, à quelques mois seulement de sa métamorphose en Johnny Hallyday, vient fréquemment les écouter – il habite chez sa tante rue de la Tour-des-Dames, à deux pas. Jacques : « Il venait voir si nous faisions des progrès. D'ailleurs, on l'accompagnait le dimanche après-midi dans des salles de danse, transformées pour l'occasion en pseudo-discothèques. Mais, au départ, Johnny faisait ça pour se payer des études de comédien. » Par la suite – ou un peu auparavant, on ne sait plus très bien –, les Dritons engagent Ferrucio Baldaci, plongeur de métier dans une pizzeria. « Il chantait moitié en italien, moitié en je ne sais trop quoi », rit Jacques. Il y a aussi un chanteur antillais nommé Sammy qui passe dans la formation. Un bon, d'après Kalafate : « Il chantait fabuleusement bien tous les standards du rock'n roll. Il avait un anglais parfait, une merveille. Premier handicap : les Blacks à l'époque, c'était limite en France. Autre problème, il s'est vite retrouvé en taule. Une catastrophe pour nous. »

À toutes les époques du rock, le look a revêtu une importance capitale. Avec l'attitude et la musique elle-même, ils forment un tout.

Banane, gomina, boots, costumes en jean, en cuir ou lamé, comptent parmi les signes de reconnaissance de ce premier millésime. Dans le quartier, tout le monde se fringue chez Caddy, « un escroc qui avait ouvert un magasin pour habiller les twisters et les rockers, du côté de la porte Saint-Denis », selon Dutronc. Du brillant, des paillettes sur les pantalons, sur les vestes, sur les chemises, du vernis aux chaussures, faut que ça jette, faut que ça clinque ! « Exactement comme les guitares, tout le monde rajoutait des boutons dessus ! »

En cette année 1960, Jean-Philippe Smet a dix-sept ans, il passe une audition en costume violet chez Vogue à Villetaneuse. Il est signé par un certain Jacques Wolfsohn, directeur artistique, qui sent le vent du jeunisme souffler – il engagera bientôt d'autres post-adolescents : Françoise Hardy, les Fantômes, etc. Jean-Philippe Smet se mue en Johnny Hallyday et enregistre ses premières chansons. Mais il n'a pas oublié ses copains de la Trinité. Avant l'été, il vient leur dire :

– Voilà j'ai un imprésario, il s'appelle Georges Leroux. Je suis engagé au Vieux-Colombier à Juan-les-Pins. Il y a un mois à faire, est-ce que vous voulez m'accompagner ?

« Nos parents n'ont jamais voulu nous laisser partir, se souvient Hadi. On s'est retrouvés comme des cons : Johnny parti pour Juan-les-Pins, Baldaci à la plonge, Sammy en taule… »

Alors on traîne, plus que jamais, et on rencontre un jour au Calypso un gars bien en chair, affublé d'une chouette banane, un gars qui ne paye pas de mine, dyslexique sur les bords, qui zozote un peu, mais qui croit dur comme fer au rock'n roll – même si l'on peut douter de la réciproque. Il s'appelle Daniel Dray, Dany pour les copains. Il cherche un groupe ; Dutronc, Kalafate et Bénaroch cherchent un chanteur. On se teste mutuellement. Hadi : « Il réussissait à balancer quelques mélodies en yaourt ! » Jacques : « Il passait son temps en bagnole à imiter le rictus de Presley dans le miroir du pare-soleil. » Ça suffit pour chanter du rock, non ?

Entre-temps, Johnny a investi les hit-parades : *T'aimer follement*, *Souvenirs, souvenirs*… Décollage à la verticale ! À la Trinité, on en reste comme deux ronds de flan. « Et pourquoi on n'irait pas chez Vogue, nous aussi ? » se disent Dutronc et ses copains.

Seulement, à la différence de beaucoup de jeunes gens en devenir, Jacques ne rêve pas. Il n'est pas plus mature que les autres, ni plus intelligent, ni moins « artiste », seulement il ne se voit pas en haut de l'affiche. Non que cela ne l'intéresse pas, mais l'idée, tellement saugrenue, ne l'effleure pas. Pourquoi lui ? Oui, pourquoi lui. Mais pourquoi pas lui ? La musique, le rock'n roll, la guitare, c'est comme tout le reste, juste pour se marrer entre potes, non ? Puisque rien n'est sérieux dans la vie. C'est pourquoi il y aura toujours une distance entre Jacques et son activité de chanteur. Ça ne peut pas venir des tripes. Jacques n'est pas Vince Taylor, ni Johnny Hallyday, ni Édith Piaf. Chanter, communier sur scène avec des inconnus, ça n'est pas vital, pas un credo, pas un sacerdoce, pas même une vocation. Sa vocation, il le répétera à l'envi : en faire le moins possible tout en se marrant le plus possible. Il sait en outre que, quoi qu'il arrive, son couvert est mis au 67, rue de Provence, et ça change beaucoup de choses dans la vie lorsqu'on a le tempérament de Jacques, lorsqu'on a son penchant pour un certain laisser-aller, de disposer d'un filet aux mailles bien serrées et tellement solide. Jacques n'a manqué ni d'affection ni d'amour. Il n'a jamais eu qu'à se servir. Le blues de l'enfance malheureuse, pas pour lui.

Longtemps, Jacques le chanteur jonglera aux frontières de la parodie, tantôt d'un côté, tantôt de l'autre. Incrédule. Il n'y a pas de premier degré dans sa vision de ce métier. Se prendre au sérieux en tant que chanteur ? Impossible. Plan de carrière, ambition ? *Niet !* Ce n'est pas lui qui va aller chercher le succès mais ce dernier qui va venir le cueillir.

DEUXIÈME PARTIE

1961 – 1966

Feu follet ou feu de la rampe, au départ de chaque feu, court ou long : une étincelle. L'audition du quatuor de la Trinité à Villetaneuse constitue cette étincelle dans le parcours de Jacques. De cette initiative découleront les décisives rencontres avec Jacques Wolfsohn, puis Françoise Hardy, puis Jacques Lanzmann, puis Jean-Marie Périer… Autant dire que le premier pas de Jacques Dutronc en direction de la rampe de lancement se fait ce jour d'automne 1961 (on ignore précisément lequel) où les faux petits durs du IXe prennent un train, un bus ou un taxi pour Villetaneuse.

Ouvrons ici une parenthèse : à présent que les choses sérieuses commencent, les témoignages se multiplient, les avis divergent sur le quand, les mémoires défaillent et les souvenirs déraillent au sujet du comment ; les versions contradictoires se télescopent à qui mieux mieux. Qu'en disent les principaux intéressés ? Wolfsohn ne se souvient pas des détails : « Ce ne sont pas des choses qui m'ont marqué dans la vie. » Quant à Dutronc…

Bref, imaginons pour la postérité un après-midi pluvieux de fin 1961 – tellement plus romanesque qu'un matin ensoleillé de printemps. C'est la galère, on s'entasse avec guitares et amplis bricolés et on file en direction de la charmante Villetaneuse en Seine-Saint-Denis. C'est là-bas que Vogue auditionne, en ce temps-là, dans un… non, ça n'est pas un studio, juste un local muni d'un magnétophone et dans lequel on a disposé un micro Neuman (probablement un mythique U87) au centre. Quelle que soit la formation des candidats au microsillon, on les installe autour du micro, on tripatouille vite fait un équilibre sonore forcément bâtard et hop ! On ne va quand même pas s'emmerder cent sept ans ! Si talent il y a, le dispositif en place suffira à le déceler. L'essentiel est d'entendre quelque chose et le plus souvent ce quelque chose n'a rien d'excitant. Un certain André Bernot est chargé de ces auditions. Un personnage, Bernot. Il opère à longueur de journée, il était déjà là il y a un peu plus d'un an, ce jour où le jeune Jean-Philippe Smet s'est présenté. André Crudo, que nous allons vite retrouver sur le chemin de Jacques puisqu'il sera bientôt batteur dans le même groupe, assiste Bernot à la technique.

Digression au sujet de l'Idole – c'est ainsi que Jacques appelle Johnny. Johnny est arrivé pour son audition avec un guitariste et son cousin Lee Hallyday, mais aussi avec Jil et Jan, deux paroliers. Claude Wolf, directeur artistique, futur mari de Petula Clarke, et Jacques Wolfsohn sont également présents. « Grand blond, beau gosse, Johnny en imposait déjà, raconte Crudo. On sentait qu'il avait vraiment envie de faire ça. Il était très élégant, portait un costume couleur aubergine… mais il avait un œil au beurre noir, et il chantait affreusement mal, et faux. En même temps il gigotait, gesticulait… Quelle évolution depuis ! » Jacques Wolfsohn saisit dans l'instant le potentiel de l'adolescent survolté, entrevoit ce qu'il peut faire de cette fougue, de cet enthousiasme, de cette gueule à la James Dean. « Il a proposé à Johnny un contrat sur-le-champ en précisant qu'il n'y avait que lui qui l'intéressait, désolé pour son copain. » Loi du show-biz oblige : Johnny n'en demande pas plus.

André Crudo ne reste pas longtemps assistant technicien chez Vogue. En revanche, André Bernot, par ailleurs musicien (pianiste et accordéoniste), y fera toute sa carrière. Pourtant, c'est en tant que facturier qu'il a été engagé chez Vogue au sortir de l'armée, douze ans plus tôt. « J'étais très heureux d'être dans une maison où il était question de musique. Un matin, je monte au deuxième étage où il y avait un petit piano et je joue le premier mouvement de l'*Appassionata* de Beethoven. Évidemment, quelqu'un m'entend et c'est comme ça que je me suis retrouvé à diriger le service des auditions à Villetaneuse. »

Un beau jour, Johnny travaille en studio avec ses musiciens. Dédé Bernot est de l'autre côté de la vitre, affairé à ses machines. La bande magnétique est en place, la balance est faite, on peut y aller. Un deux trois… c'est parti ! Johnny envoie son *teenage* rock'n roll toutes tripes dehors. Bernot, professionnel, se soucie peu des mimiques et du jeu de jambes du chanteur et préfère se concentrer sur son job : le son. Il a le nez sur sa console quand démarre le chorus de guitare. Ça tricote plutôt pas mal ! Quand il relève la tête, panique : Johnny a disparu. Dédé l'entend hurler dans le lointain mais ne l'a plus dans son champ de vision. « Merde ! se dit Bernot ; qu'est-ce que c'est que ce chanteur qui se barre en plein milieu d'un morceau ? » Piqué par la curiosité, il s'approche de la vitre : Johnny est à terre, il se contorsionne comme un damné, guitare sur la hanche, arcbouté dans cette position qui le rendra bientôt célèbre dans la France entière.

C'est Jacques, plié en deux, qui me rapporte cette anecdote. C'est pour un tas de raisons de ce genre qu'il respecte Johnny, parce qu'il est capable de faire le show jusqu'en studio comme s'il y avait trois mille personnes derrière le double vitrage. Il a cette sincérité et cette spontanéité-là. Tellement éloignées de son regard à lui sur ce métier.

André Bernot sera l'ami de Dutronc, un proche durant trente ans. En plus d'être son ingénieur du son attitré chez Vogue, il l'accompagnera en tournée, sera à ses côtés pour de nombreuses apparitions à la télé, on le verra dans *Van Gogh…* Il aura longtemps sa carte de membre permanent du club très fermé des fameux potes. Aujourd'hui retraité, il est bouquiniste à l'angle du quai des Grands-Augustins et du pont Saint-Michel à Paris, car il a aussi la passion du livre. C'est là que je le retrouve un soir de septembre 2003, loin de la nébuleuse show-biz désormais. Soixante et onze unités au compteur, veuf, l'oreille un peu dure, la carcasse légèrement usée par les excès – on ne côtoie pas Dutronc pendant si longtemps sans y laisser quelques plumes. Il faut insister un peu pour que Bernot accepte qu'on se voie ailleurs, sans bruit, plus longuement. Il me reçoit finalement chez lui, dans un immeuble à Pigalle coincé entre un magasin de musique et un bar à putes. Le bouquiniste vit seul dans un appartement envahi par les livres. Un petit coin de table – la place de son assiette, je suppose – dans la cuisine nous sourit.

« On ne se voit plus beaucoup avec Jacques depuis que je suis pris par mon stand. Mais quand il passe en voiture sur les quais, j'entends crier : "Voleur !" Les gens se retournent et me demandent ce qui se passe. "C'est rien, je dis, sans doute un client mécontent !" »

Dutronc, toujours prompt à distribuer des surnoms à son entourage, lui en a offert quelques-uns au fil des ans. Entre autres celui de Montgolfière, à cause de ses slips, avouait-il dans *L'Autre Journal* en 1992 : « L'entrejambe arrive aux genoux et la taille à peu près entre les bras. »

Revenons avec Bernot à notre audition. On a chargé le magnéto, les musiciens sont disposés autour du Neuman, une mini-balance pour la forme et on y va : « Ça tourne ! » À Villetaneuse, ce jour-là, sont présents : Hadi Kalafate à la basse, Jacques à la guitare, Charlot Bénaroch à la batterie et Daniel Dray au chant. On interprète des standards du rock, qui n'en ont pas encore l'appellation bien sûr, juste des succès américains du moment – chansons d'Eddie Cochran ou de Carl Perkins, *Blue Suede Shoes*, *C'mon Everybody*…

Pour le technicien Bernot, c'est la routine. Il en a tellement vu et entendu depuis des années. Pourtant, ce qu'il entend sort de l'ordinaire. « C'est le côté instrumental qui intéressait Jacques, il était bon guitariste, il savait de quoi il parlait et connaissait les plans rock, jazz, etc. Il émaillait leur répertoire de trucs assez fins, alors que j'avais l'habitude de voir des jeunes un peu victimes d'Hallyday. »

Depuis plusieurs mois, les clones se multiplient, ils imitent, copient, plagient ou parodient Johnny sans forcément le faire exprès. Daniel Dray n'imite personne – et personne ne cherchera jamais à l'imiter – et le groupe derrière lui assure plus que la moyenne. Ça suffit à Bernot pour déroger aux habitudes. Cette bande-là ne restera pas dans sa boîte. « Wolfsohn n'était pas musicien mais il sentait les choses. Il passait dans la cour à Villetaneuse ce jour-là… » Dédé lui remet la bobine et le directeur artistique repart avec en direction du 54, rue d'Hauteville où se situent les bureaux de la maison Vogue.

« Je n'en ai plus entendu parler pendant un moment, poursuit Bernot, puisque ce n'était plus de mon ressort. Et un jour je reçois un coup de fil d'un p'tit gars : "Bonjour m'sieur Bernot, merci, on a été engagés par m'sieur Wolfsohn…" Je ne savais même pas qui me parlait… »

Bien sûr, c'est Jacques. Tout heureux de ce qui arrive à sa bande. L'aventure des Cyclones peut commencer.

* * *

Jacques Wolfsohn a aujourd'hui soixante-seize ans. Il coule des jours heureux et confortables, notamment sur la grande bleue qu'il sillonne chaque été sur son yacht. Un mouillage dans le port de Calvi fait partie du circuit annuel. C'est régulièrement l'occasion d'un gueuleton avec ses anciens protégés de chez Vogue. Présent cette année, j'y vois une occasion rêvée pour le rencontrer. Mais Jacques vient d'avoir une alerte cardiaque – nous y reviendrons –, il ne veut pas descendre jusqu'à Calvi, ne s'en sent pas la force ou le courage. C'est bien évidemment Françoise qui fait l'interface au téléphone. « Il est fatigué ? s'égosille Wolfsohn, eh bien dis-lui que j'ai seize ans de plus que lui et que je suis encore plus fatigué. S'il ne veut pas descendre me voir, je ne monterai certainement pas à Monticello ! »

Ce coup fourré n'arrange pas mes affaires. Je ne peux pas faire l'impasse sur le témoignage de ce personnage qui a la réputation d'être aussi insaisissable qu'imprévisible. Wolfsohn est trop important dans la carrière de Jacques. Grâce à une approche diplomatique de Françoise, nous nous rencontrons à Paris, au café de Flore au mois d'octobre. J'ai face à moi un petit homme charmant, à la mise un peu désuète mais tiré à quatre épingles, qui circule en autobus et boit de l'eau. Son œil pétille de malice d'un bout à l'autre de notre entretien. Il se montre tour à tour caustique, cynique, brillant, drôle mais jamais désagréable alors qu'on m'avait maintes fois mis en garde contre son côté irascible, soupe au lait, expéditif, caractériel, cruel… À la fin de notre entretien, je ne peux m'empêcher de le lui faire observer :

« Je suis très surpris, on m'avait dit que…

– Mais non, je ne suis désagréable qu'avec les cons ! »

Le temps de sourire en me rengorgeant sur ma chaise et il ajoute :

« Notez : vous en êtes peut-être un, mais je ne l'ai pas remarqué ! »

Cette fois j'éclate de rire, j'ai bien en face de moi ce Wolfsohn qui a eu tant d'influence sur Dutronc.

Voilà donc Jacques Wolfsohn fin 1961, avec un nouveau groupe sur les bras. La maison Vogue n'a pas une image très moderne. Elle est connotée jazz (Sidney Bechet, Claude Luter), accordéon (Aimable, Georgette Plana), opérette (Marino Marini), il est temps de donner un coup de jeune. On a marqué un essai l'an passé en signant Hallyday mais on se l'est fait piquer quelques 45 tours plus tard par Philips qui a pu le transformer (l'essai, pas Johnny – quoique…). Wolfsohn a plus de nez que d'oreille. Comme un joueur de poker, il tente des coups. On ne peut pas gagner tout le temps. Durant le même trimestre, il table aussi sur une jeune chanteuse nommée Françoise Hardy. C'est encore André Bernot qui l'a auditionnée (il a tenu ce rôle pour Michel Delpech aussi mais la bande est restée plusieurs années dans les paniers avant qu'une première chance, infructueuse, lui soit donnée chez Vogue). Françoise n'enregistrera son premier disque, *Tous les garçons et les filles*, que dans quelques mois ; en attendant, Bernot lui donne des cours de solfège dans la loge de concierge que sa mère occupe avenue de l'Opéra. « Elle chantait juste et avait une plastique de Garbo, avoue-t-il. Je me disais que ça ferait une belle pochette de disque. » Wolfsohn a une interprétation moins esthético-artistique des motivations de Bernot : « Tout ce que je sais, c'est qu'il m'a amené Françoise Hardy non pas parce qu'elle chantait bien mais parce qu'il avait envie de la sauter. » On ne peut soupçonner quiconque chez Vogue d'avoir de telles intentions à l'égard de Daniel Dray…

« Dans le temps, on faisait des disques pour se marrer, déclare Wolfsohn. Ce n'est plus le cas. » Dany Dray a une tête de truand ? Il le rebaptise El Toro. Pourquoi pas Franky, Tony, Eddy ou Jacky ? Pourquoi pas Taylor, Wilson ou Richards ? Parce qu'il ne fait rien comme les autres, précisément. Ses acolytes ont besoin d'un nom de scène, eux aussi. Les Typhons ? Les Ouragans ? Les Cyclones ? Va pour El Toro et les Cyclones. Ça change des Lionceaux, Vautours, Aiglons et autres Chats sauvages. Reste à trouver un répertoire, répéter et enregistrer. Donnons-nous une paire de mois, c'est bien suffisant.

Est-ce qu'on croit chez Vogue en El Toro et ses drôles de Cyclones ? On ne se pose pas ce genre de question. La seule qui vaille pour le directeur artistique : « Ça nous plaisait ou ça ne nous plaisait pas. Le marketing, je ne crois pas que ça existait. Tout ça était très artisanal… Hadi Kalafate, Charlot Bénaroch, Jacques étaient des jeunes gens pleins de vie. Le plus mauvais, c'était El Toro… Mais on n'était pas à la recherche *du* groupe, il ne me semble pas… »

Wolfsohn se souvient d'autre chose aussi, et pas de la moindre, qui par la suite aura son importance : « Jacques jouait très bien de la guitare. » Et la flatterie n'est pas le fort de Wolfsohn, Dutronc ne l'ignore pas. « D'après ce que je sais, avoue-t-il, Wolfsohn m'a repéré de suite. Le reste de l'équipe ne l'intéressait pas beaucoup. Mais ça le faisait marrer de monter un groupe genre El Toro et les Cyclones. » Ce goût pour la rigolade est sans doute le premier ciment entre les deux Jacques.

De cette audition, on n'a pas d'autre trace ou souvenir, si ce n'est ce constat général et plein de regrets de Bernot : « Dire que toutes les bandes de ces auditions sont parties à la poubelle… »

Dans les caves de la rue d'Hauteville, là où on stocke les disques et les archives, on fait un peu de place pour transformer l'espace en local de répétition. El Toro et les Cyclones vont y répéter en alternance avec les Fantômes, un groupe de Montmartre qu'a également recruté Wolfsohn. Très vite, on devient amis. « Il n'y avait aucune rivalité car ils jouaient instrumental et pas nous », dit Kalafate. Quand viendra le temps des enregistrements des uns et des autres, on fera ça ensemble, on se mélangera. C'est cette solidarité et cette promiscuité entre les deux formations qui vont permettre aux Fantômes d'enregistrer sur leur premier 45 tours deux instrumentaux de Jacques : le fameux *Fort Chabrol*, écrit quelques mois plus tôt à Saint-Cast et qui deviendra *Le Temps de l'amour*, ainsi que *Original Twist Guitar*. El Toro et les Cyclones vont, eux, se cantonner, le temps de deux EP (45 tours quatre titres), à l'adaptation française de rocks anglo-américains créés par Little Richard, Eddie Cochran, Cliff Richards ou encore les Shadows. La pochette du premier nous montre un quatuor posant en tenue de scène, instruments en main. Le verso propose un petit texte d'anthologie probablement torché sur un coin de nappe par Wolfsohn entre poire et fromage. Extrait : « Le chanteur est un justicier de la chanson et l'orchestre qui l'accompagne une véritable usine à rythme. [...] Hourrah pour El Toro et les Cyclones ! ! ! ! ! !» Le dithyrambe continue pour le second EP : «El Toro arrache les couplets avec un punch inégalable. [...] El Toro est l'athlète du rock et du twist et les Cyclones sont ses prophètes ! »

Les Fantômes connaîtront un certain succès, pas les Cyclones. «Une catastrophe, avoue Kalafate. Les Fantômes vendaient beaucoup plus que nous. »

Nous sommes au tout début de l'année 1962. Les Beatles n'ont pas encore gravé le moindre 45 tours. À dix-huit ans, Jacques Dutronc a sa photo en compagnie de ses potes sur une pochette de disque, il joue les parties de guitare des quatre chansons du premier disque d'un groupe dans l'air du temps. Elle est pas belle, la vie ? Jacques n'en a sans doute jamais demandé autant. Est-ce qu'il a la tête qui enfle ? Les chevilles qui gonflent ? Et rue de Provence, comment vit-on la chose ? Pierre et Madeleine sabrent-ils le champagne ? On se congratule ? On se prend à rêver ?... Pas le genre de la maison. Rien n'a changé. On a peut-être simplement fait le deuil de l'EPDI, d'un boulot classique, d'une vie ordinaire : il faut s'y résoudre, Jacques n'est pas dans la norme, il ne suivra pas les traces de Philippe, déjà fonctionnaire.

Pierre et Madeleine reçoivent les amis musiciens de leur fils d'une façon peu commune. Toujours cette permissivité, évoquée plus tôt par Françoise. «Comment expliquer qu'on a joué un nombre incalculable de fois jusqu'à 3 ou 4 heures du matin, s'en étonne encore Kalafate, sans que jamais personne ne soit entré dans la chambre pour nous dire : "Maintenant vos conneries, ça suffit !" Jamais ! Au contraire, c'était toujours des encouragements. Et pas une seule plainte des voisins non plus. Pourtant la chambre des parents était à côté, on jouait électrique, avec des amplis, et il y avait la batterie de Charlot Bénaroch. » Mais cette batterie va bientôt quitter la chambre de Jacques. Après l'enregistrement du premier 45 tours, Charlot quitte les Cyclones pour intégrer les Fantômes. Un coup dur pour El Toro et ses acolytes, vécu comme un drame par les parents de Jacques. «Quand il est venu démonter sa batterie, ils lui sont tombés dessus : "C'est honteux, un scandale, comment peux-tu nous faire ça ?" Ils ressentaient ça comme une trahison », raconte Kalafate.

Le groupe se produit chez Henry Leproux au Golf-Drouot, au théâtre de l'Étoile, à la salle Wagram... De ses premières armes en tant que musicien professionnel, Jacques conserve des souvenirs diffus, qui relèvent plus d'une ambiance générale que du détail. Notamment de celle qui régnait au Tabarin, un cabaret parisien qui, pour quelques jours, a été aménagé pour accueillir un festival de rock et de twist. À l'affiche, outre les Chats sauvages, Vince Taylor, Danny Boy, El Toro et les Cyclones : les Pirates, Rocky Volcano, Teddy Raye et bien d'autres. Que de noms tombés dans l'oubli ! Que de rêves brisés et d'illusions envolées ! Pourtant : « C'était sympa, dit Jacques. Les mecs se marraient, ils avaient envie de jouer, c'était pas une espèce de lutte ou de revendication sans arrêt. » D'abord rigoler, le credo ne varie pas.

C'est André Crudo, ex-assistant de Bernot, beau-frère de Marcel Blanche – excellent batteur de jazz officiant dans l'orchestre de Sidney Bechet –, qui remplace Bénaroch aux baguettes, et c'est précisément au Tabarin que se fait la rencontre. Charlot est encore derrière les tambours. « Je jouais avec les Machiavel Rock, précise Crudo, on accompagnait une chanteuse qui s'appelait Gélou. Ils ont dû m'écouter jouer et quand ils ont eu besoin d'un batteur, Hadi Kalafate, qu'on appelait Eddy parce que ça faisait plus rock, m'a contacté. On a pris rendez-vous dans une salle de billard vers la gare Saint-Lazare. Il m'a demandé si la place m'intéressait. J'ai assisté à quelques répétitions des Cyclones rue de Provence, chez Jacques. » André Crudo n'hésite pas longtemps. Il y a dans cette équipe-là quelque chose d'irrésistible : du talent, de la bonne humeur et des individus attachants. « C'est là que j'ai connu sa famille. Ses parents étaient d'une gentillesse et d'une compréhension ! Des gens très accueillants. Son père se mettait au piano de temps en temps, la cigarette au bec, sur le côté, comme Jacquot, très sympa... Les chiens ne font pas des chats. Je garde un très bon souvenir d'eux. Et tout de suite, j'ai aimé ce que faisait Jacquot à la guitare. C'est un jazzman au départ, il avait des références comme Chet Atkins. »

Crudo intègre donc El Toro et les Cyclones en signant un contrat avec Wolfsohn au moment où le groupe s'apprête à enregistrer son deuxième et ultime 45 tours. Petit problème : la photo est prise, la pochette déjà prête. « Wolfsohn m'a demandé si ça ne m'embêtait pas de ne pas figurer sur la photo. J'étais jeune, j'ai dit non. Je n'ai pas pensé à la postérité. »

Dans ces premières années 1960, la maison Vogue ne dispose pas de studio d'enregistrement, ni à Villetaneuse, ni rue d'Hauteville. On fait ça ailleurs. Crudo se souvient d'un studio dans le XIIIe arrondissement de Paris. « Nous avons enregistré les quatre titres du 45 tours très rapidement. Il n'y avait pas la rigueur d'aujourd'hui, d'ailleurs si vous réécoutez *Vingtième étage*, à un moment donné, Dany se plante dans le texte. Mais bon, c'est le rock ! Yaourt et compagnie ! » On est loin de la chanson à texte, beaucoup plus proche de la BD. Les titres de l'époque donnent un aperçu de ce goût pour la phonétique, l'onomatopée : *Wap doo wap*, *A wap bop a loo bop a lop bam boom*, *Be-bop-a-lula*, *Da doo ron ron*, *Boom boom*, *Ooby dooby*, *Rock-a-be-bop blues*, *Hoochie coochie man*, *Wang dang doodle*, *Itsy bitsy teenie weenie*, *Bama lama bama loo*, *Yaketi Yak*... Les mots n'ont plus d'importance, le chant est un cri, seuls comptent les riffs, les sons, l'énergie, l'enthousiasme, la volonté d'émancipation.

En bon éditeur qu'il est, Wolfsohn se tient au courant des succès anglo-américains, il reçoit les partitions de ses homologues étrangers et les transmet au groupe qui décide ou pas de les adapter, selon la tonalité, la couleur, la sensibilité et les capacités de chacun. Et si c'est El Toro qui tient le devant de la scène et brille au centre des affiches, Jacques est incontestablement le chef d'orchestre. « C'était le seul musicien du groupe, reconnaît André Crudo. S'il y avait un leader, c'était Jacques. Je ne pensais pas qu'il aurait réussi dans ce qu'il fait actuellement, mais je savais qu'il avait du talent et je le voyais compositeur. J'avais dit à sa mère après avoir entendu *Fort Chabrol* : "Jacquot a du talent, il va réussir." Mais à ce point-là, je ne l'imaginais pas. »

Lorsqu'on ne répète pas, qu'on ne joue pas, qu'on n'enregistre pas, on s'amuse du côté de la Trinité, on déambule sur les Grands Boulevards, on va traîner aux Champs. Les copains sont toujours les mêmes, Jean-Pierre Huster, Bibof, Jean-Louis Licard, Kalafate... Ont rejoint la bande : Crudo, Dany Dray, etc. On passe beaucoup de temps au Wimpy, le QG de la bande. « Il s'en est passé des choses là-dedans, confie Crudo. Comme dirait l'autre, on a donné ! On était gamins, on aimait les femmes. » On est assez insouciant, on ne se préoccupe guère de l'avenir, pas même de celui du groupe, on vit le moment présent. On chahute beaucoup. De quelle manière ? Crudo se souvient que Jacques était capable de se déguiser en clochard et d'entrer aux Galeries Lafayette par exemple, ou de renverser les poubelles. Un classique qui a fait ses preuves. « Sur les Champs-Élysées, on marchait tranquillement, et soudain Jacquot fonçait sur un quidam, il en faisait trois fois le tour avant de reprendre sa marche normalement, comme si de rien n'était. » Puis c'est au tour de Kalafate ou de Licard de répéter l'opération avec un autre promeneur. « Les pauvres gens ne comprenaient rien et nous, ça nous amusait. » On fait « l'oiseau » aussi. On marche comme dans les dessins animés, sur la pointe des pieds, les chaussures à la main, comme pour ne faire aucun bruit. De cette manière, on traverse des rues à la queue leu leu, les gens se bidonnent. C'est le but recherché. « Ça n'a jamais été méchant, ajoute Crudo. Mais le plus déconneur, c'était Jacquot. Et il retournait aussi rapidement dans son monde à lui, que tout le monde ignore. » Parce que Jacques a déjà dans cette fantaisie juvénile des bouffées de mélancolie qui se traduisent par ces sortes d'absences apparentes. Rideau !

Toute cette jeunesse, secouée par le rock et le cri d'émancipation qu'il véhicule, adore aussi le cinéma. Jacques, en particulier, en est dingue. On va souvent voir des films d'horreur au Midi-Minuit, un cinéma situé sur les Grands Boulevards, face au théâtre de l'ABC. Il arrive que Ghislaine soit de la partie. Celle-là même que Jacques a rencontrée sur les bancs de l'EPDI il y a une paire d'années.

« Jacquot était un homme à femmes, dit encore Crudo. Quand, en plein milieu d'une répétition, il annonçait un "plan de gitane [1]", ça voulait dire qu'il avait envie de se défouler. Et il y avait pas mal de secrétaires volantes dans le coin... Par ailleurs, je me souviens qu'un peu plus tard, mais bien avant qu'il se mette à chanter, Jacques était déjà amoureux de Françoise Hardy. Il me disait : "Qu'est-ce qu'elle est belle !" Mais il était tellement timide... » Paradoxale timidité. Peut-être vaudrait-il mieux parler d'excessive pudeur d'ailleurs car,

1. Une prostituée du quartier ressemblant à une gitane a inspiré cette expression.

si la déconne et la provocation ne lui font pas peur, l'intimité, le tête-à-tête le font fuir.

* * *

Il y a eu le premier groupe, la première composition, la première audition, le premier disque. Le temps est venu de la première tournée, la première digne de ce nom et, dans ce livre, focalisons-nous sur les premières fois, tant les suivantes ne sont bien souvent que les répétitions des précédentes et n'ont plus beaucoup à nous apprendre.

Dans l'écurie Vogue du moment, on trouve un jazzman français répondant au sobriquet d'André Réwéliotty, qui jouit d'une popularité suffisante pour monter autour de son nom une tournée d'été qui doit sillonner quelques provinces françaises, notamment la côte Atlantique, ainsi qu'une curieuse incursion au pays Basque espagnol. André Réwéliotty est clarinettiste, une sorte de rival de Claude Luter. Les tournées de cette époque proposent des packages constitués d'une vedette et de plusieurs artistes censés se succéder avant l'arrivée en scène de la première. En guise de levers de rideau, comme on les appelle, pour Réwéliotty cet été 1962: Michel Sydney, un chanteur noir qui fait du rock'n roll, Maguy Marshall, une chanteuse corse, comme son nom l'indique, qui se fait accompagner par deux guitaristes également corses (« Ils jouaient merveilleusement bien, se souvient Crudo, avec une technique formidable, et Jacquot, la cigarette au coin des lèvres, les regardait, admiratif. Ils ont sympathisé au cours de la tournée. Peut-être que cette rencontre a participé à son amour de la Corse... »), et l'impayable El Toro secondé par ces princes du rythme que sont les Cyclones.

Pour Daniel Dray, Hadi Kalafate, André Crudo et Jacques Dutronc, que demander de plus que d'embarquer tous les quatre, matos compris, à bord de la DS break du tourneur pour aller déverser leur rock'n roll bon enfant dans des campagnes inconnues de chacun d'eux ? Et d'être payés pour le faire ! Oh ! Pas lourd, certes. 5 000 anciens francs par gala. C'est encore Crudo qui a de cette tournée les souvenirs les plus affûtés: « On était contents parce qu'on était jeunes et qu'on vivait notre passion. On était ensemble, c'était la belle vie, on avait toutes les filles qu'on voulait. » Nous sommes en juillet, il fait beau, il fait chaud, les seins se dressent sous les voiles légers. « J'appréciais tellement ce que faisait Jacques à la guitare que, quand on se retrouvait sur une plage avec des filles, j'étais fier de lui, de la manière dont il jouait. Et je lui réclamais toujours des morceaux de Chet Atkins, en particulier *Walk, don't Run.* »

La caravane va ainsi son petit bonhomme de chemin et il lui arrive de croiser celles de Sacha Distel ou d'Henri Salvador dans telle ou telle ville pour une fête plus grande encore.

Lors du rituel quotidien de la balance, Jacques s'amuse parfois à désaccorder sa guitare pour n'en extirper que des sons horribles, totalement dissonants, pour le simple plaisir, semble-t-il, de dérouter les spectateurs déjà présents, les laisser croire que leurs oreilles vont affreusement souffrir pendant la demi-heure qui va suivre. Bien sûr, lorsque les premières mesures officielles de la prestation d'El Toro résonneront, la guitare sera réaccordée. « Il faisait déjà le *bossu* aussi, *dixit* Crudo, *alias* Cru-cru. Il se tassait, se voûtait au maximum, ce qui formait une bosse extraordinaire dans son dos. Il était capable de jouer comme ça très longtemps. Maintenant, il est naturellement voûté, et je me rappelle que son père l'était déjà en 1962. »

Réwéliotty va d'une ville à l'autre au volant de sa propre voiture, sa femme à son côté. Il a une réputation de solide buveur. Les jours de la tournée passant, des affinités se créent dans la caravane. À plusieurs reprises, des Cyclones font le trajet dans sa voiture où l'on est moins tassés que dans la DS break. Un matin, Jacques est assis sur la banquette arrière avec Mme Réwéliotty. Il dort. Hadi occupe le siège à côté du conducteur. On se dirige tranquillement vers l'étape suivante. Kalafate se souvient que, quand Jacques se réveille, Réwéliotty lui lance, gratuitement :

« T'as une tête de curé, toi !

– Patience, mon fils, tu vas bientôt mourir ! » lui renvoie Dutronc sans plus de frais.

Trois jours plus tard, il est question que Jacques et Hadi voyagent de nouveau avec le clarinettiste et sa femme. Pour une raison inconnue, ils déclinent l'offre. Ce jour-là, Réwéliotty se tue sur une route de Bretagne.

« Plusieurs fois, j'ai remarqué ça chez Jacques, dit Kalafate, ce don d'anticiper, ou de faire une analyse immédiate de ce qui se passe et d'en tirer une conclusion… irrationnelle. »

Le drame met fin à la tournée et renvoie chacun chez soi. Triste épilogue pour ce premier quadrillage de l'Hexagone. Le combo ne s'en remettra pas. À la rentrée, Daniel Dray est appelé sous les drapeaux. En rasant sa banane, il signe la fin de sa carrière de chanteur de rock'n roll. Les Cyclones se retrouvent orphelins. Wolfsohn les branche sur une autre chanteuse maison : Micky Ameline, qu'ils accompagnent au théâtre de l'Étoile en première partie de Gene Vincent, créateur entre autres de l'incontournable *Be-bop-a-lula*. Le souvenir que conserve Jacques de la soirée n'est pas musical (de la prestation de l'une des plus grandes idoles du rock de tous les temps, jamais un mot) mais anecdotique. « Gene Vincent voulait me casser la gueule. Il était persuadé que je lui avais volé son peigne. Au bout de trente-sept bières, il faisait une fixation et ça me retombait dessus. »

Puis c'est au tour de Jacques de devoir remplir ses obligations militaires et c'est la fin des Cyclones première mouture. La formation continuera à graver quelques 45 tours sans jamais rencontrer le succès. « C'était fini parce que Jacques était la pièce maîtresse de l'orchestre. Peu de gens aujourd'hui savent qu'il avait un vrai talent de guitariste. Et c'est lui qui avait le plus de charisme. Malgré son jeune âge et par sa nature un peu en retrait, il intriguait déjà, il amenait à l'interrogation de par son comportement », commente André Crudo. El Toro et les Cyclones auront été un de ces nombreux groupes éclairs qui n'auraient laissé aucune trace dans l'histoire du disque, n'était la présence en leur sein du jeune Dutronc Jacques. Wolfsohn a misé sur le comique produit par un chanteur au physique à contre-emploi, mais au fond, il s'en foutait, ça remplissait le catalogue. Daniel Dray était le seul à y croire, finalement. El Toro et les Cyclones pouvaient convenir pour animer une surboum, mais ils étaient un peu légers pour envisager une carrière discographique heureuse, dans la mesure où leur répertoire, à l'instar de beaucoup de concurrents, se composait exclusivement d'adaptations.

Une page se tourne pour Jacques : la fin des Cyclones, le départ pour l'armée. Pourtant, on dirait que les événements glissent sur lui sans le marquer ni même le toucher. Fataliste, il accepte les choses, prend ce qui se présente. Une tournée d'été en tant que guitariste, un séjour de dix-huit mois en Allemagne… Après tout, peut-être qu'on se marre aussi, à l'armée. Crudo : « Je ne connaissais pas ses ambitions, je pense qu'il était content avec les Cyclones. Ensuite les choses se sont faites logiquement par rapport à son talent. Jacques est un rêveur, un artiste, avec une sensibilité d'artiste. À partir du moment où vous savez le gérer… Le hasard n'existe pas, c'est un phénomène de réciprocité des faits par rapport à votre vécu, à ce que vous semez. C'est un phénomène vibratoire, vous émettez une énergie, et elle vous revient. » Dans les années qui vont suivre, Crudo accompagnera quelques artistes de variétés, dont Alain Barrière et Françoise Hardy. Puis il sera photographe aux Archives nationales, arbitre de tennis à Roland-Garros (plusieurs finales à son actif dont une Lendl-McEnroe d'anthologie). Il est aujourd'hui végétarien convaincu, il fait de la pub, de la figuration, et il joue toujours de la batterie dans un orchestre de jazz. Près de quarante ans après l'aventure des Cyclones, il croise de nouveau la route du guitariste à lunettes en décrochant une figuration sur le film de Michel Blanc *Embrassez qui vous voudrez*, dont Jacques tient un des principaux rôles. « Je vais le saluer et lorsqu'il me reconnaît : "Cru-cru, qu'est-ce que tu fais là ?" Et tout de suite après : "Tu te souviens de Licard ? L'alcool a eu raison de lui…" Puis on a parlé un peu et Jacques m'a demandé mes coordonnées. Deux ans plus tard, il n'a toujours pas téléphoné. »

* * *

En plein soleil, le visage et les épaules hâlées, Jacques sirote un déca installé dans son pliant, un fauteuil de réalisateur qu'il referme après chaque utilisation, à cause des chats. Ils pisseraient sur la toile pour marquer leur territoire, foutu en trois jours ! Jacques porte un bonnet de laine, pour maintenir ses cheveux en arrière, un marcel blanc, ses bottes Fry et un treillis militaire de couleur kaki. Non pas dans le but d'être raccord pour me parler de l'armée mais à cause des chats, encore une fois. Ils se font les griffes sur ses jambes, c'est la seule toile qui résiste. Il règne une chaleur à crever sur la terrasse de Monticello. Il est pourtant à peine 10 heures du matin. Un matin d'été ordinaire. Jacques a besoin de sa dose quotidienne de soleil, on dirait un de ces animaux à sang froid qui lézardent sur un rocher brûlant aux heures chaudes du jour afin de faire grimper leur température.

Jean Luisi lit *Le Canard enchaîné* un peu en retrait, à l'ombre d'un chêne-liège. Lui porte un tee-shirt jaune canari et un pantalon beige qui accusent le coup. Les plis commencent à dater. La machine à laver n'a pas beaucoup tourné cette semaine.

J'appuie sur le bouton *play* de mon enregistreur quand Luisi déclare, péremptoire, et sans lever le nez de son journal : « Moi, je suis pour le partage des terres dans le Nirvana. » Jacques me fait comprendre du regard que la fin est proche, inutile de relever, la sénilité le dévore. On peut commencer.

« J'ai eu un zona en arrivant à la caserne de Trèves, en Allemagne, en novembre 1962. Un infirmier pied-noir m'a aidé à me barrer quatre jours après mon incorporation. » Jacques n'évitera pas les classes pour autant : « Trois mois dans le froid ! Ils m'ont fait chier plus qu'autre chose. »

Après ce passage obligé, ce sont les corvées habituelles, répétitives jusqu'à l'obsession. Les bottes de l'adjudant qui ne sont jamais assez propres, alors Jacques recommence, encore et encore. Le petit jeu de l'humiliation bien rodé des gradés qui se débarrassent à bon compte de leur frustration. Le sadisme de l'uniforme.

Jacques a encore des noms plein la tête, peut-être se reconnaîtront-ils s'ils vivent encore malgré une orthographe sans doute approximative. Le capitaine Alibert, l'adjudant Magri, le sergent-chef Horms, surnommé Fati par les troufions. Il y a aussi l'adjudant Durond, haut comme trois pommes, défiguré par une énorme verrue sur le visage et sourd d'une oreille, ce qui l'oblige à tourner sans arrêt la tête. Bien sûr, ça fait rire toute la caserne. Mais gare à qui est pris en flagrant délit. Une beigne en pleine tronche ! « On se moque de moi ? » Jacques l'imite en prenant une voix aiguë, tranchante, et en plissant un œil, à la manière de Roquevert. Ce même Durond l'emmène un jour voir une exposition philatéliste au Luxembourg. « Je lui avais fait croire que j'étais passionné de timbres. Tout était bon pour fuir, pour m'évader d'une certaine manière… »

Qui dit armée, dit permissions. Certaines sont officielles, d'autres un peu moins, que le bidasse Dutronc doit à certaines complicités dans la caserne. Sur les quais de gare, c'est un peu le jeu du chat et de la souris avec les uniformes. La coupe de cheveux, l'âge, la tenue, ça ne trompe personne. Pour ne pas se faire prendre, Jacques fait sienne la méthode éprouvée au cinéma : « Je repérais une femme avec enfants et bagages : "Je vous en prie, *Bitte* !" Je l'aidais avec son barda et on passait sous le nez de la police qui nous regardait sans broncher. » Ainsi Jacques multiplie les fausses perm'. Il fera une trentaine de jours de prison, pour ça et pour d'autres motifs d'insubordination.

Qui dit armée, dit aussi beuveries. Jacques découvre l'alcool. « Ado, je ne buvais pas. L'armée déclenche pas mal de choses. Surtout en Allemagne, avec le jus de houblon... » Ces beuveries s'accompagnent de jeux de garçons, il faut bien meubler les temps morts. Baby-foot, évidemment, mais aussi concours de rots, et là, Dutronc est imbattable. « J'ai fait le plus grand rot du 51e bataillon de transmission, ingénieur du son à l'appui : c'est l'aiguille qui a parlé. » Ça aide à l'armée, ce genre de prouesse : « Mieux que le bac ! »

Assez rapidement, Jacques parvient à faire de la musique à Trèves. Il est convoqué un jour par un gradé qui a eu vent de ses aptitudes musicales et il se retrouve à jouer au mess des officiers. On retrouve une dernière fois Crudo dans ce livre : « J'ai reçu un matin une lettre de Jacques. Il m'expliquait comment ça se passait pour lui et me demandait si ça m'intéressait de venir jouer pour le jour de l'An à Trèves. Ses supérieurs lui avaient demandé d'organiser une soirée baloche et il lui manquait un batteur. » Par la suite, Jacques monte un orchestre à peu près stable et joue jusque dans les bistrots allemands. « Pour les grandes manœuvres, j'avais même amené ma Gretsch et mon ampli Gretsch, parce qu'on jouait avec des Amerlocs là, genre Presley avec des pantalons larges. »

Pendant ce temps, à Paris, Françoise cartonne avec *Le Temps de l'amour*. Wolfsohn commande alors à Jacques d'autres musiques pour elle. L'ex-Cyclone compose à Trèves, entre deux corvées de patates, *Va pas prendre un tambour* pour sa future femme, qui l'enregistrera. Le directeur artistique de la maison Vogue se souvient d'avoir écrit aux autorités militaires pour que Jacques puisse revenir en permission à Paris. Toutes les occasions sont bonnes et les situations exploitées. En attendant la quille, Jacques est nommé maître ouvrier aux transmissions, puis il termine son service en tant que régulateur chiffreur !

« Tout ça a duré dix-huit mois. Tous mes potes étaient des pieds-noirs : Gimenez, Manzanarès, Navarro, Valéro, que j'ai revu, il tenait un salon de coiffure à Nancy… alors qu'à l'armée, c'était le super caïd… »

On n'en saura pas plus sur le service militaire de Jacques. Pendant que nous terminions le chapitre de l'armée, Jean Luisi pliait son *Canard* et allait préparer l'apéro. À présent, il déclare le bar ouvert.

Nous nous déplaçons de quelques mètres pour nous jucher sur les hauts tabourets disposés autour de l'enclos où il s'affaire avec ses seaux à glace.

« Les glaçons fondent instantanément, fait-il remarquer, alors que je leur dis de rester frais et propres. »

Je range mon matériel et avale une gorgée de Commanderie. Jacques a allumé un autre Lusitania, il observe sa vigne vierge, coince une jeune pousse dans la direction voulue. Dans un moment nous entendrons le 4 × 4 de Marie-Do. Elle en descendra avec un plat de lasagnes ou des légumes farcis ou de l'aïoli. Sans doute une salade composée en entrée et une tarte aux pommes pour le dessert. Il est possible que nous ayons déjà ouvert la deuxième bouteille quand elle arrivera. Paoli montera peut-être aujourd'hui. Il y a des semaines où il fait le trajet tous les jours, d'autres où on ne le voit pas. Personne ne demande d'explication. En a-t-il une lui-même ? Un busard tournoie dans le ciel tandis qu'en contrebas, à fleur de Méditerranée, plus trace des moutons qui, la veille, faisaient la planche. Ils ont dû se laisser dériver plus au sud, vers la Sardaigne.

Jean a repris la lecture du *Canard*. Il déclare soudain en le reposant violemment :

« La démocratie me fait chier !

– Pourtant avec ta gueule, rétorque Jacques, tu devrais la remercier… »

Une gorgée.

« Par contre, tu me dis tout le temps que tu aimes la nature, je serais toi je lui en voudrais, vu ta tronche ! »

La nature est silencieuse à cette heure.

* * *

Quelques années à peine après sa naissance, la malédiction frappe le rock'n roll : Eddie Cochran se tue en voiture sur une route d'Angleterre, Jerry Lee Lewis fusille sa carrière en épousant sa cousine âgée de treize ans, Elvis est appelé en Allemagne sous les drapeaux, Little Richard touché par la grâce divine entre dans les ordres, Chuck Berry passe deux années derrière les barreaux pour une affaire de mœurs, Buddy Holly et quelques autres décèdent dans le crash d'un avion privé. L'Amérique conservatrice et paranoïaque qui a vu dans cette « musique de nègres » une tentative de déstabilisation nationale orchestrée par les communistes croit avoir emporté la bataille. Dean Martin, Frank Sinatra, Paul Anka peuvent reprendre le devant de la scène. La bête est à terre. Mais elle n'est pas morte, seulement blessée…

À son retour de l'armée, au printemps 1964, Jacques est embauché comme guitariste dans l'orchestre d'Eddy Mitchell, lui aussi dégagé de ses obligations militaires – il est de dix mois son aîné. Le paysage musical français a évolué en un an et demi. Le temps n'est plus aux groupes, à l'inverse de ce qui se passe en Grande-Bretagne où Beatles, Rolling Stones, Who et autres Animals ont entamé leur conquête de la planète – les Américains eux-mêmes parlent de *British invasion*. Chez nous, on voit naître la génération des yé-yé, un mouvement hétérogène qui mêle chansonnette, twist ou rock'n roll et dont le label recouvre indifféremment Sylvie Vartan, Richard Anthony, Françoise Hardy, Sheila, Claude François, Frank Alamo, etc. Des pionniers du rock à la française n'ont survécu que Johnny Hallyday, Dick Rivers et Eddy.

Tourner avec Eddy, même si c'est provisoire, c'est autre chose que faire le bœuf avec El Toro et bouffer la vache enragée qui va de pair…

À part ça, la France va bien. Le Français moyen consomme toujours plus, les téléviseurs font leur entrée dans les salons, les réfrigérateurs s'installent dans les cuisines, l'automobile se démocratise et les vélomoteurs envahissent les rues. L'Algérie appartient au passé – ou plutôt aux Algériens –, de Gaulle est plus populaire que jamais et Jacques Wolfsohn engage Jacques Dutronc comme assistant, non pas salarié des disques Vogue mais des éditions Alpha qu'il possède.

« Monsieur Wolfsohn, en quoi consistait son travail à vos côtés ?

– À m'assister. »

J'apprends à mes dépens qu'il vaut mieux éviter de tendre des perches à Wolfsohn. Heureusement, l'œil rit ostensiblement. En attendant des réponses plus consistantes de sa part, André Bernot, l'ingénieur du son bouquiniste, nous fournit son explication des choses : « Quand un jeune chanteur arrivait chez Vogue avec un texte, Wolfsohn demandait à Jacques de coller une musique dessus. Une chanson, c'est une musique et un texte qui vont bien ensemble. Ayant composé *Fort Chabrol*, alias *Le Temps de l'amour*, qui avait été un succès interprété par Françoise Hardy, Jacques était habilité à faire ce travail et il l'a fait d'une façon magistrale. Parfois, des gamins qui n'avaient généralement aucune culture musicale arrivaient avec paroles et musique. Jacques était là pour pallier les déficiences mélodiques, harmoniques ou rythmiques. » Et Kalafate d'ajouter : « Il avait déjà ce don pour la composition, chaque fois la mélodie tombait pile. Un talent, une facilité incroyables. » Ces gamins dont parle Bernot s'appellent Benjamin, Zouzou la Twisteuse, Anne-Marie Nebot, Claude Puterflam, dit Peter Flamme. Ce sont les nouvelles recrues de la maison. Ils arrivent donc avec une chanson bancale, un joli brin de voix ou une belle gueule – parfois rien de tout ça –, et Jacques a la charge d'accoucher l'artiste débutant. Un boulot sur mesure pour lui qui n'en demandait pas davantage : faire de la musique du matin au soir rue d'Hauteville, soit à environ trois cents mètres de chez lui, pour le compte d'un type qu'il apprécie ? Il aurait bien continué toute sa vie. En devenant un Cyclone deux ans plus tôt, Jacques savait bien que les ventes de leurs disques ne lui permettraient pas d'en vivre. En revanche, les royalties dues aux succès du *Temps de l'amour* et, dans une moindre mesure, de *Va pas prendre un tambour* sont loin d'être négligeables et il apparaît comme évident que c'est l'écriture de chansons qui peut nourrir son homme.

Les deux Jacques s'entendent comme larrons en foire. Le même goût de la bouffonnerie, de la dérision, de l'irrespect. Dans son livre de souvenirs intitulé *Le Voleur de hasards*[1], Jacques Lanzmann les décrit comme branchés sur les mêmes facéties, unis par quelque chose de médiumnique. « Ils se sont influencés jusqu'à déteindre l'un sur l'autre. » Il est vrai qu'ils sont aussi iconoclastes l'un que l'autre et qu'ils ne font rien dans la norme. D'ailleurs, Wolfsohn ne se voit pas comme un professionnel : « Si je l'avais été, je n'aurais pas fait des trucs pareils. Chaque fois qu'il y avait quelque chose d'un peu nouveau, les gens du métier disaient : "Ça ne marchera pas pour telle ou telle raison." Quand on est professionnel, on écoute et on en tient compte. Moi je n'écoutais personne. » Le refus du consensuel, la préférence pour l'originalité, voire l'excentricité, autant de principes auxquels ne peut qu'adhérer Jacques qui se souvient aujourd'hui qu'au rayon farces et attrapes ils ont fait chanter à un légionnaire des chansons aux paroles (ou titres) aussi évocatrices que : *Pompe-moi le dard, J'ai un poil à mazout, La Légende de Mac et Kate*… Les plaisanteries se font parfois à l'insu des interprètes. Jacques (à propos du légionnaire) : « Il voulait frapper le public parce que tout le monde le sifflait, lui disait : "Ta gueule !" » « Lorsque Dutronc était mon assistant, enchérit Wolfsohn, et que j'auditionnais de jeunes artistes, si ça durait trente secondes, il les chopait à la sortie et leur disait : "Dites donc, il vous a écoutés trente secondes, c'est que ça lui plaît drôlement !" » Parce que c'est son truc, à Wolfsohn, de recevoir les gens en coup de vent et de les virer dès qu'ils ouvrent le bec. Forcément, ça amuse Jacques, et tant pis si les apprentis chanteurs sont trop sensibles ou s'ils n'ont pas d'humour. Version de Lanzmann : « La sévérité de Wolfsohn était choquante. Du genre : "Bon, ça suffit ! Tu remballes ta rengaine et tu vas voir ailleurs si j'y suis !" Parfois, pire : "Bon, ça va. Ton truc, c'est de la merde !" » Terrible épreuve que n'ont plus à vivre les prétendants

1. Paris, Jean-Claude Lattès, 1992.

au disque aujourd'hui. On grave un CD, on l'envoie par la poste. Pourquoi pas par e-mail ?

Dans le Paris *by night* de ces années-là, une jeune fille se fait remarquer jusqu'à l'aube sur les pistes de danse des boîtes branchées. Elle a une belle gueule, de l'aplomb, et elle twiste mieux que personne. Elle s'appelle Danièle Ciarlet, mais pour le Tout-Paris elle est déjà Zouzou la Twisteuse. Très vite, elle se fait remarquer par les tireurs de ficelles du show-biz et Pierre Bénichou lui décroche un jour un rendez-vous chez Vogue. Elle n'a jamais chanté de sa vie. « Il valait mieux être bien dans ses baskets, parce qu'entre Wolfsohn et Dutronc ricanant tous les deux dans leur coin… c'était pas évident. » On imagine. Heureusement pour elle, Zouzou connaît le chanteur Benjamin qui a déjà fait quelques chansons avec le tandem Wolfsohn-Dutronc ; elle sait par conséquent à quoi s'en tenir avec ces deux-là. La rencontre se passe bien puisque Zouzou ne se fait pas jeter comme les autres. « C'était sans doute grâce à mon physique plutôt séduisant de l'époque. Wolfsohn ne m'a même pas fait chanter une note pour savoir si j'en étais capable. Comme a dit Dutronc plus tard : "Coup de bol : Zouzou chantait juste !" »

La petite mécanique de la rue d'Hauteville peut se mettre en place : Zouzou a dans sa besace quelques textes que Jacques va mettre en portées. Elle veut chanter des ballades folks, quelque chose dans l'esprit de ce que fait Marianne Faithfull qui vient de connaître un énorme succès avec *As Tears Go by*, écrit par le couple Jagger-Richards des Rolling Stones. « J'ai donc demandé à Jacques d'écouter ses disques et d'essayer de travailler dans cette direction, et il a composé des musiques que j'ai trouvées très bien. Il est devenu mon guitariste et compositeur attitré puisque, des huit titres que j'ai sortis chez Vogue, il y en avait six de lui. »

Tout cela, selon Jacques, est fait avec les moyens du bord. Sans nostalgie particulière, Zouzou raconte leur façon de travailler : « Jacques me jouait à la guitare des choses qu'il avait trouvées. Il me donnait une ligne mélodique et on essayait de faire coller mes textes dessus. » Lorsque le résultat convient à Wolfsohn, on entre en studio où pratiquement tout se fait en direct, sous la direction de Dutronc. « J'étais dans ma boîte, à crever de chaud avec mon casque sur les oreilles, tandis que Jacques et les autres faisaient la rythmique. C'était très rapide : on enregistrait quatre chansons en deux jours. Un deux trois quatre, et tout le monde y allait. Après, l'arrangeur arrivait avec ses violons dont je me serais volontiers passée, mais c'est Wolfsohn qui les voulait parce que j'étais une fille, ça devait être plus romantique… » Ces autres qu'évoque Zouzou sont Hadi Kalafate à la basse, Michel Pelay à la batterie et un certain Alain Legovic aux claviers, devenu depuis Alain Chamfort – des Pieds, comme s'amusera à le préciser Dutronc ; autre aimable sobriquet qu'il lui attribuera : l'Institutrice anglaise –, mais c'est beaucoup plus tard qu'elle fera le lien : « J'ai réalisé bien après, en revoyant des photos du groupe, qu'il s'agissait de lui. Il était tellement timide et en retrait, transparent, que je ne l'avais pas remarqué. Il s'asseyait derrière son piano et repartait sans rien dire. »

Un jour, Zouzou passe la porte du studio pour assister à une séance de cordes sur une de ses chansons. Les partitions sont sur les pupitres, l'orchestre en place, mais elle remarque soudain qu'un inconnu brandit un fusil. Un coup d'œil étonné vers Wolfsohn qui déclare aussi sec : « Faut tuer les canards ! » Et l'arrangeur armé d'ajouter : « Faut leur foutre un peu la trouille aux violoneux ! Alors de temps en temps je tire un coup en l'air ! » Zouzou se souvient de la tête des musiciens, genre quatuor de l'Opéra, très chic, des pros à qui l'on ne reproche pas souvent de faire des fausses notes.

Dutronc a la chance d'être tombé sur le directeur artistique le plus loufoque de Paris, lequel devient peu à peu son mentor, maître à (ne pas) penser, prof de gags, coach à coucher dehors, *sparring partner*, père spirituel, car il y a indéniablement un côté paternaliste chez Wolfsohn. « J'étais content de travailler avec lui, dit Jacques. C'était un personnage génial. Les gens le trouvaient plutôt original, voire désagréable. Faut dire qu'il avait du caractère. Mais ça s'est toujours bien passé entre nous. Wolfsohn ne m'a jamais fait chier. » C'est vrai que les flèches de Wolfsohn ne sont pas dirigées contre son protégé. Ses colères l'épargnent, ses méchancetés l'ignorent, ses railleries le préservent. On rit mieux à deux d'une vacherie adressée à un tiers.

Entre Jacques et Zouzou aussi le courant passe. « Je m'entendais bien avec Dutronc parce qu'on avait des points communs : on aimait la liberté. Personne pour nous passer la bride au cou. » Elle n'est pas la dernière à aimer s'amuser et ça l'autorise sans doute aux yeux de Jacques à participer aux habituelles virées entre potes. « On a bien déconné ensemble, dit-elle. On faisait des choses pas très recommandables. Au Wimpy qui se situait en face du Golf-Drouot, Jacques et Hadi crachaient des gros mollards bien dégueulasses dans les pots de ketchup en forme de tomate. On s'en allait et par la fenêtre on regardait les gens qui se servaient et ça nous faisait hurler de rire. C'était plus que douteux. Des trucs de mômes... » Jacques Borel, initiateur des restaurants Wimpy, risque de se retourner dans sa tombe.

Au moment où je rencontre Zouzou, dans un bistrot près de la Bastille en octobre 2003, une intégrale de ses chansons paraît chez BMG en même temps qu'une biographie chez Flammarion. Cette actualité l'a forcée à se retourner sur son passé, trier des documents d'archives, et elle se dit surprise d'avoir revu des photos d'elle et de Jacques marchant dans la rue, se tenant par la main. « Dans mon esprit, il ne m'avait jamais ne serait-ce qu'effleurée » ; même pas pour les besoins d'une séance photos. Sur le CD figurent des versions alternatives et des bandes de travail. Le but étant de témoigner de l'état d'esprit qui régnait au cours de ces sessions. « On m'entend lui dire : "Merde ! Tu me fais chier Dutronc ! Ça suffit !" Il balance une grosse connerie derrière et j'éclate de rire. Puis on l'entend qui compte et la musique reprend. Deux minutes plus tard, il m'envoie une autre bêtise dans le casque... C'était ça tout le temps ! »

Ghislaine B. a été la petite amie de Jacques pendant de longues années. On sait peu de choses à son sujet. Elle habite une belle maison à Vincennes, Jacques la rencontre à l'EPDI. Assez rapidement, ils sortent ensemble, ils ont dix-sept ans. Philippe Dutronc se souvient de la fiancée de son petit frère. Il la décrit comme extrêmement jalouse, possessive. « C'en était maladif, elle ne supportait pas qu'il joue de la guitare. Elle en a cassé quelques-unes ! » Kalafate confirme : « Elle donnait des coups de pied dedans. » Bref, un tempérament, une maîtresse femme, quelqu'un qui ne s'en laisse pas conter et entend dicter sa loi à Jacques, qui n'a pas été élevé comme ça, loin s'en faut. Aussi, la relation ne peut pas durer éternellement même si Jacques a du mal à y mettre un terme – aspect de sa personnalité qui se vérifiera tout au long de sa vie : en amitié, en affaires comme en amour, Jacques est fidèle à ses engagements, à ses partenaires, il fuit le conflit, préfère le compromis au clash, composer plutôt que guerroyer.

« Un jour, raconte Kalafate, Jacques m'a dit qu'il s'était réveillé en sursaut et en sueur. Alors que tout était prévu pour le mariage, il a réalisé qu'il s'était trompé, qu'il n'y arriverait pas… » Les faire-part sont partis, la salle pour le repas de noces réservée et payée, l'appartement au cinquième étage de l'immeuble familial est aménagé pour accueillir les tourtereaux – même si Jacques n'a pas attendu le mariage pour monter s'y installer. C'est pourtant le moment que choisit Jacques pour rompre ses fiançailles. Parce que c'est le dernier ? Par goût du théâtral ? Pierre Dutronc a demandé à son fils pourquoi il avait tant tardé à formuler son changement d'avis. « Il m'a répondu qu'au besoin il serait allé jusqu'à la mairie et qu'il aurait dit non. Il en aurait été capable. C'est affreux de faire ça… » C'est la première fois en plusieurs heures d'entretien avec M. Pierre Dutronc que je l'entends émettre l'ébauche d'un reproche au sujet de son fils.

« Je pense que Jacquot a bien fait de ne pas l'épouser, estime aujourd'hui Philippe. Je n'ai pas eu à souffrir de Ghislaine, mais je ne comprenais pas qu'elle manifeste autant de jalousie, de possessivité, c'était effrayant. Les gens sont comme ils sont, on ne peut pas les changer. »

Dans le numéro 59 de *Salut les copains*, en juin 1967, alors qu'il est déjà en pleine gloire mais non encore lié à Françoise, Jacquot dresse un tableau nettement plus tendre de sa première fiancée. L'article est bien sûr romancé, rewrité par une plume de la rédaction trempée dans l'eau de rose (Ghislaine est devenue une Sylvie « douce et gentille »), mais on doit tout de même y déceler quelques fragments de vérité. Jacquot parle de sa période El Toro et de ses absences professionnelles : « J'aurais voulu emmener Sylvie mais elle s'est toujours refusée à venir avec moi, car la vie de bohème ne convenait pas du tout à son tempérament. Elle préférait rester chez moi, où elle discutait durant des heures avec ma mère, plutôt que de partager la vie d'un musicien. À l'époque, ça m'arrangeait, car il faut bien reconnaître que je ne lui ai pas toujours été fidèle. […] Mais elle était malgré tout l'élue de mon cœur, le havre du marin, et c'est toujours vers elle que je revenais... » Puis Jacquot évoque le départ pour la caserne de Trêves : « Inutile de dépeindre mon amertume... Pendant tout ce temps, elle m'a écrit tous les jours, et je crois bien que j'ai répondu presque chaque fois. Elle était mon seul contact avec Paris, me parlait de l'évolution de la chanson en France... » Mais de retour à Paris, Sylvie met les points sur les *i* : « "Je n'épouserai jamais un chanteur ni un musicien." Je savais qu'elle n'appréciait pas mon métier mais je croyais qu'elle finirait par s'y habituer... Pour une grande part, d'ailleurs, je crois que la décision venait de son père, haut magistrat à la Cour, qui n'aimait pas tellement voir sa fille avec un guitariste. » Passons sur les années sédentaires qui suivent pour en arriver à l'inévitable rupture qui survient lors de l'explosion du phénomène Dutronc. Là, toujours dans les colonnes du magazine, Jacquot nous la joue romantique, fleur bleue : « Je n'ai pas pensé une seconde non plus que ça [sa nouvelle activité de chanteur populaire, n.d.a.] pouvait contrarier Sylvie, sinon je crois que je ne l'aurais pas fait. [...] Aujourd'hui, je me pose une grave question. Si Sylvie revient demain en me disant : "Abandonne la chanson et, pour nous, tout peut recommencer", que vais-je faire ?... En tout cas, si un jour vous ne trouvez pas chez votre disquaire le dernier disque de Jacques Dutronc, vous saurez ce qui est arrivé. »

Oublions *SLC* et reprenons les choses où nous les avons laissées. Durant la collaboration de Jacques et Zouzou, les fiançailles ne sont pas encore défaites. Zouzou se souvient être allée quelques fois rue de Provence, mais chez les parents de Jacques, au deuxième étage, jamais chez lui au dernier. « Ghislaine n'était pas des virées, de nos déconnades... Il la planquait bien parce que je ne l'ai jamais vue. »

C'est aussi durant cette période que Jacques rencontre Françoise. Ils sont jeunes, ils sont beaux, presque voisins, ils ont le même directeur artistique. Tout pourrait coller tout de suite, mais les choses ne se passent pas comme ça, loin s'en faut.

Nous goûtons la fraîcheur relative du soir sur la terrasse de Monticello, Françoise, Jacques et moi, lorsque le couple Hardy-Dutronc tente d'évoquer la toute première rencontre. « La première fois que je t'ai vu, dit Françoise, tu étais recroquevillé dans un coin du bureau de Wolfsohn avec tes grosses lunettes, tes cheveux ras, tu étais absolument affreux ! » Peut-être que cette première fois a lieu lors d'une permission ? Lorsque Jacques revient de Trèves avec *Va pas prendre un tambour* sous le bras ?... Sourire amusé de Jacques pour tout commentaire. Son souvenir à lui est moins dépréciatif et il attendra que nous soyons seuls pour me le livrer – il n'a pas le compliment frontal facile : « Elle était tellement belle ! » Deux mois plus tôt, il disait encore au micro d'Europe 1 : « C'est comme au Louvre : faut pas toucher !... Elle me proposait d'être son guitariste. J'attendais mieux... » Par contre : « L'entendre chanter, c'était délicat, elle me filait un bourdon terrible. Quelle sinistrose ! Ou alors, ça me touchait à un endroit où il ne fallait pas, je ne sais pas... Je lui ai fait des chansons, c'était pas mal comme thérapie. »

Jacques est effectivement pressenti pour jouer de la guitare dans l'orchestre de Françoise, en 1965, à une époque où elle tourne encore beaucoup : « J'ai eu besoin d'un guitariste et Jacques Wolfsohn m'a parlé de lui que je connaissais pour avoir interprété deux de ses mélodies. Un jour, j'aperçois Jacques à un feu rouge devant les magasins du Printemps. J'étais au volant et lui traversait. Je l'ai hélé : "Alors cette tournée ?" Il a été très évasif et j'ai appris qu'il ne voulait pas partir pour ne pas s'éloigner de sa fiancée de l'époque. » (Ghislaine, bien sûr.)

Problème de communication, car lui a toujours affirmé qu'il avait refusé pour ne pas se griller en se rabaissant au rang d'accompagnateur. Réaction de Françoise : « C'est ce qu'il a prétendu par la suite et je ne sais s'il faut le croire. Quoi qu'il en soit, j'étais à mille milliards de lieues de m'en douter. »

Visiblement, les violons n'étaient pas accordés.

Zouzou, qui n'est jamais bien loin du couple en devenir dans sa phase incubatrice : « J'ai tout de suite senti qu'il y avait quelque chose dans l'air. Pourtant ils étaient discrets et ils ont mis du temps à concrétiser. Et je me suis dit dès le départ : la pauvre, elle va morfler ! Passer de Jean-Marie Périer qui était tous soins, à genoux devant elle, à Jacques qui adore les copains, la fête, etc. Mais bon, il n'a jamais caché son jeu et c'était clair qu'il allait passer ses nuits avec ses potes à délirer. Bah ! Ils ont eu un beau môme ensemble ! C'est ça qui compte. Mais c'est très bien cette relation qu'ils ont maintenant. Les relations trop fusionnelles sont vouées à l'échec. Ça se délite peu à peu et la frustration entraîne la rupture. »

Question boulot, les séances et les saisons passent avec une belle harmonie. Les choses pourraient durer ainsi, chacun à son poste, faisant ce qui lui plaît, n'était la raison même d'exister d'une maison de disques : vendre ses produits. Or, force est de constater qu'aucun des poulains de Wolfsohn au cours de ces années-là ne décroche l'ombre d'un succès. Rien depuis Françoise et Johnny. Il doit se refaire. André Bernot croit avoir repéré un déclic chez lui. Il raconte qu'un soir, lors d'une séance avec Benjamin, Wolfsohn est appelé au téléphone par un correspondant américain et monte dans son bureau. En attendant son retour, Dutronc et ses musiciens attaquent un rock musclé, un truc en béton qui subjugue Bernot. Ça se situe quelque part entre Eddy et Johnny, c'est Jacques lui-même qui chante, en yaourt sans sucre et 0 % de matières grasses – ou en « lavabo », selon Dutronc. « Bon Dieu, quel chanteur ! » se dit l'ingénieur du son. Il appuie sur le magnéto et zou ! Manquent juste les premières mesures. Pas grave. Quand Wolfsohn redescend, André passe la bande sans rien dire.

« Qui est-ce qui chante ? demande Wolfsohn.

– C'est Jacques.

– Ah ! »

La scène s'arrête là, le directeur artistique n'en dit pas plus. Pourtant : « Je crois que ce soir-là, note Bernot, Jacques a franchi une étape : il a impressionné Wolfsohn. »

Lors de mon entretien avec Jacques Wolfsohn, je lui pose la question :

« Jacques vous a-t-il un jour impressionné, bluffé, avec une chanson, un rôle ? »

Ses yeux se plissent, un grand sourire lui scie le visage. Il ménage son effet.

« Non, rien, jamais. Tout ce que je peux dire, c'est que j'ai mieux aimé travailler avec lui qu'avec Aimable par exemple, on a plus de choses en commun. On s'entendait très bien, dans le travail comme en dehors. Jacques est un excellent musicien, sa plus grande erreur, c'est sans doute de ne pas avoir continué la guitare. »

Il ajoute que Jacques est peut-être paresseux, mais que la paresse n'est pas un défaut. « Le défaut, c'est d'être besogneux. »

Lors d'un dîner chez Jean-Marie Périer, le photographe des vedettes de la chanson, Jacques Wolfsohn rencontre le rédacteur en chef de *Lui*, qui se veut le magazine de l'homme moderne – probable que la modernité exige son lot de femmes nues sur papier glacé. Le journaliste est aussi écrivain, marcheur, aventurier, il a bourlingué en Amérique du Sud et ailleurs. Artiste peintre, ouvrier agricole, mineur au Chili, son CV est long ; en 1965, il a déjà obtenu quelques succès en librairie dont *Le Rat d'Amérique*. Touche-à-tout, Jacques Lanzmann relève le défi que lui lance Wolfsohn ce soir-là : écrire des chansons pour ses artistes.

Le premier texte s'appelle *Les Cheveux longs*, il est destiné à Benjamin. Jacques Dutronc en compose la musique. Un coup pour rien : le disque fait un bide.

Outre-Atlantique, un certain Bob Dylan a mis au goût du jour une tradition populaire : la folk music. Woodie Guthrie, avant lui, a créé les bases d'un chant de revendication qui a pris pour nom *protest song*. Il suffit d'une guitare, éventuellement d'un harmonica, si possible d'une certaine capacité à manier le verbe et d'une dose indispensable de contestation. Après quelques albums acoustiques très remarqués (de nombreuses chansons ont été adaptées en français par Hugues Aufray) et autant de classiques (*Blowin' in the Wind*, *The Times They Are a-Changing*...), Dylan élargit son auditoire en s'accompagnant d'une formation plus rock. Ses albums *Bringing it All Back Home* ou *Highway 61 Revisited* le consacrent à travers le monde et les clones fleurissent un peu partout. En France, Antoine recopie la formule et fait tomber le jackpot avec *Les Élucubrations d'Antoine* en ce début d'année 1966. Le disque est sorti chez Vogue bien qu'Antoine ne soit pas une découverte de Wolfsohn mais de Christian Fechner, un autre directeur artistique de la maison. Piqué dans son orgueil ? Vexé de s'être fait damer le pion ? Jaloux de ce succès phénoménal ? Wolfsohn prépare sa revanche. Il commande à Lanzmann des textes dans l'esprit de ceux d'Antoine avec cette idée derrière la tête de parodier le chanteur aux cheveux longs et aux chemises à fleurs. Bien sûr, il se défend de cette idée de vengeance : « Je ne m'occupais pas des affaires des autres, me dit-il. Fechner non plus. Il n'y avait aucune rivalité interne. Seulement je trouvais les *protest songs* françaises ridicules. Voilà la raison pour laquelle on a fait ça. » Admettons ! N'empêche que Dutronc racontera deux ans plus tard, de nouveau dans les colonnes de *Salut les copains*, que Wolfsohn est venu le voir un jour et lui a dit : « Jacquot, il y a un petit mec chez Vogue qui vient de sortir un disque pas mal. Il s'appelle Antoine. On va essayer de le battre sur son propre terrain. »

Après les échecs consécutifs des Benjamin, Anne-Marie Nebot, Claude Puterflam [*Tu ne m'as pas cru (chanson végétarienne)*], Cléo et bientôt Zouzou, Wolfsohn n'a plus droit à l'erreur. Lanzmann lui livre très vite quatre textes : *Et moi, et moi, et moi*, *Mini-mini-mini*, *J'ai mis un tigre dans ma guitare* et *Les gens sont fous, les temps sont flous*. Exactement ce qu'attendait Wolfsohn qui les donne illico à Jacques pour les habiller. Mais la mayonnaise ne prend pas instantanément. Les couplets du journaliste écrivain restent un moment dans les tiroirs de la rue d'Hauteville. Kalafate se souvient que Wolfsohn entre un jour en furie dans le bureau : « Mais qu'est-ce que vous foutez avec ces textes ? Jacques, tu déconnes ! »

TROISIÈME PARTIE

1966 – 1973

En 1966, outre-Manche, c'est le règne des groupes pop-rock issus du blues-boom – la découverte par les Anglais du blues noir américain. Les Animals, les Beatles connaissent un succès mondial. Il y en a beaucoup d'autres : les Who, les Kinks et bien sûr les Rolling Stones. Les guitares sont reines, omniprésentes, maniées comme des kalachnikovs, le son est volontairement crade, distordu, saturé, le chant en retrait. La coupe de cheveux et le sex-appeal du chanteur sont parfois plus importants que la poésie du texte et la puissance du cri prime sur le timbre de la voix. *Satisfaction*, *You Really Got me*, *My Generation*, toute une génération s'approprie ces hymnes nouveaux qui traduisent sa propre frustration d'amour, de sexe, de liberté, de reconnaissance.

Les textes de Lanzmann n'ont rien à voir avec cette quête souvent pleurnicharde, pas plus qu'ils ne s'apparentent à ceux d'un Dylan qui donne dans la critique sociale (*A Hard Rain's a-Gonna Fall*, *Masters of War...*) ou encore dans la poésie surréaliste. Lanzmann fait dans le cynisme : le monde va mal mais je revendique le droit d'être heureux ; c'est le bordel, madame la Marquise, mais est-il interdit de s'amuser pour autant ? On meurt de faim sur cette planète, j'en ai mal à la tête... Bon courage pour mettre ça en musique. À première vue, c'est pas un cadeau. Mais Jacques a sa petite idée, il travaille dessus depuis quelque temps. Le cahier des charges est relativement simple : faire du neuf, brocarder Antoine, sans oublier de se faire plaisir – autant que possible. C'est aux Kinks et aux Stones que Dutronc pique le son : basique (guitare électrique, basse, batterie), râpeux. Les mélodies, il les tisse linaires, simplissimes, primitives presque, idéales pour scander les slogans parodiques de Lanzmann.

Sans le savoir, le tandem Lanzmann-Dutronc vient de trousser quelque chose d'inédit, il a inventé la chanson dégagée…

Lorsque Wolfsohn écoute les prémaquettes de Jacques, il demande à Kalafate de les interpréter. Il les destinait initialement à Benjamin mais la collaboration a tourné court, le jeune beatnik a un problème avec la bouteille, il vient de se faire virer. Hadi s'y colle donc mais le résultat ne convainc pas le directeur artistique qui se tourne alors vers Jacques : « Finalement, la meilleure maquette, c'est la tienne ! » Hadi ne sait pas à ce moment-là qu'un fabuleux destin vient de le frôler. De très près. « Jacques était content d'être guitariste, se souvient ce dernier. Il n'envisageait pas du tout de chanter, ça ne l'intéressait pas. Il m'avait dit plusieurs fois : "Si je n'arrive pas à être musicien, je serai camionneur, ça me plairait d'être routier." D'ailleurs il a acheté un van bien plus tard et il a pas mal roulé avec. Bref, j'ai fait une prise, lui a fait la sienne, et c'est lui qui l'a emporté. L'enfoiré ! (Rires.) C'est vrai qu'il avait une plus belle gueule que moi… »

Wolfsohn convoque rapidement les musiciens pour la séance. Il faut absolument sortir ce disque avant l'été. Tous ceux qui ont entendu la maquette chez Vogue sont formels : ça ne marchera jamais ! Il n'y a rien qui excite plus le directeur artistique que ce consensus négatif autour de ses projets. Hadi tiendra la basse, Jacques la guitare électrique, Jacky Pasut, un ancien Fantôme, fera la seconde guitare (« parce qu'il a un bon coup de poignet », *dixit* Kalafate), Claude Puterflam officiera au tambourin et Charlot Bénaroch à la batterie. Le jour J, ce dernier ne se pointe pas – encore un qui rate le coche. « C'est comme ça que Pelay s'est retrouvé batteur de Jacques, commente Wolfsohn. Mais Bénaroch n'a pas tout perdu puisqu'il jouera vingt ans plus tard dans le monde entier avec les Gipsy Kings. » Entre-temps, il tiendra les baguettes derrière Françoise Hardy et bien d'autres.

Pour Jacques, cette séance n'est pas plus importante qu'une autre. Il exécute les desiderata du boss comme il serait allé lui chercher un sandwich au bar d'en face, le Canari. La fine équipe enregistre les quatre titres comme ont été enregistrés de nombreux disques chez Vogue : avec un minimum de temps et de moyens. En direct *live*, sans *overdub* (enregistrement de pistes additionnelles), sur trois pistes seulement, dans une urgence et avec une décontraction qui sont peut-être la marque de fabrique de la petite entreprise dutronienne. Jacques accepte son rôle de chanteur sans états d'âme, comme un gag de plus. Kalafate : « Jacques a très bien compris le conflit qu'il y avait entre Fechner et Wolfsohn et il a un peu parodié Antoine en chantant *Et moi, et moi, et moi*, parce que le texte s'y prêtait. Jacques a un don d'observation et d'imitation unique, aussi bien pour les mimiques que pour les intonations. *Et moi, et moi, et moi*, c'était entre Antoine, les Stones et les Kinks. Il y avait le talent de Jacques, celui de Lanzmann, la vision des choses de Wolfsohn… On était quand même bien servis ! » Pourtant, au moment où les choses se font, pas sûr qu'un seul des acteurs de ce succès en devenir n'aurait misé un nouveau franc dessus.

Le 45 tours sort en juin. La toute-puissante Europe 1 l'adopte immédiatement et le matraque sur ses ondes. Daniel Filipacchi, par ailleurs directeur de *Salut les copains*, Lucien Morisse, le patron de l'antenne, Lucky Blondo qui anime une émission, tous craquent pour cet inconnu et ses airs décalés. Le prétexte de départ est oublié, la parodie transcendée, en passe de devenir tube de l'été…

C'est là, en juillet 1966, que Jacques Dutronc fait irruption dans ma vie, *via* les grandes ondes s'entend, et c'est dans cette rencontre virtuelle que réside une des explications de ce livre. J'habite alors à Casablanca où je suis né. Année après année, je passe mes vacances à Mannesmann, une plage sur l'Atlantique où mes parents possèdent un modeste cabanon moitié bois moitié ciment qui tient plus de l'abri de jardin que de la résidence secondaire. Sur cette plage, j'ai le souvenir distinct de postes à transistor braillant les tubes de l'été. Il faut dire que c'est une révolution – au même titre que le Walkman quinze ans plus tard –, ces petites boîtes en plastique qui permettent de recevoir les ondes radio. Les jeunes posent ça sur un coin de serviette et les radios périphériques, comme on les appelle alors, peuvent balancer en boucle leurs estivales ritournelles. 1966 est un fameux millésime. Un coup d'œil rétrospectif aux hit-parades du moment nous en assure (le temps est intraitable avec les mauvaises chansons) : *Yesterday*, des Beatles, *Love me Please Love me*, de Polnareff, *Paint it Black*, des Stones, *Sunny Afternoon*, des Kinks, *Like a Rolling Stone*, de Dylan, *96 Tears*, de Question Mark and the Mysterious, *I Am a Believer*, des Monkees, *California Dreamin'*, des Mamas and Papas, *Summer in the City*, des Loving Spoonful, *Papa'Got a Brand New Bag*, de James Brown, *Cheveux longs et idées courtes*, d'Hallyday, etc. Comment faire un tri là-dedans quand on a tout juste dix ans ? À force de traverser la plage dans un sens puis dans l'autre, à force de voir mes frangines (elles sont quatre et toutes plus âgées que moi, c'est-à-dire à divers stades de l'adolescence) et leurs copines l'oreille collée au poste portatif, une chanson finit par me toucher plus que les autres. Je ne sais rien de l'interprète, n'ai jamais vu sa tête (pas encore de télé au Maroc en ce temps-là), pourtant le rythme obsédant de son *Et moi, et moi, et moi* me fait un effet inédit, que mon jeune âge me rend incapable d'analyser. Avec le recul, je me dis que c'est peut-être la distance, palpable, que le chanteur place entre lui et ce qu'il exprime que je ressens instinctivement. En tout cas, quand viendra Noël cette année-là, mon premier 45 tours sera celui-là. Le souvenir de la photo couleurs de Jacques Dutronc illustrant la pochette 17 × 17 cm qui brille au pied du sapin est cristallisé dans un coin de ma mémoire. Ce premier microsillon est le numéro un d'une longue série…

À plusieurs milliers de kilomètres des plages marocaines, en ce début de juillet 1966, Hadi Kalafate, Michel Pelay et quelques autres sont en tournée dans le nord de la France avec le car podium de *La Voix du Nord*. Le sponsoring existe déjà, sous la forme de concerts en plein air gratuits. Jacques est resté à Paris – il travaille toujours pour Wolfsohn –, mais il s'ennuie sans ses potes. Il les appelle fréquemment et ceux-ci le convainquent de venir les rejoindre au Touquet. « Je chantais *Et moi, et moi, et moi* sur le car podium, explique Hadi, et les gens commençaient à connaître. » Ce soir-là, au Chatham, une boîte du coin, Kalafate invite son copain de la Trinité à monter sur scène. « Vas-y ! lui dit-il. Chante-la toi-même ! » Jacquot ne se fait pas prier. Réaction immédiate du public : « La vache ! Il a exactement la même voix que ce chanteur qu'on entend à la radio en ce moment ! » Évidemment, personne (et certainement pas le patron) ne veut gober que c'est lui qui chante, et pour pas un rond ! C'est pourtant la première apparition scénique de Dutronc en tant que chanteur. Mais rien à voir avec une quelconque gloire, les hôtels quatre étoiles sont encore un fantasme. Pour l'heure, on s'entasse dans un appartement au-dessus d'un restaurant de poisson. Les tauliers gueulent dans le couloir lorsqu'on les demande au téléphone. Un beau jour, Wolfsohn, excité comme une puce, les appelle : « Quittez le Touquet et allez directement à Deauville ! Il y a une émission de Michèle Arnaud avec Polnareff, Régine, etc. Vous êtes attendus ! »

Jacques et ses musiciens débarquent à Deauville le 9 juillet. *Et moi, et moi, et moi* marche bien en radio. Le titre est en passe de devenir un succès. Ce premier passage télé va faire le reste. En ces temps de chaîne unique, une apparition sur le petit écran est synonyme de clou enfoncé pour une chanson déjà remarquée en radio. Des millions de Français font connaissance avec ce jeune homme au sourire timide, aux yeux clairs (on diffuse encore en noir et blanc) et au cheveu raisonnable, vêtu d'un costume cintré, si atypique. Il intrigue déjà par son apparence désabusée, sans avoir encore usé de grand-chose. Il semble revenu de tout avant d'être allé bien loin…

Le coup de poker de Wolfsohn a fonctionné. La parodie de Jacques est en train de renvoyer Antoine dans les cordes – et l'on s'y connaît en boxe. Car il ne s'agissait de rien d'autre que d'une parodie de *protest song*, n'est-ce pas, monsieur Wolfsohn ?

« Il n'y a que Lanzmann qui ne s'en est pas aperçu. Il m'a dit un jour : “Mais pourquoi Jacques chante-t-il ça en souriant ?” »

Un long boulevard du succès s'ouvre devant Dutronc. Les arbres qui le bordent sont autant de tubes. À peine quelques courbes, quelques chicanes habilement négociées, deux trois dérapages aisément contrôlés…

Et moi, et moi, et moi : 300 000 exemplaires vendus !

Les Play-boys, qui suivra quelques mois plus tard : 600 000 !

Le premier LP, sorti pour les fêtes de fin d'année, dépassera le million…

Wolfsohn : « Son premier disque d'or, Jacques a essayé de le revendre. Il est allé voir un marchand d'or, et le type lui a dit : “C'est du cuivre…” » Du jaune trompette, comme le décrit Dutronc. Du toc, de la merde ! Lui qui a déjà une foi limitée dans le show-business, si en plus l'or dont on le récompense n'en est pas… Décidément, le disque n'est vraiment pas une affaire sérieuse et ne méritera jamais d'être pris comme telle ! Foi de Dutronc !

Pour l'heureux directeur artistique, cette anecdote confirme une certitude : son protégé se différencie de la plupart des autres chanteurs qui auraient placé le trophée sur leur cheminée. Non seulement lui s'en fout, mais il cherche à le refourguer, et par-dessus le marché, il ne tente pas de le taire ! Même pas honte !

Les choses vont vite, *Mini-mini-mini* (qui figure sur la face B du 45 tours) prend la relève de *Et moi, et moi, et moi* dans les hit-parades. Le 12 septembre, Jacques chante pour la première fois à l'Olympia dans le cadre d'un *Musicorama* mettant à l'honneur Sony and Cher – Jean-Jacques Debout, Pierre Vassiliu, Michel Delpech font partie du programme. Il multiplie parallèlement les apparitions – toujours très remarquées – sur le petit écran et retourne en studio pour enregistrer son deuxième 45 tours ainsi que quatre autres titres pour boucler un premier album. Wolfsohn lui a remis un exemplaire du double LP *Blonde on Blonde* de Bob Dylan en suggérant : « Voilà ce qu'il faut faire ! » On ne peut pas dire que Jacques ait beaucoup tenu compte de ce conseil, excepté pour une chanson : *L'Opération*, du Dylan tout craché. Derrière Jacquot, Alain Legovic-Chamfort vient compléter la formation en s'asseyant aux claviers, Jean-Pierre Alarcen prend la place de Jacky Pasut à la guitare. Le nouveau répertoire en boîte, Dutronc achète la Bentley de Moustache, un batteur ami de Wolfsohn, et le voilà parti avec ses copains à la conquête de la province à l'automne 1966. La première vraie tournée. *Hit the road*, Jacques !

* * *

Un tourbillon vertigineux emporte Dutronc en cette fin d'année 1966. Les jeunes filles sont amoureuses de lui, les moins jeunes en voudraient bien pour gendre… ou pour amant. Les garçons envient cette attitude *cool* alors que l'anglicisme n'est pas encore entré dans le langage courant. Peu remarquent que Jacques traverse cette période ultra-médiatisée en aveugle. Partout, sur scène comme à la télé, il apparaît sans ses lunettes d'ultra-myope – il ne voit presque rien de l'œil gauche, l'autre sert à peu de choses sans un bon cul de bouteille. Peut-être n'apporte-t-il pas de crédit à son soudain succès parce que les effets qu'il en perçoit sont flous… Et certainement que ce regard un peu vague ajoute à son charme…

Chez Vogue, où l'on ne se pose pas ce genre de questions, on a le sentiment d'avoir décroché la timbale. Et une timbale, il faut la remplir aussitôt vide si l'on veut optimiser son rendement. Retourner en studio dès qu'on a un trou dans le calendrier, accepter tous les galas, faire toutes les télés possibles. La grande phrase de Wolfsohn à l'époque : « Fais-le ! Qu'est-ce t'en as à foutre ? » « J'en avais à foutre qu'il fallait le faire justement, semble encore se plaindre Jacques aujourd'hui. Menton-Dieppe, c'est agréable, pour chanter sur une charrue… »

Lors des premiers galas, il n'y a que quatre chansons au répertoire, plus quelques instrumentaux. « On jouait ça en boucle, en changeant l'ordre. » Puis s'ajoutent les nouveaux titres et quelques reprises gags : *Qu'elle est belle !* de Mireille Mathieu, rehaussé de *r* exagérément roulés ; *L'Amour avec toi* de Polnareff, qui devient dans le texte *J'aimerais simplement faire tic-tic avec toi…* ; et *Black Is Black*, le hit planétaire de Los Bravos en yaourt pur sucre. Les tournées sont parfois épiques. Certains soirs, son groupe et lui ne sont pas payés. Quelqu'un s'est tiré avec la recette. Une nuit, Jacques et ses potes séquestrent la femme de l'organisateur du gala pour faire respecter le contrat… Souvent, le chanteur est encore sur scène quand un membre de son entourage lui fait signe d'arrêter : il y a embrouille pour toucher le cacheton ! D'où cette idée, qui va devenir gag récurrent et sera même repris au Casino de Paris vingt-cinq ans plus tard, de faire au milieu du spectacle une chanson en play-back, *Les Play-boys*. La bande-son démarre, les musiciens font semblant de jouer. Au bout de quelques mesures, Dutronc demande au batteur d'aller vérifier si l'organisateur a casqué pendant que la chanson continue. Comme on ne le voit pas revenir, il envoie le bassiste aux nouvelles, etc. Jacques se retrouve bientôt seul et annonce : « Bon, excusez-nous, je crois qu'on n'a pas été payés, on s'en va. » Et le play-back des *Play-boys* se poursuit sous les huées des spectateurs en colère. Dutronc aime ce genre de rapports avec le public, quitte à risquer le bide. D'ailleurs, il n'est pas rare que des bagarres éclatent lors des galas en province. On joue souvent en plein air sur un podium bancal, des plateaux jetés sur des tréteaux branlants, dans une salle des fêtes mal chauffée et Dieu sait quel autre improbable lieu de spectacle improvisé. La buvette n'est jamais loin et la venue d'un Parigot sur la scène du coin est une belle occasion de se défouler. Ambiance baloche et bière tiédasse ! « Si vous aviez deux centimètres de cheveux au-dessous des oreilles, on vous traitait de pédé ! De décoloré ! »

L'accueil diffère sensiblement à l'Olympia, que Jacques refait le 6 décembre 1966 dans le cadre d'une « Épopée du rock » avec Manfred Mann, Los Bravos, les Moody Blues, les Charlots... « J'ai été couvert de fleurs et d'ours en peluche. Je devais être candide ou sincère, je ne sais pas, car j'ai dit : “Faut les ramener.” Et les autres, bien routiers de métier, genre gras du ventre, m'ont répondu : “Qu'est-ce t'en as à foutre de leurs conneries, ils font ça avec tout le monde !” – “Laissez-moi un peu rêver quand même...” »

Des mots d'amour, Jacques en trouvera souvent sur les murs, dans l'escalier du 67, rue de Provence. « Pas comme Serge Gainsbourg, qui en écrivait lui-même », plaisante-t-il. Jacques ne pique que ceux qu'il aime...

Déjà, dans ces premiers mois de dutroncmania, le succès déborde des frontières, Jacques fait des télés allemandes, ses disques sortent en Espagne, en Italie, au Danemark, en Angleterre, en Amérique du Sud, il tourne en Suisse et en Belgique. Le happening est partout au rendez-vous. À Louvain : les fromages blancs, les tomates et les tartes volent bas. « Qu'est-ce que j'ai pris sur la gueule ! J'étais le seul qui résistait. Les autres disaient : ça suffit, je me casse. Moi, je ramassais et je renvoyais. Ensuite, ça a dégénéré entre Wallons et Flamands. Bagarre générale. Legovic était au piano, il prenait tout. Il était couvert de crème et voulait partir, mais j'ai dit non : il faut continuer jusqu'au bout, comme un bizutage. C'était génial... Après, j'ai amené mes propres paniers de tomates. Dès que je sentais que ça merdait, je balançais mes trucs... Aujourd'hui, je ne sais pas comment je réagirais. Mais, là, on avait tous le même âge [1]. »

1. In *Le Soir*, 13 août 2003.

Des douze titres gravés en quelques mois, une proportion impressionnante de classiques : *Et moi, et moi, et moi*, *Mini-mini-mini*, *Les gens sont fous, les temps sont flous*, *Les Play-boys*, *La Fille du Père Noël*, *On nous cache tout, on nous dit rien*, *Les Cactus*, *La Compapadé*...

La Compapadé... Zouzou la Twisteuse est dans le coin le soir de la naissance de cette farce. « Je me souviens de la nuit où on a enregistré *La Compapadé* rue d'Hauteville jusqu'à trois plombes du mat'. Tout d'un coup, Jacques s'est mis à scander "La compapadé, hé, hé !", tout le monde a repris en chœur les "hé, hé !" et chacun a trouvé quelque chose sur quoi taper. C'était une de ses idées complètement folles, de celles qui arrivent en fin de soirée. "La compapadé, hé, hé ! La compapadé, hé, hé !..." et ça allait de plus en plus fort, ça ne s'arrêtait jamais, ça aurait pu durer dix heures ! À la fin les murs tremblaient, tout l'immeuble dégustait. Les gens du quartier se sont plaints... Quand on est arrivé le lendemain chez Wolfsohn, il a dit : "Ça gueule ! Faut arrêter le boucan la nuit !" » La chanson est tout de même sortie sur le 45 tours des *Cactus*. Quelle audace ! Un incroyable pied de nez à la profession... Quel autre chanteur aurait osé un ovni pareil ? Et quel autre directeur artistique l'aurait cautionné ?

Des non-chansons comme *La Compapadé*, il y en aura quelques autres, malheureusement restées inédites, comme *L'Usine*, une improvisation totale, genre gala d'arbre de Noël chez Renault – ou chez Vogue. Jacques n'a pas oublié : « On devait enregistrer tout à fait autre chose et j'ai dit aux musiciens : "Suivez-moi ! Je fais toutes les voix !" » Il se lance alors dans un marathon de plus de vingt minutes où il passe du chanteur de rock'n roll au crooner italien puis à la chanteuse yé-yé, au chanteur d'opéra, de musette, etc. Il fait également le présentateur animateur, l'humoriste, l'imitateur, le P.D.G. de la boîte, le syndicaliste... « Ce qui était bien, c'est que personne n'était au courant, et tous les musiciens ont suivi. Il y avait même deux petites gonzesses qui hurlaient en permanence comme pour Claude François... » Le mini-gala se termine en apocalypse : « On a absolument tout cassé. J'ai défoncé un pupitre en bois de chef d'orchestre qui était très lourd et je l'ai emmené jusque sur le boulevard Bonne-Nouvelle pour l'achever... Mais ça ne faisait rire que moi. C'était grâce à l'alcool de poire, *L'Usine*. »

Dans un registre peu éloigné, il existe une autre œuvre inédite, intitulée *Effluves*. « Jacques se met un jour devant un micro sans rien dire, raconte André Bernot. Il est comme ça, il aime ménager la surprise. Il me demande de passer telle bande. On ferme la porte du studio et le concert commence. Tout à la bouche, bien sûr. Dès le premier pet, j'étais plié. C'était magistral, une imitation magnifique ! Il y avait toute la gamme, servie sur une musique évanescente… » C'était la chanson préférée de Jean-Marie Périer, d'après Jacques : « Il l'avait fait écouter à Mick Jagger, qui l'avait pris pour un Martien. Il ne comprenait pas. Un mec qui fait des pets, avec des violons derrière… Dommage, c'était universel ! Poum ! »

Vogue n'a jamais voulu sortir *L'Usine* et *Effluves* des placards, mais tout espoir n'est pas définitivement perdu : les bandes magnétiques ont été retrouvées. Guettez les bacs [1] !

Il arrive néanmoins que les séances d'enregistrement rue d'Hauteville se déroulent de manière plus classique, même si Jacques s'y pointe de temps à autre accompagné de Sumo, le guépard qu'il vient d'adopter (lequel a la fâcheuse habitude de sauter sur les batteurs : il déteste le son des cymbales). Hadi Kalafate est un pilier de l'orchestre pendant ces premières années. « Les arrangements se faisaient un peu sur le tas, dit-il. Jacques avait des idées de son anglais assez précises : Stones, Yardbirds, Kinks. » Jacques avoue de son côté avoir peu de souvenirs des séances d'enregistrement de ses premiers disques. « Je crois qu'on faisait ça sérieusement », dit-il, ironique et laconique.

La coutume d'alors veut que les séances durent trois heures, entrecoupées d'une pause de quinze minutes pour les musiciens – les choses n'ont pas beaucoup évolué depuis –, ensuite il faut laisser la place au suivant. Impossible pour Jacques de se plier à ce rythme d'usine. Il lui faut du temps, trois séances d'affilée. « J'ai dû inventer la séance *ad libitum*. Les pauses se faisaient au café d'en face, au Canari. Les bonnes sœurs d'à côté venaient taper ou sonner pour nous dire qu'on faisait trop de bruit, mais on ne pouvait pas faire

---

1. Tous ces inédits sont désormais disponibles sur l'intégrale « Le Cactus » sortie en 2004.

moins fort. La plupart des chansons se créaient en studio. Je venais avec rien, je faisais : “Trois, quatre !” et ça suivait… » On essaie des choses, on improvise, quand on croit tenir une bonne idée, André Bernot fait tourner les machines. Mais le goût du canular est toujours le plus fort. « Un jour, j'ai déversé les poubelles de la rue d'Hauteville dans la voiture de Bernot », dit Jacques. L'intéressé s'en souvient comme si c'était hier : « Je garais toujours mon Aronde devant le 54, rue d'Hauteville. J'avais la concierge dans ma poche. (Soupir.) Vous savez, quand vous sortez d'une séance à 2 heures du matin et que vous trouvez votre voiture dans cet état… Hadi et Jacques étaient très complices, ils m'en ont fait d'autres… Mais je ne me fâchais jamais, je trouvais ça plutôt sympathique. »

Dans les années 1960, il est habituel pour un chanteur à succès d'enregistrer ses tubes dans différentes langues. Jacques essaie mais s'y résout difficilement. « J'ai enregistré *Et moi, et moi, et moi* en italien. Le type qui me coachait s'appelait Simontacci. Une plaie ! Il me prenait tellement la tête que le jour où on devait l'enregistrer, au lieu d'aller en studio, je suis allé au Rex. Et c'est devenu une expression entre nous : faire un plan Rex !… J'ai essayé en japonais aussi, mais c'était trop drôle… quoique assez facile à chanter. » Finalement, Jacques gravera quelques titres en espagnol et en italien.

Quand il ne tourne ni n'enregistre, Jacques est en promo. Zouzou, dont les disques sortent aussi durant cette période, est souvent là, pour les mêmes raisons que lui. Ensemble, ils se livrent à de nombreuses séances de dédicaces. Ils participent également à des marathons télévisuels, auxquels Jacquot ne se rend jamais sans ses potes. « Je suis sûre qu'il avait un trac énorme, dit-elle, et il le cachait en ricanant avec ses musiciens, jouant l'arrogance. Mais je le connais bien, c'est un grand timide. Il fallait déjà qu'il ait quelque chose à mâchonner. C'est nerveux. » Alors, pas si désinvolte ni dilettante que ça, le Jacquot ?

Pour Zouzou, c'était l'époque qui voulait ça : les années 1960 induisaient l'insouciance. Et cette timidité dont elle parle se traduit bien sûr dans ses rapports avec les filles. Jacques n'est pas un séducteur-né. En 1966-1967, il n'est plus un adolescent, mais son approche du sexe opposé est toujours aussi hésitante, quand elle n'est pas impossible. « Je n'ai jamais vu Jacques draguer une fille, témoigne encore Zouzou. Il faisait tout le temps des allusions mais c'était un jeu. On allait déconner au Golf-Drouot, il y avait plein de nanas mignonnes qui le trouvaient à leur goût, mais je pense qu'il était complexé, notamment par sa taille, et il n'avait pas du tout conscience qu'il avait un sourire superbe, des beaux yeux, beaucoup de charme. Il ne fréquentait pas les boîtes, ne buvait pas du tout à l'époque. Juste une bière de temps en temps, comme tout le monde. Je l'ai revu bien après au hasard des boîtes de nuit, verre de cognac à la main et cigare aux lèvres, et j'ai remarqué qu'il avait un peu changé, il avait beaucoup plus de facilité pour approcher les filles et de toute manière ses copains rabattaient pour lui. Il était entouré de ses faire-valoir, il leur donnait des ordres pour amuser la galerie et je suis partie parce que je ne trouvais pas ça drôle du tout. »

Chez les Dutronc, rue de Provence, les choses n'ont pas changé. Pierre et Madeleine sont ravis de la tournure prise par les événements. Ils logent toujours au deuxième étage de l'immeuble. Jacques surplombe dans son nid du cinquième aux murs laqués de noir et Philippe a emménagé dans un appartement d'un autre corps de bâtiment avec sa femme Christiane. Ils ont eu deux enfants, Isabelle et Frédéric.

L'évocation des premières heures du succès de Jacques fait naître un large sourire sur le visage de Pierre Dutronc, toujours cloué sur son lit dans la touffeur de l'été 2003 qui accompagne chacun de nos entretiens. Une sorte de sérénité le gagne dès qu'il parle de « son Jacquot ». Ce jour-là, il me glisse, presque gêné :

« Ça a l'air idiot de dire ça d'un de ses fils, mais je trouve que c'est un chic type. Je l'aime beaucoup et depuis toujours. Personnellement, je ne lui vois pas de défauts. Et s'il en avait, il les tiendrait de moi et je n'y tiens pas du tout.

– Qu'est-ce qui a changé concrètement dans le clan Dutronc avec ce succès inattendu ?

– Jacquot a fait refaire notre appartement. » (Rires.)

Pierre intervient parfois dans les affaires de sous de son fils. Jacques l'envoie par exemple demander des avances à Léon Caba, le patron de Vogue. Il obtient toujours satisfaction. On ne refuse pas un chèque à un chanteur qui fait rentrer autant d'argent dans les caisses. Pierre a conscience que la maison de disques exploite Jacques, mais son cas n'est pas unique. Les contrats de cette époque sont largement défavorables aux artistes. Le contrat d'édition avec Wolfsohn n'est guère plus à son avantage. « C'était le seul éditeur de la profession à prendre 50 %, dit M. Dutronc. Le parolier et le compositeur se partageaient l'autre moitié… À un moment Jacquot voulait le quitter, et j'ai vu Wolfsohn pleurer. Enfin, il pleurait peut-être après ses sous. » (Rires.)

Ce que Pierre Dutronc omet de dire, c'est qu'il prend plaisir, quand intervient cette subite reconnaissance, à découper les articles de presse qui concernent son fiston – lequel ne gâche pas son temps à ça. Cependant, on est très heureux, très fier de ce succès, mais on ne le montre pas trop. « Quand Jacques est devenu célèbre, s'en étonne encore Hadi, ça n'a pratiquement pas changé les choses, comme si c'était normal. C'était même pas : "Bravo les p'tits gars !" » Non, on a le sens de la retenue chez ces gens-là.

Madeleine s'investit à sa manière dans la carrière balbutiante de son fils, qu'elle prend très à cœur. Tant pis pour l'abbé Martin. Soucieuse de préserver le succès de Jacques, elle s'occupe de son courrier, répond aux nombreuses lettres de ses fans. Très vite, elle imite sa signature et dédicace elle-même les photos. L'auteur de ces lignes se sent soudainement concerné par cette information. L'autographe qu'il a sollicité en écrivant rue d'Hauteville depuis le Maroc et qu'il a reçu par retour du courrier serait-il un faux ? « Ça n'intéressait pas Jacquot, explique Pierre Dutronc, il n'ouvrait même pas les enveloppes. Combien de lettres sont parties comme ça… » Philippe nuance ces propos : « Il y a eu différentes phases dans le comportement de Jacques à l'égard des signatures. Au départ, il se prêtait gentiment à ça. Et puis il y a eu une telle accumulation qu'il n'en pouvait plus. C'était la rançon du succès. Il y a donc eu substitution de signataire. Mais je crois que depuis quelque temps il a repris un peu goût à ça, il s'y prête assez complaisamment. » Le grand frère se souvient que lors d'un déménagement de ses parents, bien plus tard, un stock énorme de photos dédicacées de Jacques a été retrouvé. Jamais postées, pour une raison inconnue…

La famille a conservé la même place qu'auparavant dans la vie du jeune chanteur vedette qui, lorsqu'il n'est pas en déplacement, prend toujours ses repas au deuxième étage du 67, rue de Provence. Et à cette adresse, quand il y en a pour trois, il y en a pour tous les musiciens de la rue d'Hauteville. Hadi en est souvent. L'ambiance ici est tellement différente de chez lui. Sa mère, kabyle, ne sait ni lire ni écrire, elle fait des ménages. Elle s'inquiète pour son fils, lui demande sans arrêt ce qu'il fait, où il va. Bassiste dans un groupe de rock, c'est pas un métier ! « Quand on a commencé à passer à la télé, se souvient Kalafate, Pierre Dutronc a acheté un poste noir et blanc pour voir son fils. Pendant notre toute première tournée, je mettais mon argent dans des sacs plastique que je rangeais dans une petite valise de maquillage. À mon retour, j'ai dit à ma mère : "Regarde, maman, ce que j'ai gagné ! Voilà ce qu'on fait avec Jacques !" Et je reçois deux tartes dans la figure : "Tu n'es qu'un voyou, va rendre ça à qui tu l'as volé ! Comment j'ai pu faire un enfant voleur ?" Elle me prend la mallette : "Demain matin, je vais au commissariat rue de Provence !" Alors je lui dis : "Écoute, maman, c'est pas ça du tout ! Viens avec moi chez M. et Mme Dutronc !" En arrivant chez eux, elle fait un scandale et Pierre lui sort les coupures de presse en expliquant que ça commence à bien marcher pour nous. Alors, forcément, elle change d'attitude, et là, Pierre Dutronc se penche vers moi et me dit : "Achète-lui la télé !" Ce que j'ai fait. »

Une bourrasque brûlante vient de traverser la chambre de Pierre Dutronc.

« Tiens, il y a mon Jacquot qui s'envole là-bas, dit-il, faudrait rappuyer dessus ! »

Je replace la punaise tombée sur la photo, retrouve ma place sur la chaise à côté de son lit et je lui demande ce qu'il pensait à l'époque de son fils en tant que chanteur.

« À un moment, je me suis interrogé, Jacquot me faisait sentir que je ne l'appréciais pas à sa valeur, alors que ma femme et moi avons toujours été des fans enthousiastes. »

Décidément, les compliments, les félicitations, les éloges, tout cela doit avoir quelque chose d'indécent quand on s'appelle Dutronc…

* * *

Mais qui est réellement Jacques Dutronc ? semblent s'interroger public et médias. Un mystère déjà l'entoure. Il étonne, surprend par son insolence, par son attitude face au métier, par sa différence. Dans le numéro de juin 1967 de *Salut les copains*, magazine pour ados au succès sans précédent, Éric Vincent, qui connaît bien Jacques, tente cette réponse : « D'abord, qu'on ne s'y trompe pas : Dutronc n'est pas celui qu'on croit. Pas un chanteur engagé, pas un psychologue, pas un snob, pas un play-boy. La vérité est beaucoup plus simple. Dutronc est un chanteur au sens le plus ancien du mot, presque un chansonnier, porteur de nos refrains actuels et porté sur le canular. Il ne faudrait pas lui prêter les messages (goguenards, mais évidents) qui sont le nerf de ses chansons, ni exiger de son personnage qu'il fasse sienne l'intelligence universelle des textes qu'il a la charge de défendre sur scène… » Certes, Dutronc n'a pas la beauté d'un Delon ou d'un James Dean, la carrure d'un Hallyday ni la voix de Presley. Mais il a une gueule, du charme, du chien, un charisme qui compensent largement le reste. « C'est un personnage désiré par l'appétit populaire. Le fruit d'un concours de circonstances… Il faut l'accepter comme un événement, comme un phénomène […] c'est un anarchiste de l'individualisme, un puriste de l'indépendance totale. » Il ne cherche pas à plaire à tout prix, et c'est sans doute ce qui le démarque le plus du cheptel des vedettes de l'époque. « Il personnifie un équilibre étrange entre l'apathie la plus flagrante et l'effervescence la plus soudaine. Ce caractère bizarre, entier et flou à la fois, est à son avantage […] le tout constituant une personnalité à la fois brillante et insondable. » Ses moqueries sont rarement méchantes, ses grossièretés jamais vulgaires, ses flèches ne sont pas empoisonnées. Dutronc rassure finalement. « Il évoque un style de garçon esthétiquement et hygiéniquement bourgeois. L'œil bien bleu, la démarche bien tranquille, le costume bien coupé… et les cheveux aussi. » Éric Vincent a saisi le personnage et ce qu'il représente. Son collègue photographe, un certain Jean-Marie Périer, aussi. Impossible de refaire tout ce voyage dans la vie de Jacques sans le croiser à plusieurs reprises et à plus d'un titre. Une rencontre s'impose. Nous nous voyons à Saint-Germain-des-Prés, au même endroit qu'avec Wolfsohn quelques jours plus tôt.

Plus que simple photographe à *Salut les copains*, Jean-Marie est aussi l'ami des vedettes en général et l'attitré de Françoise Hardy en particulier. Françoise, Jacques, Jean-Marie, Monticello, tout est étrangement lié : « J'ai eu le privilège de vivre avec Françoise, et c'était un émerveillement. Sa mère était comptable. Une femme admirable qui a élevé seule ses deux filles. Jamais elle ne pouvait imaginer qu'il leur dégringolerait dessus des tombereaux de pognon, c'est venu très vite ! » Françoise n'a pas vingt ans quand *Tous les garçons et les filles* fait le tour du monde. Sa mère est complètement dépassée par les événements. Que faire de tout cet argent ? Des gens de son entourage la persuadent de monter une compagnie de taxis. « Idéal pour se faire avoir ! estime Jean-Marie. J'ai dit à Françoise : "On arrête tout ça !" » Au début des années 1960, Jean-Marie passe beaucoup de temps en Corse, près de l'Île-Rousse, où les beaux-parents de son père, François Périer, ont une maison. Lui est architecte. Il n'y a plus qu'à trouver un terrain et faire construire. « C'est ce qui s'est fait, poursuit Jean-Marie. En même temps, je lui ai conseillé d'acheter aussi un appartement à Paris, du côté de Saint-Lazare. Françoise a investi dans la pierre plutôt que dans les taxis et heureusement, car c'est ce qui lui reste aujourd'hui. Cette maison en Corse est certainement aussi un formidable ciment dans son histoire avec Jacques. Ce qui est drôle, c'est qu'il l'a totalement prise en main. C'est lui, le Corse, aujourd'hui. Je suis content d'avoir eu cette idée. » Oui, cette maison colle à la peau de Jacques autant que les lunettes sombres, le cigare ou les chats.

En 1966, les hauteurs de Monticello sont parfaitement sauvages : des oliviers aux troncs torturés, des chênes verts ancestraux, d'énormes rochers grisâtres, l'odeur et le silence du maquis, quelques scorpions et beaucoup de chaleur, rien d'autre. À l'époque, le village s'arrête à la chapelle Saint-François (San Francesco), étrange bâtisse habillée de jaune qui surplombe l'Île-Rousse tout en veillant sur la vallée du Regino qui s'enfonce dans la Balagne, juste derrière. Depuis, des dizaines de maisons ont vu le jour de part et d'autre, ainsi que des infrastructures sportives, un club d'équitation, des terrains de tennis, une pelouse de foot aussi verte que celles de Wimbledon. Bientôt une piscine municipale.

Il n'y a pas l'eau courante au début sur la colline et la maison s'en souvient, elle renferme encore dans ses entrailles une citerne qui, récemment, a été aménagée en studio d'enregistrement. C'est là que Jacques a travaillé pendant deux ans sur le CD *Madame l'Existence.*

Au moment où la maison sort de terre, en 1967, Françoise et Jean-Marie ne sont plus ensemble. Pour des raisons que nous expose Françoise, on la voit souvent en compagnie de Jacques : « Nous avions le même éditeur et la même maison de disques. Jacques venait d'annuler son mariage l'avant-veille de la cérémonie – ce qui m'inspirait une confiance mitigée à son égard –, moi je venais de rompre d'avec Jean-Marie Périer et Jacques Wolfsohn divorçait. Nous étions donc célibataires et allions ensemble chez Castel et Régine pour nous distraire de nos problèmes respectifs. » Il n'en faut pas plus aux médias pour annoncer prématurément une liaison entre les deux jeunes vedettes de la chanson. C'est juste un problème de timing car ils sont déjà mutuellement séduits, mais le déclic se fait attendre. « Quand j'ai commencé à me sentir attirée par lui, cela a pris une année au moins avant qu'il fasse vers moi le pas que j'étais incapable de faire vers lui. Il me semblait vaguement que mon attirance n'était pas complètement à sens unique, mais j'en étais arrivée à me dire qu'étant aussi timides l'un que l'autre, rien n'arriverait jamais. Il a peut-être fait exprès de rester de marbre pour m'accrocher davantage, je ne sais pas... » Dans *Françoise Hardy superstar et ermite* [1], d'Étienne Daho et Jérôme Soligny, la chanteuse ajoute : « Il y a eu des situations désespérantes, où l'on se retrouvait dans des hôtels, et c'était facile, une fois Wolfsohn couché, de se téléphoner... » Mais ce qui devait arriver finit par se produire et Françoise s'en amuse encore aujourd'hui...

En septembre 1967, elle invite pour quelques jours de détente dans sa maison corse aux peintures à peine sèches Jacques Wolfsohn,

1. Paris, Jacques Grancher éditeur, 1986.

Jacques Dutronc et quelques-uns de ses fidèles copains : Hadi Kalafate, Claude Puterflam, etc. Lorsque tous ceux-là sont réunis, ce n'est généralement pas pour se morfondre et c'est là qu'intervient l'anecdote du foulard rouge – Jacquot a mis au point un stratagème avec la complicité de ses potes –, qui pourrait tenir de la légende mais que Françoise me confirme joyeusement sur les lieux mêmes du crime : « Je n'étais pas habituée à l'alcool et je concoctais allègrement des cocktails invraisemblables avec tout ce qui me tombait sous la main. L'ambiance n'était pas triste ! Un soir où Jacques et moi étions passablement éméchés, je ne me suis pas aperçue que tout le monde avait disparu beaucoup plus tôt que d'habitude, comme par enchantement. Je me souviens qu'une fois seul avec moi, il m'a parlé longuement, mais j'ai tout oublié. C'est un de mes grands regrets, car il est rarement loquace, le peu qu'il dit est toujours intéressant et la façon dont il le dit originale ! Quoi qu'il en soit, le lendemain, faute d'avoir trouvé un foulard rouge, il s'est mis en chemise rouge pour faire comprendre à ses copains que l'opération s'était déroulée comme prévu. » Elle en rit encore.

Ainsi naît le couple Hardy-Dutronc, si bégayant dans sa phase initiale, si atypique par la suite, et finalement si résistant à l'usure du temps et à la brûlure des projecteurs. Il y aura bien sûr des tempêtes, des albums solo, l'inévitable évolution des sentiments (nous la suivrons dans ses grandes lignes), les compromis inhérents à toute relation qui s'inscrit dans la durée. Encore aujourd'hui, cette union fascine. Lors de la Saint-Valentin 2003, soit trente-six ans après le foulard rouge, deux sondages nationaux donnent Françoise et Jacques couple (vivant) préféré des Français…

Dans le cœur de Françoise, Jacques a succédé à Jean-Marie, lequel reste malgré tout dans l'orbite du nouveau couple. « Quand Françoise m'a présenté Jacques, dit-il, je suis tombé fou de lui. Et ça dure depuis. Lorsqu'elle m'a dit : "J'ai rencontré quelqu'un", je n'imaginais pas ne pas aimer cette personne, puisqu'elle *est* ma famille. Pendant une dizaine d'années, j'étais plus fou de lui que d'elle. Maintenant ça s'est équilibré. Mais je lui suis très reconnaissant de m'avoir accepté, parce que ce n'est pas évident d'accepter le mec d'avant. »

Tout ce petit monde – le monde du show-business est ridiculement petit – se côtoie beaucoup. Dutronc et Périer deviennent amis. Il y a des photos à faire pour *SLC*, certes, mais, comme le dit Jean-Marie, c'est une excuse pour se voir. « Je voulais comprendre, connaître ce mec que Françoise aimait, m'approcher de lui au plus près. Et puis j'ai eu très vite cette envie de le faire jouer devant une caméra aussi. Sur scène, il faisait marrer tout le monde, moi je le trouvais émouvant. » Périer est le premier à déceler ce côté clown triste chez Dutronc.

Pour autant, Jean-Marie ne fera jamais vraiment partie de ce qu'il est déjà convenu d'appeler la bande de potes. « J'ai toujours été en marge. D'abord parce que j'étais entre Jacques et Françoise. Ensuite parce qu'il est compliqué. S'il fait beau, il va vous dire qu'il pleut ; s'il vous aime, il va dire du mal de vous. Il faut lire entre les lignes en permanence. Il y a des moments où il est adorable et d'autres où il dit des horreurs sur tout le monde, et notamment sur moi. Je le sais. » L'amertume n'est pas loin : « C'est fatigant au bout de trente-six ou trente-sept ans qu'il continue à dire du mal de moi, qu'il ne réponde pas au téléphone. J'aimerais un peu plus de simplicité dans nos rapports. Il sait que je l'aime, je l'ai assez dit, j'ai passé ma vie à lui en donner des preuves. Jacques est d'une exigence infernale avec tous les gens qu'il aime, même s'il l'est sans doute encore plus vis-à-vis de lui-même. Par moments ça fatigue… J'ai eu la chance de rencontrer beaucoup de monde. Si je devais faire un tri, il resterait Miles Davis, Mick Jagger, Frank Sinatra, Françoise, Johnny et Jacques… Mais si je devais n'en garder qu'un seul, ce serait Jacques. C'est celui qui m'aura le plus séduit, le plus étonné, et je ne suis pas sûr qu'il le mérite. Jacques m'a épaté avec sa musique, son attitude, sa façon de penser, ses gestes, sa tendresse, son insolence… Et il m'a vengé de plein de choses. Il a remplacé mes deux frangins, dans ma tête. Deux frères qui sont morts de la drogue… » Jean-Marie Périer clôt ces confidences inattendues par cette définition assez juste de son compère : « Dutronc, c'est un Français moyen qui ne ressemble à personne. » Quant à la bande de potes à proprement parler, il n'est pas tendre à son sujet, comme beaucoup d'observateurs très proches : « Il était déjà très entouré [en 1966, n.d.a.]. De connards. Des gens qui ne lui apportaient pas énormément sur le plan intellectuel, qui ne l'ont pas aidé à progresser, qui l'ont plus isolé qu'autre chose. Mais je n'ai pas à juger ses amis. » Dont acte. Dans son livre de Mémoires, Jacques Lanzmann ne se montre pas plus aimable : « Il était difficile de voir Dutronc autrement qu'en bande. Et plus on se faisait passer pour ringard ou vulgaire, plus on avait une chance de faire partie du clan. [...] Jacques aimait être en permanence entouré par tous ces inconditionnels prêts à s'esclaffer à la moindre connerie comme à ses plus belles trouvailles linguistiques. Il était donc plutôt difficile d'arriver à lui parler en tête à tête. Quand, par bonheur, cette grâce m'était permise, cela ne donnait pas grand-chose de constructif. Timidité oblige, Jacques désamorçait aussitôt toute conversation qui se révélait sérieuse [1]. »

Et moi, et moi, et moi, *Mini-mini-mini*, *Les Play-boys*, *On nous cache tout, on nous dit rien*, *Les Cactus*, *J'aime les filles*, *L'Idole*, *Le plus difficile*, *La Publicité*, *Les Rois de la réforme*... Les tubes s'enchaînent à une allure vertigineuse. Tous les trois mois, Vogue sort un 45 tours qui recèle sa pépite dont l'or est plus sûr que le jaune trompette des trophées maison. Chouchou du moment, coqueluche de la télé, gros mignon de la variété, play-boy de la chanson, Jacquot de la Trinité accède au vedettariat par la grande porte. On le voit partout, on se l'arrache, son humour fait mouche. Habillé par Cardin – à l'œil en échange de la pub – et chaussé par Carvil, il devient rapidement ce qu'il est convenu d'appeler un « bon client » à la télé, quelqu'un par qui la fantaisie peut à tout moment arriver, suffisamment imprévisible pour décoincer une ambiance, avec ce zeste d'insolence et ce qu'il faut d'irrévérence pour enflammer un plateau – comme le seront plus tard Coluche ou Gainsbourg. Il grimace, tire la langue, louche, esquive, botte en touche, répond aux questions par des pirouettes, il refuse l'exercice promotionnel convenu, ne peut se résoudre à faire son play-back comme on s'acquitte de ses heures de bureau. Il veut bien être le clown du grand cirque médiatique. La télé n'est pas un sanctuaire. Refusant de se prendre au sérieux, il fait de l'interview un jeu et le journaliste qui

1. In Le *Voleur de hasards*, *op. cit.*

lui tend le micro un partenaire. Plutôt que de renvoyer la balle dans sa raquette, il alterne les lobs et les amortis, les coups liftés et les chopés. Ses copains sont immanquablement dans la tribune et seuls comptent leurs applaudissements.

Les archives de l'INA et les articles parus dans la presse de l'époque aident à prendre la mesure de cette attitude. À titre d'exemple, voici quelques extraits d'un article paru dans *Bonne soirée* le 11 juin 1967. Chapô :

« Que pensez-vous de vous en tant que chanteur ?

– Je suis le meilleur.

– Et la prétention, vous connaissez ?

– Et la plaisanterie, vous connaissez ? »

L'article, signé Alexis de Marvala, commence ainsi : « Ce dialogue parfaitement loufoque eut lieu récemment entre un présentateur radio et un chanteur au nom de corps de garde : Jacques Dutronc. Après avoir entendu cet échange, *Bonne soirée*, toujours pour vous à l'affût du meilleur en tous domaines, est allé aussitôt interviewer ce nouveau phénomène de la chanson française.

» Un regard myope et vert. Des cheveux pas trop longs, châtain clair. Une voix nasillarde. Un rire sardonique… Jacques Dutronc, avec ses chemises et complets bleus, est devenu en moins de six mois le rêve caché de toutes les demoiselles…

» […] Au temps des chansons dites "engagées", au temps des idées courtes et des cheveux longs, où chaque chanteur met un point d'honneur à parler dans au moins l'une de ses chansons de la guerre au Vietnam ou de la famine en Inde, Lanzmann décide lui aussi d'en parler, mais avec cynisme et humour. Sans jamais prendre parti, il nous montre l'immense "je-m'en-foutisme" de l'homme de la rue beaucoup plus préoccupé par ses petits soucis personnels que par les grands problèmes de l'heure.

– *C'était la première fois que Lanzmann écrivait des chansons de style dit yé-yé. Pourquoi vous a-t-il choisi pour interprète ?*

– Par hasard. Un jour, je composais en enregistrant directement sur magnétophone et j'essayais d'adapter les paroles qu'il m'avait apportées pour rigoler. Chez Vogue – où je suis assistant d'un directeur artistique – on trouva cela excellent, si excellent d'ailleurs qu'on ne trouva qu'une seule personne pour enregistrer ces chansons : moi. Je fis ainsi mon premier disque dirigé par mon patron Jacques Wolfsohn. Ainsi naquit le gang des trois Jacques : Jacques Lanzmann, Jacques Wolfsohn et Jacques Dutronc. C'est drôle, non ? »

Étrange de constater qu'un an après son premier disque, malgré plusieurs n° 1 au hit-parade, malgré un premier 33 tours ayant reçu le prix de l'Académie Charles-Cros, Jacques parle encore de son job d'assistant au présent, preuve supplémentaire qu'il se croit là par hasard, que ce métier de chanteur n'est pas le sien. Il le confirme un peu plus loin :

« *Continuez-vous toujours ce métier ?*

– Je n'ai pas rendu mon tablier, mais je ne pointe plus tous les jours ! Ce n'est plus possible. Pourtant la chanson n'a pas encore pris le pas sur mon métier, et, ajoute-t-il en ricanant, il vaut toujours mieux se réserver une porte de sortie, non ? »

Ainsi donc, Jacques n'a pas démissionné de son job d'assistant directeur artistique. Il continue d'ailleurs à travailler sur les disques de Zouzou, de Puterflam, et d'autres. Aussi, Albert Raisner, qui cherche à lancer une nouvelle danse, le *jingle jump*, fait appel à lui pour accompagner son poulain Germinal Tenas. (Jacques me chante le refrain en se bidonnant : « Dansez le *jingle jump*, anhanhan, dansez le *jingle jump*, anhanhan !… »)

L'interview de *Bonne soirée* se poursuit par une série de mensonges grossiers de Jacques (pour tester l'érudition de son interlocuteur ?) : « Mais je ne m'en fais pas, je pourrais toujours composer des musiques pour les autres et même des paroles, puisque c'est moi (j'en suis fier et je le crie partout) qui suis l'auteur du fameux *Va pas prendre un tambour*, et du non moins célèbre *Le Temps de l'amour*, toujours interprété par Françoise. J'ai aussi écrit toutes les paroles du dernier 45 tours de Zouzou. »

Mais le journaliste ne semble pas dupe :

« *Vous n'avez pas l'air de vous prendre au sérieux.*

– Non. Mon premier disque fut un gag, je suis moi-même un gag, et je ne suis heureux que lorsque je fais des farces aux gens. Porter les cheveux longs pour prouver sa liberté, ce n'est pas mon genre. Ce que j'aime, moi, c'est rire entre copains. »

Jacques, donc, ne se mêle pas de politique. Il n'est pas de ces jeunes, étudiants ou ouvriers, qui refont le monde dans les cafés jusque tard dans la nuit. Il ne s'en cache pas, agit en individualiste et affiche un hédonisme rigolard. Jouir de la vie, de sa jeunesse, de ses talents et de son charme, maintenant de sa position. La politique, le syndicalisme, l'engagement idéologique… pas pour lui. Curieusement, comme le succès est venu à lui, la politique lui fait un clin d'œil, un jour de 1967, en plein débat à l'Assemblée nationale. Georges Pompidou, alors Premier ministre du général de Gaulle, lance aux députés : « Comme le dit Jacques Dutronc, il y a un cactus ! » Il fait allusion aux bâtons que carre dans les roues de son gouvernement un jeune énarque nommé Valéry Giscard d'Estaing. L'écho est national ! Le titre d'un tube de Dutronc fait la Une du *Monde*. Depuis, Jacques a pris l'habitude de dire que Pompidou aura été son meilleur attaché de presse : « Deux jours après : 400 000 ventes… C'était rare de citer un pauvre petit chanteur à l'Assemblée. »

Suite à cet épisode, le chanteur est invité à un dîner par le Premier ministre. Jacques accepte sans hésiter. Françoise l'accompagne. D'autres vedettes du show-biz sont là, mêlées à de hautes personnalités de la République. Naturellement, on attend de Jacques qu'il pousse la chansonnette, mais pas n'importe laquelle : *Les Cactus*, de préférence. C'est mal le connaître. « Je ne voulais pas chanter ça, on n'était pas à une communion ou à un mariage… » Secrètement, il prépare une de ces facéties dont il a le secret et se rend dans l'antichambre, où il se dévêt, mais des laquais « genre Louis XVI » le rappellent à l'ordre : « Vous êtes fou, vous ne pouvez pas faire ça ! » Dommage, chanter à poil pour un tel auditoire, voilà qui n'aurait pas manqué de sel… Jacques se rhabille donc et se rabat sur une provocation textuelle improvisée : « J'ai chanté un truc genre usine : à travail égal salaire égal ! » La politique du contre-pied. Jacques déballe ses couplets syndicalistes. Un froid glace l'atmosphère. Fiasco absolu. « Pompidou était plutôt rigolard, ça le faisait marrer. Mais les convives étaient verts. La seule remarque que j'ai eue, se rappelle Jacques, c'était Brigitte Bardot qui disait à Françoise : "Dis-lui qu'il arrête, c'est une catastrophe !" Donc j'ai insisté… » Normal. Lanzmann a écrit à propos de cette soirée : « On dit qu'il fut impayable chez Pompidou. Il aurait fait le pitre. Se serait déculotté devant les invités du Premier ministre. Les guignolades de Jacques provoquèrent un effet désastreux. Lui et ses potes s'en amusèrent longtemps. Cependant, la soirée Pompidou resta, chez plus d'un, en travers de la gorge, comme un cactus [1]. »

Lors d'une autre soirée, genre gala privé dans un ministère, les choses tournent encore plus mal. Il y a là Salvador Dalí qui, avant la prestation de Dutronc et son orchestre, fait son show. « Je me suis assis pour l'écouter, dit Jacques, pensant que c'était sûrement plus intéressant que ce que je pouvais chanter. » Puis vient son tour et dès que lui et ses musiciens entament leur prestation, on les interrompt :

« Arrêtez ! Mais qu'est-ce que c'est que ce vacarme ?

– C'est de la musique, répond Dutronc, on nous a demandé de venir ici pour chanter.

– Mais toutes ces boîtes-là, ça fait beaucoup trop de bruit, ce n'est vraiment pas possible !

– Ah bon, d'accord ! »

Ni une ni deux : « J'ai fait semblant de chanter pendant trente secondes, ils avaient l'air contents. Et ça s'est arrêté là. » Bonsoir m'sieursdames !

Lors de galas plus traditionnels en province, il arrive parfois que des chanteurs consacrés depuis longtemps passent avant lui. À leur demande bien souvent, car ce n'est pas un cadeau de chanter derrière une jeune idole qui a enflammé le public. Pourtant, inverser l'ordre de passage ne rend pas les choses forcément plus faciles. Charles Trenet en fait un soir les frais. « J'avais honte, concède Jacques. J'étais dans un petit hôtel minable et on vient me voir pour me dire : "C'est une catastrophe, Charles Trenet est en train de faire ta première partie et tout le monde crie : Du-tronc-Du-tronc-Du-tronc… !" Alors j'ai dit : "Il est peut-être sourd, il doit entendre : Une-autre-une-autre… !" Mais j'étais affreusement malheureux parce que Trenet, ça fait partie des fondations, des gens qui ont permis à d'autres de chanter… » Une scène presque analogue se produit avec Tino Rossi, qui se fait proprement jeter. « Maintenant je regrette, j'aurais

---

1. *Ibid.*

dû aller parler avec lui, boire un café, mais je n'ai pas osé. C'était peut-être de la timidité. Pour moi, c'étaient des gens intouchables. »

De Tino à la Corse il n'y a qu'un pas. Dès les années 1967-1968, Jacques chante sur l'île de Beauté. À Bastia, Calvi, Corte, Ajaccio et Pietroso où Jacques est promu citoyen d'honneur. Johnny, Sylvie, Adamo, Enrico Macias ont déjà connu ce privilège. Lors de la cérémonie, digne d'un film de Don Camillo – on imagine la chaleur, la lumière blanche –, le maire se fend d'un discours depuis le balcon de la mairie, auquel le chanteur doit répondre par quelques mots, heureusement vite abrégés : « Le balcon menaçait de s'effondrer ! » Autre curiosité locale : faute de liquidités, la municipalité offre aux chanteurs qui viennent s'y produire un bout de terrain en lieu et place du traditionnel cachet. « J'ai revu le type qui faisait ça, dit Jacques, bien plus tard au Vivario [1], il a continué à organiser des galas ! »

Jacques me narre ces premières incursions corses (bien qu'il y ait eu un voyage initiatique en 1959) alors que le soleil commence à décliner sur l'Île-Rousse. C'est l'heure à laquelle François Paoli, lorsqu'il a déjeuné ici, émerge de sa sieste. L'aïoli du déjeuner l'a plombé. Il remonte du sacristain, une petite pièce située sous la terrasse, les cheveux écrasés, les yeux et le ventre gonflés, la chemise froissée tombant de travers par-dessus le pantalon. Il vient nous rejoindre sous le chêne, allume une cigarette, semble vouloir prendre part à la conversation, mais non, il décide de redescendre à l'Île-Rousse.

Jacques : « Tu viens demain ?

– Qu'est-ce qu'il y a demain ?

– Demain ? Rien…

– Alors à demain. »

* * *

Jacques aime s'évader – jamais seul, cela va sans dire. L'envie de tuer le temps, de bouger, d'avancer, d'effacer le proche passé, l'envie de ne pas s'incruster, de ne pas s'encroûter sont plus fortes

1. Restaurant corse situé à Paris où Dutronc a ses habitudes dans les années 1980.

que le désir de voyager, de découvrir. C'était déjà comme ça durant les années d'assistanat chez Vogue : après plusieurs bières au Wimpy, lui et ses potes s'interrogeaient : « On va à Grenoble ? » Et ils s'entassaient à cinq ou six dans une 403 et se barraient à la montagne. Quoi faire ? Seul le voyage comptait. Parfois ils choisissaient la mer, Dinard ou La Rochelle. Quelle importance ? Maintenant qu'il en a les moyens, Jacques profite du moindre temps mort dans son planning pour aller passer quelques jours ou quelques semaines à Marseille ou à Marrakech, avant d'adopter définitivement la Corse comme base arrière.

Le Maroc est une destination très prisée par les rock stars du moment. Mick Jagger, Keith Richards et Brian Jones des Rolling Stones, pour ne citer que les plus célèbres, y effectuent des séjours répétés. Chez les musiciens, fumer du cannabis est entré dans les mœurs et le Maroc est un pays producteur apprécié des connaisseurs. Jacques ne sera jamais attiré par aucune drogue, pas même les plus douces, en dehors du tabac et de l'alcool. « C'était une belle période, le Maroc. Je suis tombé amoureux de ce pays. Mais une fois de plus, je m'aperçois qu'on ne tombe pas amoureux d'un pays mais des gens, et c'est eux, ensuite, qui te montrent leur pays. C'est comme au théâtre, tu découvres des acteurs et ensuite ils te font apprécier le décor. » Jacques s'y fait de nombreux amis, notamment les propriétaires de l'hôtel Es Saadi à Marrakech où il séjourne régulièrement. « J'en avais fait l'ouverture et je devais me marier avec une des filles. Finalement, elle a épousé un Marocain et chaque fois que j'y suis retourné, on me disait : "Viens voir ton fils !", parce que j'avais toujours dit qu'il était de moi. (Rires.) Je les ai revus à l'occasion du tournage des *Victimes* [1]. Ils m'ont reçu royalement. » Lors de ce retour, trente ans plus tard, Jacques constatera avec amertume que la palmeraie qui faisait un des charmes de la ville a été massacrée : « Mais c'est normal, ça se passe comme ça partout. » Sur la fameuse photo de pochette du non moins célèbre *Il est cinq heures, Paris s'éveille* (mars 1968), c'est au bord de la piscine du Es Saadi que Jacques pose, arborant une tunique rouge brodée d'or

1. Film de Patrick Grandperret (1996), tourné à Ouarzazate, au Maroc.

prêtée par ses amis. Mais il va d'abord au Maroc pour se détendre. Farniente dans un palace, virée dans l'Atlas au volant de sa Bentley (qu'il finira par laisser là-bas), shopping dans les souks… Il assiste aussi à des matches de boxe, sport pour lequel il se passionne de plus en plus. Lorsque la neige est présente, il monte à L'Ouka, une station d'hiver située à une quarantaine de kilomètres de Marrakech. « J'ai toujours adoré le Maroc. À l'époque, j'y allais quinze jours par mois. J'y ai même acheté un palais. »

Il s'y rend tellement souvent et y reste si longtemps que Vogue va finir par lui chercher des poux dans la tête. Jacques se prélasse au bord de la piscine de son hôtel préféré lorsqu'il apprend qu'il est programmé dans une émission de Guy Lux, déjà roi des variétés télévisées. Le staff de sa maison de disques lui fait comprendre que les vacances sont terminées. Mais pour faire rentrer Jacques de quelque part, que ce soit du Maroc ou de Corse, il faut de sacrés arguments ! Jacques répond qu'il ne peut pas, qu'il n'a pas le temps. « Ah bon ? fait-on rue d'Hauteville, si tu le prends comme ça, on te fait un procès. » Mauvaise pioche, Jacques reste au soleil. Vogue met ses menaces à exécution : une action en justice est intentée à l'encontre de celui qui les engraisse depuis deux ans pour non-respect du jeu promotionnel. Comme par hasard, Jacques ne compte alors plus un seul allié dans la boîte. À son retour à Paris, il prend un avocat. « Rien que la poignée de main, c'était 5 000 balles. Je lui ai dit bonjour comme un con, mais j'ai évité de lui dire au revoir. Bref, c'était très simple, Vogue voulait que je les dédommage de 50 millions de centimes de l'époque, mais ça s'est retourné contre eux. Le juge est arrivé, il a lu l'affaire : "Jacques Dutronc ne veut pas faire une émission de Guy Lux ? Mais il a bien raison !" Terminé ! C'est eux qui m'ont versé 7 millions de centimes. Hé, hé ! »

Au rayon des mauvais souvenirs du Maroc, il y a cet épisode lié à un opposant politique, par ailleurs organisateur de spectacles, qui vient le trouver un jour et lui demande de chanter dans son théâtre. Jacques n'en a franchement pas envie, sa tournée est terminée, il se repose quelques jours à Marrakech… L'autre insiste, Jacques ne cède pas – celui qui le fera chanter contre son gré n'est pas né. La vengeance ne tardera pas : matériel confisqué, musiciens séquestrés ! Jacques rameute sur-le-champ le consulat et l'ambassade de France :

« Ils sont venus me voir au Es Saadi, ça a fait tout un pataquès. J'ai menacé de porter plainte pour séquestration de personnes et de biens. » « Pas de scandale diplomatique ! lui répond-on, on s'occupe de tout ! » Et effectivement, tout rentre dans l'ordre, les obstacles s'aplanissent dans l'instant. Comme par enchantement, les ministres marocains défilent : « Venez, on va passer les troupes en revue ! » Jacques a même droit à un tour en avion de chasse. « J'ai eu plein d'amis formidables d'un seul coup ! » L'épilogue est moins drôle : « Le pauvre type a été assassiné dans un avion quelque temps après, à coups de couteau à travers le siège. »

Autre mésaventure, aux conséquences moins dramatiques : un guet-apens ! L'histoire commence d'une manière analogue : Jacquot barbote dans la piscine de l'hôtel quand un inconnu l'aborde pour l'arroser de compliments sur ses chansons, sa personne... Pourrais-je avoir un autographe pour ma fille, etc. De l'ordinaire jusque-là. Puis le type lui annonce qu'il tient une boîte non loin de Marrakech et bien sûr il l'invite à venir prendre un verre un de ces soirs. Quand pourriez-vous venir ? Etc. Jacques n'a pas pour habitude de refuser de trinquer... Lorsqu'il se rend sur place le jour dit, la discothèque est pleine à craquer et les clients scandent déjà : « Dutronc, une chanson ! » Le piège ! Dans un coin de la salle : des musiciens du cru attendent. Sur les murs, des affichettes ronéotypées annoncent : « Ce soir, en exclusivité, Jacques Dutronc et son orchestre. » Jacques se dirige droit vers les toilettes. La porte des vestiaires est entrouverte, il entre discrètement, enfile une djellaba qui pend à une patère et ressort bientôt de la boîte sans être inquiété...

Heureusement, il y a de vraies rencontres désintéressées – les plus nombreuses – et c'est celles-là que Jacques aime à se rappeler. « Je me souviens d'Aziz Abdelfta à Marrakech, qui avait un commerce dans les souks. Ça a été un ami formidable, il m'a fait des fêtes comme seuls les Marocains savent en faire, et c'était simplement un regard, une amitié. Ici, quelqu'un agit comme ça aujourd'hui, tu te poses des questions, pourquoi il fait ça, il va te demander quelque chose... Non, c'était totalement gratuit. Et il m'a envoyé des plateaux, des lampes, des tapis... »

C'est bien sûr au Maroc que je vais croiser – de loin – Jacques, physiquement ce coup-ci, pour la première fois. Il donne un concert vers la fin de l'année 1968 au Triomphe à Casablanca. J'ai tanné ma mère, pourtant plus sensible à Bach qu'à la chanson pop-rock, pour qu'elle m'y accompagne. Dutronc a été mon premier disque, il est mon premier concert. Malheureusement, le souvenir de cette soirée est enfoui dans ma mémoire sous des couches d'émotions adolescentes. Impossible d'en extraire un son, une image, une impression. Un mystère… J'ai sûrement une sauvegarde quelque part mais ne parviens pas à en retrouver le chemin d'accès…

Cette année 1968, Jacques enregistre un disque qui va élargir encore sa popularité. Nous sommes en mars et la révolte de mai est déjà palpable, elle flotte dans l'air comme un épais pollen. Un mouvement contestataire secoue la France à sa base : la jeunesse. Ras-le-bol de cette France grisâtre, endormie, rouillée, enlisée dans ses principes, sa morale, ras-le-bol de De Gaulle et des dirigeants en général. On rejette tout en bloc : l'armée, le couple, la famille, la patrie, l'Église. On invente des slogans coups de poing, CRS-SS, il est interdit d'interdire, sous les pavés… Ces pavés qui seront bientôt les pierres de l'Intifada estudiantine. Lanzmann et Dutronc ressentent cet état d'esprit et trois sur quatre des nouvelles chansons de ce 45 tours s'en font à un degré ou un autre l'écho : *Fais pas ci, fais pas ça* stigmatise l'éducation rigide de l'époque, *L'Augmentation* parodie les revendications ouvrières, et *Il est cinq heures, Paris s'éveille* annonce de façon prémonitoire (en tout cas par son titre) le soulèvement de la capitale. Dutronc n'est pas trotskiste ni maoïste, plutôt moaïste. Comme la plupart des chanteurs vedettes du moment, il ne se prononce pas publiquement sur les événements eux-mêmes. On ne l'entend pas. Jacques a une théorie là-dessus : je ne vote pas donc je ne la ramène pas. Seuls ceux qui glissent le bulletin dans l'urne ont le droit de râler. Mais, comme c'est pas parce qu'on n'a rien à dire qu'il faut fermer sa gueule, le duo Lanzmann-Dutronc profite du contexte explosif pour écrire dans la foulée le grinçant *L'Opportuniste* qui voit le jour en septembre. Une manière de couper court à ce qu'on lui reproche d'être et qu'il est sans doute un peu. Jacques adore semer le trouble, l'ambiguïté, laisser entendre qu'il serait comme ceci ou comme cela. Le message – si de message il faut parler – se doit d'être codé. Et plutôt que de démentir ou de confirmer, il préfère rire sous cape. On l'a dit de droite, ultra-libéral, anarchiste, anar de droite... Qui peut l'affirmer quand lui-même ne se pose pas la question ? Une chose est sûre : il ne s'est jamais laissé acheter par un homme ou un parti. « On m'a proposé trois fois la médaille des Arts et des Lettres et je l'ai refusée trois fois. »

En septembre 1987, dans le mensuel *Actuel*, Jean-François Bizot évoque le Dutronc de cette époque : « Fin avril 1968, à une semaine des événements qu'on sait, il évoquait dans *Formidable* ses quatre dîners avec Mme Pompidou. Et quel avait été son plat préféré : les cocktails de crabe. [...] Devenu idole, et même s'il s'en moquait, Dutronc, dont les chansons avaient anticipé le mouvement, rata Mai 68. » Jacques confirme : « J'ai pas senti grand-chose en Mai 68. Quand je chantais gratuit, je me faisais siffler et quand c'était payant, on applaudissait. J'allais pas leur faire la cuisine... » Bizot reconnaît cependant que : « En plein contrecoup de Mai 68, au moment des élections gagnées par de Gaulle en juin, Dutronc et Lanzmann réussissent leur dernier coup de maître avec *L'Opportuniste*. Nous fûmes nombreux à rire. La pirouette culottée de Dutronc interdisait qu'on lui retire toute sympathie... »

Si Jacques s'amuse à jongler avec la politique et ses acteurs, son frère Philippe les côtoie jour après jour depuis son engagement professionnel dans la haute administration. Michel Debré est ministre de la Défense nationale (où officie Philippe) lorsqu'il a l'idée d'utiliser les Dutronc à des fins électorales. Philippe croit se souvenir qu'il s'agissait de soutenir sa candidature à Amboise, dans le cadre d'une campagne pour les législatives. Jacques accepterait-il de venir y chanter ? demande-t-on à Philippe. « Allez le lui demander vous-même ! » répond-il. Jacques enverra poliment promener les émissaires du ministre et n'ira pas à Amboise.

En dehors de cette anecdote, la popularité du chanteur Dutronc n'aura pas gêné la carrière du fonctionnaire. « Ça a dû bouleverser sa vie, dit Philippe, mais pas la nôtre. » Évidemment, on éprouve une satisfaction, de la fierté, une certaine admiration même : exercer un métier où il faut constamment se montrer quand on a sa pudeur... La vie privée du grand frère n'est pas davantage affectée, malgré le fait qu'ils partagent les mêmes patronyme et adresse. Une fois, une seule fois, on frappe à la porte de son appartement rue de Provence. Christiane, l'épouse de Philippe, est en train de repriser une chaussette avec un œuf dur. Elle ouvre. La silhouette d'une jeune fille en émoi se découpe dans l'embrasure :

« Bonjour madame, est-ce que je pourrais voir Jacques Dutronc ?

– Ah non, là vous êtes chez M. Philippe Dutronc... »

La groupie n'y croit guère. Elle n'a pas envie d'y croire. Elle insiste mais Christiane persiste dans sa réponse. Au bout de quelques minutes d'un dialogue impossible, la jeune fan, toujours aussi incrédule, supplie Christiane de lui faire don de la chaussette de Jacques...

La presse people ne les harcèle pas non plus. Mais il n'en va pas de même pour Madeleine. Pour se débarrasser des journalistes, elle leur donne de temps à autre de vieilles photos qu'elle retrouve dans des albums ou dans des boîtes. Un jour, elle leur remet un cliché de Philippe et Jacques pris sur la plage de Batz-sur-Mer. Quelques semaines plus tard, Philippe se retrouve en première page de *France Dimanche*. Titre : « Le fils caché de Jacques Dutronc avec une Allemande ». Philippe en rit encore. « Ils m'avaient découpé sur la photo, je devais avoir onze ou douze ans. Agrandi sur papier journal, c'était un peu flou. Parfait ! » Une vraie photo de paparazzi : ça sent la planque et le téléobjectif à plein nez ! « Mais c'était grotesque parce que la photo était prise peu après la Libération, les maillots de bain pour enfants n'existaient pas et les mamans tricotaient des slips en coton. Dès qu'on sortait de l'eau, ça bâillait, c'était le modèle Reiser renforcé. On voyait que c'était un costume d'époque. » En dehors de cette anecdote, le calme plat. « Nous avons vécu totalement à l'écart de ça », conclut Philippe.

Philippe est âgé de soixante-sept ans aujourd'hui. Pantalon et chemisette de sport, chevelure poivre et sel, grosses lunettes. Un retraité comme tant d'autres. Les deux frangins ne se ressemblent pas physiquement. Il n'y a guère que dans un éclat de rire ou de voix que l'on décèle parfois un trait commun. Un jour que nous prenons le café d'après déjeuner à Monticello, dans la douceur de septembre, sa femme Christiane déclare à propos de son mari tandis que celui-ci s'est retiré pour faire un somme :

« Philippe n'est jamais de mauvaise humeur ! »

Jacques, dont l'oreille traîne dans le coin :

« Ah bon ! Alors ce n'est pas mon frère !
– Il a très bon caractère, ajoute-t-elle.
– Pas moi. Je suis chiant.
– Tu es sans doute chiant, nuance Christiane, mais tu n'as pas mauvais caractère.
– Oh que si ! »
Sylvie Duval, qui est présente, donne son point de vue :
« J'avais trouvé un qualificatif qui t'allait très bien... (Elle cherche.)
– Dis que je suis con, ça va plus vite ! (Et il se met à chanter :) *Je suis un gros con, Je suis ridicule/Avec les garçons, Le soir on s'en... tête à faire les vedettes* [1]... »

On pourrait penser que la célébrité assagit Jacques, que du moins elle le freine dans ses envies de déconnades publiques. Il n'en est rien. Lorsqu'il ne maraude pas avec Kalafate ou un autre à l'heure de sortie des bureaux dans le quartier de l'Opéra ou à la Chaussée-d'Antin, au volant d'une Ferrari décapotable (« Tu viens au bal ce soir, p'tit Lou ? »), il n'aime rien moins que rouler dans les rues de la capitale vêtu d'une soutane. Pas pour faire hurler tonton Francis ou l'abbé Martin, mais simplement pour créer de l'animation. Immanquablement, la surprise des automobilistes entraîne des accrochages aux feux. Au moment du constat, on peut entendre ce genre de dialogue, qui à lui seul justifie le déguisement :
« Vous pouvez pas faire attention et regarder devant vous !
– C'est parce que j'ai vu Jacques Dutronc en curé !
– C'est ça ! Sainte-Anne, c'est par là ! »
On cherche aussi le gag quand on passe à la télé. Lorsque l'émission se déroule en direct, tous les coups sont permis. « La première fois que j'ai chanté *J'aime les filles* à la télé, j'ai donné le numéro de téléphone personnel de Puterflam : Passy, etc. Le standard du XVIe a sauté ! » Mais il n'y a pas que des divertissements proposés par Albert Raisner ou par Guy Lux, il y a aussi des programmes plus sérieux, plus ambitieux, où l'on vient parler, comme *Discorama* de

1. *Les Gros Cons*, Aïoli, Sony Music.

Denise Glaser. « Je me souviendrai toujours de ses narines, infestées de poils. On aurait dit deux perruques qui sortaient du nez. Bien sûr, j'imaginais le reste… Cela dit, c'était une femme bien. Tout le monde me disait : "Fous-toi de sa gueule !" Je ne comprenais pas… »

À l'opposé d'une interview de Denise Glaser, il y a les pages et les pages de confidences édulcorées, de mièvreries sucrées étalées sur le papier glacé de *SLC* et autres magazines pour ados. Jacques, comme tous les autres, s'y plie avec complaisance. Voyages au bout du monde (Ceylan, Hong Kong, Mexique…) offerts par la maison. *Bons baisers de... Jacquot vous dit que... Numéro spécial dirigé par Jacquot... Tout tout tout sur... Jacquot!* Les textes accompagnant les photos sont courts, les propos de l'artiste (le cas échéant) réécrits, taillés, aseptisés, tout le monde il est beau tout le monde il est gentil. Néanmoins, dans un article intitulé « Dutronc : Tout dans la tête… », paru en 1969, Jacquot parvient à glisser quelques peaux de banane en réagissant sur différents thèmes d'actualité. Extraits choisis : *Les incendies de forêt* ? « Désastreux, bien sûr. Mais si les CRS étaient des pompiers, donc des gens utiles, on en viendrait plus facilement à bout. » *Les casseurs anti-bourgeois* ? « Casser les vitres d'une Rolls sous prétexte qu'on ne peut pas se la payer relève autant de la médecine que de la politique. Tous les casseurs sont des abrutis, des refoulés ou des simplets. Malheureusement on les excuse à cause de leur couleur politique. Bientôt, pour peu que les truands professionnels se déclarent maoïstes, ils se tireront d'un casse avec quinze jours de prison… » (On peut s'amuser à rapprocher cette déclaration de celle qu'il fera à *L'Express* vingt-six ans plus tard [5 octobre 1995] : « À Paris, il y a trop de vitrines remplies de foulards à 5 000 balles. […] Je comprends qu'on ait envie, parfois, de les casser… ») Enfin : *Une recette de cuisine de ton cru ?* « Le Faigaffetacul à l'estragon. Tu prends un Faigaffetacul bien dodu, de préférence inverti, et tu le retournes dans une poubelle en caoutchouc. Tu ajoutes une pelle de sable frais, trois abeilles vivantes, deux tebis de grenés, un Antoine bien show, une pincée de fausses notes, un doigt d'Arabe et trois livres de Paul Claudel… » Pas sûr que les secrétaires de rédaction de *SLC* comprenaient le verlan en 1969…

* * *

Dans cette folle aventure que vit Dutronc, Jacques Lanzmann apparaît comme la tête de Turc. Jacques a besoin d'un bouc émissaire, cet intello bègue et rouquin, avec ses grosses moustaches et son air bourru, à qui tout réussit, tombe à pic. Lanzmann est déjà célèbre, romancier à succès, rédacteur en chef d'un magazine très populaire, il fait de l'ombre à son porte-parole. Tous les journalistes qui tendent leur micro à Jacques font à un moment ou un autre allusion à l'importance de l'écrivain dans le succès de ses chansons. Philippe Bouvard a même écrit dans *Le Nouveau Candide*: « Dès que son parolier J. Lanzmann ne lui livre plus à domicile, il se révèle incapable de prononcer un mot: que voulez-vous, les petites idoles, comme les grandes douleurs, sont muettes. » Comme tous les artistes, Jacquot n'aime pas beaucoup que l'on minimise sa responsabilité dans sa réussite. Pour lui, ce Lanzmann prend un peu trop de place. Ce qui ne l'empêche pas de reconnaître son talent. En revanche, l'autosatisfaction de son parolier l'irrite: « La moindre ligne, c'était: "C'est gé…génial, c…coco !" »

Au début de leur collaboration, on le sait, les textes arrivent *via* Wolfsohn dans une version quasi définitive et Jacques doit faire avec. Ensuite, Jacques pioche dans un classeur rempli de textes de chansons écrites par Lanzmann, aussi épais que le Bottin. « Quand il trouvait quelque chose qui l'intéressait, se souvient André Bernot, il collait dessus une musique. » Assez rapidement, Dutronc communique des idées, donne des thèmes, oriente le parolier dans les directions qu'il souhaite. Il reprend les textes de Lanzmann, propose des alternatives, apporte des modifications, bref, il participe à l'écriture. Mais ne sera jamais crédité pour cela. Ni officiellement ni officieusement. Le génie des textes, celui qui innove, qui fait preuve d'audace, de causticité, c'est toujours l'autre. Grosse frustration qui va croître avec les années, d'autant que Jacques n'est pas du genre à poser les problèmes sur la table et à crever l'abcès. Il faudra moult tempêtes et déchirements, et finalement attendre le CD *Madame l'Existence* pour lire sur une pochette : textes cosignés Lanzmann-Dutronc. Une première ! Le jour où je rencontre Jacques en mars 2003 à Montreuil, je lui fais part de ma surprise. Réaction de l'intéressé : « Ça me paraît normal quand vous êtes deux à écrire les textes. Ça ne l'était pas avant, mais maintenant si. » Sous-entendu : ce n'est pas la méthode de travail qui a changé, mais la reconnaissance, enfin, de sa participation à lui !

Il est dommage que le point de vue de Jacques Lanzmann sur leur collaboration ne puisse figurer dans ces pages. Je lui téléphone un jour pour lui exposer mon projet de livre et l'inviter à s'exprimer. Il refuse. « Je n'en ai pas envie... Ne m'en veuillez pas, mais je ne préfère pas... » Nous devrons nous contenter de ses (rares) déclarations publiques et de ses livres.

J'aurais pourtant aimé le questionner sur les pages d'introduction de son roman *La Baleine blanche* paru en 1982 chez Robert Laffont. Source de beaucoup de ragots et de rumeurs sur la personnalité de Jacques, sur ses mœurs. Lanzmann y décrit, entre autres, une scène où la fiction télescope la réalité d'une manière pour le moins ambiguë. Les personnages sont aisément reconnaissables : Jacques Dutronc est Bobby Laser, chanteur à succès grâce à des tubes tels que *Le Tombeur de ces dames* ; Lanzmann lui-même se cache derrière Vince, parolier, écrivain et marcheur ; et Wolfsohn apparaît sous les traits de M. Mandel, un directeur artistique tyrannique. La scène se déroule dans un studio d'enregistrement, lors d'une de ces séances auxquelles Vince assiste toujours car « c'est la coutume pour un parolier d'aller se faire engueuler par les directeurs artistiques sous prétexte que quelque chose cloche dans le texte et qu'il faut l'arranger au dernier moment [1] ». Bref, on enregistre une chanson ce soir-là et le gentil Bobby Laser se révèle beaucoup moins gentil, beaucoup moins timide qu'on veut bien le croire. Régine, la fille de la concierge du studio, une paumée apparemment, est agenouillée sous le pupitre où Bobby apprend son nouveau texte, occupée à lui faire une fellation devant les musiciens, les techniciens, les parasites, tandis que lui tire sur son cigare et boit son whisky. Ça n'est que le début. Ensuite, Régine s'agenouille tour à tour devant tous

1. In *La Baleine blanche*, Paris, Robert Laffont, 1982.

les autres « et tous autant qu'ils étaient, excepté Vince je pense [...] avaient trouvé une espèce de plaisir sadique à laisser croire à cette fille qu'elle devait forcément en passer par là pour arriver à enregistrer un disque [1] ». Puis Régine se rebiffe, dégoûtée et soudain incrédule, alors on la rassure et elle finit par s'y remettre, bientôt aidée par deux autres filles arrivées en renfort. La nuit, banale, s'écoule ainsi entre les prises, les coups de gueule de Mandel, les pets et rots de Bobby, les pipes et le whisky. Apparemment rien que de très ordinaire pour tout ce petit monde si on lit ces pages au premier degré. Sauf que Vince, en quittant le studio à 3 heures du matin, découvre le cadavre de Régine, qui s'est suicidée dans les vestiaires. Épilogue de la scène : « Quant au scandale, il avait été étouffé à coups de billets de banque et c'est comme ça que la concierge du studio avait pu, grâce au suicide de sa fille, prendre sa retraite à la campagne [2]. »

La fiction a bon dos. Lanzmann a commencé ce livre quelques mois après le clash historique avec Wolfsohn et Dutronc en 1980, suite à l'enregistrement de l'album *Guerre et pets*. Règlement de comptes ? Volonté de nuire en semant le trouble ? Pourquoi coller autant à des personnages existants ? Où s'arrête la réalité et où commence la fiction ? Dans l'impossibilité d'interroger l'auteur de cette scène, je me rabats sur ceux qui y apparaissent. À commencer par Wolfsohn. J'ouvre le livre à la bonne page et le lui tends, il en parcourt quelques lignes à peine et me le rend, l'œil plus pétillant que jamais. « Même Balzac s'est inspiré de faits ou de personnages réels dans son œuvre. Et Lanzmann n'est pas Balzac... Même s'il écrit très bien... Mais le passé, c'est le passé. Un artiste n'est pas une mécanique. On peut faire ce qu'on veut en studio du moment que la musique sort. C'est ce qui compte. Mais les partouzes, c'est pas vrai ! Surtout pas chez Vogue, on avait les bonnes sœurs de l'autre côté... » Pirouette ou pas ? Mystère. Son de cloche d'un autre habitué des soirées en studio, Kalafate : « Des conneries ! Une fois, une seule, Jacques est allé dans les toilettes du studio avec une fille, Bernot avait placé un micro dans les chiottes et Jacques lui a joué

1. *Ibid.*
2. *Ibid.*

Jeux interdits à la guitare ! (Rires.) C'est le seul truc un peu "particulier" qui se soit passé en studio. Il n'y a jamais eu de partouze ou quoi que ce soit, ça n'est pas vrai, d'abord Wolfsohn ne l'aurait jamais accepté. Il y avait des filles qui venaient nous voir, mais on allait au Canari, en face, puis chez moi ou chez Jacques, mais il n'y a jamais eu de partouze rue d'Hauteville. On s'amusait, comme tout le monde, on n'était pas des saints non plus… » Pourtant, le parolier Lanzmann en remet une couche dans son livre de Mémoires en laissant perdurer un doute malsain : « C'était toujours les groupies qui faisaient les frais de ces nuits durant lesquelles nous devions enregistrer ou mixer. Nous n'étions jamais moins d'une douzaine : instrumentistes, preneurs de son, assistants, groupies. Si l'on ajoute l'alcool qui coulait à flots et les défis que chacun se lançait, on imaginera aisément le reste [1]. »

Ce que personne ne nie, ce sont les fréquentes disputes entre Wolfsohn, dont on sait le caractère autoritaire, colérique, blessant, et Lanzmann, que Kalafate décrit comme « un type extrêmement intelligent, mais chiant, maniaque, caractériel ». Le premier rend fréquemment sa copie au second, lequel estime bien sûr que son travail est gé…gé…génial ! Dutronc : « Wolfsohn était dur avec Lanzmann, mais je crois que Lanzmann aimait ça. » En tout cas, il semble que Jacques et son mentor s'y entendent pour faire tourner l'écrivain en bourrique. Un jour, cela vire à la bagarre, en plein studio. À l'origine de l'échauffourée, une vacherie de Wolfsohn. Jusqu'alors, à l'exception d'Anne Segalen avec laquelle il a cosigné quelques textes et qui d'ailleurs était sa propre compagne, Lanzmann est le seul à écrire pour Dutronc. En 1970, ce dernier fait la connaissance de Fred, le dessinateur de bandes dessinées de *Pilote*. Ensemble, ils écrivent deux contes musicaux pour enfants vendus sous la forme de disques livres illustrés intitulés *Le Sceptre* et *La Voiture au clair de lune*. Cette œuvre collective leur vaudra d'ailleurs de recevoir des mains du ministre Joseph Comiti le prix Loisir Jeune décerné par Hergé. Mais le jour où Jacques enregistre *Le fond de l'air est frais*, écrit par le même Fred, Wolfsohn a le mauvais goût de convoquer

1. In *Le Voleur de hasards*, *op. cit.*

également Lanzmann pour la séance. Lorsque ce dernier découvre celui qu'il perçoit déjà comme un rival dans la cabine, son sang ne fait qu'un tour. Wolfsohn : « Effectivement, je lui ai foutu mon poing dans la gueule. Parce qu'il a fait un scandale le jour où j'ai fait écrire des paroles à Fred. Je me rappelle de la phrase exacte de Lanzmann (Wolfsohn prend un air enragé) : "Il te fera comme avec moi, il te pressera comme un citron et après il te jettera." Bang ! C'est parti tout seul. » Version de Lanzmann : « "Je ne t'empêche pas de prendre le texte d'un autre mais tu n'es tout de même pas obligé de me convier à la séance !" Je le giflai. Il se rebiffa, tenta de me cogner à son tour. C'était grotesque [1]... »

Ce n'est pas la première fois que le torchon brûle entre les deux hommes. « Il y avait eu, bien avant, me confie Françoise, une rixe cocasse dont j'ai beaucoup entendu parler entre l'auteur et l'éditeur de Jacques. Comme d'habitude, la raison tournait autour des textes du premier qui ne satisfaisaient pas le second. À cette époque, Wolfsohn était en instance de divorce et lorsque les deux acolytes en sont quasiment venus aux mains, Lanzmann zézayait : "Cocu ! Cocu !"... » Ce n'est là que le début d'un échange de noms d'oiseaux...

En dehors de ces querelles qui, globalement, amusent Jacques, les contacts directs entre lui et son parolier sont rares. Pas d'animosité particulière, mais pas d'atomes crochus non plus. Wolfsohn se souvient que, malgré leurs engueulades, il recevait Lanzmann et sa compagne Anne Segalen chez lui le mercredi soir. « On dînait puis on travaillait. » Dutronc ne prend pas part à ces repas. Son directeur artistique lui remet les textes ultérieurement. « Mais ça tenait beaucoup de l'improvisation tout ça, explique Wolfsohn. Chose qu'on ne peut plus faire aujourd'hui. C'est pour ça qu'il y a des trucs un peu bâclés aussi dans les disques de Jacques de cette époque. Mais l'ambiance est toujours bonne, il y avait de la spontanéité. » Il convient de rappeler qu'Anne Segalen participe considérablement à l'écriture des chansons – elle ne sera pas toujours créditée pour cela, elle non plus. *Il est cinq heures, Paris s'éveille* fait partie de ses contributions. Lanzmann en raconte l'accouchement lors d'un de ces

1. *Ibid.*

dîners de travail chez Wolfsohn: «J'étais censé m'inspirer d'une chanson de début du siècle mais le texte comme l'esprit me rebutaient. Je trouvais ça ringard, démodé, bourré d'appels de rimes [1].» Anne Segalen partage cet avis. Wolfsohn leur prépare un repas de chef et les enferme dans la salle à manger. Foie gras des Landes servi chaud et château-margaux réveillent les papilles, mais pas l'inspiration. Le couple est dépité. L'heure tourne. Quand un souvenir frappe l'esprit de Lanzmann: une vision de Paris à l'aube quelque quinze ans plus tôt, au retour d'un long voyage. «Les ouvriers étaient déprimés, les journaux étaient imprimés, les travelos n'étaient pas rasés. Je tenais mon idée. À 5 heures, c'était terminé. Je n'avais qu'une envie, aller me coucher. Je m'en fus réveiller Wolfsohn qui dormait comme un loir. Il écouta la lecture du texte d'une oreille distraite puis émit un grognement: "Ça va, vous pouvez foutre le camp [2]!" »

À propos de Lanzmann, Jacques s'est toujours contenté de formules lapidaires, du genre: «Il faisait du prêt-à-porter; j'en faisais du sur-mesure.» Il avoue sans détour l'absence de complicité dans leur relation, la distance qui ne s'est jamais résorbée dans leurs rapports. «Une seule fois, dit-il, on est partis ensemble pour travailler, à Valberg, une petite station de ski dans l'arrière-pays niçois. Mais on ne s'est rien dit. Chacun sa chambre et ses heures de bar. Je crois qu'on n'a rien ramené. Ah si, *L'Hôtesse de l'air*! Mais c'est parce que je venais d'en rencontrer une…»

Lanzmann a reproché à Dutronc de s'être toujours abrité derrière Wolfsohn, de ne jamais lui avoir dit ce qu'il pensait de ses textes, par exemple – c'est bien mal connaître Jacques que d'attendre de sa part des compliments. Le parolier n'a en retour que la rudesse du directeur artistique: «Ton dernier texte, c'est de la merde!» Lanzmann prétend que Dutronc est devenu le personnage qu'il chantait: après *Les Play-boys*, *J'aime les filles*, il s'est mis à boire, à fumer le cigare, à rouler en voiture de luxe, sa timidité s'est muée en provocation, la parade défensive s'est faite arme offensive. «Son

1. *Ibid.*
2. *Ibid.*

entourage – secrétaire, bouffons du roi, arnaqueurs et parasites – le poussait évidemment à la faute [1]. » Jacquot serait ainsi devenu super-buveur-fumeur-dragueur-baiseur contre sa nature, parce qu'il incarnait cette caricature derrière son micro. Kalafate partage globalement cet avis : « Il se plagiait lui-même, il était une image, la poire Williams dans la main, le cigare dans l'autre, c'est dommage, et c'est là que ça a commencé à déconner : il ne s'intéressait plus du tout à la composition. Il a encore sorti quelques merveilles après, mais combien de trucs sans intérêt. Il avait un tel talent, il aurait fait un Lou Reed français extraordinaire, même si c'est ridicule à dire comme ça, mais il avait ce talent-là, ce potentiel-là. »

À la lecture de ces Mémoires de Lanzmann, au-delà des coups de griffes et des règlements de comptes, le sentiment qui prédomine reste l'amertume. L'amertume d'être passé à côté de quelque chose et de quelqu'un : « En réalité, je ne sais pas qui est vraiment Dutronc. [...] Je suis bien incapable de dire à quoi il marche, à quoi il joue [2]. » Jacques a une personnalité beaucoup plus complexe qu'il n'y paraît – là-dessus Lanzmann ne peut pas se tromper. En fait, le Perroquet, comme l'appelle Dutronc, a besoin de l'attention et de la reconnaissance qui font avancer tous les artistes. Il aurait voulu être le chouchou de la rue d'Hauteville et non son souffre-douleur. Déjà en 1972, la non-amitié entre les deux Jacques n'est un secret pour personne : dans son numéro du 9 août cette année-là, *Télérama* écrit à ce propos, sous la plume de Jacques Marquis : « Lanzmann a continué d'écrire et Dutronc de chercher quelques accords sur sa guitare. Inséparables. Et pourtant, ce n'est pas le moindre paradoxe de Jacques Dutronc, il n'a aucune affinité avec Lanzmann. Le duo le plus drôle, sans doute, de toute la chanson française, n'a rien en commun, si ce n'est la source des droits d'auteur. Il est vrai que ce n'est pas si mal. »

Il en a gros sur la patate en 1992, Lanzmann, de ne pas connaître Dutronc et sa famille et son chez-lui. En 2003, malgré un nouveau disque ensemble, malgré des réconciliations officielles, les choses n'ont pas changé, ils sont toujours étrangers l'un à l'autre. Lanzmann

1. *Ibid.*
2. *Ibid.*

écrit dans *Le Nouvel Observateur* du 15 mai de cette année: «J'apprécie tout ce que je ne connais pas de lui. C'est un type qui a de multiples jardins secrets. Ce sont même des parcs, des terrains vagues, des espaces où nul autre que lui ne se risque car il les a piégés.» Lanzmann ne comprend toujours pas pourquoi Jacques impose cette distance entre eux. Il est blessé. Il me l'a fait comprendre en refusant l'entretien que je sollicitais.

* * *

Au tournant des années 1960-1970, Jacques est plus populaire que jamais. On voit régulièrement sa bobine sur le petit écran car il n'est pas une saison sans un tube, sans un séjour dans les hit-parades, plus ou moins long selon le millésime. Après *Les Play-boys* et autres *Cactus* des débuts se sont enchaînés depuis 1968: *Il est cinq heures, Paris s'éveille*, *Fais pas ci, fais pas ça*, *L'Opportuniste*, *À tout berzingue*, *L'Aventurier*, *Le Responsable*, *L'Hôtesse de l'air*, *À la vie, à l'amour*, *Le fond de l'air est frais*, *L'Arsène*... On oublie que la parodie sert souvent de point de départ à ces chansons. On se souvient d'Antoine pour le premier 45 tours, mais il y en a eu d'autres. En chantant *J'aime les filles*, Jacques vise Dean Martin, derrière *L'Opération*, c'est Dylan qui se cache, *Il est cinq heures, Paris s'éveille* brocarde Léo Ferré, *Proverbes* et son piano lyrique taquinent Polnareff, le refrain de *La Publicité* est du Hallyday pure souche.

Tous les douze ou dix-huit mois, depuis 1966, on dispose d'assez de chansons pour remplir un 33 tours 30 cm (sans titre jusqu'en 1972) qui s'arrache tels des petits pains. Trente-trois petits tours et puis s'en vont? Non, ceux-là resteront dans l'histoire de la chanson française du XXe siècle comme des éclats d'intelligence et de spontanéité. Comme leurs frères cadets de 17 cm de côté, ces objets font aujourd'hui la joie des collectionneurs. Les pochettes cartonnées et ouvrantes offrent de multiples photos du chanteur signées Bernard Leloup ou Jean-Marie Périer. Jacques déteste les séances photo. L'ami photographe en sait quelque chose: «On ne peut pas aimer être photographié. Il est normal de ne pas aimer ça. Jacques était très photogénique quand tout cela ne l'intéressait vraiment pas et que, à son insu, on pouvait obtenir des images qui lui échappaient complètement et dans lesquelles il était formidable. Depuis qu'il est conscient de son image, il est très difficile à photographier. Parce que ça l'ennuie profondément et ça se voit. Avant il s'en foutait qu'on le regarde, maintenant il ne veut pas qu'on le regarde. Mais en même temps il veut exister, donc c'est très compliqué. Il veut chanter sans enregistrer, être sur l'écran sans faire les films… Il veut tout et son contraire. »

Musicalement, les influences british rock des débuts se sont lentement estompées. Jacques a intégré la grande famille de la variété française dont il se démarquera néanmoins toujours par son sens de l'humour, de la distance et de la dérision. Les inspirations sont de plus en plus diverses : valse tyrolienne pour *L'Hôtesse de l'air*, bourrée plouc-plouc pour *Le fond de l'air est frais*, jazz manouche pour *À tout berzingue* (Jacquot y tient la guitare lui-même), ballade jazzy pour *À la vie, à l'amour*… À l'aise dans tous les registres, c'est cependant lorsqu'il donne dans la gaudriole franchouillarde que le public l'attend. Plus ça va, plus l'image d'amuseur public lui colle à la peau. Dommage pour beaucoup de chansons de cette époque, chargées de délicatesse et de poésie, qui passent quasiment inaperçues comme *La Seine*, *Où est-il l'ami Pierrot ?*, *Proverbes*, *La Solitude*, *Amour, toujours, tendresse, caresse*, *La Paresse* ou *La Métaphore*.

Derrière le chanteur, c'est le jeu des chaises musicales. Christian Padovan a pris la place d'Hadi Kalafate à la basse, Jean-Pierre Alarcen a retrouvé son emploi de guitariste que Crapoutchic (Gérard Kawczynski, parti fonder le Système Crapoutchic) lui avait fauché quelques mois plus tôt. Luc Bonetto a empoigné les baguettes délaissées par Michel Pelay et Georges Rodi s'est fondu dans le sillage discret d'Alain Legovic-Chamfort aux claviers. Rodi est un excellent pianiste organiste qui va marquer son passage dans l'orchestre, d'autant que Jacques vient de faire l'acquisition d'un mélotron, instrument révolutionnaire, ancêtre du sampler, ô combien utilisé de nos jours, et popularisé quelque temps plus tôt par le *Strawberry Fields* des Beatles.

Un jour de décembre 2003, je rencontre Georges Rodi devant une pizza à Montreuil. Après sa collaboration avec Dutronc (1968-1972), il a longtemps travaillé avec Gabriel Yared. Aujourd'hui retiré dans le Lot, il se souvient bien du mélotron, de ses multiples utilisations et des problèmes que l'instrument soulevait auprès du syndicat des musiciens: «C'était un des tout premiers en France, ça prenait du boulot aux musicos parce qu'on faisait tout avec: les cordes, les vents...» Réécoutez *L'Hôtesse de l'air*, *Où est-il l'ami Pierrot ?*, les violons, les flûtes, tout est fait au mélotron. Le principe est archaïque mais efficace: chaque clé du clavier est prolongée par une tête de lecture. Lorsqu'on appuie sur l'une d'elles, une bande magnétique défile devant la tête; en la relâchant, un ressort repositionne la bande au début. Il y a autant de bandes que de notes sur le clavier multipliées par le nombre de sons préenregistrés. Problème: les bandes ne sont pas illimitées en longueur. Résultat: au bout d'une dizaine de secondes, le son meurt, impossible de tenir la note au-delà. L'autre inconvénient réside dans le temps de réponse du système, lourd, qui crée un décalage. «Quand on faisait *Paris s'éveille* sur scène, il fallait y aller pour suivre à la flûte!» Il fallait même anticiper pour être dans le temps, presque jouer en amont.

Rodi évoque ces souvenirs avec une certaine émotion. En particulier l'incroyable surprise que lui réserve un jour son boss. «Jacques m'a fait un super cadeau: il m'a offert la face B de *L'Arsène.*» Traduction: lors de l'enregistrement de la chanson générique du feuilleton télévisé *Arsène Lupin*, Jacques donne carte blanche à son pianiste organiste pour enregistrer ce qu'il veut sur l'autre face du 45 tours. Cadeau inestimable lorsqu'on sait que les 45 tours de Jacques se vendent par centaines de milliers d'exemplaires. Sur un plan financier, cela induit des rentrées considérables en reproduction mécanique de l'œuvre (on grave forcément autant de faces B que de faces A), mais c'est surtout une carte de visite incomparable pour un jeune musicien en devenir. Beaucoup d'instrumentistes de l'époque sont fans de rhythm and blues. En tant qu'organiste de cœur, Rodi compose tout naturellement un instrumental dans un pur esprit Booker T. and the MG's, intitulé *Stercok.*

Rodi n'a pas oublié non plus les envolées de piano à la Polnareff de *Proverbes*, l'orgue sur *Ma poule n'a plus que 29 poulets*, et d'autres séances mémorables comme celle devant accoucher des *Rois de la fête.* «Wolfsohn avait amené un carton énorme rempli de cotillons, de langues de belle-mère, de confettis, de chapeaux, de serpentins… Ça partait dans toutes les directions ! » La chanson restitue bien l'ambiance recherchée, même si, en mai 2003, Lanzmann la juge comme la plus mauvaise jamais créée par le duo de Jacques : « Nul ! Ça ne vaut même pas la peine d'en parler [1]. »

Tout comme Dutronc, André Bernot loue encore les prouesses de l'organiste : « C'était un excellent musicien. Quand on a enregistré *Le Petit Jardin*, sur des arrangements de Jean-Michel Defaye, Rodi, qui ne savait pas lire la musique, a tout compris à l'oreille. Il me demandait de lui "traduire" sa partition et il a fait ce petit orgue de Barbarie. Les harmonies lui suffisaient. » Bernot, lui, ne se contente plus de son rôle d'ingénieur du son derrière la vitre du studio : le courant passe si bien avec Jacques qu'il a dorénavant sa place dans l'orchestre, à l'accordéon, lorsqu'il en faut un (cf. *J'avais la cervelle qui faisait des vagues*, *Le Testamour*…). Et comme Jacques n'aime rien moins que s'entourer de ses proches, il n'hésite pas à emmener Bernot en tournée, alors qu'un accordéoniste ne s'impose pas durant tout le spectacle, loin s'en faut. Personne n'est dupe, pas plus aujourd'hui qu'alors. Bernot : « Je faisais tout le répertoire sur scène, je casais des accords par-ci par-là, c'était un prétexte amical pour être du voyage. » Que chacun comprenne bien que ce qui va dans la poche d'un musicien supplémentaire sur une tournée n'entre pas dans celle de la vedette. Mais le rire n'a pas de prix : « Les tournées, c'était une fête perpétuelle, avoue Bernot. Un jour, je crois que c'était en Belgique, Jacques et les autres musiciens ont démonté la porte de ma chambre d'hôtel, mis les deux lits l'un sur l'autre. Je rentre à 2 heures du matin, ils étaient cachés je ne sais où. En douce, ils appellent le portier et lui disent : "Il y a un dingue qui a démonté la porte et qui fout le boxon dans une chambre…" » On devine la suite… Lors d'un autre voyage : « Ma mère était corse, poursuit l'accordéoniste. Elle adorait ce fromage corse qui ressemble à un morceau de savon carré. Vous en découpez une lame de rasoir, sur un morceau de pain, c'est extraordinaire. Donc, j'achète

1. In *Le Nouvel Observateur* n° 2010 du 15 mai 2003.

à Paoli une dizaine de grosses pièces de ce fromage. » De retour à Paris, Bernot ouvre ses paquets : en lieu et place des fromages artisanaux, des briques de construction ! La substitution s'est faite à l'aéroport. « Signé Jacquot ! Là, je n'étais pas content. Mais on pardonne tout à Jacques. Il nous a tellement montré de pays. On a tellement bourlingué. Quand on est avec des stars de ce type, on est dans une autre dimension. Il nous a fait découvrir un monde parallèle. J'en étais reconnaissant à Jacques, parce qu'il me prenait dans son orchestre alors qu'il n'avait pas forcément besoin de moi. Jacques aime les copains, il ne peut pas vivre sans. Il ne fréquente pas les gens huppés. Il est heureux avec des gens simples. Il s'emmerde avec les gars de la haute ou du show-biz, à part Eddy et Johnny, les gars de sa mouvance. Alors il y a la paille et le grain là-dedans, des vrais petits monstres qu'il a recrutés parce qu'il les trouvait amusants. »

Quelle importance, du moment que la vie déboule à cent à l'heure, au volant d'une Lamborghini ou d'une Alpine, que les bouchons pètent à s'en étourdir, que les cigares s'allongent toujours, que les filles attendent un claquement de doigts, que l'argent permet n'importe quelle fantaisie, de bon ou de mauvais goût ? Toute une course au tintamarre pour masquer quoi, au juste ? Un immense vide, peut-être. La peur d'affronter une vie plus adulte ?… Jacques n'est pas en mesure de se dire : j'y suis arrivé, j'ai obtenu ce que je voulais, puisqu'il n'attendait rien de la vie en particulier. Il n'a rien désiré, rien planifié…

Un soir, à Deauville ou Trouville, dans un de ces casinos ou grands hôtels, Jacquot et ses acolytes donnent un récital devant un parterre clairsemé de vieilles barbes qui ne cachent pas leur confortable ennui. Le tour de chant démarre dans une indifférence générale. « Au bout d'une demi-heure, raconte Rodi, voyant que le public ne participait pas du tout, Jacques dit : "On recommence !" et on a tout repris depuis le début… » On peut recommencer un gala, mais peut-on changer le cours d'une existence qui vous échappe ? Si glorieuse soit-elle !

Prendre des décisions n'est pas chose facile pour Jacques. Quel qu'en soit l'enjeu ! « Bon alors, qu'est-ce qu'on bouffe ? » Voilà une question qu'il se pose et qu'il jette à la cantonade dix fois de suite avant chaque repas, aujourd'hui encore, à Monticello. Parce qu'il y a toujours le choix entre le veau corse préparé par Marie-Do, le farci de la veille dont il reste les trois quarts, le carpaccio de saumon dont la date de péremption se rapproche... et pourquoi pas aller déguster un agneau grillé chez Bertin avec ses incomparables frites maison ? Ou des langoustes sur le comptoir de la Bergerie ? Et il en va des petits dilemmes de la vie quotidienne comme des grandes échéances. Françoise a souvent peiné devant ce trait de sa personnalité. « Jacques est quelqu'un de très indécis. Je me souviens, il y a fort longtemps, je crois que Jacques enregistrait *Le plus difficile*. Il était tard, on sortait du studio, et on est restés des heures sur le trottoir de la rue d'Hauteville à tergiverser car il n'arrivait pas à se décider pour un restaurant où aller dîner. » On imagine aisément l'ampleur du désarroi lorsque l'enjeu est de taille...

Pour ce qui est de sa carrière – cette chose dont il n'aime pas l'idée même –, le choix finit toujours par s'orienter vers l'originalité, voire la marginalité. Alors que tous ses pairs font chaque année leur « rentrée » à l'Olympia, au palais des Sports, ou dans je ne sais quel autre haut lieu du music-hall parisien, lui choisit une salle peu connue, aux dimensions intimistes, la Tête de l'Art. Il a déjà chanté à l'Olympia à diverses occasions, mais lorsqu'il s'agit, en septembre 1969 (et il renouvellera le passage en 1970 et 1971), de s'installer quelque part pour un séjour prolongé, il se détourne de la mythique salle, sans trop savoir pourquoi. Encore son sens intuitif : « Je ne le sentais pas, me dit-il. J'ai préféré faire ce petit cabaret de l'avenue de l'Opéra. »

Comme dans tout cabaret, on vient y dîner, accessoirement se divertir. La Tête de l'Art est fréquentée par des bourgeois du quartier, des provinciaux en goguette ou des touristes japonais. Pas franchement son public. Imaginez une scène microscopique, aménagée pour l'occasion, au fond de laquelle trône un escabeau ! – pour simuler les escaliers majestueux des scènes des Folies-Bergère ou du Lido. Imaginez un Tarzan (son garde du corps, Simon Zacharian) faisant une séance de culturisme sur la *Cinquième Symphonie* de Beethoven ! Imaginez Jacques vêtu d'une soutane d'un bout à l'autre de son tour de chant ! Imaginez un pied de micro équipé de rétroviseurs afin de, soi-disant, surveiller ses musiciens ! Imaginez une *Marseillaise* pour forcer le public à se lever pour le finale ! Imaginez des bruits de chasse d'eau préenregistrés et des rouleaux de papier hygiénique afin de couper court à d'éventuels « Aux chiottes ! »... Durant ces séjours parisiens, Dutronc va au bout de sa fantaisie, de ses délires, il prend un maximum de risques. « Les gens mangeaient pendant le spectacle, dit-il, et les maîtres d'hôtel se régalaient parce que je balançais sans cesse des confettis. Il y en avait donc plein les coupes et les assiettes puisque c'était minuscule, et les gens n'arrêtaient pas de recommander. Ça coûtait environ 1 000 balles par tête... Et tous les soirs à la fin du spectacle, je poussais Bernot sur les tables. On faisait aussi des spaghettis sur scène... On se marrait, quoi. On y restait au moins un mois, ça reposait des tournées. »

En remplacement d'un certain Jean-Claude Turban, Jean-Marie Migeot prend en main la sonorisation de Jacques dès 1969. Il plaque le Casino de Paris où il est salarié pour suivre Dutronc et son orchestre sur les routes de France et d'ailleurs. Coïncidence, c'est lui qui assurera la coordination artistique du séjour de Jacques au même Casino de Paris en 1992 et 1993. Les enregistrements des voix de *Madame l'Existence* à Monticello ? Encore Migeot ! Autant dire qu'il fait partie des meubles depuis des lustres et il corroborerait presque à lui seul la fidélité de Jacques dans ses amitiés comme dans ses partenariats. Bien sûr, Migeot n'a pas oublié la Tête de l'Art : « Techniquement, me confie-t-il, par rapport à ce qui se passe maintenant, c'était limité. Mais il n'y avait pas mieux à l'époque... » Personnel minimum : un technicien aux lumières, Migeot au son. Dutronc a investi dans du matériel de sonorisation : quelques enceintes pour la façade, des colonnes de retour, des micros, des câbles, des amplis, une console de mixage et un magnétophone à cassettes pour les « effets spéciaux ». « C'était compliqué, dit Migeot, parce qu'on n'avait jamais un ordre précis des chansons, alors qu'il y avait des bruitages à envoyer pendant le tour de chant. Il fallait aussi balancer des bruits de poules ou de moutons en fonction des réactions du public. Tout ça se trouvait sur une cassette, donc pas facile à caler. Dur de réagir vite et de retrouver le bon bruitage. Ça tombait parfois à côté... » (Rires.)

« La Tête de l'Art, dit encore Jacques, c'était une toute petite salle qui vomissait sur le trottoir tellement c'était plein. On avait même placé des haut-parleurs pour que ceux qui étaient dehors puissent entendre ce qui se passait dedans. » Effectivement, on affiche complet tous les soirs et les gens se serrent dans l'escalier qui mène au sous-sol pour assister au récital. Parmi eux, des spectateurs prestigieux. « J'étais souvent habillé en curé, raconte Jacques, ce qui faisait beaucoup rire Fernand Raynaud. Où que je passe, il s'arrangeait pour venir me voir. C'était un assidu. Il est venu plusieurs fois à la Tête de l'Art. Un soir il s'est battu avec un photographe qui l'empêchait de voir, alors qu'il connaissait le spectacle par cœur. » Une évidente émotion l'étreint lorsqu'un autre souvenir lui revient : « Et j'ai eu la plus belle aventure de ma vie avec une grande dame du cinéma que j'adore et que le monde entier devrait aduler. Je chantais et il y avait une femme dans le public qui n'arrêtait pas de parler, assez fort. J'entendais : “Alors, comment il est ?... Il est beau ?... Et qu'est-ce qu'il fait ?... Il a bien les châsses bleues ?...” Le tout avec un accent parisien très prononcé. Au bout d'un moment, j'en ai eu un peu marre et j'ai arrêté de chanter, mais un type en coulisses m'a fait signe d'approcher. J'y vais et il me dit : “C'est Arletty, elle n'y voit plus très bien alors elle demande à ses amis...” Et à compter de ce jour, une certaine amitié est née avec cette dame, j'allais la voir chez elle... Quel personnage ! D'une beauté ! » Et Jacques de la citer lors de son procès après la Libération : « “Mon cœur est français, mais mon cul est international !” C'est quand même formidable ! »

Claude Fachard consacre en septembre 1971 quelques colonnes à Jacquot dans le bien-pensant *Pèlerin* : « Le passage de Jacques Dutronc dans un cabaret parisien fait actuellement beaucoup de bruit dans le petit monde de la chanson. [...] Les spécialistes s'attendaient à le voir disparaître, emporté parmi beaucoup d'autres par le jeu de massacre qui abattait les idoles. C'était faire bon marché de la personnalité de ce beau jeune homme pas comme les autres. [...] Quelques années ont passé. Jacques Dutronc est toujours vivant. Il le prouve chaque soir à quelques dizaines de personnes, bien installées dans la vie – la Tête de l'Art offre un dîner-spectacle qui n'est pas à la portée de toutes les bourses ! Plus provocateur que jamais, jouant un peu trop de la gaudriole et de la grossièreté, mais aussi de l'esprit d'à-propos et de la vivacité de la réplique, il bouscule, il dérange. Venu là pour s'amuser, le public se sent vite concerné. On l'interpelle. Il se tait. Il sourit, bien sûr, mais son rire est jaune. [...] Jacques Dutronc n'est plus le beau et bon jeune homme qu'on imaginait. Le mouton devient loup. Il mord à belles dents. [...] Dutronc paraît et le public est soudain tiré de sa somnolence. Fini la bonne farce, bonnes gens ! Voici des chansons. Mais toutes chargées d'une bombe explosive. Soyez sincères, elles ébranlent vos bonnes consciences... »

Hélas, aucun des spectacles à la Tête de l'Art n'est filmé. Et il faudra attendre plus de vingt ans pour en découvrir une trace audio (datée de septembre 1971), sur l'Intégrale Vogue en cinq CD parue en 1992, précieux témoignage de ces années-là. On y entend ses chansons devenues prétextes à sketches ; les gags se succèdent et les échanges avec le public sont nombreux. Rares sont les titres reproduits fidèlement. Les musiciens derrière le chanteur et les copains dans le fond de la salle sont les spectateurs privilégiés. C'est d'abord eux qu'il faut séduire, au risque de perdre le reste de la salle. Jean-Marie Migeot : « Ça a toujours été comme ça. C'était l'intérêt des spectacles de Jacques, ça frisait le... mais il arrivait toujours à récupérer la situation. » Kalafate est plus critique : « J'ai vu le spectacle très souvent. Je ne pense pas que ça lui ait fait le plus grand bien. Jacques n'est pas un chanteur de cabaret, son répertoire ne s'y prêtait pas. La preuve c'est que bien après, avec les mêmes chansons, il remplissait des stades. » Jean-Marie Périer : « Il allait jusqu'au bout du bide, jusqu'à la dernière seconde, au moment où ça risque vraiment de se fâcher dans la salle. Et hop ! il les rattrapait. Nous, évidemment, on était morts de rire. Mais on ne payait pas notre place, le spectacle n'était pas fait pour nous. C'était extrêmement dangereux pour lui. C'est terrible de ne pas être dupe. Le problème de Jacques, c'est qu'il voit la vérité en permanence, c'est épouvantable comme situation. Il vaut mieux se tromper et y croire qu'avoir raison sans y croire. Ça doit être très dur à vivre. »

Depuis 1966, Dutronc a chanté et voyagé sans beaucoup de répit. Paris, la province, l'Europe, l'Afrique, l'Asie. En janvier 1968, il déclarait déjà dans une longue interview accordée à *Rock & Folk* qu'il en avait plus que marre de ces tournées marathons, des itinéraires de folie, de l'organisation et des infrastructures merdiques. En 1972, alors que rien n'a changé dans le fond, il met un terme à cette orgie de galas avec une tournée dans le Pacifique : Nouméa, Mururoa, Tahiti… Migeot, Bernot, Rodi et les autres sont du voyage. De cette ultime tournée, au cours de laquelle il apprend par un coup de fil de Françoise qu'elle est enceinte de Thomas, pas d'images non plus, pourtant Georges Rodi a tourné un film super 8 inédit. « Des délires dans les hôtels. L'arrivée avec les colliers de fleurs sur le tarmac de Tahiti, Bernot à l'accordéon, Jacques soufflant dans le clairon qu'il avait acheté à Karachi, lors d'une escale… » Peut-être le document sera-t-il un jour visible… Cette tournée aux antipodes marque la fin de six ans de galas galères. Jacques en a assez. Assez de faire le clown sur scène, assez d'amuser la galerie. Il s'est lassé de ce jeu-là. Ses parents ne l'ont jamais obligé à faire quoi que ce soit contre son gré, ce ne sont pas les gens du métier qui y parviendront. Wolfsohn : « À partir du moment où il est devenu une grande personne, il prenait ses décisions tout seul. » Sous-entendu : il ne m'a pas demandé mon avis. Jacques n'a jamais véritablement apprécié d'être la vedette sur scène. Selon Bernot, « il redoutait le gala. Il inventait tout le temps une galère… Mais il faisait le boulot… ». C'est le succès de *Et moi, et moi, et moi* qui l'a poussé sur le devant de la scène. Tant que c'était nouveau pour lui, qu'il y avait matière à s'en amuser et profiter de la vie, il n'a pas remis en question cette situation, mais maintenant que la coupe est pleine, que le plaisir est devenu corvée, pourquoi continuer ? Pourtant Jacques ne s'est pas levé un matin en décrétant qu'il arrêtait la scène. D'autres choses vont arriver dans sa vie, tant professionnelle que privée, qui vont secouer son existence. Kalafate : « C'était pas calculé du tout, genre Dutronc fait ses adieux à la scène. Il en avait marre, la scène l'a toujours ennuyé. D'ailleurs au début il chantait pour nous, il tournait le dos au public. »

D'après Migeot, le dernier gala de Jacques est un spectacle qui tourne court en région parisienne. Un petit engagement quelque part dans l'Oise après le retour du Pacifique. Une de ces galères, justement, qui ont fini par le dégoûter. Migeot est à pied d'œuvre, il a passé l'après-midi avec son pote éclairagiste à installer la sono et les lumières. Au moment de monter sur scène, Jacques le fait appeler dans la loge : « On n'a pas été payés, on se casse. » Et Jacques et ses musiciens refont la route en sens inverse. « Tous les mecs étaient bourrés dans la salle, raconte Migeot. Quand on a commencé à démonter le matos, ils nous balançaient des bouteilles de bière dans la tronche… On a risqué notre vie parce que quand tu annonces à des mecs dans cet état que le concert est annulé… Et on s'est tous retrouvés rue de Provence. Ça a été le dernier concert et il n'a jamais eu lieu. »

Discographiquement parlant, Jacques arrive peut-être aussi au bout de quelque chose. Même s'il est toujours aussi populaire et présent à la télé, les tubes s'espacent chaque fois un peu plus. Et, chaque fois, c'est le clown de service qui est plébiscité. Un 45 tours de cette période illustre ce constat : face A, *Le fond de l'air est frais*, bien connu de tous ; face B, *L'âne est au four et le bœuf est cuit*, une parodie du tube de Johnny *Jésus-Christ est un hippie*, mais surtout une provocation beaucoup plus subtile et pertinente que la chanson à laquelle elle est couplée. Au micro d'Éric Vincent pour *Superhebdo*, Jacquot vide son sac, il se plaint que la face B passe inaperçue, car jugée irrévérencieuse. « À la télé et partout, ils me font interpréter *Le fond de l'air est frais*. Ça, c'est "plus gentil"… J'espère que Jésus-Christ avait, en son temps, plus d'humour que ses apôtres d'aujourd'hui. » Victime de son succès ? Évolution de la société ? On n'attend plus de Dutronc qu'il soit grinçant, caustique, encore moins cynique. On le veut drôle, certes, mais consensuel, sans vagues, voire beauf ou même grivois. Alors les paroles de ses chansons ont perdu en piquant, les musiques se sont franchouillardisées : flonflons, tangos, etc. Mais, en 1972, l'accordéon de Bernot est un anachronisme pour plus d'un. Kalafate a son opinion sur le sujet : « J'ai toujours reproché à Jacques d'avoir abandonné ce son anglais, ce côté rock, rebelle. On peut évoluer, certes, mais pas *L'Hôtesse de l'air*, pas *Le Dragueur des supermarchés*, pas *Le fond de l'air est frais*… ce genre de conneries. Je lui disais : "Jacques, c'est pas ça qu'il faut faire !" Il en a refait d'autres dans l'esprit des débuts, comme *Le Bras mécanique*, mais ça ne marchait plus… Je le comparais à Elvis Presley qui se mettait à chanter des conneries. Je pense que Wolfsohn n'a pas maîtrisé la transition qui s'est opérée au bout de quelques années. Les Stones n'ont jamais fait *Le Dragueur des supermarchés.* »

Pour Jacques, il s'agit d'un malentendu. Il n'a jamais prétendu être un chanteur de rock, n'a jamais revendiqué aucune étiquette ni ne s'est prévalu d'aucune école. Il fait les chansons qu'il a envie de faire sans se poser de question. Je demande l'avis de Migeot :

« Quand Jacques enregistre *Tic-tic* ou *Le Dragueur des supermarchés*, est-ce qu'il n'a pas l'impression de gâcher son talent ?

– Je ne crois pas. Je pense qu'il n'a jamais pris ça au sérieux. Ces vieilles chansons font aussi partie de lui. C'est le côté multi-facettes de Jacques qui est intéressant. Ces chansons rigolotes lui ressemblaient. Quand je repense aux tours de chant de l'époque, *L'Hôtesse de l'air* ne détonnait pas. Jacques assume tout ce qu'il a fait, même si certaines chansons sont effectivement en décalage avec ce qu'il est maintenant. »

Migeot, qui a suivi de près la métamorphose de l'homme de music-hall en acteur, voit en lui dès 1971 plus qu'un chanteur. « Il y avait déjà un côté comédien. Quand il chantait "Arsène Lupin", il était déjà dans le personnage, physiquement et dans le timbre. Et il a été très précurseur avec sa chanson en verlan *J'avais la cervelle qui faisait des vagues*. Il ne s'est jamais dit : "Je ne vais pas faire ça parce que le public ne va pas aimer." Sinon il n'aurait pas été précurseur. Il fait des choses, chacun prend ce qui lui plaît. C'est marrant de revoir des émissions de télé de cette époque. Un mec qui arrivait en smoking mais qui déconnait. Il y a toujours eu un décalage, même en 1966 lorsqu'il chantait *Les Cactus*, qui pouvait s'apparenter à du rock, et qu'il débarquait en costume trois-pièces. »

Télérama résume en août 1972 le premier septennat finissant de Jacques de la manière suivante : « L'œil romantique et le cheveu sage, [...] il est arrivé, à l'été 1966, en scandant : *Et moi, et moi, et moi.* Il y avait dans sa manière d'ironiser sur notre bonne conscience à l'égard de la faim ou de la guerre moins de férocité que d'insolence souriante. Le beau jeune homme drôle mais bien élevé qui jouait les cyniques avec tant de gentillesse ne pouvait que séduire, le temps, au moins, d'un canular. Sept ans après, Jacques Dutronc va bien, merci. Sans avoir jamais forcé son talent, il n'a cessé de faire des tubes dans un registre casse-cou et peu fréquenté : l'humour... »

Le mot de la fin sur toute cette folle période revient bien entendu à Jacques : « En fait, tout a été une succession de conneries, plus ou moins orchestrées, payées ou pas, parfois improvisées… » Mais derrière le masque du chanteur amuseur se cache une véritable anxiété, viscérale, indéboulonnable : « J'ai toujours été anxieux. Je le revendique. C'est très ennuyeux, très handicapant, mais j'ai toujours été comme ça. » On pense au trac de l'artiste bien sûr, cette indispensable angoisse qui lui permet de se surpasser, de donner le meilleur de son talent. On se trompe encore : « Non. Ça c'est normal, logique. Chez moi les anxiétés sont ailleurs, assez mal placées. C'est formidable d'avoir le trac, on est tellement bien après, quand c'est passé comme une épreuve. On est les rois du monde ! Mais moi je turbine tout le temps, je vais trouver quelque chose pour que ça aille mal. » Et bien après que les derniers éclats de rire se sont tus, quand le tumulte s'est dissipé, Jacques est seul face à lui-même. Jamais dupe, comme le soulignait Jean-Marie Périer. Qu'il soit encore entouré ou pas, il y a ces moments où nul ne sait ce qui hante son esprit, peut-être a-t-il lui-même du mal à mettre des mots sur ces instants où seule la mélancolie semble l'habiter. Je l'ai vu un soir dans cet état-là. Le jeudi 22 mai 2003, sur le *Danièle Casanova* entre Marseille et Bastia lors de l'enregistrement de *L'Ère de rien* pour France 2, une émission qui lui était consacrée pour promouvoir *Madame l'Existence*. À l'issue d'un marathon de deux jours de répétitions, d'interviews, d'enregistrements, de duos, lorsque le réalisateur a renvoyé tous les artistes dans leurs cabines à 2 heures du matin, tandis que Souchon, Voulzy, Maurane, Eddy Mitchell et bien d'autres venaient boire une coupe et le féliciter dans un salon privé du luxueux ferry, j'ai perçu dans son regard, j'ai lu sur son visage une expression de détresse. J'ai vu un homme égaré, à mille lieues du tintement des coupes qui s'entrechoquaient autour de lui. Fatigué, exténué, vidé, oui ; profondément déçu aussi, sans doute ; mais surtout parfaitement absent. Seul au beau milieu de l'agitation du show-biz. Il m'est soudain apparu comme incapable de dissimuler une intense souffrance intérieure.

QUATRIÈME PARTIE

1973 – 1984

1973 sonne le glas des Trente Glorieuses – qui furent loin de l'être pour tout le monde, mais c'est un autre problème. La France d'après guerre fait face à une crise économique assortie d'une nouvelle expression : choc pétrolier. On imagine une collision entre tankers, une marée noire, ce n'est pas ça du tout. Chômage et inflation ébranlent la République à peine remise des secousses internes de Mai 68. Georges Pompidou dirige depuis le pays, clope au bec et sourcils au vent, sans rencontrer beaucoup de cactus. Les Français découvrent leur pays en couleurs par l'intermédiaire de leur écran télé, une France où hypermarchés et barres HLM poussent comme des champignons, une France sans pétrole mais riche d'idées, nous assure-t-on. Ça ne se vérifie pas dans la chanson hexagonale, plus pauvre, plus mièvre que jamais. Chemises à jabot, cols pelle à tarte, pattes d'eph', strass et paillettes n'y font rien. Sheila et Ringo, C. Jérôme, Stone et Charden, Mike Brandt, Frédéric François… Une liste qui inspire des bâillements à s'en décrocher les mâchoires. Même Johnny y va de son duo guimauve (avec Sylvie) : *J'ai un problème…* Il n'est pas le seul. Un an plus tôt, Dutronc s'est laissé pousser des moustaches de beauf et a sorti l'album sans doute le moins inspiré (malgré *Le Petit Jardin*) de toute sa discographie, intitulé *1972*. Manque de souffle et d'audace dans les textes (signés Lanzmann pour la plupart, excepté deux infidélités accordées à Fred et à Gainsbourg, tiens, tiens !), mais aussi dans les musiques. Panne des sens, congé de mélodies. Au même moment, les Stones, Led Zeppelin, Bob Dylan ou Neil Young, tous artistes de sa génération, baignent dans la plénitude de leur art et pondent des chefs-d'œuvre.

Jacques habite toujours au cinquième étage du 67, rue de Provence. Il vient de fêter ses trente ans le 28 avril. Françoise, elle, possède un appartement rue Saint-Louis-en-l'Île. Depuis qu'ils « sont ensemble », ils se voient peu, au gré de leurs plannings respectifs et surtout du bon vouloir de Jacques. Françoise raconte en 1986, dans *Superstar et ermite*, que pendant les six mois qui ont suivi leur aventure en Corse (cf. l'épisode du foulard rouge…), Jacques et elle ont vécu des jours heureux, puis, du jour au lendemain, tout a changé. Il lui est devenu pratiquement impossible de le voir autrement que par intermittence, trois ou quatre fois par mois. Il annulait leurs rendez-vous au dernier moment, la faisant appeler pour l'excuser. Jamais elle n'a su les raisons de ces comportements, ne pouvant qu'émettre des hypothèses : craignait-il qu'à trop le côtoyer elle finisse par le trouver ennuyeux, inintéressant… ? ou plus simplement voulait-il vivre d'autres choses… ? « Je pense que je devais lui faire peur pour plein de raisons… On est resté comme ça pendant six, sept ans, et à la fin j'avais très envie d'avoir un enfant [1]… » Ce qui finit par se produire.

Jacques se souvient de ce 16 juin 1973 : « J'étais en retard. Françoise est partie seule de la rue Saint-Louis-en-l'Île pour accoucher à l'Hôpital américain. J'ai pris la Lamborghini pour la rejoindre après coup. » Imaginons le frais trentenaire traversant Paris à tombeau ouvert dans son bolide pour assister sa belle et accueillir leur progéniture. On est loin de la traversée nocturne et pavée de dangers accomplie par Pierre Dutronc dans le Paris occupé du 28 avril 1943. Jacques se gare comme il peut, cigare aux lèvres, et déboule dans la maternité. L'affaire est déjà pliée : c'est un garçon ! Selon l'expression consacrée, la mère et l'enfant vont bien. On le conduit dans l'espace réservé aux premiers soins. « Il y avait plein de bébés et j'ai dit : "Je veux celui-ci !" On m'a dit : "Non, c'est pas le vôtre. Thomas Dutronc, c'est celui-là." Il était rouge et avait des griffes longues comme ça. Alors je leur ai dit : "Je préfère celui-là…" Mais ça ne les a pas fait rire du tout, ils m'ont dit : "Écoutez, monsieur, ça suffit !"… (Un silence.) Et depuis, je fête sa naissance chaque année. »

1. In *Françoise Hardy superstar et ermite*, *op. cit.*

Un mois plus tard, jour pour jour, Jacques part à Blaye, en Gironde, pour débuter au château Tayac le tournage de son premier long métrage, *Antoine et Sébastien*, sous la direction de Jean-Marie Périer. Avant de le convaincre de faire ce film, Jean-Marie a réalisé avec Jacques un court métrage pour la troisième chaîne : *L'Homme assis*, diffusé le 29 mars de cette année-là. Dutronc y jouait le rôle d'un plagiste. « Avec une mer à la Fellini, c'est-à-dire que des mecs tendaient un grand voile bleu dans un studio. Et il y avait le génial Claude Piéplu qui faisait tout un monologue extrêmement bizarre… » Jacques n'a pas oublié, il n'a pourtant jamais revu le film qui n'a bénéficié d'aucune rediffusion. Auparavant, toujours pour le petit écran, Jacques avait fait de plus courts métrages encore, diffusés dans le cadre de l'émission *Dim Dam Dom*. Pour l'un d'eux, il avait Françoise Dorléac pour partenaire. « J'ai été un facteur loup-garou aussi, ma mobylette devenait poilue, le courrier aussi. Il y avait également une crèche, je crois que c'était Gainsbourg qui faisait Joseph. C'était génial, cette émission. Pourquoi copie-t-on aujourd'hui ce qu'il y a de plus mauvais ? Aux examens, on copie le meilleur, non ? »

Pour Jean-Marie, la partie n'est pas gagnée. Tourner un court métrage pour la télé, c'est une chose, se lancer dans un vrai long métrage cinéma en est une autre. Il raconte ses difficultés à convaincre les uns et les autres : « J'avais tourné ce court métrage avec Claude Piéplu et Jacques, pour prouver qu'il pouvait jouer la comédie. Mais, à l'époque, tout le monde disait : "Les chanteurs, ça ne marche pas au cinéma !" C'était en grande partie à cause de Johnny qui avait tourné des merdes. Les producteurs ne voulaient plus se lancer dans ce genre d'aventures. Peu importe qu'il y ait eu Yves Montand, Aznavour… ! Ça m'a pris quatre ans pour monter ce film. » Et lorsque le feu vert de la production tombe, c'est Jacques qui est aux abonnés absents. Jean-Marie est obligé de faire du sit-in dans l'escalier de la rue de Provence, scénario et contrats en main. « Il n'y croyait pas. Il ne croyait pas en lui. Il me disait : "Tu rêves !" Et il avait peur, parce qu'il est extrêmement consciencieux dans ce qu'il fait. Avant de se lancer dans quelque chose de nouveau… Truffaut l'avait demandé. Je n'étais pas le premier à y penser. La différence, c'est que les autres ne savaient pas. Moi, j'étais sûr de mon coup. » Jacques : « Je ne voulais pas faire de cinéma. J'étais pas là-dedans, et ça ne m'attirait pas particulièrement. C'était peut-être une question de pudeur ou de respect par rapport au cinéma. Je préférais être assis dans la salle. En tout cas Jean-Marie Périer a frappé à ma porte je ne sais combien de temps et puis, à force de persuasion… Mais je n'ai pas arrêté la scène pour faire du cinéma, pas plus que je n'ai été accaparé par le cinéma au point d'arrêter la scène. Les choses se sont faites sans calcul. Peut-être que la naissance de Thomas cette année-là y était pour quelque chose. C'est peut-être dans l'euphorie de cet événement que j'ai fini par accepter, je ne sais pas… J'avais confiance en Jean-Marie, qui m'appelait *Sex* d'ailleurs, depuis le début en 1966-1967 où quelques crétins avaient décrété que j'étais une espèce de sex-symbol… Tu parles… Mais je n'ai jamais eu d'appréhension ou d'angoisse sur ce film comme j'ai pu en avoir sur d'autres. Des scènes difficiles à jouer où on se dit : "Je ne suis pas capable de faire ça"… Mais s'il faut parler de souvenirs, ceux d'*Antoine et Sébastien* sont bons. Les souvenirs des films sont souvent liés à d'autres choses, hors tournage. Ça me faisait drôle, par exemple, d'entendre Jean-Marie dire : "Papa, tu peux te mettre plus par là…" »

Jacques ne pouvait rêver conditions plus idéales pour un premier film : il est dirigé par un de ses meilleurs amis, a pour partenaire le père de celui-ci, l'incontournable Kalafate est dans le coin pour un second rôle (déconnades garanties), et le tournage a lieu dans le Bordelais – ce qui, pour un amateur de grands bordeaux, n'est pas négligeable. Ambiance familiale, décontractée. Michèle de Broca, la productrice, a réussi un tour de force en engageant Keith Caradine, encore parfaitement inconnu en France… « Et puis il y avait une équipe de machinos et d'électros, une autre génération, tu pouvais discuter avec eux pendant des heures, c'était extraordinaire d'entendre leurs histoires, j'ai beaucoup appris… » À propos de métier, le réalisateur estime que le débutant s'est très vite comporté en professionnel. « Il y avait mon père en face qui a beaucoup aidé », reconnaît-il. Quant aux aptitudes de Jacques à se laisser – ou pas – diriger : selon lui, la direction d'acteur n'existe pas. À la rigueur, elle se fait au casting, ou lorsqu'il s'agit de donner quelques indications géographiques sur un plateau, par exemple, ou d'accélérer un mouvement. « Quand on ne se goure pas d'acteur, on ne parle plus de direction. Le rôle étant écrit pour lui, il lui allait comme un gant, et dès la première prise Jacques a été bon. » Mais Périer ne s'en étonne pas puisqu'il était convaincu des possibilités de son comédien.

Jacques est sollicité pour écrire la musique du film. Il s'y plie en composant deux instrumentaux. « Je faisais tout, je travaillais trop. C'est pour ça que, maintenant, il faut que je me ménage. » Sourire.

Dans la foulée de *Antoine et Sébastien*, Jacques tourne *O.K. Patron*, une comédie de Claude Vital dans la plus pure tradition des parodies policières de Georges Lautner, qui supervise d'ailleurs la production. Nous évoquons ce film avec Jacques et Françoise sur la terrasse de la maison corse, à l'ombre de la vigne vierge, avalant des litres d'Orezza, une eau pétillante locale qui nous apporte une illusion de fraîcheur. Jacques : « Je me suis dit que si je devais faire du cinéma, mieux valait faire deux films tout de suite. Jean-Marie m'a présenté Yvette Étiévant, décédée hélas l'année dernière, qui avait été comédienne, elle avait joué avec Gabin, Jouvet, etc., et était devenue agent. Elle m'a proposé *O.K. Patron*, avec le grand Jean Luisi. (Rires.) C'était une comédie où on retrouvait toute la clique de Georges Lautner. C'est quand même une chance de tourner avec Francis Blanche, Paul et Jacques Préboist, André Pousse, Michel Constantin, Daniel Ceccaldi, Henry Guibet, Renée Saint-Cyr, qui était la mère de Lautner, et bien sûr Mireille Darc…

– Elle était surveillée, non ? demande Françoise avec une pointe d'ironie. Alain Delon n'avait pas peur que tu la lui piques ? Ou qu'elle se jette sur toi ? »

Puis elle reprend, plus sérieusement :

« En tout cas, c'est une charmante personne.

– Oui, c'est vrai, convient Jacques. Et c'est sur ce film que j'ai découvert l'horlogerie bien réglée de Francis Blanche : il avait trois ou quatre femmes ! Elles se croisaient jusque dans l'escalier, mais elles ne se doutaient de rien !

– C'est comme ça que tu as su comment il fallait faire ! » coupe Françoise dans un éclat de rire.

Puis Jacques parle de son rôle, de sa performance, dont il n'est pas très satisfait.

« Je jouais le rôle d'un benêt, mon personnage ne comprenait rien à ce qui lui arrivait, je pense qu'aujourd'hui je le ferais mieux. »

Le film, s'il ne restera pas dans les annales du cinéma, permet à Jacques de rencontrer un drôle de petit bonhomme habitué aux seconds rôles, un Corse exilé à Paris dont la philosophie de vie rejoint assez étrangement la sienne. Il s'appelle Jean Luisi, vous l'avez forcément vu un jour ou l'autre jouer un escroc minable dans un film de Lautner (*La Valise*, *On aura tout vu*, *Les Tontons flingueurs*, *Les Seins de glace*, *Il était une fois un flic*...) ou faire le guignol dans un *Collaro-show*, ou plus récemment pour les besoins d'un sketch de Karl Zéro... Ou encore aux côtés de Jacques lors d'un reportage télévisé. Car ces deux-là sont comme cul et chemise depuis trente ans. Durant ce mois de juillet 2003, Jean est venu tenir compagnie à son pote Jacquot qu'il appelle « Papa ». Dutronc, lui, l'a surnommé le « Chauve corse ».

Lorsque je propose à ce dernier un petit entretien improvisé à propos de son « papa », il accepte d'emblée mais, le moment venu, trouve toujours une bonne raison pour remettre au lendemain, invoquant une fatigue subite, une migraine, le *Canard* à lire, une digestion difficile... Au bout d'une quinzaine de jours, après un déjeuner arrosé de Valentines, au moment où les uns et les autres s'éparpillent dans leurs appartements respectifs en attendant que le mercure cesse de s'affoler, je l'entraîne au bar de la terrasse et lui plante mon enregistreur sous le nez à côté duquel je dépose un long whisky glacé. Il ne peut plus reculer et il le sait. L'entretien que nous avons ne ressemble à aucune interview classique. Dès la première question, celui qui a un jour déclaré avoir mis sa quéquette à l'ANPE se lance dans un monologue totalement saugrenu qui me semble sur le coup inutilisable mais qui, à la réécoute, s'avère assez instructif sur le personnage et les liens qui l'unissent à Jacques. En voici un extrait brut : « On s'est rencontrés avec Jacques sur le tournage de *O.K. Patron* en 1973. C'était une époque formidable. Mais je vais te dire une chose : personne ne me croit, pourtant je suis un ancien bébé. À un moment donné, j'ai même été le plus jeune bébé de France. Alors on me dit : “Tu es une ordure !” Ce n'est pas tout à fait exact. Je suis une *grosse* ordure. On me dit : “T'as une tête de con !”, ça c'est vrai, mais j'ai failli traverser l'atmosphère et je suis né en bonne santé, je le dois à ma mère. Autre chose, que je n'ai jamais dite à Jacques : Napoléon a été le parrain d'un de mes ancêtres. Faudrait vérifier mais je ne suis pas le genre de type à faire des recherches dans les mairies, moi j'ai un sexe et je m'en sers, c'est pas l'intellect qui compte chez moi, c'est le cul ! Bref ! Ce Napoléon, vous en avez fait un empereur. Alors que nous, les Corses, on soutenait Pascal Paoli. Il n'avait pas foutu le camp, lui. Alors, votre Napoléon Bonaparte, il a fait plein de choses formidables, géniales, le Code civil, les canaux, etc. Mais j'ai la plus grande admiration pour lui parce qu'il a inventé… le jogging ! Il vous a fait marcher jusqu'à Moscou et revenir. C'est pas beau ça ?

» Jacques et moi, on pratique la générosité du cœur, on marche à l'impulsion. Quand tu sors de Polytechnique, tu mets tout en équation : $ax^2 + bx + c = 0$… Mais tout le monde s'en fout. Qu'est-ce que ça amène ? Tandis que quand tu parles de générosité de cœur… c'est autre chose. Moi, depuis que je sais que le corps est composé de 75 % de liquide, je l'alimente. Allez, sers-moi un autre whisky.

» Ça a collé tout de suite avec Jacques. Il ne s'est rien passé de spécial. Je n'explique pas les choses. Pourquoi les expliquer ? Descartes a fait le malheur de la France en introduisant la raison partout. Si une femme me fait bander, je ne mets pas ça en équation. L'amour, ça ne s'explique pas. L'amitié, c'est pareil. On est devenus inséparables depuis *O.K. Patron.* »

Merci, monsieur Luisi. Encore un p'tit ?

Un peu plus tard, ce jour-là, au même endroit, nous reprenons avec Françoise et Jacques notre voyage rétrospectif dans la filmographie Dutronc. Après *Antoine et Sébastien* et *O.K. Patron*, Jacques s'engage dans le tournage du film qui va certainement faire de lui, aux yeux du public comme de la critique, un acteur à part entière. À la chronique familiale et à la comédie populaire succède une tragédie : *L'Important c'est d'aimer*. Il faudra ce film pour prouver à tous les sceptiques que Jacques peut tenir un rôle dramatique.

Andrzej Zulawski vient de débarquer de Pologne et cherche à tourner son premier film en France. La rencontre entre les deux hommes est pour le moins surprenante. Jacques : « Curieusement,

Zulawski m'avait vu dans *O.K. Patron*. Il y avait une scène dans un couloir, où on devait m'apprendre la vérité, et il a estimé que je jouais bien la peur. Alors il a dit: "C'est lui qu'il me faut!" On s'est rencontrés, il m'a projeté son film *La Troisième Partie de la nuit*, qu'il avait tourné en Pologne, avant *Les Diables*. C'était un film extrêmement bizarre, caméra à la main, mais qui m'a beaucoup plu.»

Entre deux bouffées de cigare, Jacques tente ce court récapitulatif:

«Jean-Marie Périer, c'était une histoire d'amitié; Vital, c'était pour le casting; Zulawski, lui, était tout simplement brillant.

– Oui, abonde Françoise, très brillant, très intelligent, très machiavélique…

– Pervers aussi! ajoute-t-il.

– On peut dire qu'il espérait qu'il y aurait quelque chose entre toi et son actrice…

– Il n'a pas eu de chance! sourit Jacques, à demi convaincant.

– Je me souviens de ce dîner chez Tartempion, explique Françoise, où on a affirmé en ma présence que, sur chaque film, Romy Schneider avait besoin de tomber amoureuse de son partenaire ou du metteur en scène. Le réalisateur était exclu car fraîchement marié, Fabio Testi aussi car il n'était pas son genre, Jacques était donc tout désigné. Effectivement, Romy Schneider a vite jeté son dévolu sur lui.»

Françoise éclate de rire. Jacques ne dément pas, se contentant de sourire encore avant de préciser:

«Zulawski me mettait toujours à côté d'elle pour que je la surveille, pour qu'elle ne boive pas trop… La pauvre a eu une fin tragique. C'était assez bouleversant.»

Jacques en vient au tournage lui-même, dont l'essentiel se déroule en décor naturel dans une maison de maître ayant appartenu au prince Aga Khan et située villa des Ternes, dans le XVIIe arrondissement de Paris. «C'était sinistre, avec ces grands escaliers. La rampe, à elle seule, coûtait des milliards, vu le travail d'incrustation…» Le personnage interprété par Jacques est marié à Nadine (Romy Schneider), comédienne de second ordre, réduite à tourner dans des films pornographiques. Celle-ci s'éprend d'un reporter photographe (incarné par Fabio Testi), mais ne se résoudra pas à quitter son mari. Las de sa pitié, ce dernier mettra fin à ses jours. Hasard ou calcul, Zulawski décide de commencer par les scènes les plus éprouvantes. « Premier jour, le matin : le suicide dans des chiottes pourries. L'après-midi : la scène d'adieux dans le café où Romy cassait tout. » Pour jouer le suicide, Jacques dissimule dans sa bouche des cachets effervescents d'Alka-Seltzer, afin de simuler la bave, puis il doit se tordre sur le sol des toilettes sordides d'un troquet et feindre l'agonie. À la fin de la prise, il va s'asseoir à sa table où il trouve un mot de Zulawski à son attention. Il est simplement écrit : « Bogart ». « Ça m'a fait plutôt plaisir, avoue-t-il, mais je ne sais pas si Bogart se serait roulé dans des pissotières… » À propos de l'acteur hollywoodien, Jacques déclare : « Je n'ai jamais caché mon respect pour Humphrey Bogart, qui avait toujours l'air de regarder l'heure à la pendule du studio… »

Un ange passe. Celui de Romy Schneider, peut-être.

« Romy Schneider ne *jouait* pas, reprend Jacques, c'était son problème, elle *vivait* les trucs à fond, le tournage ne s'arrêtait jamais. Quant à Fabio Testi, il ne m'a jamais adressé la parole, il m'a ignoré d'un bout à l'autre du tournage, sauf à la fin, quand il a vu le film, il m'a dit : "Bravo !" »

L'Important c'est d'aimer est tiré de *La Nuit américaine* de Christopher Franck.

« Malheureusement, dit Jacques, Truffaut avait confisqué le titre. Dommage, car c'était un bien meilleur titre que *L'Important c'est d'aimer*.

– Je me souviens à ce propos, intervient Françoise, que Zulawski a appelé un jour à la maison au bord des larmes parce que la production lui imposait ce titre ridicule. Je crois qu'il aurait souhaité *Orage*.

– Il avait aussi pensé à *La Mercie*. En tout cas, le titre n'a pas empêché le film de marcher. Il est resté près de deux ans en exclusivité en bas des Champs-Élysées. D'ailleurs, quand Francis Huster donnait ses cours, il prenait comme référence cette scène du café… »

Autre personnage haut en couleur, dans le film comme dans la vie : Klaus Kinski.

« Génial ! s'exclame Jacques, il avait un rôle extraordinaire, taillé à sa démesure. Zulawski taille des costumes trop grands ou trop petits, mais qui vont parfaitement. D'ailleurs, dans ce film, je portais une veste de Lino Ventura… J'en étais très fier, même si ce n'est pas la même pointure. »

Tourner avec Zulawski n'a rien à voir avec des vacances. Il est dur, il fait souffrir les gens sur le plateau. « Il ne pique pas des colères, il est plus sévère que ça. Ses silences sont religieux. Plus d'un ont craqué. » Son exigence est sans limites, il faut que le résultat soit lumineux. Pour cela, il cherche la difficulté plus qu'il ne la contourne.

« Pour les cadreurs, c'est l'enfer. Moi, il ne m'a jamais fait souffrir, peut-être que ce que je faisais lui convenait. Mais il faut le séduire, vraiment, aller au-delà de ce qu'il demande, bien au-delà de ses propositions. Par exemple, pour les scènes au lit, quand je me couchais, j'enlevais mes chaussures, puis mes chaussettes, et je remettais mes chaussures pour dormir. Il trouvait ça très bien, il était ravi. Parce que ça allait avec le personnage. Mais il faut rester dans le rôle, le cabot qui en fait trop, ça ne marche pas. Kinski en faisait énormément parce que c'était dans son rôle et il savait le faire. »

Ce tournage est aussi l'occasion pour Jacques de retrouver Zouzou, la copine de ses années d'assistanat chez Wolfsohn. Malheureusement, son rôle a pratiquement été supprimé au montage, d'un commun accord avec le réalisateur, précise-t-elle. « Le scénario était extrêmement touffu, ça aurait demandé une grosse cavalerie derrière, il aurait fallu avoir cinq semaines de plus. Zulawski a dû se débrouiller au montage et il en a bavé ! C'était tellement loin du projet initial. » L'ex-Twisteuse évoque par ailleurs un tournage houleux : « Romy était sens dessus dessous, on ne tournait que trois heures par jour. Le film a pris un retard énorme. Je me souviens que Jacques était très impressionné d'avoir Romy Schneider comme partenaire. Une Romy Schneider qui n'allait pas bien… Ça se terminait régulièrement par des trucs qui volaient en l'air. On sentait une fébrilité terrifiante sur le tournage. »

À sa sortie, le 12 février 1975, le film est salué par la critique. Bien qu'assez sulfureux pour l'époque, il fera une belle carrière commerciale et, avec le temps, deviendra un film-culte.

En trois films, l'air de rien, Dutronc est devenu un comédien incontesté, là où tant de chanteurs de variétés se sont cassé les dents.

(© DR)

Premiers pas…
Seul, square de la Trinité et rue de Provence…
Ou avec Madeleine Dutronc sur une plage de Bretagne.
(© DR)

Vacances adolescentes en Bretagne – look Anquetil…(© DR)

Extraits du cahier de sciences et travaux pratiques de l'élève Dutronc Jacques (classe de 6e A5, lycée du Petit Condorcet)

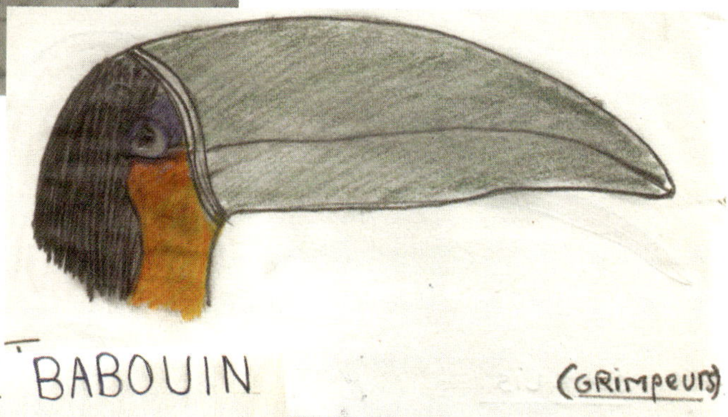

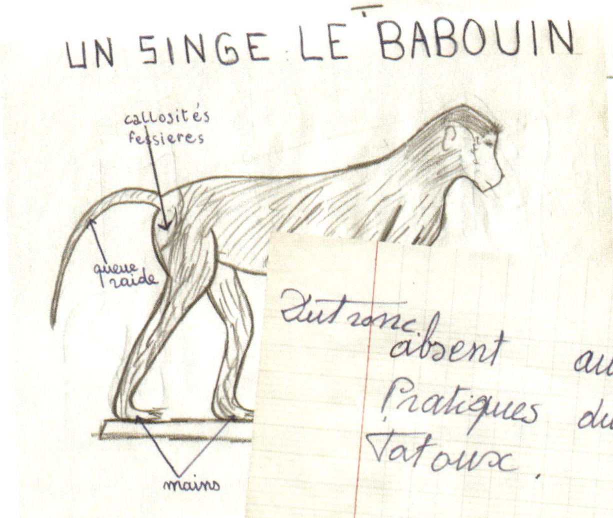

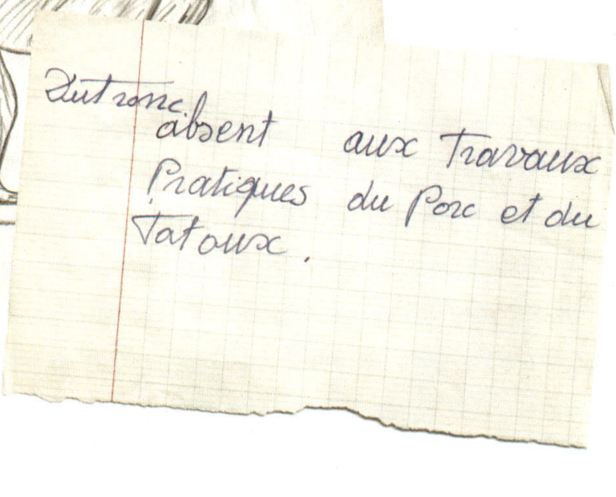

EXCLUSIVITÉ DES
disques vogue
disques vogue
EL TORO et
LES CYCLONES

Autographe d'El Toro (assis) accompagné par ses Cyclones : Charlot Bénaroch, Jacques Dutronc et Hadi Kalafate. (© Vogue)

Novembre 1962 : incorporation à Trèves, en RFA. (© DR)

1962 : André Crudo, Daniel Dray (El Toro), Jacques Dutronc et Hadi Kalafate posent pour la postérité… (© Vogue)

1966 et suivantes : Quelques pochettes de disque des débuts de la dutroncmania…
(© Vogue)

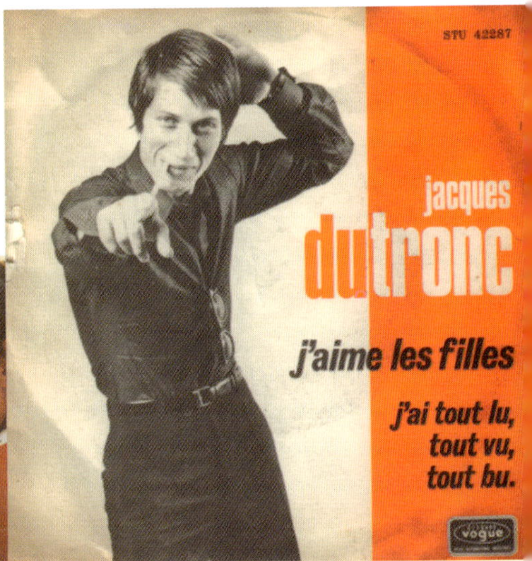

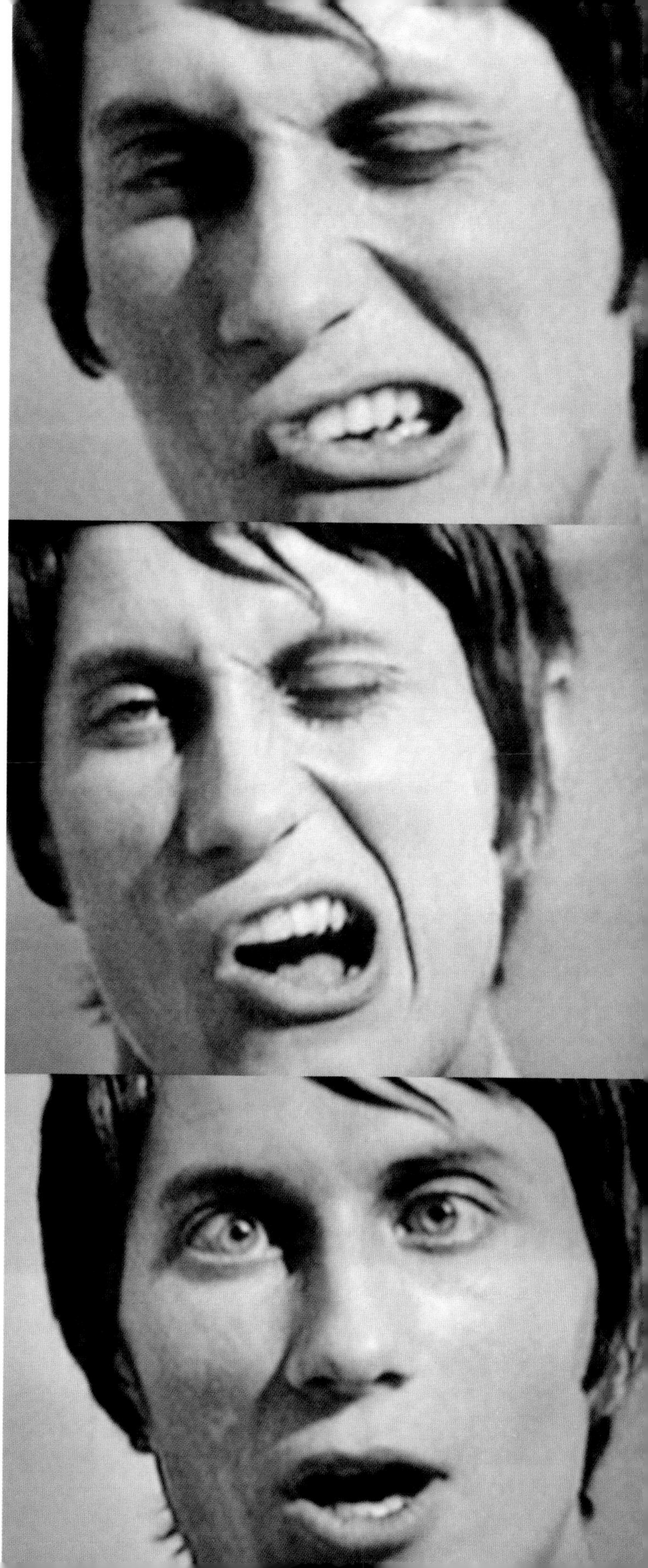

Premiers passages télé,
premières grimaces.
(© DR – Archives de l'auteur)

– J'avais vraiment besoin d'une femme à la maison

EN ATTENDANT QUE FRANÇOISE S'OCCUPE DE LA MAISON, JACQUES FAIT PREUVE DE BONNE VOLONTE. IL LAVE LA VAISSELLE ET PASSE L'ASPIRATEUR.

1971 : Dix ans avant leur mariage, la presse people s'est emparée du couple Hardy-Dutronc… (© DR – Archives de l'auteur)

Trop fauché pour un diamant….

TOUT CE QU'A GAGNE JACQUES JUSQU'A PRESENT S'EST ENVOLE EN FUMEE. IL N'A PU DONNER QU'UNE TOPAZE A SA

…Il lui offre une topaze

FIANCEE. MEME EN VENDANT SA LAMBORGHINI, IL N'AURAIT PU LUI ACHETER LE DIAMANT QU'IL REVAIT DE LUI OFFRIR.

ILS SE SONT DISPUTES, SEPARES, RECONCILIES PENDANT PLUS DE 5 ANS. FINI, TOUT ÇA. FRANÇOISE HARDY A ACCEPTE D'EPOUSER JACQUES DUTRONC.

À 9 ans, Thomas tire le portrait de ses parents et de ses grands-parents paternels. (Extrait de son album personnel) (© Thomas Dutronc)

1992 : Retour triomphal
sur scène au Casino de Paris,
après vingt ans d'absence.
(© Thomas Dutronc)

En répétition…
(© Thomas Dutronc)

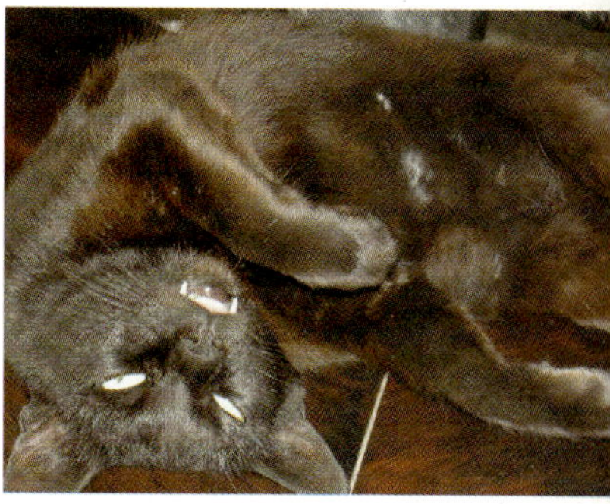

2003 : Dans son studio de Monticello… Au mur, une reproduction de l'œuvre créée par Bernard Pras pour le CD *Madame l'Existence*. (© Michel Leydier)

(Haut :) Avec Jean Luisi, le doyen des potes. (© Michel Leydier)

(Bas, gauche :) 18 h 00 : le dîner des chats. (© Michel Leydier)
(Bas, droite :) L'Alpiniste en pleine digestion. (© Michel Leydier)

Avec Françoise,
au bar de la terrasse
à Monticello.
(© Michel Leydier)

Pierre, Thomas,
Jacques pour
un dîner corse –
trois générations
de Dutronc. (© DR)

(© Thomas Dutronc)

Alors, forcément, la chanson s'éloigne de ses préoccupations. La reconnaissance du 7e art est tellement plus gratifiante que la gloriole du chanteur populaire. Pour la forme, il continue de graver quelques 45 tours, parfois avec un succès retentissant (*Gentleman cambrioleur*, *Le Testamour*…). Mais on sent que le cœur n'y est plus. C'est fait entre deux… sans beaucoup de conviction.

En même temps que le film de Zulawski paraît sur les écrans, un ultime 33 tours chez Vogue (sans titre) arrive dans les bacs des disquaires, qui compile trois années de 45 tours mais fait relativement peu de vagues, malgré plusieurs signatures de Gainsbourg. Une première retraite discographique s'amorce. Jean-Marie Migeot, le sonorisateur et ami, évoque cette période charnière : « Je crois qu'il a pris les choses comme elles venaient… Jean-Marie Périer lui proposait de tourner, il n'y croyait pas trop. Je me souviens qu'il m'avait dit qu'il ne pouvait pas faire les deux à la fois, qu'il ne pouvait pas mener deux carrières de front. Même maintenant, je pense qu'il a du mal à concilier les deux activités. Ce n'est pas cumulable dans sa tête. Je pense qu'il avait réellement envie d'être un vrai comédien. Thomas est arrivé à ce moment-là. Ce sont les circonstances qui ont fait qu'il est devenu acteur, qu'il a enchaîné des films et des réalisateurs très différents. Et peut-être que chanter des chansons légères après tous ces rôles te rend moins crédible ; il a dû se poser des questions de ce genre. »

Pendant que Jacquot fait son cinéma, le Tom pousse et Françoise a de plus en plus de mal à supporter leur mode de vie. Elle déclare en 1986 : « Une fois l'enfant là, je me suis aperçue que vivre séparés était encore plus difficile ! […] Vivre avec un enfant, essayer de l'élever ne va pas de soi. On n'est jamais suffisamment disponible pour lui, ni suffisamment équilibré. […] Pendant un an j'ai vécu seule avec Thomas, et je le supportais mal, c'était difficile ; en fait, je ne supporte pas bien la solitude [1]. »

Un jour que nous bavardons seuls avec Françoise à Monticello, elle me dit que Jacques l'a pourtant « dressée à la solitude ». Et elle

1. *Ibid.*

me raconte cette année où elle habite toujours l'île Saint-Louis avec Thomas. Sa mère vient la relayer à la garde du bébé. Pourtant, un changement s'impose. « Quand Thomas a eu un an, Jacques habitait encore dans l'immeuble de ses parents, ce que je vivais plutôt mal. Mon appartement étant devenu trop petit, je lui ai demandé s'il ne voulait pas que je cherche un endroit pour nous trois, mais il a invoqué la peine que cela ferait à sa mère qu'il coupe ainsi les ponts avec elle… Il a quand même déménagé. C'était en 1974, il avait trente et un ans. »

Françoise a acheté une maison sur trois niveaux, au 13, de la rue Hallé, dans le XIVe arrondissement de Paris. Une maison de ville, sur rue, mitoyenne des deux côtés, avec une véranda et un jardin à l'arrière. Il y a moult travaux à faire : aménager une cuisine digne de ce nom, repeindre en noir les murs… Françoise s'est mis un crédit de vingt-cinq ans sur le dos, pourtant elle est heureuse. Jacques peut prendre des bains de soleil dans le jardin, la place ne manque pas pour inviter ses potes. Thomas va pouvoir grandir à l'ombre de ses deux parents… Mais, quand une femme est amoureuse d'un homme, elle a autant envie d'être sa maîtresse que la mère de son enfant…

* * *

Au milieu des années 1970, Dutronc se lance dans un marathon de tournages, une boulimie filmographique : quinze films en cinq ans ! Voilà qui aurait dû clouer le bec à tous ceux qui le tenaient pour cossard, mais la discrétion lui colle au tempérament. Pas du genre à brandir son CV ou son palmarès à tous vents.

L'accueil timide fait à son dernier album le pousse sans doute dans la voie du cinéma, puisque c'est de là que vient la reconnaissance désormais. De même qu'il a distillé les microsillons à un rythme infernal à ses débuts de chanteur, il va enchaîner les tournages sans prendre le temps de se retourner, se contentant d'avancer sans changer de devise : ne pas s'ennuyer, ne pas se lasser, ne pas penser carrière. Et puisqu'il faut recréer sur chaque tournage une atmosphère familière, il emmène avec lui quelques potes dont la présence se justifie auprès de la production par un peu de figuration par-ci, un emploi de chauffeur ou de secrétaire accompagnateur par-là... Hadi Kalafate, Jean Luisi, Daniel Manthe, Philippe Malherbe, François Paoli, Didier Barbier, Lucien Colombani... Ils seront nombreux à se relayer.

Ces quinze films ont peu de choses en commun. Il y a là-dedans du cinéma d'auteur, des films à spectacle, de la comédie, des drames, et même un Godard. Tous ne sont pas inoubliables. Mais, comme le dit Jacques, c'est quand le film est fini qu'on peut dire s'il est mauvais. Beaucoup des longs métrages qu'il a faits lui paraissaient formidables sur le papier ; il ne les a pas reconnus sur l'écran. Ce qui est sûr, c'est que Jacques s'est bâti une solide réputation d'acteur en l'espace de trois films et Yvette Étiévant, son agent, croule sous les scénarios. Claude Lelouch lui propose le premier rôle dans *Le Bon et les Méchants*, aux côtés de Marlène Jobert. Également inscrits au casting : Bruno Cremer, Brigitte Fossey, Jacques Villeret, Serge Reggiani... Ça ne se refuse pas. « J'ai des bons souvenirs avec Lelouch. Ce qui est bien avec lui, c'est qu'on tourne tellement vite qu'on finit en avance. Et puis on ne s'emmerde pas avec les dialogues puisqu'il donne juste un petit bout de papier avant de tourner. Sinon, on n'a pas de scénario. Ce qui peut aussi être un handicap, mais Lelouch te raconte formidablement l'histoire. Il est passionné et passionnant. Et sur l'écran aussi, il la raconte bien, l'histoire... Lelouch a une caméra qui aide, parce que ça peut rendre idiot, une caméra. Quand je vois un objectif, ça me gêne, ça fait musée Grévin, j'aime pas ça du tout. J'ai honte de poser. Moins on me voit, mieux je me porte. J'aurais dû faire un autre métier, tueur à gages... enfin quelque chose qui ne laisse pas de traces. »

Jacques incarne un petit truand sympathique, doublé d'un boxeur raté. L'Occupation le verra basculer du camp des collabos à celui de la Résistance. Le comédien prend du plaisir sur ce tournage. Il roule à l'époque en Range Rover, à l'arrière duquel il a fait aménager un barbecue. Ses gigots d'agneau sont très appréciés lors de pauses impromptues, ça change du saucisson sec beurre et ça crée des liens avec certains de ses partenaires, notamment avec Bruno Cremer, qu'il a beaucoup aimé dans *La 317e Section* de Pierre Schoendoerffer, et avec Jacques Villeret : « Ça a collé tout de suite avec lui. On a aussi tourné ensemble dans *Malevil*, et je regrette qu'on n'en ait pas fait d'autres par la suite. »

Parmi d'autres souvenirs du tournage proprement dit, il y a celui de la scène du bal tournée à la Boule-Rouge, où Dutronc, afin de briller devant une donzelle, doit mettre un coup de tête à Jacques Marti, ancien boxeur dans la vie. Avant de tourner, ce dernier dit à son partenaire: «Tu me mets le coup de boule que tu veux, il n'y a aucun souci!» Faut pas dire ce genre de choses à Dutronc: «Évidemment, j'y vais de bon cœur, s'esclaffe Jacques, mais je me suis fait un mal de chien!... » Jacques Marti est devenu artiste peintre, il réalise des toiles douces, délicates. «C'est bizarre...», s'en étonne Jacques.

Le film remporte un franc succès et la chanson générique, *La Ballade du bon et des méchants*, interprétée par Jacques, sera son dernier single pour Vogue.

Après Lelouch, on tourne encore en famille. Mais la vraie, cette fois. Claude Sautet – on se souvient que la grand-mère paternelle de Jacques était une Sautet, la tante de Claude – engage son petit-cousin pour un rôle quasi muet dans *Mado*. «Claude voulait que j'apprenne les regards, il m'avait dit: "Le cinéma, c'est une question de regards!" Au début, je ne comprenais pas bien, puis j'ai pigé. C'est vrai qu'un regard peut tout dire, il faut le faire au bon moment, éviter de regarder son partenaire quand ce n'est pas nécessaire. D'ailleurs, moins tu le regardes, mieux c'est. Et depuis que je fais du cinoche, j'ai un défaut: je ne regarde pas les gens quand je leur parle.» Déformation professionnelle.

On retrouve Michel Piccoli et Romy Schneider, les acteurs fétiches de Sautet, dans *Mado*. Également à l'affiche: Charles Denner, Claude Dauphin, Bernard Fresson et Ottavia Piccolo, qui connaît bien Jacques pour avoir été sa partenaire dans *Antoine et Sébastien*. Dutronc savoure le privilège de jouer avec Piccoli, pour qui il a la plus haute estime, et même celui de partager sa loge. Il ne croise pas une seule fois Romy, n'ayant aucune scène en commun avec elle. Dans un petit rôle du film, une débutante: Nathalie Baye.

Cette année-là, d'importantes grèves secouent le cinéma. «Je me souviens qu'on attendait dans la caravane. Ça a duré très longtemps et ça a terminé d'achever la production. Le cinéma était très rouge dans ces années-là. Mais l'argent n'a pas de couleur… » Le tournage n'est pas une partie de plaisir. Deux mois dans la boue ! Les scènes les plus délicates se déroulent de nuit, sur un chantier, dans un froid glacial. « C'était techniquement très compliqué, il y avait cinquante trucs à faire partir en même temps, des hors-bord pour avoir des reflets sur l'eau genre clair de lune, la boue, des fumigènes… » Quelque chose foire à chaque prise. Coupez ! Ça va pas, on la refait ! « Le problème, c'est qu'il fallait se changer entre chaque prise, on était couverts de boue… »

Jacques retrouve dans l'univers cinématographique de Sautet (surnommé le Docteur du cinéma pour les interventions qu'il pratique sur de nombreux scénarios bancals) beaucoup de choses, plus ou moins palpables, qui l'ont accompagné tout au long de son existence, des ambiances familières, des trucs de famille. Des noms de personnages, de lieux, les pièces enfumées, les grandes tablées, les repas qui s'éternisent… Mais aussi : « La solitude, la cinquantaine, le bon bordeaux, les putes… » Ce qu'on a peine à imaginer en voyant ses films, c'est à quel point Sautet était coléreux. « À mort, dit Jacques, sanguin même, il devenait violet. Il faisait peur… Il était connu pour ses colères. Mais quel être formidable ! Et très bavard ! » Les deux cousins ne se sont pas souvent revus. Claude va dîner rue Hallé de temps en temps. Parler ciné ? Non : « On parlait surtout de la famille… »

C'est Claude Sautet qui présente Jacques à un autre Jacques, Rouffio de son patronyme (*Sept Morts sur ordonnance*, *La Passante du Sans-Souci*, *Le Sucre…*), lorsque celui-ci s'apprête à tourner *Violette et François* avec Isabelle Adjani dans le premier rôle féminin. Rouffio décide d'engager Dutronc pour en partager l'affiche avec elle. Pour les seconds rôles, il fait appel à Léa Massari et Serge Reggiani. « Rouffio était très sympathique, concède Jacques. Et c'est grâce à lui que j'ai réellement fait la connaissance d'Isabelle Adjani, autrement qu'à la télévision chez Bouvard… » Allusion à une émission maintes fois rediffusée où il drague ouvertement une débutante sur le plateau du grinçant animateur. Mais la jeune Isabelle ne se laisse pas impressionner et repousse les avances d'un Dutronc passablement éméché.

Violette et François raconte l'histoire d'un couple impossible. Il est immature, oisif, bohème, suicidaire ; elle est de bonne famille, travailleuse, fonceuse. Excepté un amour réciproque, tout les sépare. « J'ai revu *Violette et François* exceptionnellement – c'est rare que je regarde mes films – en tombant dessus un jour à la télé, et j'ai trouvé ça bien. Le personnage est assez hors du temps, c'est pas mal fait… Sauf que j'étais malade à la fin du tournage, j'avais quarante de fièvre, il neigeait, et il fallait que je tourne en chemise et en veste pour les raccords. » Pour cette scène, Jacques, qui souffre du vertige, doit marcher en équilibre sur le parapet d'un pont de Paris. Histoire de corser l'affaire, en guise de filet, une petite planche ridicule…

Croire qu'en se lançant à corps perdu dans le cinéma, Jacquot en aurait oublié son goût de la farce serait une erreur. Il reste fidèle à sa réputation et n'en rate jamais une. « Je peignais la poignée de la porte de ma loge. Quand les assistants venaient me chercher pour aller sur le plateau, ils frappaient : "Jacques ?" ; "Entrez !" et hop ! plein la main ! Après ils se sont méfiés, ils envoyaient quelqu'un d'autre : "Vas-y, ouvre !" Le type entrait mais j'avais peint la poignée intérieure et en ressortant : hop ! rebelote !… Dans le même genre, Eddy Mitchell était venu me voir dans ma loge, on était une trentaine là-dedans, des bouteilles de whisky partout. Et Isabelle devait traverser la mienne pour aller dans la sienne. J'avais écrit "Adjani française" à la bombe sur sa porte… Les rapports étaient un peu tendus entre elle et moi, mais pas tant que ça. »

Jacques se souvient également que Rouffio lui reprochait sa façon de se déplacer.

« Tu marches comme Gabin, tu chaloupes ! lui disait-il.

– J'y peux rien, c'est ma démarche ! répondait Jacques. Je ne peux pas marcher comme un mannequin, sur une ligne jaune, là c'est *La Cage aux folles*… »

Jean Gabin, qui avait surnommé Françoise la Discrète, décède pendant le tournage. Sa disparition affecte Jacques.

Malgré cela, *Violette et François* reste un joli souvenir : « Beau film, plutôt réussi. Et puis j'étais plus jeune, je gigotais. Je ne savais pas que je finirais au Nescafé. Aujourd'hui, en tout cas. »

En effet, Jacques carbure au décaféiné cet après-midi. C'est comme ça, il y a des journées Orezza, des journées Pietra [1], des journées champagne, des journées haut-condissas [2], des journées château-troplong-mondot [3]… Aujourd'hui est une journée déca. Tout dépend du rythme cardiaque au réveil.

Après *Violette et François*, très bien accueilli dans les salles, Jacques enchaîne avec *Le Point de mire*, une sorte de polar politique. Il en partage l'affiche avec Annie Girardot, Jean-Claude Brialy et Jean Bouise. Il s'agit du premier film de Jean-Claude Tramont, dont le scénario, signé Gérard Brach et adapté du roman *Le Photographe* de Pierre Boulle, offre à Dutronc un rôle inattendu de tueur à gages. « Le roman était un peu compliqué, commente Jacques, le film l'est aussi. Je pense que ce serait mieux fait aujourd'hui. Ça aurait pu être plus mystérieux. » *Télérama* salue pourtant sa sortie et qualifie d'admirables les compositions d'Annie Girardot et de Dutronc : « Gentil comme un ange dévoué, cynique comme un tueur à gages », écrit Jean-Luc Douin à son sujet. « Jacques Dutronc, plus décontracté que jamais, mais toujours déphasé d'une seconde, ce qui crée en nous un malaise », conclut Claude-Marie Trémois [4]. Malgré ces louanges, le succès de ce thriller reste limité. Le principal souvenir qu'en garde Jacques, toujours plus marqué semble-t-il par les rencontres que par les films eux-mêmes, ressemble à un regret, une frustration : « On n'a pas le temps ou l'occasion sur les tournages de faire ces choses-là, mais voilà une personne à qui j'aurais aimé déclarer toute mon admiration : Annie Girardot. C'est une grande ! Enfin, j'y connais rien, mais il me semble que c'est une vraie comédienne. »

Et puis Jean-Marie Périer revient à la charge proposer à son vieux pote le rôle principal de *Sale rêveur*. Mais, cette fois, il n'a pas besoin d'insister. Pourtant le rôle a été écrit pour Sylvain Joubert, un acteur de télévision. Mais les dates de tournage ayant été repoussées,

1. Bière corse à base de farine de châtaigne.
2. Haut-médoc.
3. Saint-émilion grand cru classé.
4. In *Télérama* n° 1450 du 26 octobre 1977.

Joubert devient indisponible et doit renoncer au film. Périer déclare alors aux producteurs : « Il n'y a qu'une seule personne avec qui je pourrais tourner même le Bottin, c'est Dutronc. » Jacques accepte et Périer fait les retouches nécessaires au scénario.

Le décor principal du film est un terrain vague où sont organisées des cascades en voiture et où vivent les protagonistes. Jacques n'est pas dépaysé : outre Jean-Marie, il retrouve Léa Massari, qui après avoir été sa mère dans *Violette et François* partage son lit dans *Sale rêveur*, ainsi que Jean Bouise rencontré sur *Le Point de mire*. Baby-foot à disposition, dégustation de blanc tous les matins avec Tonton le-roi-du-son, des bagnoles à casser… Le paradis ! Parce que son rôle l'exige, Jean Bouise patauge dans le cambouis toute la journée. « Le pauvre, dit Jacques, il n'a jamais vu les rushes. Le temps qu'il se nettoie tous les soirs, c'était déjà fini. » Léa Massari, elle, exige par deux fois une nouvelle caravane. « Parce que Alain Belmondo, le frère de Jean-Paul, directeur de production du film, m'en avait filé une plus grande, dit Jacques. Quelqu'un avait dû le lui dire, donc elle mesurait… » Où va se nicher la vanité des acteurs… « À la fin, conclut Jacques, j'en avais deux, avec un auvent au milieu, baby-foot en dessous… » Il y a aussi Bénichou et Marthe Villalonga dans des seconds rôles, pour lesquels Jacques semble vouer une tendresse particulière, et, forcément, on ne s'ennuie pas. De temps en temps, Jean-Marie ose : « On va tourner, peut-être… »

Pour la première fois, Jacques campe un personnage violent, mythomane et marginal. « C'était bien, mais c'était un film de perdant. Je me souviens d'une projection chez Filipacchi, qui est le gagnant dans toute sa splendeur, qui ne connaît pas le verbe perdre : c'était un film de Martien pour lui. Delon aussi n'y a rien compris. Ces types-là ne savent pas ce que c'est qu'un loser. Et puis des gens ont eu des réactions bizarres par rapport au titre. Le mot *sale* déjà… » C'est à l'occasion du tournage de ce film, produit par Danièle Delorme et Yves Robert, que Dutronc aura ce bon mot : « Il vaut mieux être ivre mort qu'Yves Robert ! »

Jean-Marie a déjà un troisième scénario en tête (*Seize ans et des poussières*) pour son ami, qui le refusera. « Jacques n'en a pas voulu, avoue le photographe réalisateur. Je suis sûr qu'il n'a même pas lu le scénario. Je pense que l'histoire ne l'intéressait pas. Le nombre de films que j'ai écrit pour Jacques !… Mais je regrette qu'il ait refusé celui-là, parce que sinon le film se serait fait… » Car la participation de Dutronc est désormais une caution de poids pour un film en projet. Dès après *L'Important c'est d'aimer*, il a été un atout pour monter un film.

Jacques ne tournera plus de long métrage avec Jean-Marie Périer. Ils n'en resteront pas moins proches et Jacques fera plusieurs fois appel à lui dans l'avenir, entre autres pour réaliser le tournage de son spectacle au Casino de Paris quinze ans plus tard… C'est tout de même un peu grâce à lui qu'il a fait cette carrière au cinéma. « Il n'est pas certain que quelqu'un d'autre aurait réussi à le faire tourner, concède Périer, en tout cas, personne n'aurait été aussi acharné que moi pour le convaincre. En revanche, si n'importe qui était parvenu à faire tourner Jacques, il aurait fait une carrière au cinéma et serait ce qu'il est. »

* * *

C'est l'heure du repas du soir pour les chats de Monticello. Le rituel quotidien de 18 heures. Les quarante et quelques chats vivant chez Dutronc ont une pendule dans le ventre. Ils arrivent sur la terrasse les uns après les autres, nonchalamment, comme s'ils avaient rendez-vous pour le départ d'une manif. Ils sursautent au moindre geste du patron. En attendant le bon, ils se prélassent, se toilettent ou bien se chamaillent. La nervosité monte lentement. Dès que le sifflet de Jacques retentit, c'est la ruée vers l'or. Tous se précipitent vers l'étroit escalier qui descend à leur cantine dans une bousculade effroyable et un concert de miaulements. Si vous avez l'idée saugrenue de vous trouver sur leur chemin, il se pourrait bien qu'ils vous piétinent. La queue dressée à la verticale, ils font penser à un rallye d'autos tamponneuses. En un clin d'œil, ils sont tous en place. Sans affolement, Jacques ouvre les boîtes et remplit les plats. La nourriture n'a pas toujours le temps de tomber de la cuillère en bois. Tant pis pour ceux qui mangent lentement ou qui apprécieraient un peu de tranquillité. C'est une course à qui en bouffera le plus (quitte à tout rendre dehors un quart d'heure plus tard). Il y a des plats au sol, d'autres sur une grande table, d'autres encore sur une margelle, et une assiette individuelle en hauteur, sur une étagère installée dans l'angle d'un mur pour le chouchou : l'Alpiniste, bien sûr. Il ne fait rien sur le plancher des vaches, lui. Comme il se doit, les plus malins dînent à tous les étages, ceux-là ont le coup de poing facile. Quelques timides observent patiemment cette orgie, ils se contenteront des restes, s'il y en a – il y en a toujours. Lorsque Jacques en a fini avec les boîtes (sept ou huit grands formats deux fois par jour), il verse des croquettes dans les gamelles géantes. « Pour combattre le tartre sur les dents », dit-il. Une fois repus, c'est la toilette. Les moins sauvages (une dizaine) la font sur la terrasse, sous l'œil des humains. Les autres vont s'isoler dans la nature. On les reverra demain à 6 heures du matin ou du soir, rôder dans les parages, faisant semblant de rien, mais ne guettant qu'une seule et unique chose : le coup de sifflet du patron.

Michel Drucker est venu ici filmer un de ces repas de chats il y a quelques années. Le jour de la diffusion du reportage, un dimanche, Pierre Dutronc est là, sur la terrasse. Jacques a installé une télé au bar pour qu'il puisse regarder l'émission. Lorsque dans le poste jaillit le sifflet enregistré de Jacques, tous les chats se précipitent vers leur pièce comme si c'était l'heure de la bouffe. Le même jour, Jacques met un disque de rap : tous les chats se sont éparpillés dans la nature sauf les blacks…

Chacun des chats de la maison est suivi par le vétérinaire, est vacciné, castré. Chacun a un nom. Il y a donc l'Alpiniste (« C'est mon père qui l'a appelé comme ça, parce que quand je le soignais, tout petit, il me grimpait sur le corps, sur la tête, il n'arrêtait pas de monter et descendre. Mais c'est un mauvais nom pour un chat, ça sonne mal, il n'arrive pas à le retenir »), le Barman (il est né parmi les bouteilles du bar dans un verre à bière), Sans Nom, *alias* M (à cause du *M* gravé sur son pelage frontal), qui bouffe tout et rapplique à la moindre odeur, Rikiki, *alias* Maïté, chétif, noir et borgne, seul autorisé à traîner dans la cuisine, Croissant, un amateur de viennoiseries au petit déjeuner, et puis Kiki, le Rouge, Cannibale, le Tigre, Otis, Rosso, Petite (« Dès que je marche, elle me suit, je me demande ce qu'elle fait sur terre »), Grisette, Crisax (un épileptique), Jo, Petit Alpi (fils de l'Alpiniste), Louna, le Renard (pour sa queue en panache), le Lièvre (pour ses oreilles), Poussin (un chat malingre, un peu simplet), Lucienne («La plus laide», selon Jacques ; elle a des couleurs de poule), etc. Et puis il y a un noiraud encore viril, dit le Couillu, qui sème la terreur dans le cheptel en cherchant querelle à chacun. «Profite bien de tes grelots parce que t'en n'as plus pour longtemps, lui lance Jacques à longueur de journée. Il a échappé à toutes les rafles, celui-là. Il pisse partout et il emmerde tous les autres !» (Parole sera tenue : la prochaine sera la bonne, il ne terminera pas l'année avec ses noisettes.) Enfin, il y a le Chef, seul mâle à être autorisé à conserver sa puissance. Il disparaît souvent, plusieurs jours de rang, et revient affamé. Dans ces cas-là, il réclame à manger quelle que soit l'heure. Il est le Chef et il le sait. Les autres aussi le savent. Un jour de retour de vadrouille, il devait être 17 h 30, il a surgi sur la terrasse et tous ceux qui étaient présents se sont levés et sont venus se frotter à son pelage blanc taché de noir et de gris en miaulant d'aimables bonjours. Si vous prêtez une oreille attentive à *Dou-douce* sur *Madame l'Existence*, vous entendrez son miaou rauque.

«Contrairement au chien, le chat n'a jamais recherché la compagnie de l'homme.» Cette nuance fait toute la différence. Jacques aime et respecte ses chats. Il n'attend pas les caméras de télévision pour s'en occuper matin et soir. Je ne l'ai jamais vu en bousculer un ou élever la voix sur un autre. Il est d'une patience infinie et ne refuse jamais ses genoux à celui qui quémande un peu de chaleur humaine. Ce soir-là au bar après leur dîner, il les contemple en pleine toilette comme il le fait souvent. «Ce sont vraiment les rois du monde, dit-il. Dans n'importe quelle position ils sont beaux, gracieux, élégants. Un spectacle jamais lassant.»

C'est l'heure de l'apéro et Jacques est à l'Orezza. Un infirmier doit monter demain matin lui faire une prise de sang. Il ne plaisante pas avec ça. Pas aujourd'hui, en tout cas. Jean-Marie Migeot et quelques autres sont là. On boit du pastis.

«Quelle est la ville la plus proche de Saint-Quentin ?» lance quelqu'un.

Langue au chat pour tout le monde.

«52 !»

L'État sauvage fait suite à *Sale rêveur*. Il s'agit de l'adaptation du prix Goncourt de Georges Conchon réalisée par Francis Girod et produite par Michel Piccoli. *Pitch*: un énarque de l'Unesco (interprété par Dutronc) arrive dans un pays d'Afrique pour une mission culturelle. Il y retrouve son ex-femme, maîtresse d'un ministre noir, et découvre une ville au bord de l'insurrection.

L'autorisation de tourner en Afrique n'ayant pas été obtenue, l'équipe s'envole pour la Guyane. Dépaysement garanti. Marie-Christine Barrault et Claude Brasseur sont du voyage. Dans le jumbo, Jacques fait la connaissance d'un Corse. « Ça a été terrible, se souvient-il. J'ai dû boire deux bouteilles de fine Napoléon. J'ai eu une poutre [1] pendant trois semaines ! J'avais encore l'odeur là [il désigne la base de son nez, n.d.a.], je n'ai pas bu une goutte d'alcool de tout le tournage. Alors on m'a peut-être pris pour quelqu'un de distant, mais j'étais vraiment mal... » De plus, le climat ne lui réussit pas, il ne supporte pas l'humidité. « Tout colle, je gonfle... Donc je n'ai pas été très coopératif avec l'équipe. Je me suis mis un peu à l'écart... Et puis il ne fallait pas que je bronze puisque mon personnage était un jeune Parisien qui débarquait en Afrique. J'avais donc en permanence un maquilleur avec une ombrelle rose au-dessus de ma tête. » Bref, les conditions ne sont pas optimales. L'organisation aussi laisse à désirer : dès l'arrivée à Cayenne, le matériel est confisqué pour absence d'autorisation officielle. La production a affaire à un fonctionnaire corse :

« Mais c'est quoi ce film ? demande-t-il.

– Je suis le producteur, explique Piccoli, je tourne dedans et il y a aussi Jacques Dutronc...

– Ah bon ! fait l'autre. Jacques Dutronc de Monticello ? Amenez-le-moi ! »

Et tout s'arrange : diplomatie corse oblige. Jacques est présenté au préfet, corse lui aussi, qui l'invite à dîner chez la préfète. Il rencontre également un tas de médecins corses, dont un chirurgien sosie de Tino Rossi qui lui déclare (Jacques prend l'accent) : « Nous, en Corse, nous avons de nombreux artistes, et surtout, nous avons

1. La gueule de bois en langage dutronien.

Jacques Dutronc ! » Le toubib ne l'a pas reconnu. « C'est vrai que je devais être méconnaissable, vu mon état, fait observer Jacques. Et c'est difficile de dire : "Mais c'est moi !" »

Très vite, Jacques s'offre un téléviseur et un frigo. « Au village indien que j'ai pu voir, la case du chef avait son antenne, c'est comme ça que j'ai compris que j'allais m'emmerder le soir en Guyane. Il y a un tas d'endroits que j'aurais aimé visiter, mais chaque fois, c'était huit heures de voiture, vingt heures de pirogue, quatre heures de marche... J'ai dit : "C'est bon ! Je ne suis pas explorateur." Donc télé. »

Jacques a également quelques petits ennuis avec la faune locale. Il allume un jour la climatisation de sa chambre : « J'ai vu cent mille araignées et autres bestioles débarquer. En fait de clim, ça ne faisait qu'aspirer l'air de dehors... La seule fois où j'ai voulu aller à la piscine, il y avait des mygales... Une autre fois, je suis tombé sur une espèce de varan gigantesque en liberté... » Et lorsqu'il va dîner chez la Mère Victoire, à Saint-Laurent, c'est pour y manger du gros-bec, du toucan ou du caïman. « On s'y habitue... », et ça fait des souvenirs – à leur retour en région parisienne, Claude Brasseur lui mitonnera un haricot de mouton longtemps promis en Guyane...

Le cinéma français est de nouveau en crise cette année-là et les grèves se multiplient. Le tournage de *L'État sauvage* n'y échappe pas. « Nous avons fait grève là-bas aussi, par solidarité avec les camarades de métropole, mais rien à voir avec le film en lui-même. » La production n'avait pas besoin de ça. « Francis Girod était bon critique, c'est dommage qu'il ne soit pas assez féroce dans ses films. Il est plus virulent dans la vie que sur l'écran. Mais ce n'était pas un sujet facile. »

Jacques connaît François Leterrier pour l'avoir vu jouer dans *Un condamné à mort s'est échappé* de Bresson. Il le connaît aussi par l'intermédiaire de sa femme (la sœur de Laurent Fabius) qui a été son habilleuse dans *Violette et François* et *L'Important c'est d'aimer*. Lorsque Leterrier lui propose de tourner dans *Pierrot mon ami*, Jacques accepte et cette réalisation reste à ce jour son unique téléfilm. Le Pierrot lunaire et mélancolique qu'on lui propose d'incarner lui ira comme un gant. « J'aimais bien ce bouquin de Queneau, j'avais dû lire ça quand j'avais treize ans, l'univers m'avait bien plu. » Et puis, quand on sait son attirance pour les animaux, jouer la comédie avec un singe ne pouvait le laisser indifférent. Le chimpanzé s'appelle Mésange, il tourne en costume-cravate. « On s'est un peu habitués l'un à l'autre ; il me donnait la main. Il y avait des plans où je devais arriver en camion avec lui à la foire du Trône. Donc j'attendais qu'on me donne l'ordre de démarrer par le talkie posé sur la banquette. J'étais très emmerdé, Mésange était à côté de moi, il me fixait, j'essayais de lui parler pour pas avoir l'air con, mais je ne savais pas trop quoi lui dire. Évidemment, quand la voix jaillissait du talkie : "Partez !", il bondissait et le balançait… À d'autres moments, il se déchaînait, il sautait en l'air, il pissait partout, il cassait les tables des restaurants… Il était assez imprévisible. »

De nombreuses scènes sont tournées à la foire du Trône. L'occasion pour Jacquot de se défouler au tir à la mitrailleuse et autres jeux : « Je m'amusais beaucoup, avoue-t-il. Et puis il y avait une belle distribution, c'est sur ce film que j'ai rencontré Gérard Jugnot, Michel Blanc, Étienne Chicot, Maurice Biraud, Sylvie Joly, Jean-Marc Thibault, Anne Jousset et bien sûr Jacques Dufilho. Quel étrange personnage ! Je regrette de ne pas avoir vraiment discuté avec lui aussi. Je devais avoir hâte de finir. »

Au rayon des anecdotes, après une journée de tournage, Jacques emprunte l'Alfa Romeo de Philippe Malherbe, son ami chauffeur secrétaire, et, dans une rue d'Évry recouverte de graviers, il perd le contrôle du véhicule et part en travers. Le choc est violent ! « Je me suis retrouvé au rez-de-chaussée chez des gens en pyjama, dans une espèce de loge de concierge. » Le type montre Dutronc du doigt et déclare de but en blanc : « Il est cinq heures, Paris s'éveille ! » La voiture est pliée, Jacques s'en tire sans une égratignure.

Ça roule donc pour Jacques. Le magazine *Première* l'a sacré « étoile montante ». Son rôle dans *Mado* lui vaut une nomination aux Césars. Il enchaîne en 1978 avec le tournage de *Retour à la bien-aimée*, un drame de Jean-François Adam, ancien assistant de Godard, de Truffaut et de Melville, qui s'est offert pour l'écriture de ce scénario les collaborations successives de Georges Perec, Jean-Claude Carrière et Benoît Jacquot. Rien que ça. Jacques fait la connaissance d'Isabelle Huppert, qu'il retrouvera plusieurs fois et qu'il estime énormément. Il lui dira d'ailleurs un jour, au Lausanne Palace, qu'elle est la plus intelligente. « De ce métier ? » s'inquiétera Isabelle. « Non ! » Alors elle ajoutera : « Parce que de ce métier, c'est pas difficile… »

Le personnage interprété par Jacques dans *Retour à la bien-aimée* est éperdument amoureux de son ex-femme (Isabelle Huppert). Il est prêt à tout pour la reconquérir, y compris à éliminer l'homme qui partage désormais sa vie. Le sujet est sombre, l'ambiance sur le tournage assez tendue. Dutronc essaie de détendre l'atmosphère avec ses blagues, sans y parvenir véritablement.

Jean-François n'a pas eu tous les moyens qu'il souhaitait, selon Jacques. Le titre fait tiquer le distributeur qui le juge désuet, anticommercial. Le jour de la sortie, il n'y a pas une affiche placardée sur les cinémas, juste un carton apposé aux caisses avec le titre du film et le numéro de salle. Une manière de sabotage en quelque sorte.

Film étrange. « C'était assez spécial, avoue Jacques, et d'une froideur ! Mais les critiques étaient bonnes, certaines personnes ont trouvé ça très bien. Les *Inrocks* ont fait un très bon papier il n'y a pas longtemps, à l'occasion d'une rediffusion. Pourtant, c'était *Derrick* avant l'heure au point de vue lenteur. On avait fait des projections du film au Club 13, et Lelouch a dû s'endormir au bout de deux minutes… »

Dans une interview accordée à *Télérama* le 10 janvier 1979, le réalisateur déclare : « Il faut casser la légende d'un Jacques Dutronc désinvolte, je-m'en-foutiste. Dès qu'on crie moteur, on a en face de soi quelqu'un d'extrêmement professionnel, quelqu'un qui a une prodigieuse qualité d'écoute. »

Le réalisateur vient séjourner à Monticello après la sortie du film. Cet été-là, un incendie ravage la colline. Le feu est littéralement aux portes de la maison, dans le jardin. On ne sait pas souvent que, depuis l'incendie qui a ravagé la Balagne en 1974, Jacques est bénévole à la brigade d'intervention locale de sapeurs-pompiers. Ce jour-là, il s'affaire dehors à la catastrophe et retrouve à un moment Jean-François Adam et Jean Luisi allongés sur le carrelage de la cuisine : « Ils ne pouvaient plus respirer. Je leur ai dit qu'il valait mieux sortir dans ces cas-là et essayer d'éteindre. Alors Jean-François a pris une petite casserole, la plus petite de la batterie, et il est sorti bénir le feu avec… » Jean-François Adam est un être fragile, dépressif. Jacques exerce involontairement sur lui une attraction particulière. Le réalisateur va bientôt se donner la mort. D'aucuns diront que Jacques en est la raison, qu'il était amoureux de lui. « Il m'a écrit une très belle lettre d'amour, dit-il avec tristesse. Mais de là à dire que c'est pour moi que… »

D'Adam à Lelouch, il y a un fossé qui ne fait pas peur à Dutronc, lequel passe allègrement de l'austérité la plus froide, chère au premier, aux cavalcades dans le Nouveau Monde imaginées par le second. Une bonne partie de *À nous deux* se déroule au Canada et à New York. Grands espaces enneigés, longues routes désolées et patrouilles gyrophares de police américaine. Jacques aime bien les gros culs, ces trucks à rallonge qui sillonnent les États-Unis, la cabine tapissée de *centerfolds* coquins et vibrant de musique country, pilotés par des chauffeurs épais comme des barils de bière. *À nous deux*, le second film que Claude Lelouch réalise avec Jacques, est un prolongement plus qu'une suite proprement dite de l'histoire racontée dans le premier. Il raconte la cavale d'un truand (Dutronc) associé pour l'occasion à une bourgeoise en perdition (Catherine Deneuve). « Mais ce n'était pas le même état d'esprit que sur *Le Bon et les Méchants*. Déjà, quand il y a Catherine Deneuve, c'est tout de suite plus important. On se connaissait, elle et moi, on est de la même génération. » C'est aussi plus compliqué quand on tourne aux États-Unis. Grands moyens, gros soucis. « Je me souviens qu'il faisait très froid, de l'ordre de - 40°, gants en fer sur le brise-glace. Il y avait un médecin qui vérifiait régulièrement si on n'avait pas le nez gelé. » Mais Lelouch et Deneuve, pour Jacques, c'est forcément un plaisir. « Catherine Deneuve est très séduisante, ce qui ne gêne en rien pour jouer avec elle, au contraire. »

L'accueil du film, qui fait l'ouverture du Festival de Cannes, n'est pas très chaleureux. Plus que le jeu des comédiens, c'est le réalisateur qui est mis en cause. *Télérama*, en date du 6 juin 1979, parle d'un « *Bonnie and Clyde* en toc », d'une bluette romantique : « Lelouch enregistre les rebondissements de l'affaire d'une caméra distraite et ses acteurs – d'habitude excellents – jouent sans trop y croire. [...] Lelouch entame avec ce film une défense et illustration du “macho” plein d’inventions qui attaque les femmes comme les banques. »

Cette année-là, pour Noël, Lelouch réserve à Jacques un cadeau dont il se souvient encore : il le convie avec Françoise à un réveillon chez lui qui se transforme en projection privée au Club 13. Au programme, deux films américains alors inédits en France : *Les Dents de la mer* et *Vol au-dessus d’un nid de coucou.* « J’ai préféré *Les Dents de la mer* évidemment, c’était plus un spectacle de fêtes de fin d’année. »

Puis Jacques change à nouveau de registre en acceptant de jouer un jeune loup de la politique dans *Le Mors aux dents*, de Laurent Heynemann. L’occasion de retrouver Michel Piccoli et Jean Luisi, de rencontrer Michel Galabru et Nicole Garcia. Il y a des films qui l’ont davantage marqué que celui-là. Il ne lui vient à l’esprit que ce souvenir amusant : Jacques fume des Roméo et Juliette à l’époque, des doubles coronas vendus sous tube. Beaucoup de personnes sur le tournage lui réclament les tubes vides pour y mettre des graines, y ranger des vis... Un jour à la cantine, c’est couscous merguez pour tout le monde. Sans vraiment réfléchir, tout en discutant avec des collègues, Jacques fourre une merguez dans le tube du cigare qu’il vient d’allumer. Et sans plus y penser, il le laisse sur la table en quittant la pièce, l’oubliant totalement. Le lendemain, le régisseur général du film lui tombe sur le paletot et lui raconte qu’il est passé à la cantine après lui, qu’il a vu l’étui, l’a secoué et s’est dit : « Tiens, Dutronc a oublié un cigare. Puisqu’il avait promis de m’en offrir un, je garde celui-là. » Le soir même, le régisseur général invite une demoiselle à dîner. Après le dessert, pensant faire une impression décisive sur sa proie, il extrait d’un geste théâtral de sa pochette le tube à cigare en question et l’ouvre... Jacques explose de rire : « Comme quoi, on n’est pas toujours obligé de se fatiguer pour faire rire... »

* * *

Les gens qui ne rient jamais ne sont pas des gens sérieux, disait Alphonse Allais. Comme Jacques rit beaucoup, et souvent, il y a tout lieu de penser que son sérieux prend des proportions excessives et pourrait même voisiner avec l'angoisse. Un paradoxe que Françoise Hardy n'a pas analysé instantanément : « Très angoissée moi-même, j'ai mis longtemps à réaliser que Jacques était angoissé lui aussi. De prime abord, il m'était apparu comme quelqu'un d'insolent, de provocateur, de cynique, et cela me séduisait beaucoup. La première personne à m'avoir parlé de son tempérament angoissé fut un médecin chez qui je l'avais traîné de force. Jacques a un don de voyance qu'il n'a jamais développé et dont il ne fait pas souvent état. Par exemple, il s'est "vu" chanteur, longtemps avant que ça n'arrive, puis acteur et ensuite… plus rien. Il en avait déduit que, lorsqu'il commencerait à faire du cinéma, il ne tarderait pas à débarrasser le plancher. (Rires.) Il a toujours cru qu'il mourrait jeune, sans doute à cause de la culpabilité due aux abus alcooliques ou autres qu'il ne pouvait s'empêcher de commettre. »

Jacques n'est pas présent sur la terrasse de Monticello lorsque Françoise me livre ces confidences pour le moins surprenantes. Peut-être sourirait-il si c'était le cas. La suite me prouvera que non. Il semble conscient de ce don de voyance – si l'on peut appeler ainsi cette faculté – même s'il ne l'étale pas, et je le vérifierai moi-même un jour prochain : je ne fume pas le cigare, Jacques le sait pour m'en avoir proposé dès nos premières rencontres. J'ai toujours décliné. Lors d'un énième repas que nous partageons, j'ai le sentiment qu'il lit dans mes pensées. Nous sommes attablés dans un restaurant, nous avons particulièrement bien mangé, l'atmosphère est détendue. Je me dis intérieurement et pour la première fois depuis que nous nous connaissons que j'en fumerais bien un, là, maintenant, exceptionnellement, histoire de prolonger un agréable moment. Et, comme si je l'avais interpellé – nous sommes sept à table, à l'opposé l'un de l'autre –, Jacques me tend le cigare qu'il vient de sortir de son étui sans même me demander si ça me tente… Et il ne s'étonne aucunement que je l'accepte. Télépathie, transmission de pensée, voyance, ou simple coïncidence ? Françoise : « La première fois qu'il m'a envoyé une carte postale du Maroc, où il se rendait souvent, il avait écrit : "Ma chère future femme…" J'avais pris ça pour de l'humour, mais, avec le recul, je me demande si ce n'était pas une sorte de prescience. » Autre manifestation de ce don notée par Françoise : « Lorsque Jacques tournait *L'État sauvage* en Guyane, j'étais enceinte pour la deuxième fois et quand je l'ai informé que j'avais fait une fausse couche, il a exprimé un soulagement surprenant, parce qu'il s'était toujours "vu" avec *un* petit garçon et pas *deux*, et il redoutait donc le pépin depuis le début. » L'annonce de cette seconde grossesse lui faisait craindre le pire, la fausse couche était dans son esprit un moindre mal. « Il m'a également confié, poursuit Françoise, que chaque fois qu'il avait un projet de film, il savait à coup sûr que le film se ferait s'il réussissait à en visualiser une scène de façon précise. Cela dit, il s'est "vu" chanteur, alors que, quand il accompagnait Eddy Mitchell à la guitare, chanter ne l'attirait pas du tout. Il l'est d'ailleurs devenu par hasard. *Idem* pour le cinéma. Jacques fonctionne à l'instinct et à l'intuition. À propos d'un scénario, il ne dit jamais : "C'est un projet intéressant…", mais plutôt : "Je le sens" ou "Je ne le sens pas !". Par ailleurs, il aime assez jouer les personnages inquiétants en s'attribuant le pouvoir d'éliminer ce qui le dérange par la seule force de sa concentration. (Rires.) C'est une boutade, mais il réussit parfois à donner l'impression que c'est un peu vrai. »

Évidemment, à la première occasion, je questionne Jacques. Alors, don ou pas don ? Il ne nie rien, ne jure de rien, me livre simplement quelques anecdotes qui pourraient corroborer l'idée que… « Un jour, je me disais que ce serait bien que je tourne un film genre *L'Étranger* ou ce genre d'histoire. À midi, le téléphone sonne, c'était Wenders : "J'aimerais vous voir…" » Jacques fait allusion au film *Jusqu'au bout du monde* dans lequel le cinéaste allemand lui a proposé de tourner. Autre souvenir : Jean-Marie Migeot se trouve aux côtés de Jacques à Paris. « Il devait rester et, à la dernière minute, il me raconte qu'il doit aller à Bordeaux. Je lui ai dit : "Méfie-toi, tu vas prendre feu !" Il me répond : "Déconne pas !" parce qu'il se méfiait un peu quand même – il m'appelait le Diable ou Méphisto. Il est donc parti à Bordeaux et sa Porsche a pris feu sur la route… Bien plus tard, je l'appelle un matin, je lui demande si ça va, si son fils va bien, il me répond : "Oui, il est à l'école." Alors je lui dis : "C'est bizarre, je sens un truc quand même…" Une heure après, l'école l'appelle : "Pouvez-vous venir chercher votre fils, il est couvert de boutons !" »

À l'écoute de ces confidences, je ne peux m'empêcher de repenser à ce qui s'est passé lors de la tournée d'El Toro en 1962 avec André

Réwéliotty, lorsque Jacques « prédit » des ennuis à ce dernier, qui mourra d'un accident de la route quelques jours plus tard. Difficile de parler de coïncidences quand les exemples se bousculent… « Mais je me suis concentré plusieurs fois sur des milliards en petites coupures, ça ne marche pas… »

Jean-Pierre Moscardo est grand reporter. Il a fait beaucoup de reportages comme correspondant de guerre en Afrique ou au Vietnam. « Des documents formidables, me dit Jacques. Il n'était pas du genre à rester dans le hall de l'hôtel à attendre les informations. » Les deux hommes se connaissent depuis longtemps et *Le Mouton noir*, première œuvre cinématographique de Moscardo, est tout sauf un film de guerre. Le rôle de Jacques est celui d'un marginal mi-révolté mi-lunaire – il trouve refuge dans un arbre. Sa partenaire est la jeune Hélène Rolles qui deviendra bientôt célèbre grâce à *Hélène et les Garçons*. Le gardien du parc est interprété par Raymond Loyer, le comédien qui double John Wayne en France. « Il était tellement marqué par ça qu'il faisait une carrière en Allemagne, où sa voix n'était pas connue. Quand tu étais à table avec lui, dès que tu baissais les yeux, tu avais l'impression de déjeuner avec John Wayne. »

Puis Jacques passe de cette comédie poétique à un projet autrement plus marquant : *Sauve qui peut (la vie)* de Jean-Luc Godard ; direction la Suisse romande. « Il était venu me chercher à la gare. Comme il n'est pas très causant et moi non plus, j'ai dit dans la voiture en parlant de la campagne : “C'est vert !” Et, d'après lui, j'avais tout compris au film. »

Tourner avec Godard est une expérience que tout comédien digne de ce nom ne peut refuser. Le survivant de la Nouvelle Vague n'a toujours pas rejoint le rivage et son univers atypique ne peut qu'exciter la curiosité d'un Dutronc, dont le rôle est calqué sur le personnage de Godard lui-même, au point que ce dernier lui prête sa veste pour tourner. Ça crée des liens. « Mais il vérifiait s'il ne restait pas une pièce ou deux dans les poches avant. » Le rôle amuse Jacques parce qu'il doit en permanence manifester de la mauvaise humeur. « Et naturellement, pas de scénario, juste une page avec une photo. Godard a un petit carnet, il écrit les dialogues sur place. Ça change des scénars où tu as des tunnels terribles à dire… Certains jours, il ne venait pas sur le tournage, donc on ne tournait pas. Je lui demandais parfois :

– Tu viens demain ?

– Je ne sais pas.

– Tu fais quoi, quand tu ne viens pas ?

– Je vais au cinéma, j'apprends. »

Godard impressionne Jacques et lui a inspiré quelques jolies formules : « Comme chaque fois qu'on rencontre quelqu'un qui a fait des choses qui vous ont plu, ça fait bizarre de rencontrer l'architecte » (*Studio*, 1995) ; « Godard, c'est mieux qu'un psy. Moins cher surtout ! Et pour cause, c'est lui qui paye » (*Le Matin*) ; « J'ai toujours eu de l'admiration pour Godard. J'aime bien les gens qui ont des hauts et des bas » (*Libération*, 19 mars 1984) ; « Godard, ça marque sur une carte de visite. Ça fait bien dans le CV. Mais Godard est plus important que ses films » (*Radio Nova*, 19 mai 2003) ; « Le seul réalisateur avec lequel je me sois laissé totalement aller, c'est Godard. Contrairement à ce qu'on peut croire, Godard n'est pas triste dans la vie. J'aime chez Godard les moments de cassure, tout ce qui n'est pas la continuité, la construction classique de la plupart des films » (*Le Monde*, 8 février 1984).

Les deux comédies qui suivent dans la filmographie de Dutronc, *L'Entourloupe* et *Rends-moi la clé*, toutes deux signées Gérard Pirès, se situent aux antipodes de *Sauve qui peut (la vie)*. Besoin de brouiller les pistes ? Envie de tourner une page ? Non. Les choses se font toujours aussi naturellement. Sans gamberge particulière. « C'était pour rigoler, ça ; c'était complètement autre chose. Pirès est un barjo. Très drôle. J'aime bien les gens pour ce qu'ils sont ou pour ce qu'ils font. Parfois pour les deux. » Jacques fait plus ample connaissance avec Gérard Lanvin sur *L'Entourloupe*. « Je le connaissais déjà puisqu'il travaillait avec Coluche, qui habitait pas loin de chez nous dans le XIVe et qu'on voyait assez souvent. Ça m'a fait plaisir de travailler avec lui. Il débutait totalement, il avait juste fait le Chevalier blanc dans le film de Coluche *Vous n'aurez pas l'Alsace et la Lorraine*. C'était drôle parce que sur le tournage il me demandait constamment : "Je fais quoi là ? Je vais où ? Je fais comment ?"

Marielle était formidable aussi. » Là encore, il y a regret de ne pas avoir approfondi une relation avec un autre grand comédien.

L'équipe du film séjourne à Niort. Hasard des tournées : Coluche s'y produit pendant le tournage. Il invite Jacques à monter sur la scène du théâtre municipal et les deux compères du XIVe arrondissement se fendent d'un duo sur *Les Play-boys*.

L'Entourloupe est adapté du roman *Nos intentions sont pacifiques*, un polar de Francis Ryck dialogué par Michel Audiard. Le film obtiendra le prix du Public au Festival de Chamrousse. Dans *Rends-moi la clé*, tourné dans la foulée, Dutronc partage l'affiche avec Jane Birkin et Guy Marchand. La comédie, nettement moins réussie, est surtout prétexte à des balades en hélico.

« Au moins, commente Jacques, ils n'ont pas de points communs, tous ces réalisateurs. Quel intérêt à refaire toujours la même chose, le même film éternellement ? »

Jacques persiste et signe dans ses choix en enchaînant avec le tournage de *Malevil*, un film de Christian de Chalonge, d'après le roman de Robert Merle. Il y est question d'un après-catastrophe nucléaire. Dans un petit village, une poignée de rescapés organise sa survie, mais la nature humaine reprend vite le pas sur la solidarité. « J'ai revu ce film l'autre jour à la télé. Je ne me suis endormi qu'une seule fois, c'est assez bon signe. Il travaillait bien, Christian de Chalonge. Il m'a écrit une lettre très étrange bien après : “Est-ce que vous vous rappelez de moi ? Vous avez tourné dans un de mes films…” C'est curieux… Comment peut-on l'oublier ?… J'ai de grands souvenirs de ce tournage. J'étais parti de Corse avec mon van un 15 août, je suis donc arrivé le 16 sur place. J'ai dit à toute l'équipe : “Réservez un restaurant par ici pour le réveillon !” Personne ne m'a pris au sérieux, évidemment. Les mois ont passé, en février, on y était toujours. » Don de voyance, là encore ? Quoi qu'il en soit, Jacques semble si sûr de son fait qu'il porte des chemises très amples au début du tournage pour pouvoir glisser quelques épaisseurs de Damart dessous quand les températures chuteront. « C'est pour ça que j'ai l'air gros au début. »

« Il y avait du monde là encore, poursuit Jacques : Robert Dhéry – chapeau bas aux Branquignols –, Jacques Villeret, Jean-Louis

Trintignant et ce grand monsieur qu'est Michel Serrault. Quand on voit ce qu'il est devenu pour le cinéma français, on se dit qu'il y a une justice ! Il y avait aussi, dans le rôle du vétérinaire, un certain Hanns Zischler, que j'ai revu dans des épisodes de *Derrick*. Si j'avais su… »

Le tournage a lieu dans le Causse aveyronnais. De temps à autre, Claude Nadjar, le producteur, demande un cigare à Dutronc avant de s'adresser à l'équipe : « Alors ! On tourne ou pas ? » Jacques sourit : « Ça fait toujours mieux avec un gros machin dans la bouche. » Mais il arrive que le producteur disparaisse, en Suisse ou en Espagne, pour en ramener des sous. « Le décor avait coûté très cher. D'ailleurs, le château qu'ils avaient reconstruit était magnifique. »

Bon rôle, bon souvenir, bon film…

* * *

« La scatologie, c'est important dans votre vie ?

– C'est une tradition familiale. Quand j'étais petit, mon père avait une habitude. Il balançait un pet gigantesque et disait à la dame qui était assise à côté de lui : "Ne vous inquiétez pas, je dirai que c'est moi." C'est un héritage qui se transmet de pet en fils. »

C'est bien sûr Jacques, qui apporte un jour cette réponse à une question de Fabrice Pliskin du *Nouvel Obs*.

À l'aube des années 1980, on croit Dutronc perdu pour le rock'n roll. On le croit mort au champ d'honneur de la chanson, abattu d'un coup de caméra en plein dos. Huit années sans scène, cinq depuis le dernier album (il y a bien eu ce duo enregistré en 1978 avec Françoise pour son LP *Musique saoule*, intitulé *Brouillard dans la rue Corvisart* et signé Jonasz-Yared, et qualifié de « sinistre » par Jacques lui-même), et il paraît si à l'aise dans le cinoche. Déjà dix-huit films au compteur (contre seulement sept 33 tours depuis ses débuts) ! Quand on lui tend un micro, il n'affiche aucune nostalgie par rapport à son passé de chanteur, n'exprime aucun désir de créer de nouvelles chansons. Bien sûr, on est content qu'il ait fait son trou dans le cinéma français. On est moins content que le clap ait balayé le clip.

Curieusement, c'est une fois qu'il a pris ses distances avec la chanson qu'il devient une sorte de mythe dans l'esprit de la nouvelle génération. Le punk rock, avec son énergie brute, son urgence, son refus des compromis et de l'embourgeoisement cher aux rock stars des seventies, est passé par là, ravivant des souvenirs. (Johnny Depp dira vingt ans plus tard dans *Libé*: «Pour moi, Lanzmann et Dutronc, ce sont peut-être les premiers punks.») Dutronc apparaît alors aux yeux de tous comme un précurseur d'un rock à la française, sans prétention mais d'une efficacité redoutable, autant par la pertinence de son répertoire que par cette approche parfaitement unique du métier. De jeunes groupes français commencent à reprendre ses tubes des débuts. En mai 1979, le magazine *Rock & Folk* lui consacre un long entretien et le présente ainsi : «Il s'est trouvé dans les sixties un chanteur qui s'est tellement identifié à cette époque (de Gaulle, Pompidou, les minijupes et *tutti quanti*) qu'on ne peut plus parler d'elle sans parler de lui. Oui, Jacques Dutronc est devenu une sorte de label, et ses chansons prennent le relief d'une bande dessinée garantie d'époque : *J'aime les filles*, *Mini mini mini*, *Et moi, et moi, et moi*, *Les Cactus*, *Fais pas ci, fais pas ça*, on ne va pas toutes les énumérer… » Peut-être cette consécration (mais serait-elle réellement advenue sans un détour par le 7e art ?) a-t-elle joué dans sa décision de retrouver le chemin des studios d'enregistrement.

Autre élément, sans doute plus décisif: Jacques est désormais libre de toute obligation contractuelle vis-à-vis de Vogue. Fin des seventies, Jacques Wolfsohn quitte lui aussi la maison de disques qui les a réunis. On connaît leur attachement réciproque. On sait la propension de Jacques à travailler en terrain connu (paradoxe du comédien). Lorsque Wolfsohn lui annonce qu'il fonde un département variétés chez Gaumont Musique (label jusque-là dédié à la musique classique) et lui propose d'en être, Jacques n'hésite pas longtemps. Collaborateurs pressentis pour ce disque du retour : Jacques Lanzmann et Serge Gainsbourg pour l'écriture des textes, Dutronc lui-même pour les musiques – bien sûr –, Jean-Pierre Sabar aux arrangements (il figurait déjà à ce poste au générique de l'album daté de 1975), François Rauber pour les orchestrations de cordes et un rescapé de l'équipe Vogue à la programmation des synthés : Georges Rodi.

Jacques doit faire d'incessants allers-retours entre Paris et l'Aveyron où le tournage de *Malevil* s'éternise. Mais chacun se met au travail et Wolfsohn convoque les uns et les autres en studio. C'est lors d'une de ces séances que se produit le clash entre Lanzmann et Wolfsohn – et par voie de conséquence Dutronc. Françoise assiste à la rixe : « Un jour qu'ils étaient venus en même temps au studio, Jacques Lanzmann et Serge Gainsbourg ont découvert avec effarement que Jacques Wolfsohn avait eu l'outrecuidance de les faire travailler sur la même mélodie. J'étais là par hasard quand c'est arrivé. Jacques et moi avons donc été témoins de leur indignation. Serge n'était pas trop agressif quand il était à jeun, il était même un peu couard, mais Lanzmann s'est énervé. Pour ne pas dire ou faire des choses irréparables, il s'est plaqué le dos contre un mur et s'est mis à pratiquer des exercices respiratoires destinés à le calmer. C'était surréaliste. Je revois encore les baskets quasi phosphorescentes, de couleur violette avec des lacets jaunes qu'il portait ce jour-là. »

Comme il n'a pas apprécié d'avoir été convoqué pour assister à l'enregistrement d'une chanson de Fred en 1970, Lanzmann refuse d'être mis en compétition avec Gainsbourg en 1980. Ras-le-bol des méthodes de Wolfsohn ! Il se penche sur cette soirée dans son livre autobiographique :

« Je pris Serge à part et lui dis :

– Écoute, tu fais ce que tu veux mais moi j'en ai marre des humiliations, je décroche !

– T'es cinglé, coco ! Faut pas t'emballer comme ça. Pense au blé que ça va te rapporter !

– Merde, mais je ne vais tout de même pas leur lécher les bottes ? C'est de la tyrannie, du sadisme !

– Tiens, tu veux que je te montre [1] ! »

D'après Lanzmann, Gainsbourg se serait mis à quatre pattes et aurait fait mine de lécher les souliers de Wolfsohn, qui se serait mis à rire. Françoise aurait rempli le verre de Jacques, hilare lui aussi, et Lanzmann aurait claqué la porte. Définitivement.

1. In *Le Voleur de hasards*, *op. cit.*

Dutronc reconnaît aujourd'hui avoir été placé dans une situation plutôt délicate, voire embarrassante. Wolfsohn rit encore d'avoir énervé Lanzmann à ce point, tout en l'accusant d'avoir traîné les uns et les autres dans la boue avec son livre.

Pour Lanzmann, la coupe est pleine, la messe est dite, mais le calice est brisé. Il faudra attendre vingt-trois ans avant de lire à nouveau la griffe Dutronc-Lanzmann au dos d'une pochette de disque. L'écrivain s'exprimera alors dans les colonnes du *Nouvel Obs*, le 15 mai 2003 : « Nous ne nous sommes jamais fâchés. C'était pire. Il n'y avait plus rien. J'en ai souffert. Je ne saurais dire pourquoi cette si longue absence. Pourquoi toutes ces années de silence. Pour moi, et je le dis sincèrement, ça a été comme un deuil. Mais je ne savais pas lequel de nous deux était mort… »

Au bout du compte, deux textes de Lanzmann sont conservés, Gainsbourg signe tous les autres. L'album *Guerre et pets*, plus une résurrection qu'un retour, paraît en novembre 1980, il est attendu avec beaucoup de curiosité. *L'Hymne à l'amour (moi l'nœud)*, *Le Temps de l'amour* (une version new wave synthétique de *Fort Chabrol*), *J'ai déjà donné*, *La Vie dans ton rétroviseur* sont les titres phares. Plus que jamais, le rire sert de parade et la provocation de façade. Dutronc est devenu crooner railleur, rocker rouleur, receleur de chagrins d'humour. Conférence de presse est donnée au Crazy Horse, avec interprétation de *L'Hymne à l'amour (moi l'nœud)* encadrée par les danseuses maison. L'album est célébré par un *Grand Échiquier* de Jacques Chancel le 26 février 1981 où carte blanche est laissée à Dutronc qui s'en donne à cœur joie : fanfare militaire africaine, gags en série avec ses potes (Luisi, Serrault…), le coup du faux roman de Dutronc lu par Bernard Pivot [1], duo avec Françoise sur *Le Temps de l'amour*, Clark Terry et son big band… « J'ai fait un *Grand Échiquier* formidable, qui a coûté le prix de deux. Jacques Chancel était très angoissé, j'avais demandé un tas de choses… Ça s'est terminé dans une boîte de nuit, je chantais *J'aime les filles*

1. Bernard Pivot lut en direct quelques feuillets, présentés comme le début du premier roman de Dutronc. Plusieurs éditeurs s'enflammèrent aussitôt et Jacques découvrit en rentrant chez lui, tard cette nuit-là, des propositions de contrat glissées sous la porte. Il reçut même des chèques…

et il dansait sur les tables… » Françoise a le temps de bien observer Jacques ce soir-là. On imagine la tension qui s'est accumulée durant toute cette journée de répétitions, de photos, d'interviews. *Le Grand Échiquier*, c'est trois heures et parfois plus de direct, sans coupure. Au moment du top départ de l'émission, vers 20 h 45, elle s'imagine à la place de Jacques qui lui paraît étrangement serein, décontracté. Elle s'étonne de son absence de trac quand elle serait au bord de la crise cardiaque. Elle lui demande après coup ce qu'il a ressenti au moment précis du début de l'émission. Jacques répond qu'il s'est senti soulagé que ça démarre car il allait enfin être débarrassé de tout ce cirque. « Jacques a toujours eu moins peur des feux de la rampe que des feux de forêt », souligne-t-elle.

Le contrat avec Gaumont Musique fait obligation à Jacques de livrer trois albums à sa nouvelle maison de disques. Le deuxième, *C'est pas du bronze*, paraît dans la foulée, dès octobre 1982 ! Cette inhabituelle précipitation serait-elle due au semi-échec commercial de *Guerre et pets* ? Mystère. Les textes (à l'exception de trois titres écrits par Jacques lui-même) sont cette fois signés d'Anne Segalen (l'ex-compagne de Lanzmann), ce qui ne sera pas sans conséquence : « La rupture entre Jacques Dutronc et Jacques Wolfsohn s'est produite lorsque Anne Segalen a écrit des textes sur des idées de Jacques et est allée les déposer à son seul nom, alors qu'il avait été convenu que Jacques les cosignerait », explique Françoise. « Elle a même signé des textes, ajoute Jacques, que j'avais entièrement écrits. » Car, en 1982, Wolfsohn est toujours (*via* les éditions Alpha) l'éditeur de Jacques et c'est donc à lui qu'auteurs et compositeurs remettent textes et partitions pour le dépôt à la Sacem. Entre les deux Jacques, le torchon brûle. Dutronc en a assez de se faire gruger. Plus chêne que roseau, il encaisse (même si en l'occurrence ce serait plutôt le contraire) jusqu'au jour où il casse. Où plus exactement *se* casse. Françoise, à coup sûr meilleure gestionnaire de ses intérêts, a monté sa propre maison d'édition (Kundalini) depuis déjà une dizaine d'années. Tout ce que créera Jacques à compter du prochain disque sera édité par Kundalini. Famille, famille !

Aujourd'hui, Jacques ne semble pas en vouloir plus que ça au patron des éditions Alpha. La page est tournée. Wolfsohn reste, quoi qu'il arrive, en plus d'un ami, l'éditeur de ses vingt premières années de chansons. Lorsqu'il a quitté Vogue en 1979, il a racheté les parts que détenaient ses associés dans les éditions Alpha. Aujourd'hui, à soixante-seize ans, il surveille ça d'encore très près même s'il fait gérer le catalogue par l'éditeur Paul Beuscher. Gare à qui utilise trois notes des *Play-boys* ou de *J'aime les filles*. Rien n'échappe à sa vigilance. « C'est le roi du procès ! » déclare Jacques.

En guise de conclusion à l'ère Wolfsohn, je demande à ce dernier son résumé en quelques mots de ses vingt ans de collaboration avec Dutronc :

« Jacques et moi avons eu beaucoup de chance !

– Il y a le talent aussi...

– Lui le talent, moi la chance.

– C'est une combinaison, il a quand même trouvé le directeur artistique qui lui correspondait...

– Il ne cherchait pas surtout... Il était dessinateur publicitaire au début. Rien ne le destinait à... pas plus que Mastroianni, qui était comptable... » Toujours ce petit sourire qui en dit si long. Je quitte Jacques Wolfsohn au carrefour de Saint-Germain-des-Prés où il saute dans un autobus. Étonnant petit monsieur. « Envoyez-moi des e-mails, j'adore recevoir des e-mails », me lance-t-il.

Revenons au deuxième album Gaumont de Jacques. Ne le cachons pas, *C'est pas du bronze*, réalisé sous la direction musicale de Robbi Finkel, fait un flop, malgré quelques titres comme *Tous les goûts sont dans ma nature*, *Berceuse*, *Savez-vous planquer vos sous* (chanson inspirée par l'actualité : mai 1981 est juste derrière nous et l'élection à la présidence de la République de François Mitterrand provoque un vent de panique chez certains nantis, on parle de « fuite des capitaux »). Les critiques dénoncent un manque d'inspiration, le côté bâclé de la production. La spontanéité que l'on notait sur ses premiers disques semble être devenue un handicap maintenant que les techniques ont évolué. Berroyer, dans *Musique rock*, porte un jugement en demi-teinte sur cet album : « Dutronc a refait un disque. Un disque de Jacques Dutronc, ça ne peut jamais être vraiment mauvais. Dès qu'on le dit, ça veut dire : "Ça ne peut pas être vraiment bon non plus." Disons qu'il est sympathique mais pas surprenant. Pourtant, j'ai un faible pour Dutronc. C'est un des rares types à qui on pardonne tout, tellement il a toujours l'air de dire qu'au fond, tout ça, c'est pas bien important. Dutronc a un côté surdoué paresseux. Sans trop forcer, il arrive à faire des petites choses qui ont du charme quand d'autres, en ramant beaucoup, nous ennuient.»

Une émission spéciale, *La Nuit d'un rêveur*, lui est consacrée sur Antenne 2 au mois de novembre 1982. Il en est le maître d'œuvre, le scénariste, et bien sûr cela ne ressemble à rien d'autre qu'à du Dutronc en liberté – Léon Zitrone dans un placard, Villeret en gardien de nuit... Ça ne suffit pas à mettre le disque sur orbite. Un article de *France-Soir* daté du 13 novembre annonce un retour imminent sur scène (pour janvier 1983). Il est question du théâtre du Tabarin ou de la Villa d'Este. Bref, un endroit intime d'une centaine de places avec des verres sur les tables. C'est la première d'un nombre incalculable de rumeurs sur un éventuel come-back scénique – il faudra patienter encore dix ans avant que la rumeur devienne réalité.

On a le sentiment que Jacques est blessé. La rupture d'avec Wolfsohn, l'insuccès de ces deux albums... On dirait qu'il cherche à se débarrasser au plus vite de ce contrat Gaumont qui n'a d'ailleurs plus beaucoup de raison d'être, maintenant que le tandem Dutronc-Wolfsohn a vécu. Jacques propose alors à sa maison de disques le marché suivant: en lieu et place d'un troisième album sans succès, je vous propose un 45 tours qui cartonne... Banco? Banco! Tout le monde s'y retrouve: moins de boulot pour l'un, un investissement revu à la baisse pour les autres.

Ce 45 tours dont Jacques prédit le succès, c'est bien sûr *Merde in France (Cacapoum)*, qui paraît en avril 1984. Un coup de pied au cul du show-biz! Une revanche sur ses paroliers successifs! Une belle rentrée d'argent! Un prétexte à rigoler! Mais aussi une manière de (se) prouver que, quand il s'engage dans un projet qui lui tient à cœur et qu'on le soutient, tout redevient possible. Françoise: «Jacques est quelqu'un de doué, qui n'attache pas d'importance spéciale à son image, ni à la plupart de ses chansons et qui fait montre d'une certaine désinvolture par rapport à ça. Je me souviens du jour où il est parti en studio vers midi en me disant qu'il n'avait strictement rien préparé. Dix heures plus tard, il revenait avec le génial *Merde in France*. Il est capable d'improviser sous la pression de l'urgence. Mais quand il s'agit de cinéma, il est d'une conscience professionnelle à toute épreuve. Sans doute par respect du cinéma, du réalisateur et par solidarité vis-à-vis de l'équipe et de ses partenaires. Pour ses premières chansons, la motivation de base était de déconner avec ses copains. Il ne s'est jamais pris au sérieux. Mais quand il s'est agi récemment d'interpréter *Puisque vous partez en voyage*, l'une des plus belles chansons de cette grande artiste qu'il estimait beaucoup qu'était Mireille, là il s'est donné beaucoup de mal. De même, quand il est remonté sur scène, fin 1992, il s'est imposé un régime alimentaire et physique draconien, par respect pour le public. Et puis, il a beau montrer peu d'entrain à entrer en studio et ne pas toujours faire les efforts requis, il reste très concerné par la qualité du résultat final et très sensible au fait que ses albums se vendent ou non. » La pochette de *Merde in France* se présente comme un miroir ; le titre de la chanson apparaît sous la forme d'une légende scellée au bas du cadre. Chacun peut s'y mirer et se reconnaître. Bonus : Gainsbarre est crédité de barman au verso.

Grâce à une programmation intensive sur 95,2, la radio FM en vogue de l'époque, Michel Denisot aide au succès du disque. Ça faisait longtemps que Jacques n'avait pas visité les sommets des hit-parades, qu'il n'avait pas enflammé les rock critiques. Un nouveau public découvre un chanteur de quarante et un ans et va se précipiter sur ses pépites des sixties. La légende Dutronc se renforce. À propos de ce single, Bayon décrète dans *Libération* (19 mars 1984) : « Prodige d'orthodoxie rock mitigée de provocation esthétique et de résignation ricanante. [...] Deux chansons contenant absolument tout ce que le rock français a pu produire de meilleur – de la conviction, de la fumisterie totale, du pidgin de bazar importé, et du métier (dans la joie !)... » Alain Gardinier écrit dans le numéro de juin-juillet 1984 du mensuel *Chanson* : « *Merde in France* est un disque lamentable, humour de cancre de lycée, chanté en "yaourt" sur une musique "débouche-lavabo". *Merde in France* est un chef-d'œuvre odorant, le résumé de vingt ans de rock'n roll et de chanson française pour moins de 20 francs, votre tronche en prime. Qu'importe la bonne version : Dutronc arrive toujours à l'heure quand on a besoin de lui. » Le mois suivant, *Rock & Folk*, sous la plume de François Gorin, dans un article-dossier visant à sacraliser les microsillons de Dutronc période sixties, dresse à l'inverse un bilan terrible de son triptyque scato chez Gaumont : « *Guerre et pets.* Du rock, empâté, sentant le requin, frisant le bâclé bien pro (un comble) ; du Gainsbourg de troisième bourre, Dutronc pochetron. On mord quand même, parce que, comprenez, ça fait si longtemps, et on en sauve deux-trois sur le tas. Au suivant, *C'est pas du bronze*, on ne rigole plus. Juste remarque-t-on, en panne de Gainsbourg, le retour d'Anne Segalen. Le disque est bon pour l'oubli instantané. Ça se lézarde, ça vacille. On continue d'y croire, ou on fait semblant. *Merde in France.* Pochade montée en épingle pour le symbole, le vide que cela représente. C'est "massacre à la dutronçonneuse", non sous-titré. Dutronc dit "merde". À tout le monde, y compris sa légende. Comme si on avait besoin d'un Gainsbourg de rechange... » Enfin, son de cloche rétrospectif de Philippe Manœuvre sur le Dutronc Gaumont, paru le 22 août 1987, dans *Libération* : « *Guerre et pets* et *C'est pas du bronze.* Il les fit en homme des années 1960. C'est-à-dire que ces deux disques, bourrés par ailleurs de chansons géniales, hilarantes, renversantes et méconnues, sonnent dans le meilleur des cas comme des démos des albums qui auraient dû sortir en leurs lieux et places ! Alors que Gainsbarre, comprenant tout, court-circuitait les fourberies des éventuels requins à grand renfort d'imports de talents jamaïcains, jah Dutronc agonisait dans des studios hexagonaux, cerné par des musicos locaux, perdant son temps, sabotant convivialement ce qui aurait dû être son *Grand retour* fulgurant... *Merde in France (Cacapoum).* Pour la première fois de sa nouvelle carrière, Dutronc y est "accompagné". En l'occurrence par l'ex-Bijou Vincent Palmer... »

Les critiques ne déterminent pas toujours la destinée d'un disque. Heureusement. Si *C'est pas du bronze* fut un échec plus cuisant encore que *Guerre et pets*, *Merde in France* est le triomphe vengeur dont le poètomane avait besoin.

* * *

Pendant ce temps, le couple Hardy-Dutronc a changé de statut : le 30 mars 1981, Jacques a épousé Françoise à Monticello. Un mariage dans la plus grande discrétion, qui n'a réuni que quelques proches.

François Paoli, le boucher de l'Île-Rousse, ami de Jacques depuis le début des années 1970, est l'un de ses deux témoins. Nous l'avons déjà croisé furtivement dans ce livre, il était temps de lui donner la parole : « J'ai rencontré Jacques à la boucherie il y a plus de trente ans. La porte était ouverte, il est monté sur le trottoir et il est entré dans la boucherie avec sa voiture. Françoise était déjà descendue au magasin, donc je savais que Jacques venait dans cette maison là-haut à Monticello. Ensuite, Jacques nous a invités avec ma femme à dîner chez eux. Thomas n'était pas encore né. Et c'est parti comme ça… Pour le mariage, il n'y a pas eu une seule fuite. Le maire avait publié les bans, mais derrière la porte, personne ne l'a remarqué. Jacques m'avait téléphoné pour me dire qu'il avait décidé de se marier. Il voulait savoir comment préparer tout ça et on a fait ce qu'on a pu. Il y avait juste une quinzaine d'intimes : Jacques Wolfsohn, Daniel Manthe (le second témoin, plombier et secrétaire de Jacques de l'époque), Yvette Étiévant (son agent cinéma), Jean Luisi, Yacinthe Mattei, le maire de Monticello, et son frère berger Fanfan, et puis quelques autres. » Françoise accepte d'évoquer cette évolution dans leur relation : « Ni lui ni moi ne sommes de farouches partisans du mariage. Mais j'ai dû me faire opérer pour une boule suspecte qui en fin de compte s'est avérée bénigne. Obligée d'envisager que les choses puissent mal tourner, j'avais consulté un avocat qui m'avait démontré qu'il était préférable à tout point de vue qu'on se marie. J'en ai donc parlé à Jacques, que cette opération inquiétait aussi. Il a trouvé très bien de se projeter dans quelque chose de plus gai que la clinique et ça s'est organisé rapidement. On s'est mariés ici, à Monticello. La façon dont le mariage s'est fait est un condensé cocasse de notre relation ! Non seulement, nous n'avons voyagé ensemble ni pour l'aller ni pour le retour, or je détestais l'idée de prendre l'avion sans lui, mais nous avons failli nous fâcher juste avant d'aller à la mairie, car Jacques refusait d'y convier tous les amis qui étaient venus spécialement de Paris, alors que pour moi la question ne se posait même pas – j'ai d'ailleurs eu gain de cause. Surtout, il a passé toute la soirée avec ses amis et moi avec les miens, en particulier avec mes témoins, Jean-Pierre Nicola et Gabriel Yared, et leurs compagnes respectives. Comme j'étais fatiguée par ma toute récente opération, je suis montée me coucher vers une heure du matin, mais il ne m'a rejointe qu'à 3 heures passées, avec juste la force de me demander si j'étais contente, ce que j'ai trouvé succinct comme nuit de noces, mais très mignon. Quand je suis rentrée à Paris, j'étais si mécontente qu'il ne rentre pas avec moi que je lui ai juré qu'on ne m'y reprendrait plus et que c'était bien la dernière fois que je me mariais. (Rires.) Ma mère, qui réprouvait ce mariage, avait dû monter Thomas contre ça, car il s'était braqué au point de refuser de venir avec nous. Pour la petite histoire, nous nous sommes mariés la veille d'un 1er avril alors qu'on avait fait la couverture de *Paris Match* deux semaines plus tôt pour illustrer un reportage sur la vogue des couples non mariés… » Françoise a le rire facile et communicatif. Elle rit parfois de manière si vive lorsqu'elle évoque des choses qui l'amusent, qu'on se demande si elle va parvenir à terminer sa phrase tant l'éclat semble l'emporter.

Le jour du mariage, que Jacques a d'ailleurs coutume de resituer un 1er avril comme si cet épisode n'avait été qu'un poisson, les alliances brillent par leur absence – autant conserver une attitude originale jusqu'au bout. Il faudra que Françoise attende… un certain temps : « Je déteste la plupart des bijoux sauf celui-là, me dit-elle, et j'avais été déçue que Jacques ne se soit pas procuré d'alliances pour le mariage. Six ans plus tard, après avoir picolé ensemble, Jacques et Serge sont allés chez Cartier et en sont revenus avec des alliances en platine. » Elle sourit en tripotant la chaîne qui orne son cou et à laquelle pend ledit anneau.

Cette officialisation ne modifie pas grand-chose dans le couple. Jacques reste davantage le copain de son fils que le mari de sa femme. N'étant pas du soir, sa vie sociale se fait de jour. Lorsqu'il est à Paris, il déjeune dehors et rentre en fin de journée retrouver Françoise et Thomas. « Pendant des années, raconte Françoise, Thomas dînait tous les soirs avec son père dans la chambre de celui-ci, devant la télévision. Ils appréciaient les mêmes vieux films français avec Francis Blanche, Louis de Funès, Noël Roquevert, Robert Dhéry… et je leur montais leur repas. Jacques prétend parfois ne pas aimer les enfants, mais j'ai visionné il y a quelque temps des documents de Thomas petit, filmé ici en Corse, et j'ai réécouté des cassettes audio où Jacques se montre très attentionné vis-à-vis de lui, très patient, lui parlant avec beaucoup de douceur et de tendresse. Par contre, il arrivait qu'il lui donne subitement un billet de 500 francs, ce qui à cette époque-là était énorme pour un enfant, réduisant en une seconde à néant les efforts que nous faisions ma mère et moi pour faire comprendre à Thomas la valeur de l'argent. Je me souviens aussi quand Jacques a privé Thomas de l'excitation si précieuse de l'attente, en arrivant les bras chargés de jouets plusieurs jours avant Noël. J'étais hors de moi.

» Mon amie Mireille prenait très à cœur mon histoire avec Jacques et m'invitait régulièrement à déjeuner pour que, selon ses termes, je lui dise “tout”. (Elle rit.) Elle le défendait d'ailleurs toujours. Un jour, elle m'a prise à partie : “Ce n'est pas possible, la vie que vous avez là. Débrouillez-vous pour confier Thomas un soir par semaine à ses grands-parents, il est impératif que vous ayez au moins une soirée par semaine avec Jacques.” J'étais enchantée de son injonction, mais pas Jacques pour qui ce tête-à-tête forcé représentait une épreuve, voire une corvée. J'ai mis très longtemps à réaliser que son comportement fuyant venait d'un grand manque de confiance en lui-même et qu'il se sentait plus costaud en restant à l'écart des situations susceptibles de raviver son inconfort. C'était d'ailleurs une bonne méthode en ce que l'insaisissabilité prolonge l'idéalisation qui dure ainsi beaucoup plus longtemps.

– Était-ce réfléchi de sa part ? demandé-je.

– Il y a quelque chose d'un peu pervers chez lui. En comparaison, j'étais l'innocence incarnée. L'attraction entre l'innocence et la perversité peut être aussi forte dans les deux sens. Au début de ma relation avec Jacques, Jean-Marie, qui n'ignorait pas que je passais mon temps à l'attendre la mort dans le cœur et qui constatait que Jacques “déconnait” pas mal à l'extérieur, a fini par lui poser la question : “Et Françoise dans tout ça ?” Ce à quoi il aurait répondu : “Elle, c'est différent, je l'aime”… Jean-Marie m'a confié une vingtaine d'années plus tard que Jacques lui aurait expliqué qu'il préférait commencer de la façon dont les gens finissent habituellement : avoir des aventures au début pour mieux être fidèle à la fin. Malheureusement, il ne m'avait pas mise dans la confidence, ce qui était la condition *sine qua non* pour que son “plan” fonctionne, et j'ai suivi le processus inverse. Quoi qu'il en soit, toute relation amoureuse est condamnée dans le temps. L'absence, l'infidélité de l'autre attisent beaucoup le désir, mais en même temps elles finissent par le consumer. Il y a eu des moments où j'avais tellement l'impression de passer à côté de lui, de moi, de ma jeunesse, de la vie, que je le menaçais stupidement, dans le style : "Un jour, tout ça ne me fera plus ni chaud ni froid." Et c'est bien ce qui finit par arriver, qu'on le veuille ou non... À force de vivre seule, on découvre aussi que la solitude est la condition de la liberté et on ne peut plus s'en passer. » Deux décennies après leur mariage, Françoise ajoute lors d'une interview croisée parue dans *Paris Match* le 2 mars 2000 : « Jacques est assez instinctif sur le plan psychologique. Il a aussi un côté misogyne, tendance sadomaso. J'essaie de lutter contre mais en même temps je sais que c'est sa façon de se défouler... Jacques est quelqu'un qui garde pour lui les choses importantes, celles qui font mal, tracassent. Il ne se plaint que de bêtises. »

Thomas a aujourd'hui trente ans. Lui aussi est très attaché à la Corse et il y fait de fréquents séjours. Nous nous rencontrons dans la maison de ses parents au cours de l'été 2003. Quand il ne joue pas de la guitare dans sa chambre ou sous le chêne, il prend le soleil sur un transat, des écouteurs vissés dans les oreilles. C'est en short, près du potager, sous une douche de lumière de fin de matinée de septembre, qu'il me livre impressions et souvenirs sur son enfance et le regard qu'il porte sur son singulier père : « J'ai l'impression qu'on a dû beaucoup martyriser ma mère. L'un comme l'autre. Avec papa, on se voyait très souvent. On ne se parlait pas, mais on vivait côte à côte avec plein de tendresse, d'affection. On regardait beaucoup la télé ensemble. On partageait pas mal de choses, comme imiter les gens, on reprenait leurs expressions. On sifflait beaucoup aussi, j'ai des souvenirs très sympas de ça : je sifflais et il me répondait. Mais on sortait peu ensemble, jamais de cinoche tous les deux par exemple. Il ne faisait pas vraiment d'efforts à ce niveau-là. Ce n'est pas une critique, ça ne sert à rien de se dévouer corps et âme, on peut vivre bien avec ses enfants sans aller vers une totale dévotion. Il s'est contenté de vivre sa vie et moi avec, il était là, on était ensemble, et ça se passait bien. Je le prenais comme il était. J'avais ma grand-mère maternelle qui s'est beaucoup occupée de moi, elle me faisait bosser pour l'école. Elle était sans doute un peu pénible pour papa, mais vis-à-vis de moi elle était adorable. »

Thomas a suivi une scolarité sans problème. Après des débuts à l'école publique, il a poursuivi dans le privé. Très bon élève. Françoise : « Thomas était tellement brillant en classe que son père m'exprimait régulièrement ses craintes que ça ne dure pas. C'est typique de son manque de confiance négatif, voire destructeur, dans les gens et dans la vie. »

Thomas a grandi sans être perturbé par la célébrité de ses parents. Au contraire : « Je crois que tout le monde m'aimait grâce à mes parents. Les gens avaient plus ou moins de l'affection pour papa, maman, le couple, et c'est vrai que j'en ai pas mal bénéficié. » Il fréquentera le lycée Sévigné jusqu'au bac, puis fera un DEUG d'arts plastiques, option cinéma. « C'est là que j'ai découvert Brassens, Django… Brassens m'a vraiment apporté une espèce de lumière. Ce qu'il a fait est monstrueux, ça ne ressemble à rien, c'est un monde très vaste dans lequel on peut s'attarder un bon moment… J'étais un peu déprimé, j'avais besoin d'un mec chaleureux, avec un grand cœur. Depuis, je n'ai pas décollé de ça. Les artistes qui engueulent tout le monde, comme Brel ou Ferré, ça ne m'intéresse pas. Il y a de très belles choses chez Brel, mais ça ne me viendrait pas à l'esprit de mettre un de ses disques. Je trouve ça déprimant.

– Comment en es-tu arrivé à jouer de la guitare ?

– J'ai toujours vu plein d'étuis à la maison, il y avait un côté caverne d'Ali Baba. C'était très attractif mais, bizarrement, je n'y ai jamais touché. J'ai vaguement essayé le piano à l'âge de douze ans, pendant deux mois. Papa ne m'a jamais rien dit à ce sujet, mais maman me répétait que, dans la vie, il fallait que je trouve quelque chose qui me passionne. Je crois que c'est pour ça que, dans mes années de fac, j'ai fait cette recherche : dessin, photo… Et un jour, j'ai entendu Thelonious Monk interpréter *Smoke Gets in your Eyes*. Ça m'a scié. C'était spatial, il y avait tellement de richesse harmonique… Papa m'a dit une fois qu'il avait arrêté la guitare parce qu'il fallait bouffer et qu'il pensait qu'il ne gagnerait pas sa vie avec ça. Moi, je ne me suis pas trop posé cette question… J'ai commencé la guitare en écoutant Hendrix, Stevie Ray Vaughan, du rock, et puis j'ai découvert le jazz, Django. Et je suis encore en train de me pencher dessus…

» La musique a toujours été présente dans la famille Dutronc, poursuit Thomas. C'étaient des gens qui ne parlaient pas beaucoup. Il y a peu de bavards chez les musiciens – enfin, quand on a bu un coup, c'est autre chose… Mais c'est dur d'être vraiment musicien… (Soupir.) Ça fait dix ans que je travaille ça, c'est vraiment une profession de foi. »

Et quel regard l'enfant porte-t-il sur l'œuvre discographique de son père ? Thomas rit par anticipation : « J'ai toujours aimé tout ce que faisaient mes parents, sauf quand maman chantait à la télé et qu'elle dansait en même temps. Vers les années 1980. J'avais honte, je me mettais sous la table. Je trouvais qu'elle dansait vraiment hyper mal. Par contre, les balais sur *Merde in France*, je trouvais ça génial. J'avais dix ans. Et après j'ai écouté tout ce que papa avait fait auparavant. J'aime bien toutes les périodes. Les débuts : *Fais pas ci, fais pas ça*, *À tout berzingue*. Tout à l'heure en nettoyant la voiture, j'avais dans la tête *La Vie dans ton rétroviseur*. (Il chante : *Ne regarde pas la vie, dans ton rétroviseur, mets ta ceinture et boucle-la !*)… Et puis il y a la période Gainsbourg. *J'ai mis au propre mes idées sales*, ça me faisait rire. C'était le début d'une forme de Clinique [1] que j'ai pu connaître. Je n'ai jamais connu les délires du début, les voitures, le succès, par contre, les délires resto et boisson, ça oui. Dans ces chansons-là, je vois un peu le début de ça… »

Il est midi passé. Jacques rôde dans les parages en laissant traîner une oreille. Ça l'intrigue toujours qu'on parle de lui. Aussi, il attend notre compagnie pour ouvrir le bar – Jacques ne boit pas seul. Est-ce qu'on en a encore pour longtemps ? Dernière question du jour pour Thomas : « Pour toi, ton père est-il avant tout chanteur ou acteur ? » La réponse est immédiate, sans équivoque : « Chanteur ! »

* * *

1. La maison de Monticello est souvent appelée la Clinique dans l'entourage de Jacques.

Parallèlement à sa période Gaumont (1980-1984), Jacques continue d'enchaîner les films. En 1980, à Marseille, il retrouve Claude Brasseur et Nathalie Baye sur le tournage de *L'Ombre rouge* de Jean-Louis Comolli, ancien rédacteur en chef des *Cahiers du cinéma*. Dutronc incarne dans ce long métrage un militant communiste chargé de faire passer des armes aux camarades espagnols pendant la guerre civile. « C'était une bande dessinée, ce film... Jean-Louis Comolli était venu à la maison pour parler du projet. Je me souviens qu'un jour je me balançais dans mon fauteuil et j'ai fait un retourné spectaculaire. Je suis tombé en arrière mais j'ai réussi à garder le verre de whisky dans la main sans le renverser. Il a trouvé ça étrange... Je me méfie toujours des metteurs en scène, parce que, quand tu fais des trucs un peu bizarres ou improvisés comme ça, ils te demandent souvent de le refaire devant la caméra... » Andréa Ferréol fait aussi partie de la distribution. « Elle me reprochait de puer le cigare et le whisky. Si elle avait su pour le reste... » *L'Ombre rouge* n'a pas laissé à Dutronc un souvenir impérissable : « Pour certains films, il faudrait indiquer des dates d'expiration, comme pour la bouffe. » Mais aussitôt la boutade lâchée, il se rattrape : « Non, c'était plutôt pas mal. »

Jacques a séduit Godard et Zulawski. Un autre ovni du cinéma tombe sous son charme et fait à son tour appel à lui : Jean-Pierre Mocky. *Y a-t-il un Français dans la salle ?* est une comédie satirique brocardant les milieux politiques adaptée d'un roman de Frédéric Dard – raison de plus pour en être. « Je n'avais pas lu le livre quand j'ai reçu le scénario. C'est plus le personnage de Mocky qui m'avait séduit au départ. Ce type est un génie. Quand tu acceptes de tourner avec lui, tu sais que ça va dégénérer. Mais ce film n'est pas un des plus fous qu'il ait fait. » Jacques énumère avec un respect amusé quelques-uns de ses classiques : *Snob*, *Un drôle de paroissien*, *Le Miraculé*, *L'Ibis rouge*...

Faire l'acteur chez Mocky n'est pas forcément une longue partie de rigolade mais c'est instructif. Apparemment, l'ambiance qui règne sur ses plateaux est tout aussi insolite que ce qu'il imprime sur la pellicule. Jacques : « Il crie sans arrêt : “Moteur !” Même s'il n'y a pas de caméra : “Moteur !” ; “On tourne ! M. Dutronc attend !” » Et puis il fait des fixations : il tient par exemple à ce que Jacques porte des talonnettes. Pour une scène dans un escalier, tout le monde doit jouer sans chaussures, « sauf M. Dutronc qui garde ses talonnettes ». « Peut-être qu'il voulait me grandir… Il vaut mieux ne pas chercher à comprendre parfois, soupire Jacques. Mais un *making off* d'un film de Mocky, ça vaudrait le coup ! » Autre obsession, plutôt incongrue pour un cinéaste : il ne supporte pas la vision d'un perchman ou d'un technicien lesté d'un Nagra… Ces derniers doivent se cacher pour faire leur travail. Jacques se souvient aussi de quelques tuiles survenues lors du tournage : « Il y a une maison qui devait exploser. Comme Mocky disait toujours : "Moteur, moteur !", ça a sauté trop tôt… »

Le metteur en scène veut tout faire sur le film. Il réalise parfois ses affiches lui-même. Sur le plateau, il va jusqu'à pousser le travelling, qu'il fait un jour dérailler. Une autre fois, Dutronc remarque que le cameraman filme sans placer son œil dans l'œilleton. « Que se passe-t-il ? » lui demande-t-il. « Il n'y a pas de pellicule ! répond le cameraman. Mais on me dit "moteur", alors on tourne… » Jacques affirme que Mocky est beaucoup plus considéré par les comédiens que par les producteurs. D'où probablement ses castings de rêve. *Y a-t-il un Français dans la salle ?* ne déroge pas à la règle. Ont répondu cette fois à l'appel du plus iconoclaste des réalisateurs français : Jacques Dufilho, Jacqueline Maillan, Jean-François Stévenin, Dominique Lavanant, Michel Galabru, Victor Lanoux…

Un jour de 1980, le téléphone sonne au domicile parisien de Jean Luisi. C'est Jacques au bout du fil :

« On déjeune ensemble demain ? propose-t-il.

– D'accord, dit Jean.

– À quelle heure je viens te chercher ?

– Midi ?…

– Trop tard !

– 11 heures ?

– Trop tard !

– 10 heures et demie ?

– Trop tard !

– Écoute, rouspète Jean, donne-moi ton heure, ça ira plus vite.

– 7 heures trente ! dit Jacques.

– Mais… C'est pour le déjeuner ou le petit déjeuner ?

– Le déjeuner, mais ça se passe à Londres !

– Ah ! »

Le lendemain matin, les deux compères s'envolent pour la capitale anglaise. « On se *charge* bien comme il faut, avoue Luisi, et on arrive à l'aéroport vers midi. On avait une petite faim. » Il dit à Jacques :

« Il faudrait peut-être manger… Pourquoi on rentrerait pas à Paris ? Je connais de bons restaurants là-bas !

– Mais non, répond Jacques, on est invités à bouffer ici.

– Mais par qui ? Maintenant qu'on est là, j'aimerais bien savoir ! »

« C'est à ce moment, raconte Luisi, que j'aperçois au loin un panneau où est écrit "Jacques Dutronc". Une Cadillac grande comme un autobus nous attendait dehors. On monte et un type nous dit : "*What do you drink ?*" La voiture démarre et nous conduit jusque devant une maison londonienne, un hôtel particulier. Le chauffeur descend de la Cadillac, il sonne : Spielberg ! En jean et baskets.

» Un peu après, on passe à table, Jacques, Spielberg, son producteur et moi. Ils ne parlaient pas un mot de français et nous aucun d'anglais. J'ai juste compris Spielberg à un moment donné qui m'a dit : "*I know you ! French Connection n° 1 !*" Il m'avait vu dans le film de Friedkin. Mais la Corse, il n'en avait jamais entendu parler. Et puis Jacques et Spielberg se sont retirés tous les deux et je me demande ce qu'ils ont pu se dire vu qu'ils ne parlaient pas la même langue. »

Auparavant, Steven Spielberg et Dutronc se sont rencontrés brièvement à Paris. Spielberg boucle son casting, il est à la recherche de l'acteur qui jouera l'archéologue français Belloq dans *Les Aventuriers de l'arche perdue*. « Nous avons su que les agents d'Artmedia lui avaient envoyé tous les acteurs qu'ils avaient sous contrat, se souvient Françoise, du plus petit au plus grand. Un jour, Josée Benabent, l'intermédiaire en France de Spielberg, a téléphoné à la maison pour m'informer que Jacques était le seul acteur que Spielberg souhaitait rencontrer. Jacques n'a pas été facile à convaincre mais il a finalement vu Spielberg et l'a rejoint à Londres après avoir travaillé quelques lignes de dialogue avec un coach. Malheureusement, ça n'a pas abouti. D'abord parce que Jacques ne maîtrisait pas assez l'anglais ; peut-être aussi parce que les correspondants d'Artmedia en Angleterre se sont empressés de dire à Spielberg qu'il n'était pas libre aux dates prévues pour le tournage, ce qui était totalement faux. »

Jacques reconnaît qu'il a un problème avec l'anglais. « Mais je n'ai jamais su exactement ce qui avait fait capoter le projet. Je recevais régulièrement des nouvelles de Spielberg et, du jour au lendemain, plus rien. » Il avoue n'avoir rien fait de son côté pour que les choses se réalisent et le rôle de Belloq échoit finalement au comédien britannique Paul Freeman. « Je crois que j'ai dû abandonner la partie..., concède Jacques. En tout cas, je me souviens que Spielberg avait écrit un article génial dans *Première*. Il y avait toute une colonne de lui parlant de moi. Ça marque ! » Extrait de l'interview à laquelle il fait allusion : « Le bruit avait couru que vous aviez eu l'intention de confier le rôle de Belloq, le “méchant” des *Aventuriers*, à Dutronc.

– C'est tout à fait exact.

– Quel a été le problème ?

– La langue. S'il avait su ne serait-ce que se débrouiller en anglais, il aurait eu le rôle. Or il est incapable d'aligner deux mots d'anglais et mon français se limite à la page deux du *Français sans peine*. Mais Jacques Dutronc était mon choix numéro un. C'est pour moi le premier acteur au monde et je le tiens pour une véritable star. Il est sensuel, il est intelligent, il est très fort intérieurement comme extérieurement. Je crois que ce que les femmes aiment le plus en lui, c'est sa timidité. Et en même temps, il est farceur. Il tient parfois de ce cancre du secondaire qui met le feu aux questionnaires d'examen sur la table du prof, regagne sa chaise et fait semblant de n'avoir rien vu. Il pourrait être une plus grande star internationale que Robert Redford, s'il voulait bien apprendre l'anglais [1]... »

Jacques n'est pas du genre à nourrir des regrets pour être passé à côté de tel ou tel film. Si les choses ne se font pas naturellement, c'est qu'elles ne devaient pas se faire. Sans doute n'a-t-il jamais *visualisé* avec précision une scène du film... Sans doute qu'il ne le *sentait* pas...

1. In *Première*, n° 54, septembre 1981.

En 1981, Jacques tourne *Paradis pour tous* mis en scène par Alain Jessua. Dutronc joue le rôle d'un docteur apprenti sorcier, Patrick Dewaere celui d'un déprimé suicidaire. Un tournage « rude ». « Alain Jessua écrit très bien, dit Jacques, le scénario était formidable, mais la réalisation n'était pas à la hauteur. » Quelques semaines seulement après le tournage, Dewaere se donnera la mort.

Jacques enchaîne avec *Une jeunesse* de Moshé Mizrahi (*La Vie devant soi*), d'après le roman de Patrick Modiano. L'écrivain est un ami de Jacques et c'est sans doute la raison de sa présence sur ce film aux côtés de Michel Lonsdale et Charles Aznavour. Un commentaire ? « Raphaël est plus drôle que Moshé ! »

La médiocre série se poursuit avec *Sarah*, de Maurice Dugowson (réalisateur de *F. comme Fairbanks*), tourné en Andalousie. « Je crois que je me suis planté d'un bout à l'autre sur ce film, me dit Jacques, je n'ai pas dû bien comprendre le sujet. Il me semble que je n'aurais pas dû tomber immédiatement amoureux du personnage interprété par Gabrielle Lazure. » *Sarah* est un film sur le cinéma, sur la vie autour d'un tournage, sur la frontière entre la fiction et la réalité. « Dugowson était drôle, il avait plus de talent qu'il n'en a montré dans ce film-là. Mais chaque film a ses bons côtés puisque celui-ci m'a permis de retrouver Léa Massari et Jean-Claude Brialy. »

Tricheurs, de Barbet Schroeder, fait suite à *Sarah*. Jacques en partage l'affiche avec Bulle Ogier, la compagne du réalisateur. L'équipe technique est celle qu'emploie habituellement Wim Wenders : « Des bons ! Il était écrit sur la caméra : "*No risk, no future.*" Ça faisait un peu froid dans le dos mais en même temps ça aidait à en prendre. Ce qui était bien aussi, c'est qu'on commençait à tourner à 8 heures le matin, à 10 heures c'était fini. Si c'est fait, pourquoi le refaire ? » Le sujet du film est le jeu. Jacques interprète le rôle d'un tricheur. À Madère, où a lieu le tournage, les habitants – paraît-il très joueurs par nature – sont interdits de casino, y compris les employés de la production. Aussi, certains demandent à Jacques de jouer pour eux. « Je refusais toujours, je ne joue pas moi-même, ça ne m'attire pas. Je comprends que cela puisse être très excitant, mais je n'ai pas ce vice-là. » Ce qui ne l'empêche pas d'être bluffé par les véritables tricheurs, présents sur le tournage. Tout le personnel du casino rassemblé autour de la table, les yeux grands ouverts, on est averti qu'il va y avoir tricherie. Une poussette du ventre, un nuage de fumée de cigare… c'est fait. Personne n'a rien vu. « C'est un métier. D'ailleurs, les pros sont invités à Las Vegas pour faire marcher les affaires. On leur offre la suite, le grand complet, pour tricher, parce que ça incite les autres à jouer de voir quelqu'un gagner. »

En 1983, mine de rien, Dutronc affiche déjà dix ans de cinéma derrière lui, et vingt-quatre longs métrages. Lui-même reconnaît à l'époque qu'il y a overdose, que les choix n'ont pas toujours été judicieux, il va marquer un temps d'arrêt. Dans le magazine *Première*, il donne deux interviews (en octobre 1981 et en février 1984) à l'occasion des sorties de *L'Ombre rouge* et de *Tricheurs*, dans lesquelles il livre quelques impressions sur le cinéma français ainsi que sur sa manière de l'aborder. Au micro de Dominique Maillet, qui le qualifie joliment de « mélancomique », il se montre préoccupé, beaucoup plus grave que son image habituelle le laisse supposer : « Tout ce qui nous entoure – le monde, l'Europe –, tout ça est devenu trop douteux, tout va dans un mauvais sens. C'est sans cesse dans ma tête… Je n'arrive pas à compartimenter les choses. » Il trouve le cinéma français à la fois bavard et étriqué : « Ça manque de démesure. Au cinéma, c'est dangereux d'être fou ou alors il faut avoir une folie intellectuelle qui rassure peut-être, mais qui, moi, m'emmerde… » Et puis il explique pourquoi tant de films les uns derrière les autres : « Contrairement à ce que certains pensent, mes cachets ne sont pas mirobolants. Alors effectivement, j'ai quelquefois eu besoin de faire des films que j'aurais pu éviter. Je savais à l'avance ce qu'on pourrait – et ce que je pourrais – me reprocher, mais à partir du moment où le choix est fait, je ne me pose plus de questions. » Il parle encore d'escalade, avoue s'être laissé prendre dans un engrenage. Il assume, tout en confessant une certaine lassitude.

Intrigué, je lui demande un jour s'il a réellement déjà accepté un film pour payer ses impôts. « Ça ne sert qu'à ça. Ce qui reste, c'est pour le bar, pour s'amuser… Mais si tu parles de films alimentaires, comme on dit, il y a les pubs pour ça. »

Nous en parlerons…

En 1983, après *Tricheurs*, il est question pour Jacques de jouer dans un second film pour Godard, ainsi qu'un premier avec Rivette. Jacques Rivette, cet autre rescapé de la Nouvelle Vague, téléphone un jour rue Hallé, attiré par la singularité de Dutronc. Il a quelque chose à lui proposer : il faut qu'ils déjeunent ensemble. La cantine préférée de Jacques à l'époque est toujours le Vivario. Ne connaissant pas Rivette, il y fait préparer une table un peu à l'écart. Intimité et discrétion assurées. Les deux hommes s'y retrouvent à l'heure convenue, se saluent, s'assoient, et presque aussitôt Rivette lance à Dutronc : « Excusez-moi mais je ne peux pas parler assis. » « Il a donc marché de long en large dans le restaurant en me parlant, relate Jacques. Et je n'ai pas fait le film, je ne sais même plus pourquoi. Il faut se méfier des metteurs en scène qui vous expliquent le film pendant trois heures, ça veut dire que, sur l'écran, il ne restera peut-être plus rien… » Dommage, semble penser Jacques, car il aime bien les films de Rivette. Tout comme ceux de Rozier d'ailleurs, dont il apprécie autant le cinéma que le rythme de travail : un film tous les dix ans.

Schroeder, Godard, Rivette… Dutronc en passe de devenir un comédien estampillé art et essai. Qui aurait pu ne serait-ce qu'imaginer cette évolution de l'interprète des *Play-boys* et du *Dragueur des supermarchés* ? Mais, comme le Rivette, le second projet Godard n'aboutira pas et, peu enthousiasmé par les multiples propositions qui suivront, la méfiance aiguisée par les déceptions, Jacques va rester cinq ans éloigné des caméras. Une retraite qu'il va mettre à profit pour tenter de monter son propre film…

CINQUIÈME PARTIE

1984 – 1995

« La Corse, ça se mérite », n'a cessé de répéter Dutronc depuis des années. Elle a pris la place que l'on sait dans sa vie. Il l'a sillonnée dans tous les sens, s'y est fait des amis, s'en est imprégné, l'a épousée. Il en a biné la terre et bu l'eau comme le vin. Il l'aime, cette île, la vante à tous vents ; il en est un ambassadeur incomparable. Et pourquoi la Corse ne serait-elle pas le sujet d'un film, en même temps que son décor ? Et pourquoi ne serait-il pas, lui, Dutronc, à la base de ce projet ? Il s'en octroie la légitimité. Rappel des faits :

L'idée germe dans sa tête dès 1982 : « Il a des velléités d'écriture et de mise en scène » (*France-Soir*, 13 novembre 1982) ; mais rien de très précis encore. Quinze mois plus tard, les choses sont plus nettes : « Dutronc triomphe au cinéma mais il ne s'en tient pas là. Il se lance bientôt dans la mise en scène avec un film, *Les Pointus*, qu'il prépare, étrange comédie tournée en Corse, sa terre d'adoption, sans vedette » (*Parispoche*, 8 février 1984). En mai de la même année, *Le Quotidien de Paris* annonce que le scénario est bouclé et que Jacques est à la recherche d'un producteur… Deux ans plus tard, le 10 avril 1986, Catherine Delmas écrit dans *France-Soir* : « Il n'y a rien de plus simple et de plus compliqué que Dutronc, séjournant en Corse, avec deux amis, juste avant le film qu'il va réaliser. Pas anxieux pour un sou. Il serait angoissé à moins. Mais de toute façon, il ne le dirait pas. Il ne dit pas. Il est pudique. […] Il peaufine à la virgule près son scénario : *Les Pointus*, une satire sur les continentaux en vacances sur l'île de Beauté… » Un an passe encore et *7 à Paris* lui consacre six pages dans son numéro du 15 avril 1987, dans lesquelles on peut lire : « Ce qui lui tient à cœur, c'est de réaliser "son" scénario. "Le héros sera la Corse. Ce serait un film d'ombres et de lumières.

Dans l'ombre : la Corse, éclairée par les comédiens. Mais les producteurs ont la trouille." » Il en parle encore, veut encore y croire à son hymne à l'amour dédié à l'île de Beauté et à ses joyeux habitants.

Pourtant, ces *Pointus*, *I Pinzutti* en version originale (terme qui désignait les casques pointus des Génois lorsqu'ils envahirent la Corse au XIXe siècle), ne verront jamais le jour. Malgré trois années d'obstination. Cet épisode restera comme un échec personnel pour Jacques. Il y a encore de l'amertume aujourd'hui dans ses commentaires : « On m'a mené en bateau et comme je n'avais pas le mal de mer, je ne m'en apercevais pas. Ce serait plus facile à monter maintenant. Avec tout ce que produit Canal+, il y aurait moins de difficultés. Mais, de toute façon, le sujet est dépassé et ça ne m'intéresserait pas de le faire aujourd'hui. C'était bien sur le moment. À l'époque, le cinéma français ne marchait pas fort. Et mon scénario était sans doute un peu faible. En tout cas, au point de vue du nombre de pages... Et puis la plupart des comédiens pressentis sont morts. Michel Beaune [qui jouait dans *Le Mors aux dents*, n.d.a.], Coluche, Serge, Desproges, Bandini [son ami sapeur-pompier de Monticello, n.d.a.]... Il en reste un, c'est Jean Luisi, c'est le plus résistant. Et Fanfan aussi. » Fanfan, le berger du village et frère du maire, un personnage. Nous le croiserons bientôt.

Trois ans durant, Jacques rumine ce projet, sans tourner d'autres films, sans contrat avec aucune maison de disques. Il souffre de ne pas parvenir à le mener à terme. Les fonds baissent. Françoise se souvient de cette longue période d'inactivité, délicate, pénible. « Il était allongé toute la journée. C'était exaspérant. » Jacques : « C'est vrai que ça m'a pris pas mal de temps. » De quoi s'agissait-il précisément ? « Le prétexte était de faire venir une équipe de publicitaires en Corse pour tourner une pub sur des slips en laine. Avec un metteur en scène un peu bizarre, plutôt imbu de lui-même, toujours assis plus haut que les autres. C'était une comédie, naturellement, une suite de situations burlesques. Par exemple, l'équipe voyageait dans un car aux vitres tellement sales que le chauffeur distribuait des cartes postales pour leur donner un aperçu des paysages qu'ils traversaient. Les ferries débarquaient les voitures des Pointus avec un bruit de vomi. Il y avait aussi un hold-up au Crédit agricole, où un des malfaiteurs disait aux autres (Jacques prend l'accent) : "Putain, y a un vieux derrière, laisse-le passer avant !" Après il y avait un marchandage avec le caissier, puis venait l'heure de fermeture de l'agence, donc ils laissaient les cagoules et les fusils en disant : "À demain !" Enfin, tout était dans ce style-là. » Il y a également des michelines qui entrent dans un tunnel et qui ressortent aux Invalides. Une séquence *Dents de la mer* version terrienne : les gens sur une plage vont se réfugier dans l'eau, terrifiés par un furieux bouc répondant au doux nom de Maker, etc. « Mais c'était très amical et complice envers les Corses, c'étaient les Pointus qui auraient grincé des dents. » Une comédie à l'italienne en quelque sorte.

Jacques ne s'attribuait aucun rôle dans le casting, désireux de se consacrer à la mise en scène. « J'aurais eu les pleins pouvoirs pour une fois. » Mais les producteurs boudent, personne n'ose s'engager. Comme c'est un projet proposé par M. Dutronc, on ne le lui dit pas en face, on le balade avec des « Oui, mais... », des « On s'appelle et on en reparle... ». « Lelouch m'a dit : "C'est bien, ça me fait marrer. Et si on le faisait ailleurs..." Mais ça n'avait plus de sens... Il y avait quelqu'un chez Havas qui voulait vraiment le produire. Je l'avais proposé à Serrault aussi. Il m'avait dit : "J'aimerais bien, mais c'est pas vraiment un scénario." Ce que j'ai très bien compris. C'était plus des instants volés ici... »

L'aventure se termine en queue de poisson. « À un moment, il y a abandon. Je n'allais pas m'acharner sur quelque chose qui n'en valait sans doute pas vraiment la peine. »

Jean-Marie Périer, que j'interroge à propos de cet épisode des *Pointus*, a un avis bien tranché sur la question. Il a lu le scénario, bien sûr, il l'a même conservé : « Je suis content pour lui qu'il ne l'ait pas fait. C'était la pire des choses à faire. Il va détester de m'entendre dire ça, mais on aurait été cinq à hurler de rire dans la salle. Comme à la fin de ses spectacles à la Tête de l'Art où on était cinq par soir à comprendre, écroulés de rire. » En revanche, si le film s'était fait, Jean-Marie est persuadé que cela n'aurait pas empêché Jacques de poursuivre sa carrière d'acteur et il n'aurait pas eu cette affreuse déception de ne pas réussir à monter un film qu'on a envie de réaliser. « Ce que je connais par cœur, dit-il, j'en ai dix à mon actif ! C'est très pénible à porter. Toute sa vie, il se dira que s'il l'avait fait, peut-être que... Et il ne saura jamais. »

Jacques n'a pas rempli des bas de laine avec le fruit de ses royalties, ni des malles avec des lingots d'or. Tout ce qu'il a gagné depuis son premier disque est parti en fumée, en voitures, en vie princière. Il a bien acheté un manoir du XVIIIe siècle dans l'Yonne à la fin des années 1960, mais il ne l'a jamais restauré et a fini par en faire don à la commune. Il s'est associé un peu plus tard dans un garage de voitures de luxe, Le Stand 14, avec son ami Pierre Landereau, dit « La Pieuvre », sans en tirer jamais le moindre dividende. Pour un anniversaire, on lui offre des parts dans une boîte de nuit à Rennes : La Prison Saint-Michel… Aujourd'hui, Jacques ne possède rien. Il n'est pas un homme d'affaires, ni un spéculateur. Il investit plus en amitié que dans la finance. Il n'y a pas d'association ni de placement qui ne soient motivés par de solides rapports humains. Il dépense sans compter quand d'autres comptent sans dépenser, il partage, tant qu'il y en a. Quand le carburant manque, il retourne au charbon. Pendant cette période difficile où rien n'a d'importance que son propre film, Jacques accepte de tourner quelques pubs – il a déjà fait, des années auparavant, des spots radio pour Martini. Une pub télé pour Woolite est réalisée par Gérard Pirès en 1984. Jacques est le premier homme à louer les bienfaits de cette lessive après une brochette de stars féminines : Romy Schneider, Jane Birkin, Sylvie Vartan, Catherine Deneuve, Isabelle Adjani, Anne Parillaud, Marlène Jobert, etc. « Je les aime tendres, dit-il face caméra, sans rire, tout en douceur… et pour les entretenir, moi, j'ai un truc économique : Woolite… Très peu de Woolite suffit, et avec les économies, je fais crac boum hue ! » Il enchaîne l'année suivante avec une pub pour Ricqlès qu'il réalise lui-même. Il en compose et interprète même la chanson slogan qui fait rimer Ricqlès et succèsss ! Il réalisera également un sujet sur la Bourse (un comble !) pour l'émission *L'Heure de vérité* sur Antenne 2, participera à une campagne photo pour la presse écrite pour Citroën, à une pub télé pour Daniel D. et une autre encore pour les chemises Playboy, réalisée par Jean-Marie Périer… « Il arrive un moment, conclut Jacques, où il vaut mieux faire une bonne pub qu'un mauvais film, non ? » Sans doute.

Confidence de Françoise : « S'il avait une fortune personnelle, il serait probablement soulagé de ne plus faire aucun film ni aucun disque. Il me semble qu'il a surtout besoin d'être ici en Corse, de s'occuper des chats, du jardin, de la maison. Cela demande d'ailleurs beaucoup de travail. Au tout début de notre relation, il voulait que je l'engage comme jardinier. (Rires.) C'était une plaisanterie, mais à moitié seulement. Jacques est un manuel qui a l'œil sur tout, il est très calé en maçonnerie, en peinture, en électroménager, en bricolage, etc., et sait tout sur les mondes végétal et animal, qui l'intéressent plus que le genre humain. »

Jacques est effectivement bricoleur dans l'âme. Comme il se lève très tôt, il occupe ses matinées à ça. Dans son garage de Monticello, on se croirait chez M. Bricolage. Il y a toutes sortes d'outils, remarquablement rangés, de la quincaillerie dans des boîtes étiquetées… Vous avez besoin d'une rallonge, d'une triplette, d'une vis fraisée 5 × 35, d'une bombe de peinture noire, d'une ampoule halogène 25 watts, d'un joint de 12, d'une clé de 7… Tout est là, suffit de savoir lire.

Tel jour, le vent a fait claquer violemment la porte de la cuisine qui donne sur la terrasse ; depuis, elle ferme mal. Jacques va chercher un maillet et tape sur le chambranle jusqu'à ce qu'il retrouve sa position initiale. Un matin, il s'échine avec patience durant plus d'une heure sur le téléphone portable récalcitrant de Françoise. Régulièrement, il grimpe sur un escabeau pour orienter les tendres pousses de sa vigne vierge dans la direction souhaitée. Une table en bois de jardin a souffert des intempéries des dernières années : Jacques l'emmène auprès du garage, sort sa ponceuse, fixe un disque abrasif et entreprend de lui redonner une surface plane et lisse, qu'il vernit ensuite au pinceau. Le lendemain, il s'attaque à un fauteuil en rotin qu'il décide de peindre en noir, à la bombe… Il y a toujours quelque chose à rafistoler dans une maison et il déteste l'idée de se séparer des choses. Qu'il s'agisse de vêtements ou de meubles, il amasse. « Je ne jette rien, me confie-t-il, c'est d'ailleurs le drame de Françoise… qui en est l'exemple le plus frappant… » Le bon mot vaut bien la goujaterie, semble-t-il dire derrière un sourire satisfait.

Quand il ne s'affaire pas à réparer quelque chose, il jardine, ou simplement déambule dans sa propriété, en contemplant ce jardin dont il est si fier. Un jardin qui a gardé un aspect sauvage – rien à voir avec une pelouse de golf rasée de près –, fait de coins et d'ambiances différents. On y trouve des arbres fruitiers : kakis, abricotiers, jujubiers, pruniers, citronniers, mandariniers, figuiers, poiriers, mûriers, grenadiers, etc. ; un coin à cactus (l'un d'eux, en pot, offert par Johnny Hallyday), des endroits fleuris : plumbagos, lauriers roses, blancs, rouges, bougainvillées, mimosas… Certains arbres ont vu la maison sortir de terre, comme les chênes ou les oliviers, très nombreux. On croise également tamaris et lentisques, autres enfants du pays. Jacques a aussi fait planter des cyprès, des pins de différentes sortes ainsi que des eucalyptus qui ont atteint une taille très respectable. Jacques a une authentique passion pour le végétal. Il adore ses arbres, il adore observer ce monde évoluer au gré des saisons. Il se promène souvent et longtemps dans ce coin de paradis qu'il s'est aménagé, s'extasie volontiers devant ses eucalyptus, les mille teintes de leurs troncs lorsque l'écorce se détache en copeaux. Des pastels roses, rouges, verts, mauves, jaunes, marron… « Tous les peintres du monde peuvent aller se rhabiller ! » dit Jacques face à la richesse de la palette. Et c'est encore plus spectaculaire lorsqu'il a plu, m'assure-t-il, les couleurs ressortent davantage : des verts d'eau, des roses saumonés… Et toutes les fragrances de cette végétation montent alors aux narines…

Et puis, il y a le potager. Basilic, tomates, persil, aubergines, menthe, kumquats… Gare à qui s'y sert sans respecter d'élémentaires consignes. Jacques est très pointilleux sur le sujet. On ne détache pas impunément n'importe quelles feuilles de ses basilics pour une vulgaire vinaigrette. Par ailleurs, il en possède deux magnifiques spécimens en pot près du bar, ensemencés par son ami Bertin, qu'il bichonne avec un soin tout particulier, les arrosant exclusivement avec l'eau fondue des seaux à glace ou mieux encore, avec de la Saint-Georges, une eau de source du coin vendue en bouteille plastique. Ces deux basilics-là sont intouchables.

Un système automatisé se met en route deux fois par jour pour arroser les rangées du potager. Un des plaisirs de fin de journée de Jacques est d'aller s'installer sous le chêne qui surplombe ledit potager vers 18 h 30 pour l'apéro. Il aime être là lorsque démarrent les glouglous et gazouillis de l'eau qui gicle des orifices.

Depuis quelques années, Jacques sort assez peu de sa propriété, hormis pour les visites qu'il rend régulièrement à son père dans sa maison de repos. Un matin, je l'y accompagne. Jacques connaît par cœur la route qui descend à l'Île-Rousse et il manie son Land Rover (pas un 4 × 4 japonais avec clim et lecteur laser, une vraie jeep vert kaki qu'il a ramenée d'Afrique après le tournage du *Maître des éléphants* en 1995) avec dextérité, cependant il conduit prudemment. Il se méfie de l'imprudence des autres. En arrivant à « L'Âge d'or », il sort de sa poche quelques cigarettes qu'il glisse discrètement dans la main d'un pensionnaire toujours présent devant l'entrée – un rituel. Puis nous montons dans la chambre de Pierre Dutronc. Les deux hommes se serrent la main comme de vieux amis. Pierre est content de voir Jacques et réciproquement. Ils s'appellent plusieurs fois par jour. Avant de manger, après manger… Il n'est pas nécessaire d'avoir quelque chose d'important à se dire. Lorsqu'ils sont en présence l'un de l'autre, ils ne parlent pas beaucoup. Le minimum. L'état du jour, une blague par-ci par-là. M. Dutronc est allongé sur son lit. « Mes jambes ne sont plus capables de rien…

– Faut les couper alors ! » propose Jacques aussi sec, ce qui arrache un sourire à son père. Puis, presque pour lui-même et un peu triste, Jacques ajoute : « Je ne sais pas comment on fait marcher les gens, moi… Je ne sais déjà pas comment faire marcher mon disque… »

Un autre jour, Pierre Dutronc nous reçoit dans son fauteuil roulant. « Ça va mieux, ton pied ? demande Jacques. On t'a enlevé ton pansement.

– Oui, faudra que je trouve autre chose pour revoir ma petite infirmière tous les matins… »

Sourire espiègle du père puis du fils. Ils s'entendent bien pour ce genre de choses.

Les visites à « L'Âge d'or » ne durent pas longtemps. Jacques préfère y aller souvent qu'y rester des heures. Ce jour où nous y allons en Land Rover, Jacques fait un crochet par une jardinerie sur la route qui mène au cap. Il y est connu comme le loup blanc et plaisante avec un employé marocain qui aura droit à un généreux pourboire. On repart du magasin avec de l'engrais, un assortiment de tuteurs en plastique, quelques plantes fleuries en pot, un paillasson.

« Il devrait plaire aux chats, celui-là ! » Pas d'erreur : ils se bousculeront pour y faire leurs griffes.

De retour sur les hauteurs de Monticello, à quelques dizaines de mètres de chez lui, Jacques actionne la télécommande de son portail électrique. Il me raconte, sans vantardise, qu'il a été le premier à posséder un portail automatisé ici. Aussitôt après, quelques riverains ont fait installer l'équivalent chez eux. Mais l'installateur, le même pour tout le secteur, n'a pas pensé à différencier les codes. Pendant un temps, dès que quelqu'un de l'allée entrait ou sortait de chez lui, des portails s'ouvraient et se refermaient dans tout le secteur…

Il est presque midi. On décharge les articles de jardinerie et Jacques descend à la cave. Il en remonte quelques minutes plus tard avec une bouteille de champagne de la Commanderie. Un bouzy. « C'est de l'extra-brut, dit-il, non dosé. Il n'y a pas de rajout de sucre. »

Il enfonce la bouteille d'un geste énergique dans le seau à glace quand le téléphone sans fil qui traîne sur le comptoir se met à sonner. Jacques déchiffre la provenance sur l'écran ; rassuré, il décroche.

C'est Pierre Dutronc qui voulait s'assurer que son sexagénaire de fils était bien rentré.

* * *

Reprenons la chronologie des événements…

En 1987, après ces années de repli sur soi face à l'incompréhension des producteurs de cinéma, le chanteur Dutronc se réveille. L'hibernation a assez duré, il a quelques idées en tête et, secoué par Françoise, il charge Rose Léandri, son agent pour le pan musical de ses activités, de démarcher pour lui une nouvelle maison de disques. Michel Boulanger, toujours directeur artistique de Jacques aujourd'hui, travaille depuis six mois chez CBS, dont Henry de Bodinat a pris la direction suite au départ d'Alain Lévy.

Cet été 2003, Michel vient passer quelques jours à Monticello, lui aussi. Il est en mission officielle : faire refaire des voix à Jacques sur *C'est peut-être ça*, une chanson extraite de *Madame l'Existence* que Sony veut sortir en single radio en septembre (nous verrons plus tard cet aspect des choses). Il se souvient très bien de la manière dont les choses se sont passées pour signer Dutronc en 1987. Un jour, Bodinat l'appelle pour lui dire que plusieurs chanteurs célèbres des années 1960, dont Jacques, sont à la recherche d'une nouvelle maison de disques. « Restait à savoir lequel correspondait le mieux à CBS. » Seul Dutronc fait l'unanimité. Mais CBS n'est pas seule sur le coup. Rose Léandri a également contacté Virgin qui s'est montrée pareillement intéressée. Selon son habitude, avant de prendre toute décision, Jacques lui demande d'organiser des déjeuners avec les divers prétendants. « Jacques a donc déjeuné avec les gens de chez Virgin, poursuit Michel. Puis il y a eu un déjeuner avec Henry de Bodinat, Jean-Marie Migeot, en tant que proche et ingénieur du son de Jacques, Jacques et moi. On a mangé à la cantine de CBS à Neuilly, au sous-sol. Et je crois que l'idée a séduit Jacques. » Mais peut-être pas autant que le personnage d'Henry de Bodinat, selon Dutronc. Quelques semaines plus tard, Jacques signe avec CBS.

On se met au travail rapidement. Faut pas lâcher l'oiseau quand il se dit prêt. Jacques s'installe dans une chambre au Concorde Lafayette, une tour située porte Maillot ; CBS bloque le studio du palais des Congrès, situé sous l'hôtel. Ambiance vase clos : chambre, studio, bar, chambre, bar, studio, bar… À la fin de son séjour, la direction de l'hôtel présentera à Jacques une note de bar (note est-il le mot juste dans ce cas précis ?) s'élevant à 140 000 francs ! Beaucoup des artisans du disque auront bu sans compter en donnant son numéro de chambre. Jacques rédigera son chèque sans broncher, c'est son côté grand seigneur…

Il y a long du haut de la tour jusqu'à ses entrailles. Pour agacer, Jacques prétend qu'il écrit quelques titres dans l'ascenseur – les mauvaises langues diront que ça s'entend. Un jour, il s'y retrouve nez à nez avec Ivan Lendl, accompagné d'un gorille (le tournoi de Roland-Garros vient de démarrer). Le cigare pend aux lèvres du chanteur. Moue dégoûtée de Lendl. « Moi, lui dit Jacques, pas sportif, donc ascenseur. Mais vous, sportif, descendre à pied. Bonsoir ! »

Pour la première fois, Jacques signe la quasi-intégralité des textes, à l'exception de *Qui se soucie de nous*, co-écrit avec Étienne Daho, de *Corsica*, de – et interprété avec – Jean-François Bernardini du groupe I Muvrini, et bien sûr de *Opium*, la reprise du disque. Il n'est pas inutile de préciser que le groupe corse est encore parfaitement inconnu des continentaux. Jacques sent que leur musique a un caractère universel. En les invitant sur son disque, il les sort de l'île qu'ils ont sillonnée de village en village pendant des années et où ils sont désormais interdits.

Maxime Schmidt, déjà responsable de la direction artistique de *Merde in France*, conserve ses fonctions. Jean-Marie Migeot n'est pas bien loin puisqu'il assure la prise de son de la Musique des équipages de la flotte de Toulon sur la chanson *Les Gars de la narine*. « Je voulais une musique militaire, dit Jacques, et je leur tire aujourd'hui mon chapeau pour ce qu'ils ont fait sur ce titre. Et puis, comme disait Boris Vian, quand ils jouent d'un instrument, ils ne sont pas dangereux », ajoute-t-il en riant. Earl Slick, un ancien musicien de David Bowie, tient la guitare, Jean-Jacques Burnel des Stranglers s'occupe de la basse et Philippe Eidel des claviers. Le mixage de l'album est confié à l'Anglais Gary Lyons. Bref, que du beau monde pour un album attendu par la critique autant que par le public après le long silence qui a suivi le triomphe de *Merde in France*. Pourtant… « *CQFD*, me confie Jacques, je crois que c'est le plus mauvais. À part la chanson corse, *Opium*, une ébauche de *Sainte Suzanne* et quelques autres… Mais je ne trouve pas l'album bon pour autant, il est plein de blancs, c'est très nouvelle cuisine, très light… »

En août 1987, *Libération* lance un concours ouvert à tous, amateurs comme professionnels, pour réaliser la pochette du disque : « Montrez-lui votre 30 centimètres ! Imaginez la pochette du prochain 33 tours de Dutronc et envoyez-nous vos réalisations avant le… » Il arrive tellement de projets en tout genre qu'une exposition sera organisée par la FNAC. Des choses très étranges, comme une maquette en béton ! Même Séguéla a planché dessus… Au final, trois puis quatre pochettes sont retenues et imprimées.

À la sortie du disque, les critiques sont généralement plus élogieuses que le jugement rétrospectif de Dutronc. Philippe Manœuvre dans *Libération* du 24 août 1987 : « *Europe'n'roll* : Jean-Jacques Burnel se permet deux ou trois fioritures totalement inédites sur le tempo cercueil clouté par Christophe Deschamps pendant qu'Earl Slick dégage un déluge en fusion… *Opium* est un chef-d'œuvre certifié. Une fournaise traversée par les lames barbelées que décoche Earl Slick… *Corsica* : le morceau est une pure gemme. Merveille.

Joyau… *Qui se soucie de nous*: un hard-rock. Bien dur mais mélodieux, bien foudroyant… » À propos de ce dernier titre, Jacques regrette aujourd'hui que leur message ne soit pas bien passé: « Il était impossible de décoder qu'on parlait des minorités. C'est peut-être pour ça que Daho a ensuite puisé *Tous les goûts sont dans ma nature* dans mes vieilles chansons pour qu'on en fasse un duo. »

D'autres magazines donnent également dans le dithyrambe, comme *Le Figaro Magazine* du 14 novembre 1987 : « Musicalement parlant, du grand art. Un événement après cinq ans d'absence. » À l'inverse, certains sont véritablement assassins. C'est le cas de *Rock & Folk* sous la plume d'Alain Gardinier : « Dutronc = le passé, Dutronc = *no future*. Il y a des disques, comme ça, qui font mal, que l'on regrette d'avoir à chroniquer. On finit par s'en vouloir de l'avoir trop attendu, trop espéré. La déception n'en est que plus cruelle. Les puristes assurent que, pour la chanson, Dutronc sans Lanzmann, ce duo lumineux des débuts et des grands standards, ce n'est plus rien. Malheureusement, ce disque leur donne raison. »

Malgré le nombre impressionnant de télés faites par Jacques et les innombrables interviews qu'il donne pour promouvoir son disque, l'accueil du public reste mitigé. Les sorties successives de trois singles extraits de l'album n'y feront rien: il n'y aura pas de tube. Il est question de tourner des vidéos, on annonce les noms de Zulawski, Wenders, Mondino, de Caunes… mais rien ne se fera en définitive. Jacques: « Wenders avait eu une très bonne idée de clip pour *Opium*. CBS n'a jamais voulu. Trop cher. Et puis ils ne le connaissaient pas. "Wenders ? Qui est-ce ? Qu'est-ce qu'il a fait ?" À part Mondino, ils ne connaissaient rien… Le disque n'est plus jamais repassé en radio. »

Et que fait Jacques quand la coupe est pleine ? Quand trois mois de studio suivis par le double de promo intensive ne sont pas récompensés ? Il prend de la distance, retourne auprès de ses arbres, va ranimer sa flemme et retrouver Paoli, le boucher, Bandini, le pompier, Fanfan le berger.

Fanfan est un vieux de la vieille, un des tout premiers amis autochtones, un berger poète qui ne pouvait que séduire Jacques. Aujourd'hui, c'est un petit monsieur ventru et dégarni, la soixantaine chaleureuse, qui paye un peu l'addition, lui aussi. Une lourde opération cardiaque le force à une retraite sans agitation ni excès. Du coup, il ne monte plus beaucoup chez Jacques. Il téléphone ou envoie des fax. Nous nous donnons rendez-vous au bar du village, à deux pas de chez lui. La rencontre avec Jacques remonte au début des années 1970. Elle se fait par l'intermédiaire de Françoise, qu'il croise chez des amis communs. «Françoise était là, avec Tuca, la chanteuse brésilienne. On s'était vus quelques jours plus tôt lors d'un méchoui dans le jardin de son jardinier de l'époque, où je mettais toujours mes brebis. Ce soir-là, elle m'avait dit qu'elle était contente des Corses parce que c'était la première fois qu'elle passait une soirée sans qu'on la regarde trop, sans qu'on l'interroge trop, parce qu'on la laissait libre. Comme j'écrivais quelques poésies, elle m'a dit un jour de monter chez eux pour lui montrer ce que je faisais. Je lui ai lu mes textes et de là est née notre amitié. J'ai rencontré Jacques comme ça.»

Fanfan taquine le perdreau; il n'est pas rare qu'à son retour de chasse il dépose un ou deux gibiers chez ses nouveaux amis. La fête du village va les rapprocher davantage. «Tous les 16 août, on fait la soupe de pois chiches à la chapelle Saint-François.» La *minestra di ceci*, comme on dit ici. Une tradition qui remonte à près d'un siècle. En 1918, la grippe espagnole fait des ravages, les villages ne comptent plus leurs morts. Pour éloigner la malédiction, le curé de Monticello est sorti avec son saint Roch (san Roccu), le saint patron du village, il l'a amené à chaque limite de la commune en implorant le Ciel pour que l'épidémie de grippe épargne Monticello. «Et il faut croire que ça a été efficace, déclare Fanfan, car il n'y a pas eu une seule victime, alors qu'au village voisin on ne sonnait même plus les cloches. De là à en tirer des conséquences scientifiques, c'est autre chose, il n'y a aucun moyen de confirmer ou d'infirmer. Naturellement, tous les villageois ont pensé que c'était grâce à saint Roch. Le seul mort de la grippe espagnole de Monticello, il l'a contractée à Marseille.» Tous les ans, pour commémorer l'événement, on marche le 16 août jusqu'à la chapelle Saint-François qui se situe à l'une des extrémités du village, non loin de la maison Hardy-Dutronc.

Chaque année, Jacques est convié à la fête, il en est l'invité d'honneur. Il en garantit aussi le succès. Chacun sait en Balagne et même ailleurs que si l'on veut tailler le bout de gras avec Dutronc, il suffit de se pointer devant la chapelle Saint-François le 16 août quand le soleil est au plus haut. S'il est présent en Corse ce jour-là, Jacques ne peut s'y soustraire. « Jacques a toujours participé à la promotion de Monticello. C'était le cas lorsqu'on a fait un vin du village. Il n'a jamais refusé de venir à la fête de Saint-François non plus, même s'il n'en avait pas toujours envie. Sa présence attire beaucoup de monde. Parce que manger de la soupe chaude le 16 août à midi… Si tu annonces qu'il sera là, tout le monde vient, les touristes les premiers. Quoique, une fois ou deux, il n'a pas pu venir et il y avait autant de monde. Mais peut-être pensait-on le trouver là… On a eu de la chance de tomber sur des gens comme eux. Ils ont beaucoup apporté ici. »

Très vite, Fanfan a son assiette chez les Hardy-Dutronc. Sans chichis. Jacques et lui se voient tous les jours ou presque. « Il y a eu des soirées extraordinaires là-haut… Quand Jacques avait des invités de marque, il nous demandait de faire les vivats. On tirait en l'air… Une fois, Gainsbourg est venu pour donner le coup d'envoi d'un match de foot à Bastia. Il est arrivé chez Jacques la veille et on a lâché quelques rafales… Il n'avait jamais goûté l'agneau corse et il en a tellement mangé qu'il n'a jamais pu aller à Bastia le lendemain… C'était la fête tous les soirs. Le bar de Jacques était celui qui marchait le mieux de toute la Balagne ! Françoise faisait à manger pour douze ou quinze personnes, je la regardais et je me disais : “Mais c'est une femme corse !”…

» Ce sont des gens bien, modestes, humbles, ouverts, sincères, simples, et fidèles en amitié. Et de grands artistes. Jacques fait les choses d'instinct et il se trompe rarement. La façon dont il a joué *Van Gogh* ne m'a pas étonné. Et Françoise, c'est une grande dame. Artistiquement, ce sont des gens qui doutent, et c'est une bonne chose pour durer. Jacques a l'air superficiel mais il ne l'est pas du tout… Ils sont à un niveau au-dessus de la plupart des autres, mais ils ne cherchent pas à le montrer. Jamais… Beaucoup, dans leur milieu, ne vont pas s'arrêter pour parler avec toi ni même t'écouter… Quand ils se sont rencontrés, je comprends que ça ait fait tilt. Même si Jacques a parfois des idées extravagantes et que Françoise est contenue, elle a besoin de la fantaisie de Jacques et lui a besoin de l'assurance et de la rigidité de Françoise. Je la voyais tout organiser là-haut. Elle repartait plus fatiguée de ses vacances en Corse qu'à son arrivée... »

Le berger poursuit son éloge en saluant la popularité de Jacques en Corse, la simplicité de ses amis et de ses rapports avec ceux d'ici. « Il sait distinguer les gens authentiques des autres, ceux qui montent là-haut pour des visées autres qu'amicales. Il était pompier volontaire aussi, il accompagnait les gars... Et elle est d'une scrupuleuse honnêteté, y compris intellectuellement ; elle ne sait pas mentir. Ils sont assez différents tous les deux mais ils se rejoignent sur bien des points. » Fanfan est un bavard, il parle sans qu'on ait besoin de le relancer et le vacarme causé dans le café par le téléviseur qui hurle au-dessus de nos têtes ne semble pas le perturber. Rien ne l'arrête quand il s'agit de Jacques et Françoise. Pourtant, il se méfie des journalistes et des étrangers. Si je n'avais pas l'aval de Jacques pour écrire ce livre, il ne m'aurait pas reçu. « J'ai souvent été sollicité par la presse ou la télé pour parler de lui. Mais je ne parle pas, même si j'ai beaucoup à dire, et malgré les pressions. Je ne suis pas un donneur. Quand ils se sont mariés, il y a des gens d'*Ici Paris* qui sont venus passer des journées entières dans le bar de mon frère. Ils m'ont dit : "Il paraît que vous avez fait une poésie pour le mariage. Vous pouvez nous la donner ?" J'ai dit : "Pas question !" "Vous vous rendez compte à quel point ça peut vous servir si c'est publié ?" Pendant trois heures, ils ont insisté... » En vain. Il y a un an ou deux, Fanfan monte faire quelques photos souvenirs. Il ne l'avait encore jamais fait. « Je me suis dit : "On vieillit, il faut quand même laisser une ou deux photos à la maison." J'ai donc fait quelques photos de Jacques, Françoise, des chats... Je n'ai jamais porté le film à développer. Même pour cinquante briques, je ne le vendrais pas... Quand je vais chez eux, je ne vais pas chez des grands artistes, je vais chez des amis. »

Fanfan éprouve quelques petits regrets. Un jour de 1974, Jacques demande au berger poète de lui écrire une chanson qui s'intitulerait *Heureux qui communiste*. « J'ai raté le coche. Je l'ai faite mais il ne l'a jamais chantée parce que je mettais Yves Montand en boîte. Quand j'étais jeune, je votais communiste. Parce que l'idéologie communiste, c'était le paradis sur terre. Mais je savais que ma chanson ne passerait pas. » La fierté corse n'est pas une légende : Fanfan ne modifiera pas une ligne.

Il aurait aussi aimé être davantage disponible pour Jacques, mais… « J'avais quatre cents brebis à surveiller, et tu n'es jamais libre dans ta tête. Sinon, j'aurais pu le suivre moi aussi, en tournée et ailleurs. » Et puis l'âge, la santé… « En vieillissant, tu n'as plus les moyens de tes sorties. On se voit beaucoup moins, quand ce n'est pas l'un qui ne va pas, c'est l'autre. J'ai fait des infarctus… C'est la vie. » Mais il est aussi certain de cette amitié avec Jacques et Françoise qu'un et un font deux et ça le rassure : « Si demain, ils ont besoin de quelqu'un de confiance, je suis sûr qu'ils vont m'appeler. » Des éclairs de fierté illuminent soudain son regard.

En octobre 1987, en pleine sortie de *CQFD* et sous les caméras de la télévision suisse, à la Bergerie, restaurant de l'Île-Rousse, Jacques décide d'arrêter de boire. Radicalement. Du jour au lendemain, plus une goutte d'alcool. Lui qui a plutôt été préservé jusque-là, question santé, a peur tout d'un coup. La tuyauterie est en mauvais état. Quelques incidents concrets l'ont alerté.

Françoise : « Étrangement, je ne me suis rendu compte que très tard de son problème avec l'alcool. Cela tient à ce que même à partir du moment où nous avons vécu ensemble – au bout de sept années de relation –, je ne le voyais pas beaucoup. Il partait déjeuner dehors et rentrait dîner en disant qu'il était "mort" et en se plaignant de l'excès de chauffage. C'est très progressivement que j'ai réalisé que sa mauvaise humeur, son épuisement et le fait d'avoir toujours trop chaud venaient de ce qu'il avait dû pas mal picoler. Curieusement, il m'est toujours apparu comme un jouisseur, un bon vivant qui boit parce qu'il aime ça, parce que c'est bon, et non pour fuir un problème existentiel. Mais quand il a arrêté complètement l'alcool de son propre gré, suite à un malaise alarmant, il a fait pour le coup une véritable dépression : il était complètement éteint, il n'était plus lui-même… Un parallèle s'imposait avec sa mère qui, du jour où elle avait arrêté de fumer, avait perdu sa joie de vivre et cessé de s'alimenter. *Idem* pour Jacques : en même temps qu'il a arrêté de boire, il ne s'est plus nourri que de yaourts et de saumon fumé, alors qu'il avait toujours eu un solide coup de fourchette. Il a maigri au point que le bruit a couru qu'il était gravement malade. En même temps, il a commencé à avoir de fortes angoisses. »

Un jour, André Bernot, l'ingénieur du son accordéoniste bouquiniste, accompagne Jacques à un déjeuner chez Edgar, avec Michel Denisot et ses collaborateurs. « Jacques avait un comportement bizarre. Il descendait, remontait, redescendait… » À un moment, un serveur prévient Bernot : « M. Dutronc demande que vous descendiez ! » Bernot se précipite aux toilettes et découvre son ami en plein malaise. Jacques trouve la force de lui dire : « Remonte voir Denisot, dis-lui que ma mère est à l'article de la mort, que je suis désolé, mais il faut que je m'en aille… » Un taxi les raccompagne rue Hallé. « Jacques avait comme une boule dans la gorge qui ne voulait ni monter ni descendre, raconte Bernot. Il m'a demandé d'aller acheter un sirop expectorant à la pharmacie et puis il m'a dit : "Françoise est là, tu peux y aller !" »

Jean-Marie Périer, qui a côtoyé Jacques dans toutes sortes de situations, affirme qu'il *sait* boire. Comme on dit : il *tient* l'alcool. « Contrairement à Gainsbourg, qui faisait parfois semblant, Jacques ne laissait rien paraître. Je l'ai vu boire de la bière et du scotch toute la journée, du vin à table, sa bouteille de poire à lui tout seul après le dîner et il continuait la conversation. C'est ça qui est mauvais pour la santé. Il vaut mieux que ça sorte. Johnny, ce qui l'a sauvé, c'est qu'il cassait la gueule à des mecs. Chez Jacques, tout restait à l'intérieur. C'est très dangereux. Quoique maintenant, dès qu'il a bu quelques verres, je le remarque tout de suite. »

Dorénavant, Jacques déjeune à la Badoit. Il ne boit plus mais il a de la mémoire, comme il le dit lui-même. Vous ne le ferez plus trinquer. Pour autant, les habitudes autour de lui ne changent pas, les potes picolent pour lui, il se contente de boire leurs paroles. Un sevrage long et difficile commence donc en 1987, dont les répercussions tant physiques que psychologiques apparaîtront progressivement. Comme des phénomènes de sensation d'étau à la nuque, des douleurs dans le bas de la tête. La dépression se dessine. L'abstinence durera un peu plus de cinq ans.

Jacques avait pris de l'embonpoint depuis quelque temps. Les déjeuners arrosés à répétition en étaient sans doute responsables. La première conséquence visible de son régime sans alcool : un amaigrissement spectaculaire, aisément remarquable lors de son retour au cinéma, fin 1988. Andrzej Zulawski, qui a offert à Jacques son premier grand rôle au cinéma, le ramène à l'écran quinze ans plus tard après une désertion de plus de cinq ans. Interviewé par Brigitte Baudin dans *Le Figaro* (31 octobre 1988), le controversé, le provocant Zulawski dit à son propos : « Je l'ai trouvé mûri, il a une force, une dimension. Il vient avec son "camion" d'ironie et de tendresse qui vous force à le regarder au fond de l'âme. » Ce film du retour s'appelle *Mes nuits sont plus belles que vos jours*, il est très librement adapté du roman éponyme de Raphaëlle Billetdoux. Thème : le langage. Dutronc et Sophie Marceau forment un couple électrique. Elle est télépathe, il est inventeur de langage informatique ; en même temps, sa mémoire se vide comme une baignoire, se délite... Virus ? Prédiction du réalisateur : « Mon film sera donc un jeu de mots, d'amour et de mort avec de la délicatesse, de la tendresse et des fulgurances du cœur. » « Zulawski était venu me voir ici avec son scénario, explique Jacques. Je le lisais sur la terrasse pendant qu'il me vidait le bar. Il attendait ma réponse. J'ai pris une douche et je suis redescendu en peignoir avec la capuche sur la tête pour lui dire que je le faisais. Je venais d'arrêter de boire, j'étais assez dépressif, très maigre. Je n'avais pas lu le roman, mais j'ai cru comprendre ce qu'il voulait faire et c'était très étrange, d'ailleurs. En tout cas, je trouvais le titre magnifique. » Raphaëlle Billetdoux, elle, se sent trahie par le film au point d'exiger le retrait de son nom de l'affiche et du générique. « Quand on parle des films de Zulawski, dit Jacques, agacé, la facilité est de dire que c'est hystérique. Mais peu importe, c'est toujours une leçon de cinéma. Il sait de quoi il parle. » Dutronc est toujours aussi impressionné par la virtuosité du réalisateur polonais, il se souvient en détail de plans impossibles à tourner. « Mais il ne suffit pas d'être fort techniquement, ajoute-t-il, c'est souvent le problème du cinéma français. »

Le rôle de Jacques est difficile, le texte compliqué, dur à retenir, le personnage s'exprime en vers : « Des constructions de phrases alambiquées, heureusement que je ne buvais rien... » Le tournage est perçu par Jacques « comme un marathon, où, pour se reposer, on ferait des cent mètres » (*Rolling Stone*, décembre 1988). Autre manière, plus habituelle, de se détendre : la déconne. Andrzej interdit qu'on siffle sur ses tournages. Une superstition de metteur en scène, comme les mots *corde* ou *ficelle*… « Je circulais auprès des machinos, dit Jacques, et je chantonnais : "Hello, le soleil brille, brille, brille, hello…" Aussitôt après, il y en avait toujours un qui reprenait l'air en sifflant. Zulawski arrivait comme un bolide en criant : "Qui a sifflé ?" »

Au moment de la sortie du film en salle, Gérard Pangon, dans le *Télérama* du 3 mai 1989, parle de mise en scène exubérante et brillante, faite de chic et de choc, de film agité, de rôles difficiles pour les comédiens. « Quant à Jacques Dutronc, il est bouleversant. Il divague, l'air vague, et laisse tomber ses phrases, ironique et tragique. Avec ses yeux décavés au bleu délavé dans un visage décharné, il traîne sa carcasse de désespéré. » « Le film est ce qu'il est. En tout cas, il n'est pas ce qu'il n'aurait pas dû être » (commentaire de Jacques paru dans *Vidéo 7* en juin 1990). *Mes nuits…* n'est pas un franc succès. Selon Jacques, le film n'était pas conçu pour faire un million d'entrées. N'empêche, il a aimé le faire, et il garde en mémoire l'image de la fin du tournage. « J'ai pris mon van et j'ai quitté Biarritz. Ça faisait une route qui rappelait les albums de Tintin, avec quelques feuilles mortes. Et cette image s'éloignait dans le rétroviseur… »

Étape suivante : Londres. Jacques enchaîne en 1989 avec *Chambre à part* de Jacky Cukier. Un couple marginal, formé par Dutronc et Lio, s'immisce dans la vie d'un autre, franco-britannique et plus installé, unissant Michel Blanc à Frances Barber. Bien sûr, les intentions sont malhonnêtes. « À part Zulawski, Cukier était le seul metteur en scène à être venu jusqu'ici pour me présenter un scénario. » Les deux hommes ne se connaissent pas. Seul indice pour Dutronc : Cukier a été assistant chez Lautner. « J'ai trouvé le scénario très intéressant, et comme il y avait Michel Blanc dans la distribution, j'ai tout de suite dit : "Je le fais." »

De Londres, Jacques se souvient du Trador Vick's, le bar du Hilton, qui fait, paraît-il, les meilleurs cocktails du monde mais auxquels il résiste, de la superbe maison louée par Michel Blanc, avec son jardinet british à souhait, de la météo, incroyablement clémente : « Il a fait beau d'un bout à l'autre. C'est quand même un comble en Angleterre d'appeler les effets spéciaux pour faire de la pluie… »

D'après lui, *Chambre à part* ressemble plus à un film italien qu'à une production française. « C'était assez subtil. Ça fonctionne très bien toute la première partie ; la seconde est un peu plus faible. J'ai eu du mal à faire la scène du banquet final. Elle était difficile à jouer et j'avais le producteur en face de moi qui bâillait, genre on dépassait. » Bien après le tournage, Jacques apprend que ce sont les parents de Cukier qui ont « offert » ce film à leur fils : « 2 milliards de centimes... C'est bien de recevoir un cadeau de ce prix-là et de le partager avec d'autres. »

* * *

Il était déjà question que Jacques tourne dans *Loulou* de Maurice Pialat, en 1980, soit dix ans avant *Van Gogh*. Selon Françoise, après avoir vu *Violette et François* (1977), le réalisateur de *Nous ne vieillirons pas ensemble* a dit de Jacques qu'il était le plus grand acteur de sa génération et il a voulu le rencontrer. C'est Jacques Villeret qui les a présentés l'un à l'autre. Pour diverses raisons, Jacques n'a pas joué dans *Loulou*.

« La dernière fois que j'ai vu Pialat, dit Françoise à Jacques, c'était au restaurant de la Ferronnerie. Il se reprochait les propos négatifs qu'il avait tenus à ton sujet. Je lui ai dit de ne pas s'en faire, que tu l'aimais beaucoup et ne lui en voulais de rien. Mais il pleurait en disant qu'il avait été méchant avec toi. »

Bar de la terrasse, début d'après-midi. Nous poursuivons notre voyage dans la filmographie de Dutronc tandis que Françoise s'est jointe à nous. Jacques est assis sur son tabouret, toujours le même, à l'angle du bar, Françoise sur le siège voisin, moi de l'autre côté dans le rôle du barman. Eau pétillante pour tout le monde. « C'est une longue histoire, Pialat, dit Jacques. Déjà à l'époque de *L'Important c'est d'aimer*, il voulait me faire tourner. On se voyait au PLM Saint-Jacques, à Denfert, à côté de chez moi. Il venait aussi ici, en Corse. Il regardait. Il ne parlait pas beaucoup et il suffisait que je dise un nom de réalisateur, n'importe lequel, pour qu'il le déguise. Il ne s'aimait pas lui-même, donc il avait le droit de taper sur les autres. Mais il savait de quoi il parlait, lui aussi. Il a toujours été intéressant. »

Le projet *Van Gogh* enfin les réunit – bien que d'autres acteurs aient été pressentis avant Dutronc pour le rôle titre : Daniel Auteuil, Jean-Hugues Anglade, Lambert Wilson. Ce ne sera pas une biographie du peintre mais une œuvre très personnelle de Pialat, concentrée sur les trois derniers mois de sa vie, à Auvers-sur-Oise. Les premiers tours de manivelle sont donnés en juin 1990, en Touraine. Le réalisateur se montre fidèle à sa légende, exigeant avec ses comédiens, tyrannique, voire pervers : « Un jour, raconte Jacques, une prise était tellement bonne qu'il s'est écrié avant la fin : "Là, il est formidable ! Voilà comment il doit être durant tout le film !" Donc poubelle ! » Un autre, il fait ouvrir une porte à Dutronc. « C'est pas comme ça qu'on ouvre une porte ! » On la refait, encore et encore. Sans jamais donner une indication supplémentaire. Le metteur en scène laisse monter la tension, volontairement. Il cherche à faire sortir l'acteur de ses gonds, provoque le clash. Beaucoup craquent. Pas Jacques. Qui pourtant ne va pas bien. « J'étais assez malade sur ce tournage. Pas parce que je crevais de soif mais parce que j'avais les effets secondaires du sevrage. Ça n'aide pas à jouer la comédie, contrairement à ce que certains ont pu dire. Donc dépression… Un jour, j'étais tellement mal que j'ai appelé Maurice, je lui ai demandé de passer me voir dans ma caravane. Il est venu comme un enfant, comme s'il avait fait une bêtise. Je lui ai demandé si je pouvais prendre un jour ou deux, pour consulter. Il m'a répondu : "Bien sûr ! Je pensais que tu voulais me mettre ton poing dans la gueule ! Parce que ce qu'on fait, c'est de la merde, d'ailleurs je suis con de tourner…" Et c'était reparti… »

Jacques est particulièrement entouré sur ce tournage. Patrick Lecroc, dit « Le Nain », restaurateur et voisin de Jacques, interprète les rôles du fripier et de Toulouse-Lautrec. André Bernot, venu en ami, se retrouvera aussi sur la pellicule : « Pialat était très exigeant. Pour détendre l'atmosphère, Jacques me demandait de venir jouer des chansons à l'accordéon. Pour célébrer la fin toute proche du tournage, Jacques a donné une grande fête au château du coin. Il a très bien fait les choses : cochon grillé pour soixante-dix personnes ! » À un moment donné, Jacques demande à son ami de chausser son piano à bretelles et d'entamer un air de circonstance. Bernot attaque *Douce France* de Trenet. La volière se transforme tout d'un coup en église. L'ex-ingénieur du son de la maison Vogue fait un tabac ! Tout l'après-midi, il exécute de bonne grâce les demandes qui lui sont faites et Pialat finit par souffler à l'oreille de Jacques : « Tu ne pourrais pas lui dire de venir tourner dans la fin du film ? » L'accordéoniste dans la scène du bal, c'est donc Bernot… Didier Barbier, secrétaire du moment de Jacques, est lui aussi utilisé par Pialat. Il joue le rôle de l'idiot du village à qui Dutronc-Van Gogh tire le portrait (*L'Homme au bleuet*) dans un champ. Notons enfin la présence de Thomas aux côtés de Jacques, une première. Il s'essaie alors à la photographie…

Le tournage est une sacrée épreuve. Jacques en ressort lessivé. Il se dit plus fier d'avoir tourné avec Pialat que du film lui-même. Françoise note des similitudes de caractère entre l'acteur et le metteur en scène : « Jacques m'a le plus souvent donné l'impression de manquer d'ambition et de motivation. C'est peut-être l'une des raisons pour lesquelles il s'est bien entendu avec Maurice Pialat qui était le défaitisme incarné et prétendait que le perfectionnisme et le je-m'en-foutisme se rejoignent. “S'en foutre complètement parce qu'on sait qu'on n'atteindra pas, et de loin, ce qu'on voulait faire”, disait-il. Tout ce que faisaient les autres et tout ce que lui faisait étaient mauvais. Il y a de ça aussi chez Jacques. Il n'a pas un ego démesuré, au contraire. Cela renvoie bien sûr à ses parents, des gens très discrets, très pudiques, timides. »

Que d'encre a coulé à propos de ce *Van Gogh* ! L'accueil cannois, la performance de Jacques, le rôle d'une vie, le César 1992 du meilleur acteur, tous les superlatifs déterrés par les critiques de cinéma… Le film triomphe. Pourtant : « Il a failli ne jamais être tourné, a manqué de s'arrêter brutalement. Des équipes entières de techniciens ont rendu leur tablier. Il y a eu des larmes, des humiliations, des éblouissements. Quoi qu'il en soit, *Van Gogh* justifie déjà son label de “film maudit”. […] Ceux qui reviennent de chez Pialat semblent être des rescapés de Verdun. Ils ont participé à un tournage en apnée et en sont restés estourbis… » (*L'Express*, 16 mai 1991). Jacques avait sans doute besoin de cette bataille-là à ce moment de son parcours. Le frangin Philippe me dira à propos des éloges faits au jeu de Jacques : « Ce qui était qualifié de “naturel étonnant” par certains critiques était pour nous un “naturel naturel” ! Même

Pialat, malgré son autoritarisme et son caractère de chien, n'a pas su le faire plier complètement. » Et Eddy Mitchell déclarera bien des années plus tard sur France Inter : « Jacques est un personnage qui a évolué, en se bonifiant au fil des années, pour en arriver à ce point de… gigantisme… et d'élégance […]. Le *Van Gogh* de Jacques est bouleversant. Rien que pour cela on ne peut pas émettre un doute sur ses talents d'acteur. »

Jacques ne va pas bien. Le couple Hardy-Dutronc traverse une crise majeure. Les relations se sont *officiellement* distendues depuis quelque temps (Françoise n'a-t-elle pas déclaré dans *Paris Match* le 10 juin 1988, en faisant allusion au couple exécutif Chirac-Mitterrand : « En amour, la cohabitation, ça existe aussi » ?). Une jeune femme est entrée dans la vie de Dutronc, mais son état dépressif ne s'est pas amélioré pour autant. Le sevrage n'est pas terminé – peut-il l'être un jour ? Le psychiatre consulté sur le tournage de *Van Gogh* l'a aidé momentanément mais Jacques refuse le piège de la pharmacie. Pas la peine d'arrêter de boire si c'est pour se gaver de psychotropes et autres antidépresseurs. Quant à un éventuel travail sur soi, d'ordre psychothérapique ou psychanalytique, il ne veut pas en entendre parler. Il souffre de maux divers, comme de violentes rages de dents, et se déclare heureux de ces souffrances si faciles à localiser, à soigner. Les kilos perdus, bien visibles dans *Van Gogh*, font courir un tas de rumeurs concernant sa santé et autant de tumeurs lui sont prêtées. Cancer du poumon, des os… mais aussi sida, tuberculose, cirrhose… Un soir, au comptoir du Hilton, Jacques sirote une Badoit avec le barman. Tout ce qu'il aime : atmosphère ouatée de palace, radio en sourdine. Soudain, un flash annonce sa mort. Tchin ! Ça valait bien une tournée.

Jacques devient de plus en plus insomniaque et il trouve en son secrétaire-idiot-d'Auvers-sur-Oise-mathématicien-de-formation, Didier Barbier, le meilleur des somnifères. Il suffit à ce dernier de développer, à l'heure du coucher, quelque théorie dont il a le secret, comme les super-crochets de Jacobi, le réel voilé, l'algèbre semi-simple ou les champs bosoïques, pour hypnotiser son auditoire…

Les fonctions des secrétaires de Dutronc sont aussi vastes que ses méthodes de recrutement sont originales. Quelques exemples :

Daniel Manthe est plombier de métier. Un 14-Juillet du début des années 1970, il est appelé rue de Provence pour un problème de tuyauterie dans la salle de bains. Il s'avère aussi bon au baby-foot qu'en plomberie, deux qualités essentielles pour assister Dutronc. Engagé !... Philippe Malherbe, lui, est embauché comme chauffeur de Jacques sur un tournage. Dès le premier jour, il emboutit trois voitures. Examen de passage réussi : Jacques reprend le volant, Malherbe sera son secrétaire... Gilles Lecroc rôde dans un bistrot près de chez Jacques. Il officie accessoirement comme assistant réalisateur pour les vidéos Marc Dorcel. Lui et son frère Patrick (Le Nain) seront successivement secrétaires de Jacques... Pour Didier Barbier, le processus sera un peu plus long. Barbier est le prof de maths et de physique de Thomas. Lors d'un conseil de classe, il dit à Françoise, tout à fait sérieusement : « Votre fils est très bon en physique. Vous êtes sûrement dans les maths vous-même... – Pas du tout ! – Votre mari, peut-être ?... » Afin de « protéger Thomas contre le système éducatif », Barbier vient à domicile lui donner des cours particuliers. Barbier est très remonté contre les méthodes pédagogiques traditionnelles. Ce professeur Tournesol préfère éveiller et passionner les esprits plutôt qu'appliquer les programmes. Un soir, après le cours, il accepte de rester dîner rue Hallé avec son élève et ses parents. Il quittera l'Éducation nationale pour suivre Jacques et se retrouvera en cape rouge dans *Van Gogh*.

Thomas est resté ami avec plusieurs de ces anciens secrétaires ou collaborateurs de son père, même quand celui-ci a définitivement tourné la page. « C'est mon enfance, dit-il, ils sont un peu comme des tontons, j'ai du mal à couper les ponts. »

Il semble que Dutronc ait repris goût – sinon à la vie – au cinéma. Le nouveau rythme qu'il s'est imposé – un film par an, bon an mal an – lui convient. La qualité plutôt que la quantité. Il prend le temps de choisir ses scénarios et trouve du plaisir à tourner. « J'aime être sur un tournage parce que, dans la solitude de la loge ou de la caravane, je suis bel et bien obligé de me faire face, de m'affronter moi-même. Courageusement. Dès que c'est fini, de retour dans le monde, je me sens au pied du mur... Qui donc va venir me fusiller ? » (*Télérama*, 30 octobre 1991). Dans ce même article, Fabienne Pascaud lui demande : « Quel genre d'acteur êtes-vous ? – Simple ! Avant de faire une scène, j'essaie juste de penser à l'instant que vit le personnage, au lieu où il se trouve. Rien de plus. Surtout, je ne cherche jamais à retrouver une émotion que j'ai pu ressentir où à imiter tel grand acteur dans tel type de situation. Au cinéma, actuellement, tout le monde joue tellement comme tout le monde. Même les imitateurs en France imitent essentiellement les autres imitateurs... Moi, j'essaie humblement de faire autre chose, de laisser jaillir des sensations nouvelles... »

Michel Deville (*Le Paltoquet*, *La Lectrice*, *La Maladie de Sachs*...) fait suite à Maurice Pialat dans son choix de réalisateurs et Jacques se retrouve au casting de *Toutes peines confondues* aux côtés de Mathilda May et Patrick Bruel. Le scénario est tiré du polar d'Andrew Coburn : *Sweetheart*. Après la Touraine, direction la Haute-Savoie. L'équipe s'installe à Évian : « J'avais quelques souvenirs en face, à Lausanne. » Allusion à un séjour douze ans plus tôt à Godardland... *Toutes peines confondues* noue une intrigue complexe dans un ballet d'ombres et de lumières. Dutronc campe un truand sans scrupules mais doté d'une morale. Il apparaît à l'écran plus émacié encore que sous les traits de *Van Gogh*. « Personne n'a vraiment compris le film mais c'était assez riche. Au niveau du décor en tout cas, ça ne lésinait pas. Michel Deville est un personnage très sensible. Il écrit des petits livres très intéressants. Je me souviens de *Mots en l'air*. C'était proche de la poésie... » Deville avait proposé une première fois à Jacques de tourner avec lui. Ça ne s'était pas fait. « Et il m'a dit un jour, me semble-t-il, que j'étais un des rares à qui il avait demandé de faire un autre film après un refus. » Deville dira de Jacques : « Dutronc possède une présence, un charisme, une aura, mais aussi de la rigueur et du mystère. Il est un acteur à part dans le cinéma français. »

* * *

L'année 1991 s'achève dans le chagrin. Madeleine Dutronc décède à Paris le 29 décembre à l'âge de soixante-dix-sept ans. La mère de Jacques n'était pas en bonne santé, elle souffrait depuis des années de problèmes circulatoires. À la fin de sa vie, ces ennuis se doublaient d'une insuffisance respiratoire. Philippe : « Elle est morte de façon très simple, discrète, sans souffrance apparente. »

J'ai demandé à Pierre Dutronc s'il lui arrivait de parler avec Jacques de sa mère. « Pas tellement, a-t-il répondu. Je n'aime pas trop m'en souvenir. Ce n'était pas drôle, vous savez, de se réveiller à 5 heures du matin avec une petite tête toute froide sur son épaule. Sur le moment, on n'y croit pas, on se dit c'est pas possible. J'ai aussitôt téléphoné à Jacquot, je n'ai rien eu à lui expliquer. Il m'a dit : "J'arrive, j'ai compris." La veille, il m'avait confié, alors que sa mère n'était même pas malade : "Tu sais, je dors très peu, si tu as besoin de quoi que ce soit, même en pleine nuit, n'hésite pas à m'appeler." C'est curieux, n'est-ce pas ? Peut-être a-t-il eu une intuition… »

Jacques était très lié à sa mère, on l'a compris. Quelques années auparavant, Pierre et Madeleine avaient quitté la rue de Provence pour s'installer rue Couche, dans le XIVe arrondissement. Ainsi, ils se rapprochaient de Jacques et de Philippe, émigré avec son épouse et leurs enfants en banlieue sud. Françoise : « Jacques m'a parfois donné l'impression d'en vouloir plus ou moins à ses parents, mais je ne sais pas de quoi. Je me demande si ce n'est pas la règle générale, si tout le monde n'en veut pas confusément à ses parents d'être ce qu'ils sont et d'être ce qu'on est. Encore une fois, sa mère l'adorait et il le lui rendait bien. Un triste jour d'hiver à 5 heures du matin, sa mère est décédée dans son sommeil et il m'en a informée en me disant à la manière d'un petit garçon : "Ma maman est morte." C'était bouleversant. »

Le 21 janvier 1993, Jacques s'exprime sur le sujet et sur les disparus en général dans les colonnes du *Nouvel Observateur* : « Ma mère est décédée il y a un an. Elle était née pour ça. Et elle m'a mis au monde pour ça. Moi je dis que c'est une absence. Ils ne sont pas là pour l'instant. Ils reviendront. Ou on ira les rejoindre. J'en sais rien. On ne peut pas vivre sur un chagrin. C'est trop facile. C'est une petite étape. Élémentaire. Ou alimentaire, pour les vers. C'est écologique. La vie est une maladie transmissible sexuellement. Voilà. Gainsbourg aussi est parti en vacances, je ne sais pas où. Son amitié, son odeur, ses pets, ses rots, son haleine quand il bâillait, tout me manque. »

Cinq années se sont écoulées depuis la sortie de *CQFD*. Déjà. Entre-temps, la toute-puissante CBS a été absorbée par la japonaise Sony. Les données du problème ne changent pas : en 1992, la (nouvelle) maison de disques (sous le label Columbia) réclame le second album qu'elle est en droit d'attendre de Jacques. Qui s'y met lentement. Du bout du médiator. Patrick Modiano lui a fait part de sa rencontre avec Linda Lê qui vient de publier *Les Évangiles du crime* et dont il recommande à son ami la lecture. Jacques les lit. « J'ai trouvé ça extrêmement étrange. Donc on s'est vus et je lui ai demandé si elle voulait écrire pour moi ; elle m'a dit qu'elle ne savait pas écrire de chansons. J'ai répondu : "Raison de plus !" Dans tout ce qu'on froisse et qui part à la poubelle, il y a peut-être quelque chose à récupérer. Elle a promis d'essayer et un jour j'ai reçu le manuscrit de *L'Âme sœur*, un texte très fort avec quarante mille idées de chansons dedans. » Un deuxième suit : *Entrez m'sieur dans l'humanité*. La plume de Linda inspire Jacques. On se dit alors chez Sony Columbia que c'est parti, l'album sera prêt pour la fin de l'année, d'autant que Jacques a demandé à sa maison de disques de lui louer une villa en banlieue afin de pouvoir travailler dans de bonnes conditions et qu'on lui a donné satisfaction. Le chanteur dispose dorénavant d'une maison d'architecte à Plaisir dans les Yvelines – il en conservera la jouissance une huitaine d'années. Mais Jacques ne fait rien dans les règles, on ne s'en étonne plus, et le show-biz a les siennes. À commencer par le sacro-saint schéma album-promo-tournée. Après le tabac du single *Merde in France*, n'importe quel autre artiste aurait enregistré un album, il se serait vendu par centaines de milliers d'exemplaires. Si une tournée avait suivi la sortie de *CQFD*, les ventes en auraient été décuplées ! Partant de là, pourquoi ne pas faire cette année une scène quand il n'a pas de disque à promouvoir ? Oui, pourquoi pas. Une manière de repousser l'échéance de cet album qu'il doit – car dès que c'est dû, difficile de se motiver – et d'aller là où on ne l'attend pas (plus). Mais qu'est-ce qui a bien pu le décider à remonter sur le ring, à remettre son titre en jeu quand chacun a fait son deuil de le (re)voir un jour en *live* ? Michel Boulanger, son directeur artistique chez Sony Columbia, tente cette réponse : « Comme avec tous les grands artistes, c'est l'imprévu et le contre-pied qui créent l'événement. Au cinéma, c'est souvent dans les contre-emplois que les acteurs sont les meilleurs. Tout le monde attendait Jacques au cinoche ou avec un disque en studio contenant des chansons à mi-chemin entre humour et tranche de vie, son répertoire habituel, or il décide de faire un spectacle. »

L'idée fait son chemin et ce qui aurait dû, selon toute vraisemblance, rester à l'état de énième rumeur se concrétise peu à peu. Tout le monde pousse : Françoise, Thomas, Étienne Daho… On réfléchit au répertoire. Il y a l'embarras du choix. Jacques se refuse à déterrer des chansons comme *Le Petit Jardin* ou *La Fille du Père Noël*. Jean-Marie Migeot : « Il disait : “Ça va ennuyer tout le monde.” Pour lui, aller chercher ces vieilleries, c'était faire du réchauffé. Mais ça a permis à un tas de jeunes gens de découvrir *L'Opportuniste* par exemple. Et puis il avait envie de dire d'autres choses à ce moment-là. Il avait commencé à travailler sur les chansons de Linda Lê… Il voulait avoir cette liberté de chanter autre chose, explorer d'autres styles. Il n'avait pas envie de chanter *Crac boum hue !* toute sa vie. En France, on ne reconnaît pas aux gens le droit de changer, d'évoluer, il faut qu'ils fassent la même chose toute leur vie… » On finit quand même par le convaincre de reprendre quelques titres des années 1960 et on établit une liste d'une trentaine de chansons.

Quels musiciens engager ? Louis Bertignac est pressenti pour donner un côté rock à la formation. L'ex-Téléphone est emballé par l'idée mais doit y renoncer pour cause de planning incompatible. Alors on contacte une brochette de pros : Jannick Top à la basse, André Ceccarelli à la batterie, Bernard Arcadio aux claviers, Erdal Kizilcay à la guitare et le virtuose Khalil Chahine à la seconde guitare. Tous plus ou moins issus de la scène jazz. On communique la liste des chansons à ces messieurs et on loue le studio de répétition Oko en banlieue sud.

Le premier jour, Jacques rencontre les musiciens. Le matos est installé. On s'accorde, on s'observe, on plaisante. On boit un coup. Tradition. Migeot est aux manettes. À un moment, Jacques lance : « Et si on commençait par… allez… *Et moi, et moi, et moi* ! » Boulanger en a encore la chair de poule : « Ça a été un des plus grands moments d'émotion de ma vie professionnelle. Jacques a pris le micro et la voix était intacte. À la fin du morceau, il s'est tourné vers moi et il a dit : “Tu comprends comment je travaille maintenant, monsieur Michel ?" C'était une façon de me dire : "Je suis un professionnel. Quand on me dit moteur, je suis prêt." Même si, juste avant, personne n'y croit. Et il a ajouté à la fin de cette première journée de répétitions : "N'oublie pas qu'il y a vingt ans de ciné derrière !" Ce sont des mots rares, qui restent gravés. Après, tout a coulé : il y avait tellement de standards dans la liste, des chansons tellement bien construites, que c'était… fluide. Ceccarelli et les autres, tous des grands musiciens de studio ou de jazz, étaient tellement contents de jouer avec Jacques qu'à la limite ils auraient joué gratuitement. Ils en avaient tous rêvé. Les répétitions ont dû durer une quinzaine de jours, ce qui est un minimum après une si longue retraite. »

Pendant ce temps, les idées germent dans la tête de Jacques. Des idées musicales, comme la double basse sur *La Fille du Père Noël*, mais aussi de mise en scène : les gags sans lesquels Dutronc ne serait plus tout à fait Dutronc. Parmi ceux qui sont restés : le play-back sur *Les Play-boys*, la distribution gratuite d'instruments à percussion dans le public pour *La Compapadé*, le facteur (un authentique postier) qui apporte des télégrammes de félicitations sur scène, le nain habillé comme lui pour donner au public l'illusion d'être dans un stade pendant *Les Cactus*, l'interlude avec un perchman sur *J'comprends pas* pour le clin d'œil au cinéma, etc. A été abandonnée l'idée de dévisser un fauteuil du premier rang pour y installer une cuvette de toilettes – pour le cas où quelqu'un se serait écrié : « Aux chiottes Dutronc ! »

Sony fait alors comprendre à Jacques que toute la presse de France et de Navarre veut l'interviewer. Aïe ! Lui ne voyait pas les choses comme ça. Il refuse catégoriquement et propose en échange d'inviter les journalistes sur scène, au rythme de un par soir, et de donner l'interview face au public. « Beaucoup l'ont mal pris, explique Jacques. Mon intention n'était pourtant pas de les ridiculiser. D'ailleurs, au début, personne ne voulait monter ; à la fin, ils se battaient. Ça a commencé avec la célèbre Monique Pantel, de *France-Soir*, qui s'est fait jeter… On lui a offert un bouquet de fleurs, elle l'a piétiné… D'autres étaient contents. J'ai fait ça pour me débarrasser de la promotion, pas pour mettre à genoux certains journalistes. » Jacques voit d'autres avantages à son stratagème : ça permet au chanteur de souffler pendant dix minutes, ça oblige les journalistes à venir au spectacle (et donc à ne pas être tentés de raconter n'importe quoi), ça leur offre la possibilité de s'adresser directement à des lecteurs potentiels et l'occasion unique de rédiger leur papier depuis le front. Jacques réussit à convaincre Sony.

Le coup d'envoi est donné le 3 novembre 1992 au Casino de Paris. Dutronc en chair et en os, en Levi's noir et Perfecto, face à un public, égrenant un florilège de son répertoire. Il a repris un peu de poids et goût à la vie, s'autorise désormais un verre ou deux de bordeaux avant d'affronter le public, mettant ainsi fin à cinq ans d'abstinence. Le spectacle est un triomphe. Jacques joue un mois durant à guichets fermés. Jean-Marie Migeot porte la casquette de coordinateur artistique et technique : « Le Casino, Jacques l'a fait à fond, ça a été un vrai investissement de sa part. Pourtant il sortait d'une période assez dure, mais il aime bien l'urgence, il provoque ça, il peut préparer les choses très longtemps à l'avance et laisser filer jusqu'au moment où il y a urgence et qu'il faut faire ça en deux jours. Alors ça peut donner l'impression que ça a été vite fait mais tout est calculé, maîtrisé. » Face au succès du spectacle, Sony décide de sortir un *live*, en lieu et place de l'album studio prévu à l'origine – qui de toute façon est loin d'être prêt. Tout s'organise très vite. Jean-Marie Périer débarque avec ses caméras, un studio mobile piloté par Dominique Blanc-Francard vient se garer rue de Clichy et enregistre le concert trois soirées de suite. « Je crois qu'on a eu sept jours pour tout faire, se souvient Migeot. Fallait que ça sorte avant Noël. Il y a juste eu une séance de chœurs qu'on a dû refaire. Rien d'autre. » Michel Boulanger : « C'est un disque qui n'a presque rien coûté et qui a été une des plus grosses ventes de l'histoire du *live* en France. On a dû dépasser les 800 000 exemplaires en comptant les DVD. Jacques a été extraordinaire, malgré vingt ans d'absence scénique. C'est un disque magique, au même titre que certains *concept albums* des années 1970 comme *Berlin* de Lou Reed ou quelques albums des Stones. Je me souviens qu'on était dans le mobile avec Blanc-Francard, le spectacle tournait et on se délectait tous les deux en se disant : "C'est pas possible, il va bien y avoir une plantade !" Mais ça ne venait pas… »

Le spectacle sera couronné aux Victoires de la musique dans la catégorie Meilleur spectacle de l'année. Thomas, photographe officiel de son père, est fou de joie de le voir suer sous les gamelles du fameux éclairagiste Rouveyrollis. Pierre Dutronc est là tous les soirs également, ravi lui aussi des retrouvailles de son fils avec le public. Rajeuni de vingt ans, il jubile, plaisante avec les spectateurs dans le hall pendant l'entracte. Un soir il se retrouve dans une loge avec un autre vieux monsieur qui lui lance : « Il me semble vous connaître. » Pierre ne se dégonfle pas et lui répond, avec un petit sourire et une bonne dose d'aplomb : « Moi aussi, il me semble vous avoir déjà vu quelque part. » Ce spectateur pas tout à fait comme les autres, c'est François Mitterrand. Un peu plus tard, en allant saluer Jacques après le show, il lui glisse : « Vous maniez les foules comme personne, vous devriez vous lancer dans la politique… »

Jacques et le président de la République se sont rencontrés quelques jours plus tôt. Mitterrand organise régulièrement des dîners mondains où il convie à sa table artistes et intellectuels. Gens avec qui Jacques n'a pas forcément envie de partager un repas. Plusieurs invitations parviennent rue Hallé mais toutes sont accueillies d'un refus poli, jusqu'à ce que la personne chargée d'organiser ces réceptions s'interroge : « Il n'aime pas Mitterrand ? » Jacques lui fait alors savoir, avec un certain culot, qu'il accepterait volontiers l'invitation du président si toutefois celle-ci revêtait un caractère un peu plus exclusif. Et d'ajouter : « Mais il a du travail, ce monsieur, je ne voudrais surtout pas déranger et comprendrais très bien que… » Voilà encore un paradoxe : lui qui fuit le tête-à-tête comme la peste, n'accepte de rencontrer le président que dans ces conditions. Sans doute que sa réaction amuse Mitterrand et, à la grande surprise de Jacques, le chanteur comédien se voit un beau jour convié à un déjeuner privé dans les jardins de l'Élysée. Ne pouvant plus reculer, il accepte. « Pour les potes bien sûr, dit-il. Toujours. Pour leur raconter. » Thomas m'a avoué que son père menaçait d'y aller à poil. Il n'en fait rien, bien sûr, et se pointe, selon son habitude, quelques minutes avant l'heure convenue. « Il y avait une table pour deux, me raconte Jacques, bien dressée, vaisselle en or massif, magnifique. Un militaire – un appelé –, est venu me servir un corton-charlemagne extraordinaire, et il m'a dit : "Monsieur le président va arriver à 13 heures.

Vous êtes en avance mais il apprécie beaucoup les gens en avance." À 13 heures pile, il est arrivé et nous avons déjeuné. Il était plutôt impressionnant et il valait mieux le laisser parler. Il a réussi à me surprendre, ce qui a encore plus surpris mon père. C'était un peu comme si on se connaissait depuis pas mal de temps. Il m'a dit à un moment donné de la conversation que son livre de chevet était *Mein Kampf.* J'ai répondu que ce n'était certainement pas le mien... Je crois qu'il m'a branché là-dessus uniquement pour savoir ce que je pensais, ce qui était assez douteux de sa part... En tout cas, j'étais très content, je suis reparti presque en sifflotant, comme un môme qui a réussi son certif. Et je me souviendrai toujours qu'à la fin, il a dit (Jacques l'imite) : "Adieu le protocole, hein !", parce qu'en principe il ne raccompagne pas ses invités, il est censé leur dire au revoir du haut des marches. Mais il est descendu et m'a dit :

– Donnez ces fleurs à celle qui ne m'aime pas !

– Qui ça ?

– Votre femme !

– Pourquoi ? Mais pas du tout...

– Ça ne fait rien, vous les lui offrirez de la part de celui qu'elle n'aime pas !

– Voulez-vous que je divorce ?

– Ah non !

» ... C'est pourquoi je l'ai invité à mon tour au Casino. Il était déjà malade mais il est venu quand même. »

Le succès du Casino donne des idées aux maisons de disques. Tout Dutronc se retrouve numérisé, remixé, remastérisé, compilé, réédité, intégralisé... Vogue sort le coffret « boîte de conserve » qui couvre la période 1966-1976 ; Sony Columbia récupère les droits Gaumont et assemble la période 1980-1992. Toute l'œuvre de Jacques disponible en sept CD (huit si l'on ajoute le *live* du Casino) ! La dutroncmania bat son plein. Les médias s'arrachent ce comique croupier de Casino quinqua qui fait la Une des journaux, de *Nous deux* aux *Inrockuptibles*. Sony croit encore en l'album studio promis par Jacques. On annonce une sortie pour janvier 1993, puis on parle de février, de mars, de la rentrée... Y a pas le feu ! Jacques ne sait pas faire plusieurs choses à la fois. Il aime dire qu'il n'est pas un homme politique : il ne cumule pas les mandats, lui. On l'a encouragé à remonter sur scène, maintenant qu'il y est, il s'y trouve plutôt bien. Il entreprend au printemps une grande tournée en province, comme au temps où, avec Migeot, Rodi, Bernot, Kalafate et les autres, il fonçait d'un chapiteau perméable à un podium Foire au jambon. Sauf que les conditions ont évolué. Le bizness du spectacle itinérant est devenu une industrie bien huilée. Aujourd'hui, c'est plutôt ambiance tapis rouge et seau à glace.

De toute cette presse qui s'enflamme autour de Dutronc-la-joie, il faut retenir un dossier de dix-huit pages dans le numéro de novembre 1992 de *L'Autre Journal*, intitulé « Dutronc par la bande ». Pour une fois, parole est donnée à ceux qui sont habituellement et anonymement présentés comme les potes du chanteur, assimilés, au mieux à des faire-valoir, au pire à des parasites – forcément, leur présence dérange le journaliste qui se trouve privé du tête-à-tête avec l'artiste. Enfin ils sont là, photographiés, interviewés, éclairés par les frères Kruger, artisans du dossier. On apprend beaucoup sur le fonctionnement de la bande, ses codes, ses secrets. Naturellement, il s'agit de la bande à un instant T, car elle évolue d'année en année, connaît son lot de séparations, plus ou moins forcées, de divorces, pas toujours à l'amiable, de retrouvailles, en général joyeusement fêtées, de convalescences, parfois longues, d'exclusions, rarement définitives. On reconnaît parmi les présents : Migeot, Kalafate, Luisi, Le Nain, Bernot, Barbier, Paoli et bien d'autres. Onze ans après, quelques-uns se sont vu refuser le renouvellement de leur carte. Comme Kalafate. Une brouille survenue peu de temps après le Casino les a séparés ; plusieurs tentatives de réintégration dans le premier cercle ont échoué. Déjà, dans cet article, Hadi s'exprime sur Jacques et son rôle de chef de bande, et il est loin d'être tendre. Il lui reproche de jouer avec les gens, de les manipuler, d'en faire des souffre-douleur. J'ai voulu revenir avec lui sur ses déclarations.

« En 1992, tu disais : “Les gens qui sont subjugués par la personnalité de Jacques finissent par se noyer dedans”…

– Il a un pouvoir de séduction inimaginable et il est machiavélique. Dès qu'il sent une faiblesse chez quelqu'un, il va s'en servir.

Il est d'une intelligence incroyable mais aussi d'une grande perversité. Il hypnotise les gens avec son charme, comme un serpent, et après il casse.

(Réflexe de boxeur, dirait Jacques qui a été grand amateur de ce sport : taper dans l'arcade lorsque celle-ci pisse le sang.)

– Je te cite encore : "Jacques a besoin de rapports de forces… Si tu connais le mode d'emploi, tu arrives un peu à te démerder avec son amitié. Sinon, tu en prends plein la gueule"…

– Il le dit lui-même : "Il me faut un disjoncteur ! C'est pas moi qui dois péter les plombs, c'est l'autre !" Là où je lui en veux un peu, poursuit Kalafate, c'est qu'il ne m'a jamais écouté, ou plutôt il ne m'a jamais reconnu en tant que conseiller… Jacques a toujours pensé qu'avoir des crétins autour de lui le valorisait. Je les appelais "les bras cassés"… Jean-Marie Périer ou moi, on ne lui faisait pas de cadeau parfois. Les autres se comportaient avec lui comme ses parents l'avaient fait plus tôt, jamais de remontrances. Ça ne l'a pas servi… Jacques est un suicidaire. Il se suicide à petit feu et il entraîne les autres avec lui dans le tourbillon. »

Dutronc qualifiera un jour ses potes d'« extensions de mémoire ». Une manière de garder le contact avec l'humanité. Il est un esseulé qui a besoin d'être entouré, il ne supporte pas plus la solitude que le face-à-face. Françoise a depuis longtemps compris que Jacques avait besoin de copains autour de lui, d'être en permanence le centre d'un mini-groupe. « La notoriété dès vingt-trois, vingt-quatre ans, dit-elle, enferme dans une bulle où tout tourne autour de soi, tant et si bien qu'on devient plus ou moins égocentrique, même si on ne l'est pas foncièrement. C'est pourquoi il s'est toujours entouré de ce que j'appelle sa "cour des miracles", des gens sympathiques, toujours prêts à abonder dans son sens, à être complices de ses faiblesses, à profiter de ses largesses. »

Il y a quelque chose qui ressemble à du sadomasochisme dans la relation qu'entretient Jacques avec certains membres de la bande. Sa domination s'exerce sur tous les plans : l'intelligence, la culture, la notoriété, l'argent, le pouvoir, l'élégance, le physique, le charisme… Les potes ont tôt fait d'endosser l'habit de valet afin de servir le sphinx, et un valet n'a pas pour fonction de se révolter, quand c'est sans doute ce que Jacques attendrait de leur part. Il faut l'aimer tout en sachant lui résister, l'aimer sans s'aplatir ; lui-même aime les gens qui ont du caractère, de la personnalité. Un membre de la bande se plaint un jour – auprès d'une tierce personne, cela va sans dire – de se voir trop souvent traité de noms d'oiseaux par Jacques. Lorsque la chose est rapportée à ce dernier, il demande avec candeur : « Mais pourquoi ne me le dit-il pas lui-même ? » D'une certaine manière, c'est à travers ses potes que Jacques règle son problème de notoriété.

La bande n'est pas homogène. On y trouve toutes sortes de personnalités dont le point commun est sans doute un certain mal de vivre dans une société qui oblige les adultes à une sagesse formelle. Se retrouver autour de Jacques, c'est ouvrir une parenthèse dans son existence et retrouver une insouciance juvénile, dire et faire ce qui passe par la tête, oublier l'heure, les contingences matérielles, se laisser aller sans honte ni retenue à un comportement qui serait peut-être préjudiciable dans la vraie vie. La bande est une mini-société où chacun est ce qu'il est, où les caractères s'assument. Barbier-le-Matheux l'explique très bien dans *L'Autre Journal*. Il dit aussi à propos du chef : « Je crois que le chef s'ennuie métaphysiquement. Pas matériellement. Son ennui métaphysique rejoint sesinterrogations profondes sur la vie [...] il n'est dupe de personne ni de rien [...] il voit tout, il sait qui est qui, etc. Le chef a aussi tendance à tout ramener à lui ; c'est un peu normal, puisque c'est le chef... » Toutefois, l'amitié n'est pas un vain mot pour Jacques, et il ne s'engage pas à la légère, d'où la complexité de ces rapports une fois qu'il s'est investi. Des rapports parfois à la limite du passionnel. Il peut par exemple se montrer très possessif. François Paoli connaît bien le sujet : « Jacques a un cœur d'or, me dit-il, mais il n'est pas du tout démonstratif. Quand un ami lui fait une crasse, ça lui fait énormément de peine. Au bout d'un certain nombre de crasses, il est rayé de la liste. Mais attention, ceux qui le sont, il a fallu qu'ils en fassent !... Jacques a tendance à passer sur pas mal de choses, parce que ce sont des amis, justement. Il rouspète pour la forme. Mais quand la coupe est pleine, c'est terminé... »

Jean Luisi, le Chauve corse, un des plus gradés de la bande, analyse les choses à sa manière : au son d'un haut et fort « *Ci campemou*[1] *!* » Une gorgée de whisky et c'est reparti : « Jacques est un fou ! Avec lui, c'est une autre dimension. Il a une démesure, il est sensible, mais il est plus fainéant qu'un Corse !

– Ce n'est pas l'avis de tout le monde, observé-je.

– Je ne dis pas que j'ai raison, je dis que ma vérité en est une. Mais je ne crois pas à la vérité. Ce qui est important, c'est la recherche de la vérité. Les choses importent peu, c'est le mouvement vers les choses qui compte. Moi, je n'ai jamais travaillé de ma vie, et Jacques est encore plus fainéant que moi. Mais attention, quand un fainéant se met à travailler, alors là… À part ça, côté défauts, Jacques est quelqu'un qui complique les choses simples. Et là, tu rentres dans des problèmes de sinus et de cosinus, de dimensions sexuelles, de dimensionnel, d'équations du second degré et on n'en sort plus… Le défaut de tous les types qui ont du talent ou du génie, c'est qu'ils sont comme des couteaux. Il y a un côté qui coupe, l'autre pas. Ça bouillonne tellement chez ces gars-là qu'on ne sait pas dans quel sens ça va partir… Les Romains avaient raison avec leur *carpe diem*. Prends le moment présent… Si on s'entend si bien tous les deux, c'est qu'on partage la même devise : il vaut mieux mourir en bonne santé que malade et fatigué.

– Il a peur de mourir ?

– Sûrement, parce qu'il a encore des choses à dire et à faire, il a une famille, un enfant formidable… Lamartine a dit que pour mourir beau, il fallait mourir jeune. Pour moi, c'est trop tard, mais pour Jacques… Je crois qu'il cherche le bonheur, et je pense qu'il est heureux maintenant… D'autre part, Jacques a toujours été excessivement généreux, il a toujours aidé les gens qui en avaient besoin – je suis là pour en témoigner… Et quand Jacques aide quelqu'un, il n'y a que la personne concernée qui le sait. »

Le 28 avril 1993, Jacques fête ses cinquante ans à Bruxelles, sur la scène du Forest National. Le 5 mai, à l'issue de sa tournée marathon, il s'installe de nouveau au Casino de Paris pour un deuxième mois de représentations. Encouragé par un succès qui ne faiblit

1. Quelque chose comme : on est bien, on s'éclate !

pas, il accepte même quelques festivals d'été comme les Francofolies de La Rochelle. Le 15 septembre, il met fin en Belgique à près d'un an de concerts. Un finale en apothéose sur la Citadelle de Namur, sous une pluie diluvienne et devant soixante mille personnes debout et dans la boue. Vingt mille de plus que Johnny deux ans plus tôt, et mieux que le pape aussi (les deux uniques références à s'être produites en ce lieu insolite) ! lui a assuré le bourgmestre à sa sortie de scène. « Pourtant, le pape a plus de choses à dire et un bon vibrato… », me confiera Jacques, sourire ironique à l'appui. Ce qui l'a surtout marqué : les milliers de briquets brandis pendant les chansons lentes… Exercice difficile sous une telle drache, comme on dit outre-Quiévrain.

Pierre et Thomas, Dutronc grand-père et fils, sont là pour célébrer cette mémorable quille. La petite cité belge est paralysée par un afflux d'automobiles exceptionnel et une gadoue dantesque. Après le concert, Jacques se retrouve bloqué dans sa loge, impossible de reprendre la route. Xavier Diskeuve en profite pour lui poser quelques questions pour le quotidien *Vers l'avenir* qui titrera à la Une le lendemain : « Un océan de vagues humaines dans une mer de boue ». Extrait de l'entretien :

« Comment vous sentez-vous juste avant un concert comme celui-ci ?

– Faut commencer à se sentir bien au moment où ça commence. Éviter d'être comme un boxeur qui ferait trop d'entraînement et qui, en compétition, n'aurait plus rien à donner. Chaque chanson est une petite bataille… Et, au total, ça fait une petite guerre. Faut la gagner tous les soirs… »

Jacques m'a dit un jour en repensant à tout ça : « Aucun concert n'est vraiment réussi. C'est pour ça qu'on en fait d'autres… »

* * *

Brèves rencontres, l'album studio commencé en 1992, ne paraîtra qu'en octobre 1995 ! Une fois de plus, Jacques refuse d'appliquer cette règle d'or qui consiste à battre le fer quand il est show ; il ne cherche pas à surfer sur la vague du Casino et faire tomber le jackpot à tout prix. « Le métier, c'est quoi ? Des cocktails, de la gamberge, des discussions sur l'avenir. La carrière, ça ne m'intéresse pas » (*Le Figaro*, 30 septembre 1995). Dutronc prend son temps, et même plus que cela. Des dix-huit mois qui suivent cette fin de tournée 1992-1993 on sait peu de choses, si ce n'est qu'il y a beaucoup de Corse et autant de Plaisir. La majeure partie du disque est réalisée, comme d'habitude, dans les derniers mois et l'urgence. L'une de ses particularités tient au fait que, dès le début (cf. les premiers titres travaillés trois ans plus tôt à partir des textes de Linda Lê), Erdal Kizilcay officie aux arrangements ; l'autre réside dans la diversité des paroliers : David Mc Neil (le fils de Marc Chagall), Jean Fauque (le rimeur attitré de Bashung), Linda Lê (la nouvelliste romancière), et, surprise, Thomas Dutronc, associé à un copain de fac, Arnaud Garoux. Patrick Modiano se fend d'une préface pour le livret du CD ; on peut y lire ce raccourci si juste : « Dutronc n'a pas cessé de nous surprendre en conjuguant le charme désabusé du crooner à l'âpreté des grands rockers blancs. » Michel Boulanger, toujours responsable de la direction artistique de l'œuvre dutronienne chez Sony, en recueillant son texte, demande à l'écrivain s'il n'aimerait pas écrire des paroles pour Jacques. « Je suis désolé, répond humblement Modiano, mais je ne saurais pas faire. » D'autres encore sont plus ou moins officiellement (les appels d'offres de Dutronc ne sont pas publiés dans le *Journal officiel*, il s'agit plutôt de perches lancées au détour d'une conversation, entre poire et fromage) conviés à s'y mettre, comme Étienne Daho, qui dira ne pas y être arrivé, comme l'écrivain Marc-Édouard Nabe, que Dutronc rencontre à Plaisir par l'intermédiaire de Bernot, et qui lui aussi décline avec la même humilité. Difficile d'écrire pour Jacques. Difficile de passer après Lanzmann et Gainsbourg…

David Mc Neil avoue avoir échangé avec Dutronc une dizaine de phrases en vingt-cinq ans. Fauque trinque plus qu'il ne cause avec lui. Pas de séances de travail à proprement parler avec Jacques. Le chanteur compositeur fournit un titre, toujours une mélodie (pour ce disque en tout cas), quelques idées ou indications sur la teneur du texte à pondre, un ton, une atmosphère. Le reste se fait par échanges de fax. L'auteur propose, le chanteur dispose. Le résultat offre une palette de chansons dont Jacques déclare qu'elles lui ressemblent, qu'elles sont lucides, parfois cruelles, un peu graves. Il est vrai que les textes de Linda Lê et de Mc Neil (reçus à Douala pendant le tournage du *Maître des éléphants*) confèrent à l'album un ton sensiblement plus profond que les précédents (on est loin des calembours scatos et des potacheries style *Les Gars de la narine*). On a le sentiment que Jacques a envie d'explorer des voies nouvelles et l'univers bluesy de l'écrivain auteur compositeur franco-américain et les poèmes agressifs de l'écrivaine vietnamienne l'aident à s'aventurer en *terra incognita*. Jean-Marie Migeot y voit une conséquence de son vécu de comédien : « Peut-être que certains sujets plus graves qu'il a pu traiter au cinéma l'ont amené à chanter autre chose... »

Les critiques attendent monts et merveilles, vertes et pas mûres de Dutronc, ils s'attendent à ce qu'il révolutionne encore la chanson française. Et plus l'attente est longue (huit ans depuis le décevant *CQFD*), plus grands sont leurs espoirs. À peine la galette pressée, voilà leurs micros faméliques tendus face aux lèvres du vieux baroudeur qui accepte encore le jeu de l'interview. On veut tout savoir sur la genèse de l'« événement ». « Si sortir un disque est un événement, je me demande ce qu'on va trouver comme mot pour parler du reste... » (*L'Événement du jeudi*, 19 octobre 1995). Ce n'est pas de la fausse modestie, plutôt de l'honnêteté intellectuelle. Jacques est plus lucide que jamais, sur son métier, mais aussi sur son talent. Même s'il a prouvé depuis longtemps qu'il avait plusieurs cordes à sa guitare, il doute comme au premier jour : « Il faut progresser ou tout arrêter poliment », dit-il encore dans *L'Événement du jeudi*. Le disque est bien accueilli, tant par la critique que par le public. Seul bémol, assez consensuel : la production d'Erdal Kizilcay sonne un peu trop rock FM (omniprésentes guitares au son standardisé), à l'exception des ballades jazzy-bluesy, dont on salue la délicatesse des compositions comme des arrangements. Pourtant, même si un disque d'or – 100 000 exemplaires vendus – récompensera Dutronc au bout de trois mois, les ventes ne suivent pas les scores du *live* au Casino. Aucun titre ne s'imposera véritablement en radio, malgré plusieurs sorties en single, accompagnées de vidéo clips. Celui de *À part ça* est réalisé par Jean-Marie Périer. Pour *Tous les goûts sont dans ma nature*, le duo avec Daho, on fait appel à un vidéaste anglais, choisi par Étienne. Cette histoire, encore aujourd'hui, agace Jacques : « Une fois de plus, bravo les maisons de disques ! Ils ont mis des gonzesses avec des fouets, des lesbiennes, des trucs sordides, et moi qui jouais le représentant qui dénoue sa cravate. Lamentable ! D'abord ça ne devait passer qu'à 2 heures du matin, à cause des nanas à poil, et puis ils l'ont interdit totalement. Moi, je ne voyais pas les choses comme ça, j'imaginais quelque chose de beaucoup plus intimiste, sans accessoires, la chanson se suffit à elle-même… »

Nous réécoutons ensemble l'album *Brèves rencontres* dans le salon auditorium de la maison corse, un verre de sociando-mallet en main. Les titres défilent et Jacques égrène quelques commentaires. *Faut qu'je rôde* : « Fait en une seule prise. » *L'Âme sœur* : « La guitare lead a été posée par John Woolloff trois ans après l'enregistrement de la rythmique, contre l'avis des gens de Sony… » *La Pianiste dans une boîte à Gand* : « Piano et voix captés en prise directe… C'est moi qui ai demandé les cordes à la fin. » *Thomas* (instrumental sur lequel joue le fiston) : « Il était plus jeune et assez perturbé, il avait beaucoup moins d'assurance qu'aujourd'hui et en plus il jouait en direct avec toutes les cordes… Donc il ne se lâche jamais, il s'autocensure, enfin, il n'osait pas. Maintenant, ça va, parce que plus on joue, plus ça donne de l'assurance. Plus on vous siffle, plus vous progressez. C'est la meilleure critique. Et ça fait moins de pages, ça fusille moins d'arbres dans les forêts… »

Un autre verre. Jacques me fait écouter les maquettes du même disque. Certains titres inédits à l'état d'ébauche qui n'ont pas été retenus pour l'album, des versions primitives de *L'Âme sœur*, de *À part ça*… Nous restons silencieux un moment, scotchés dans le canapé, littéralement plaqués contre le cuir noir par les décibels que projettent les gamelles scellées dans l'angle du plafond et dirigées vers nous. À la fin du Minidisc, Jacques se tourne vers moi, soulève d'une main ses Sun Vogue, de l'autre il se sèche le coin des yeux : « Regarde, me dit-il, ça me fait chialer d'entendre ça. » Il pleure et rit en même temps, d'émotion. « Ça me donne envie de remonter sur scène et de refaire un album ! » Il ne m'a jamais paru plus sincère.

SIXIÈME PARTIE

1995 – 2004

Juillet 2003. La grand'messe annuelle du vélo a démarré comme chaque été. Les caméras de télévision du service public sucent la roue du peloton en continu. Jacques descend de sa sieste avortée, contrarié, maussade : « Ils ont supprimé *Derrick* pour mettre le Tour de France. C'est une honte ! » Rien ne va plus si on lui retire son somnifère préféré, le seul vendu sans ordonnance ! Il dispose de centaines de chaînes par le satellite, mais il tient à son épisode quotidien de l'inspecteur allemand après le déjeuner (il connaît par ailleurs par cœur les horaires de rediffusion de la série, le plus souvent au profond de la nuit sur des chaînes obscures et dans d'improbables langues – mais tout de même bien utiles en cas d'insomnie nocturne). Bien sûr, je ris. Et je n'ai aucun mal à lui soutirer quelques commentaires : « Il est génial, Horst [1] ! En temps normal, à cette heure-là, je suis devant le poste, quoi qu'il arrive. *Derrick*, c'est un sommet ! Tout y est ocre, vert... c'est l'Allemagne, quoi ! La première fois, quand on découvre ça, on a envie d'appeler le réparateur télé. Surtout pas !... Hélas, j'ai vu tous les épisodes ou presque ! »

En 1995, un tournage l'éloigne pourtant quelques mois de son feuilleton fétiche... Alors qu'on l'attend sur scène pour promouvoir *Brèves rencontres*, on parle même d'une tournée des Zénith de France et de Navarre, Jacques repique au cinoche et c'est sur les écrans qu'on le retrouve en décembre, dans *Le Maître des éléphants* de Patrick Grandperret, une fable pour enfants de sept à soixante-dix-sept ans. Pour les besoins du tournage, l'équipe a séjourné au

1. Horst Tappert est le comédien qui joue le rôle titre.

Cameroun, au Zimbabwe et au Botswana. « C'était un de mes rêves d'aller faire un film en Afrique, dit Jacques. C'était une superbe aventure. Est-ce que les gens l'ont partagée, assis dans une salle de ciné ? Ce n'est pas sûr. Je croyais que Grandperret connaissait très bien l'Afrique, pas du tout ! C'était casse-gueule, son entreprise. Mais ça ne lui faisait pas peur... D'ailleurs, lui et son équipe se faisaient appeler les Douze Salopards, ils étaient assez rock'n roll. »

Pour ce séjour en Afrique, Jacques se fait accompagner par Lucien Colombani, le taximan de Calvi, par Jean-Marie Migeot et par François Paoli. « Quoi qu'il fasse, explique le boucher, il ne part pas seul. Il ne m'a jamais dit qu'il avait besoin de moi. Ce n'est pas son genre. Il m'appelle et me demande si je peux venir... Quand Jacques arrive sur un tournage, il est accueilli avec énormément de respect. Certains metteurs en scène y vont avec des pincettes. C'est toujours lui qui met à l'aise, qui décrispe l'atmosphère. »

L'histoire du film est celle d'un garçon d'une douzaine d'années qui, suite au décès de sa mère, rejoint son père qu'il ne connaît pas en Afrique. Ce dernier (interprété par Dutronc) se montre plus préoccupé par la réserve d'éléphants qu'il dirige que par cet enfant en quête de repères.

En débarquant à Yaoundé, Jacques et ses acolytes s'installent dans leur hôtel. La fenêtre du bar domine de manière insolente la grouillante pauvreté de la ville en contrebas. Première exclamation de Lucien, qui n'a jamais quitté sa Balagne natale : « C'est noir de monde ! » Quelques jours plus tard, sur les lieux mêmes du tournage, un guide vient leur proposer d'aller à la rencontre des éléphants. Ils grimpent dans une jeep et les voilà partis dans un interminable voyage à travers la brousse sans croiser le moindre pachyderme. En rentrant au bercail, ils remarquent que les éléphants étaient juste à côté de leur point de départ. « Lucien arrêtait des troupeaux entiers avec ses cris de berger corse, se remémore Jacques. Un jour, il y avait un tas d'imbéciles qui avaient payé une fortune pour un safari. Ils s'émerveillaient devant un plan d'eau avec des milliers d'oiseaux magnifiques. Lucien a poussé un de ses cris et ils se sont tous envolés d'un seul coup. »

Le tournage prend du retard et les délais ne sont pas tenus. Six semaines supplémentaires sont nécessaires pour terminer le film.

Plutôt que de réclamer les dédommagements auxquels son contrat lui donne droit, Jacques accepte un arrangement. Il a déjà parcouru cinq mille kilomètres avec la jeep Land Rover achetée par la production. Il l'a bien en main et devine qu'elle s'acclimatera parfaitement à Monticello et aux chemins gavés de nids-de-poule qui mènent à son repaire. « Grandperret m'a tendu les clés. "Elle est à toi !" C'est mieux qu'une défense d'éléphant, non ? »

Le succès du *Maître des éléphants* est maigre en regard des critiques élogieuses : « Un film français qui se passe dehors, c'est pas si fréquent. Un film pour enfants qui ne les prend pas pour des imbéciles, c'est encore moins souvent. Et un bon film pour enfants que les parents ne regardent pas avec cet œil mi-condescendant mi-attendri des grandes personnes au-dessus de ça, là, ça devient franchement rare » (*Première*, janvier 1996) ; « Un film intelligent, un film respectueux – de ceux qu'il montre comme de ceux auxquels il s'adresse –, un film qui joue le jeu du cinéma d'aventure, en observe les codes et pourtant semble parfois tout inventer au détour d'un plan » (*Le Monde*, 21 décembre 1995).

Jacques ne s'attarde pas à analyser les raisons de l'échec. Il s'est bien entendu avec Grandperret et c'est là le principal. À la fin de l'aventure africaine, il lui lance : « On en refait un autre ? » Et les voilà repartis dans le Sud marocain, cette fois, à Ouarzazate, pour tourner *Les Victimes*, adapté d'un roman de Boileau-Narcejac. Font partie de ce voyage-là : Karin Viard, Florence Thomassin, Gérard Darmon et Vincent Lindon (sans oublier Paoli et quelques autres). « Ça ne vaut pas *Sueurs froides* [1], commente Jacques. Il manque plein de choses dans ce film. J'ai revu *Le Maître des éléphants*, c'est bien. Ça a fait rêver plein de mômes. Mais *Les Victimes*, ça n'est pas du tout à la hauteur du roman. » Pas de regrets : Jacques ne retire pas sa confiance une fois celle-ci accordée. À sa sortie en septembre 1996, les critiques sont cinglantes et le film fait un bide. La rencontre avec Lindon est aux yeux de Jacques la meilleure chose à garder du film. Les deux comédiens sympathisent. Vincent s'annonce pour quelques jours de visite à Monticello. Le jour J, Jacques envoie deux potes

1. Adaptation par Hitchcock d'un autre roman de Boileau-Narcejac.

ambulanciers à la descente de l'avion. Sur le tarmac, les hommes en blouse blanche ceinturent Lindon, lui prennent la tension, l'examinent de la tête aux pieds puis le bandent comme une momie, laissant seulement dépasser son visage. Il est engouffré de force dans l'ambulance et mené dare-dare chez Jacques où on a soigné l'accueil. Un calicot est tendu en travers de l'allée : « Bienvenue à la Clinique. » Dans le jardin, d'autres copains déambulent comme des zombies en HP. Quelques infirmiers se promènent seringue à la main… Un séjour dont le foie et les intestins de Lindon se souviendront longtemps. Ce qui ne l'empêchera pas de revenir à Monticello.

L'année suivante, Jacques retrouve Catherine Deneuve dans *Place Vendôme* de Nicole Garcia. Il est question de joaillerie, naturellement, et d'escroquerie. C'est une sorte de polar crépusculaire, comme le disent les critiques qui ont le sens de la formule. En tout cas un film sombre à l'intrigue trouble et aux personnages peu reluisants : une Deneuve alcoolique à la dérive, un Dutronc plus las et laconique que jamais, un Bacri en huissier énigmatique… Pour Jacques, le tournage de ce film est particulier à plusieurs titres. Tout d'abord parce qu'il souffre terriblement de la hanche. On a intégré à son rôle une claudication et il se déplace avec une canne. Si cette souffrance physique était nécessaire à son personnage, son jeu en aurait bénéficié, mais ça n'est pas le cas, selon lui. « Enfin, il me semble que le film était plutôt réussi… »

Quelque temps après la fin supposée du tournage, le téléphone sonne un soir rue Hallé. C'est le cousin Claude Sautet. Il vient de visionner un pré-montage du film. Jacques l'imite braillant d'une voix aiguë dans le combiné : « “La fin est sinistre, sinistre, sinistre ! Ça ne peut pas se terminer comme ça, il faut quelque chose de plus…” Le problème, commente Jacques, c'est que le tournage avait été difficile. La fin initiale était effectivement lugubre. Alors on l'a refaite… » Entre-temps, Jacques a subi une opération de la hanche. Plastiqué, comme Johnny ! Prothèse totale. Lors du tournage de cette seconde fin – la définitive –, on lui reproche de « mal boiter ». « Je venais de me faire opérer, je souffrais du matin au soir et on me disait : “Non, non, c'est pas comme ça qu'on boite !”… » De Nicole Garcia, Jacques me dit : « C'est une obstinée, avec elle le tournage n'est jamais terminé. Et puis elle travaille sans cesse: théâtre, tournées... » Quant à Claude Sautet, ce contact qu'il a avec lui au sujet de la fin de *Place Vendôme* sera le dernier: il disparaîtra un an et demi plus tard.

À sa sortie, le film soulève un bel enthousiasme. Les critiques sont variées mais globalement positives: «Dutronc et Deneuve: les partenaires des années 1970 (*À nous deux*, de Claude Lelouch, il y a juste vingt ans), confrontés comme leurs personnages à l'évidence du temps qui a passé, à l'impossibilité de refaire, de revenir en arrière... Ce qu'ils se diront a finalement peu à voir avec les diamants, mais c'est quand même assez beau... » (*Télérama*, 7 octobre 1998) ; «À tant vouloir échapper au piège des apparences, l'histoire tombe dans celui des vérités sonnantes, trébuchantes et finalement en toc... » (*Les Cahiers du cinéma*, octobre 1998) ; «Ce troisième film de Nicole Garcia est magnifique. Ne serait-ce que parce qu'il met en scène des personnages romanesques dont les destinées se brisent les unes contre les autres, comme les vagues en haute mer» (*Studio*, octobre 1998). Le film obtiendra douze nominations lors de la 24e Nuit des Césars ; Catherine Deneuve recevra le prix d'interprétation au Festival de Venise pour son rôle. *Place Vendôme* fait une honorable carrière commerciale.

Mais la conséquence la plus importante de ce tournage, pour Jacques, est d'une autre nature. C'est sur le plateau de *Place Vendôme*, en effet, qu'il fait la connaissance de Sylvie Duval, maquilleuse du film. Rapidement, la jeune femme prend une place considérable dans la vie de Jacques. Elle devient sa secrétaire, son personnel manager, son aide-soignante, son souffre-douleur parfois. Elle peut aussi faire office de nounou, de cuisinière, de chauffeur... Bref, elle est une sorte d'interface entre lui et le reste du monde. Tout ou presque, de ce qui concerne la vie publique comme privée de Jacques passe bientôt par Sylvie. Les multiples fonctions qui sont les siennes exigent dévouement, efficacité, patience et don d'anticipation, autant de qualités que lui reconnaît bien volontiers Jacques.

Qu'en est-il véritablement, aujourd'hui, au-delà de la légende vendue sur le papier glacé de la presse people, du couple Hardy-Dutronc ? «Je crois, me dit Françoise, que nous avons l'un comme l'autre un fond extrêmement solitaire, sauvage, un problème similaire d'affirmation, et qu'au fil des années nous nous sommes, sans le vouloir, apprivoisés l'un l'autre. Il est indissociable de mes vingt plus belles années et nous sommes liés par notre fils qui est ce qui compte le plus pour lui comme pour moi, ainsi que par tous les souvenirs et les paradis perdus qui s'y rattachent. Mais au bout de trente-cinq ans, ce n'est évidemment plus la passion du début, passion qui aura duré fort longtemps en ce qui me concerne. C'est une amitié très spéciale, une immense tendresse. Tout ce que je veux, c'est qu'il aille bien, avec ou sans moi. C'est difficile de vivre avec quelqu'un qui va mal trop souvent et de se sentir impuissant. C'est une souffrance parce qu'on se dit : "Il ne m'aime pas assez pour aller bien." Par conséquent, si demain il se sent plus heureux avec quelqu'un d'autre, parce que je sais bien que je ne lui suffis pas, ce n'est pas moi qui l'empêcherai de vivre cette relation comme il l'entend. "Sache que je suis ta meilleure amie et que tu peux absolument tout me dire", lui ai-je confié un jour. Je trouve ça magnifique de devenir la meilleure amie de son mari… Et puis, nous ne sommes plus tout jeunes. Avec le temps et les abus, il est devenu beaucoup plus fragile physiquement et moi aussi. S'il se trouve quelqu'une qui l'aime assez pour alléger un poids que je ne peux plus l'aider à porter autant qu'avant, tant mieux… Mais ce sont des choses dont on ne parle pas entre nous. On s'est beaucoup aimés et on s'est beaucoup fait souffrir. (Rires.) D'ailleurs, je ne pensais pas que je le ferais jamais souffrir… C'est toujours involontaire.

– A-t-il jamais été question de divorce ? demandé-je.

– Je le lui ai suggéré une fois à propos d'une relation qui lui tenait à cœur et dont il s'était ouvert à moi. Il m'avait répondu : "Je ne divorcerai jamais." Il a peut-être changé d'avis entre-temps, ce qui n'altérerait en rien le beau lien qui a fini par couronner notre relation. Malgré ce que je dis, il ne faut pas croire que tout est rose tout le temps, tant s'en faut. J'ai régulièrement envie de le tuer et c'est sûrement réciproque. (Rires.)

– Avez-vous cherché, consciemment ou non, en restant ensemble, à préserver votre image de couple mythique du show-biz ? »

Elle ouvre des yeux immenses, comme horrifiée qu'on puisse s'en interroger.

« Ah non ! Jamais !... S'il y a deux artistes complètement déconnectés du show-biz, c'est bien Jacques et moi. En même temps, ce statut si particulier qui est le nôtre soude notre relation et en rend la sortie encore plus difficile. (Rires.) Ce n'est pas un problème majeur, puisque cela va dans le sens de notre résistance commune au changement. »

Puis Françoise développe l'évolution de leur relation à travers leurs natures respectives et le comportement de Jacques : « Pendant une vingtaine d'années, j'ai vécu dans l'espoir de le voir un peu plus, de faire davantage de choses avec lui. En vain. Petit à petit, j'ai appris à me passer de ce qui me manquait. J'ai surtout fini par réaliser que la peur de Jacques du tête-à-tête et de la vie à deux (lorsque nous étions un jeune couple, Jacques dormait tout le temps avec la lumière, la télé, la musique... à tel point que je croyais qu'il voulait me chasser...) masquait commodément une peur équivalente chez moi, restée de ce fait longtemps inconsciente. La similitude des problématiques affectives de fond, quels que soient leurs différences de forme ainsi que leur emboîtement, est l'une des clés du couple, quand bien même l'autre est aussi objectivement attirant que Jacques. » Françoise déclarait déjà en mars 2000 dans *Paris Match* : « Aujourd'hui, à moins de vivre dans une campagne reculée, il paraît inconcevable d'être l'homme d'une seule femme, ou la femme d'un seul homme. [...] Dans toute relation qui dure depuis trente ans, il y a inévitablement des crises, d'autres personnes. Est-ce qu'on les surmonte ? Est-ce qu'au premier coup de canif on décide de tout arrêter ? Est-ce qu'on trouve un autre *modus vivendi* ? Ce sont des questions que chacun se pose. Je n'ai pas la réponse mais je sais qu'il y a fatalement des concessions de part et d'autre, des frustrations vécues tantôt par l'un, tantôt par l'autre. » De son côté, Jacques a toujours prôné la distance dans le couple, meilleure parade contre l'accrochage et garantie de durée. La métaphore de la Sécurité routière aide à contourner la réalité. Dans une interview récente au journal belge *Télé-Moustique*, il bat sa coulpe d'une façon aussi inhabituelle que directe : « J'ai d'autres sentiments avec Françoise. On a mûri. Maintenant que je comprends tout ce qu'elle a pu vivre, je regrette ce que j'ai pu faire. C'est sincère mais c'est trop tard. J'étais comme ça et j'ai fait comme ça. Pour moi, Françoise, c'était la cerise sur le gâteau, à côté de faire youpi et boire des coups avec mes potes» (13 août 2003).

Jacques et Françoise font chambre à part depuis longtemps, ils ne s'en sont jamais cachés. Lors de la récente acquisition de leur appartement en triplex dans le XVIe arrondissement de Paris, l'un et l'autre ont déclaré publiquement qu'il était constitué d'un étage commun (cuisine, séjour, salle à manger) et de deux autres, celui de Françoise et celui de Jacques (chambre à coucher, bureau, salon, sanitaires...). Bien sûr, les journaux sont responsables de ce qu'ils impriment et si une certaine presse aime répandre l'idée – malgré les déclarations sans ambiguïté des intéressés – que leurs rapports seraient ceux de deux tourtereaux aussi énamourés qu'au premier jour, c'est que cela fait rêver une frange du public et par la même occasion vendre du papier.

Jean-Marie Périer, qui a beaucoup photographié Françoise et Jacques pour ces magazines people justement, est un témoin privilégié de leur histoire. Il me paraissait naturel de lui demander son sentiment et, plus précisément, s'il n'y a pas, à son avis, tromperie, mystification sur l'image qui est donnée du couple après tout ce temps, et, le cas échéant, la part de responsabilité du couple lui-même. «Non, répond-il catégoriquement. Leur union est magnifiée parce qu'ils sont sous les feux de la rampe. Mais quelle que soit leur relation aujourd'hui, ils sont absolument inséparables. Surtout, ils ne sont pas restés ensemble pour des raisons bourgeoises ou catholiques, mais par estime réciproque.»

* * *

Le 17 juillet 2003, à 6 heures du matin, je suis réveillé par des coups à ma porte. «Entrez!» dis-je en essayant d'écarquiller les yeux. Précédé d'un rai de lumière blanche, le crâne lisse de Jean Luisi se glisse dans l'embrasure de la porte de ma chambre. «Jacques a fait un malaise cette nuit, il demande si tu peux t'occuper de nourrir les chats.» Merde!

Fibrillation auriculaire. Son pouls, habituellement très bas – aux alentours de 40 –, fait du yo-yo. Il s'arrête de longues secondes, repart, s'affole, monte à 130, redescend... Malheureusement, ce n'est pas la première alerte. Le 17 juin 1997 au soir, Jacques était à Plaisir lorsque son palpitant s'était mis à faire des siennes. Le SAMU l'a conduit à l'Hôpital américain, à Neuilly. Depuis, il est suivi de près par le docteur U., au propre comme au figuré. Cet été 2003, par exemple, Sylvie Duval a trouvé une location de vacances pour lui et sa famille à Davia, une marina située à un quart d'heure de route de Monticello...

Deux ans presque jour pour jour après l'accident de 1997, rebelote ! Cette fois-ci, Jacques est placé sous anesthésie générale, les chocs électriques sont nécessaires pour faire repartir le cœur. Enfin, ce 17 juillet 2003, jour de la troisième sérieuse alerte, le docteur U. accourt au chevet de Jacques à 5 heures du matin, prévenu par le Chauve corse. Il sait ce qu'il faut administrer pour remettre la machine sur les rails. Il répète à son patient combien ses abus sont suicidaires. Mais à quoi bon ? Les examens réalisés dans la journée seront plutôt satisfaisants. Le docteur U. repassera après sa journée de plage s'enquérir de l'état de son patient. Dutronc a une petite mine, il est fatigué, angoissé, le rythme cardiaque est encore très capricieux. Mais il a retrouvé un semblant de sourire. Hé, hé ! C'est pas pour cette fois !

Lorsqu'une secousse comme celle-ci le frappe, il arrête l'alcool pendant quelques jours, quelques semaines ou quelques mois, selon l'intensité de la peur occasionnée. Pour se déresponsabiliser de ses excès de boisson et de tabac, il accuse le menu de la veille, en l'occurrence une orgie de merguez ! Une autre fois, quelques semaines plus tard, un malaise – nettement moins important – sera mis sur le compte de l'aïoli du déjeuner...

Jacques suit un traitement très strict. Constamment affinées, ses prises de médicaments se font à des heures bien précises. Son portable (il a programmé un éclat de rire de Luisi pour cette sonnerie-là) sert à les lui rappeler. Chaque apéro, qu'il soit fait de champagne, de bordeaux ou d'eau pétillante, se double d'un verre d'eau plate pour avaler sa pharmacopée. Son cœur rythme aujourd'hui sa vie. Un handicap qui est une inquiétude de chaque instant, c'est à cela que Dutronc pense dès qu'un projet est évoqué, qu'il s'agisse d'un tournage, d'un déplacement, d'une tournée. Même pour aller au restaurant, il ne se déplace pas sans sa valise de survie – une lourde mallette en cuir noir où se côtoient poison et antipoison puisqu'il y met aussi sa cave à cigares. Sur son téléphone portable qui permet d'afficher la photo de l'appelant, un roi de cœur empli l'écran lorsque c'est son cardiologue qui appelle. Conscient que l'interdiction de boire l'inciterait plutôt à lever le coude qu'autre chose, il marmonne un jour : « Faudrait que U. m'oblige à boire, peut-être que comme ça j'arrêterais… »

Curieusement, Françoise semble s'amuser, elle aussi (en tout cas en apparence), de la situation : elle en a vu d'autres. Ce 17 juillet, coïncidence, elle arrive de Paris, vers 15 heures. Elle descend du taxi qui l'a conduite depuis l'aéroport de Bastia et s'exclame, tout sourires, avant d'avoir fait trois pas dans le jardin : « Mon mari est-il encore vivant ? Où bien suis-je déjà veuve ? » Cette manifestation de bonne humeur passée, elle s'enquiert aussitôt de l'état de Jacques et monte le voir dans sa chambre.

Un soir, à 19 h 30 précises, le roi de cœur s'affiche sur le portable de Jacques pendant le rituel de l'apéro près du potager. Le docteur U. vient prendre des nouvelles de son patient. Jacques décroche et ça donne quelque chose comme : « … Je pense que la Flécaïne 100 est mieux pour moi, c'est génial… oui là ça va ! […] Sinon, j'ai fait des interviews jusqu'à 16 heures, voyez ce que je veux dire… » Traduction : j'ai bu quelques coupes. Puis : « Bon, on se voit quand ?… » (Parce que ses rapports avec ses médecins doivent être les mêmes qu'avec ses collaborateurs et amis : impensable de consulter régulièrement un toubib sans partager quelques repas avec lui. De fait, il m'est arrivé deux fois durant mon séjour en Corse de dîner avec le docteur, sa famille et son malade. J'ai bien essayé de soutirer au premier quelques informations sur la gravité de l'état du dernier, mais motus ! Serment d'Hippocrate oblige… Le docteur U. m'a simplement révélé qu'il jouait *Il est cinq heures, Paris s'éveille* avec son orchestre du temps des bals en fac de médecine… En l'écoutant, Dutronc savourait le luxe pervers de siroter un château-les-ormes-de-pez 1998 et de fumer un Diadema de chez Partagas au nez et à la barbe de son docteur…)

Une fois sa conversation téléphonique terminée, Jacques lâche à la cantonade : « Je vous signale qu'il m'appelle à 19 h 30, pile au moment où je dois prendre mes médicaments. » Il avale sa poignée de pilules et ajoute : « Je suis son client, il vérifie peut-être que je les prends bien. »

Retour à l'an 2000. Le successeur de *Brèves rencontres* est annoncé. Une sortie est prévue pour le début de l'année. Sûre de son coup, Sony Columbia a commandé à Jean-Marie Périer un documentaire de soixante minutes pour la promotion du disque. Son titre : *Salut Sex !* Sa diffusion est programmée le 28 février 2000 dans le cadre d'une soirée spéciale Dutronc sur Canal +. Au programme, Jacques est l'invité plateau de *Nulle part ailleurs*, puis suivent les diffusions de *Place Vendôme*, *Salut Sex !* et enfin *Van Gogh*. Sept heures de Dutronc non-stop ! Seule ombre au tableau : l'album à promouvoir n'existe pas encore. Quelques titres ont bien été enregistrés mais le concept de l'album a changé entre-temps (nous y viendrons). Résultat : une formidable opération promotionnelle, mais rien à vendre... Il en faut plus pour démonter Jacques qui file en Suisse et à l'anglaise tourner *Merci pour le chocolat*.

S'il est un metteur en scène qui ne pouvait que s'entendre avec Dutronc, et *vice versa*, c'est bien Claude Chabrol. Ils partagent le même goût pour le canular, la dérision, tout en étant l'un et l'autre de fieffés pros. La rencontre est tardive mais elle a finalement lieu. Dans un restaurant, bien sûr. Jacques : « Nous avons sympathisé tout de suite. C'est un type adorable. Tout le monde disait : "Mais pourquoi vous ne vous connaissez pas déjà ?"... » Même son de cloche de la part du réalisateur : « Ce fut un vrai coup de foudre. C'est un homme que j'aime profondément. Il peut me demander n'importe quoi. Oh là ! J'ai tort de dire ça car il est capable de tout. [...] À la fin du repas, il m'a dissuadé de lui envoyer le scénario, prétextant que cela ne servait à rien. Avant d'ajouter : "C'est OK, je tourne [1] !" » Commentaire de Jacques : « Chabrol, scénario ou pas, faut y aller ! Moi, j'irais sur ses tournages même sans jouer. C'est un conteur génial... »

1. In *L'Optimum*, novembre 2000.

La plupart des intérieurs sont tournés dans la maison suisse de David Bowie. Les chambres ont été aménagées en loges pour les comédiens. Grand amateur de *Derrick* lui-même, incollable sur le sujet, Chabrol fait installer un téléviseur dans la chambre de Jacques. « Il y a quand même quelques metteurs en scène qui ont des égards pour leurs acteurs… », note Dutronc avec un sourire ironique. Le réalisateur s'y connaît en second degré, lui aussi. Il a par exemple décrété un jour qu'il envisageait de tourner la vie sexuelle de Derrick… Il est également capable de dire avec le plus grand sérieux à une jeune actrice désireuse de travailler avec lui : « Vous passerez sous mon bureau vers 18 heures ! »

En tant que musicien, Jacques a peu de difficultés à entrer dans son rôle de pianiste professionnel, en dehors du fait qu'il ne joue pas vraiment de piano : « J'ai dû apprendre les morceaux, et surtout à me tenir au piano. Un pianiste classique, ça ne bouge pas beaucoup, ça a l'air simple comme ça, mais il y a des positions de main à prendre, comme si tu tenais des oranges ou des boules de pétanque. »

Hormis quelques scènes un peu délicates, surtout pour les cadreurs, le tournage est un plaisir. Chabrol sait ce qu'il veut, où il va, de même qu'il sait prendre le temps de digérer après un bon repas. « Jacques m'a offert un cigare, raconte-t-il, toujours dans *L'Optimum*. Je lui ai bien proposé une pipe mais cela ne l'a pas intéressé. » Le réalisateur dit aussi au sujet de son comédien qu'il a un humour très féroce et il ajoute : « Il a une grâce réelle, incroyable. Même quand il roupille. Il a une présence. C'est un personnage formidable. »

Dans ce concert de louanges réciproques, n'omettons pas celle de Dutronc pour le cinéaste et les œuvres impérissables que sont *Le Boucher*, *Que la bête meure*… et tant d'autres. « Chabrol, c'est un peu comme Sandrine Bonnaire, me dit-il, j'ai l'impression qu'ils font partie de la famille. »

À l'occasion de la sortie de *Merci pour le chocolat* en octobre 2000, Jacques a les honneurs de la couverture des *Cahiers du cinéma* qui lui consacrent un dossier de dix pages. Olivier Joyard et Jérôme Larcher écrivent : « Dutronc n'est pas un acteur. Vingt-sept films ont été traversés par lui, ce qui est différent. Il s'infiltre, reconnaissable à sa marche, au tempo de sa voix, à ses yeux, mais demeure un peu anonyme. De lui, on peut remarquer la présence à retardement.

C'est très rare. [...] Il pousse le cinéma hors les murs, discrètement, l'élargit, suivant sa ligne – flegme, silhouette très fine –, le raccroche aux temps muets. C'est un cas assez unique, dans le paysage des comédiens français, d'un homme incapable de tout jouer (au contraire de Depardieu et d'Auteuil, à l'exact opposé de Dutronc), mais capable, dans l'espace restreint qu'il occupe, d'enrichir sans cesse son jeu. Dutronc est intéressant dans les détails, les petits ajouts [1]. »

Jacques est pudique par rapport à son statut d'acteur. Il dit qu'il se sent toléré dans le cinéma. Il aimerait simplement traverser l'écran mais il le crève. Comme l'a dit un jour Jean-Marie Périer, même tout petit dans un coin de l'écran, c'est lui qu'on regarde. Ce charisme, puisque c'est de cela qu'il s'agit, n'opère pas que sur la pellicule. Il m'est arrivé à maintes reprises de le voir entrer dans un lieu public ; aussitôt les conversations cessent et les regards se tournent. Que l'assistance le (re)connaisse ou pas ! J'ai vu des poignées de Japonais dans des palaces, des ménagères africaines en boubou attendant un bus de banlieue, des hordes de touristes italiens ou allemands le manger des yeux sans qu'il ne fasse rien d'autre que passer devant eux, à pied ou en voiture.

Les critiques du film de Chabrol sont bonnes et le succès au rendez-vous : « Superbe polar minimaliste et vénéneux » (*Le Journal du dimanche*, 15 octobre 2000) ; « Un pur plaisir de cinéma, sans artifice mais non sans humour. Merci pour la leçon » (*Le Journal du polar*, septembre-octobre 2000). Dans la foulée, Jacques publie son premier livre : un recueil de bons mots, d'aphorismes, de calembours et autres drôleries dont il est depuis longtemps passé maître ; une compilation établie à partir d'interviews accordées par Jacques aux médias depuis des années, travail d'éditeur naturellement car Jacques n'est pas du genre à passer des mois à relire quarante ans d'interviews – il avoue même lors de sa sortie dans *Le Nouvel Obs* n'avoir pas lu le livre. Intitulé *Pensées et répliques*, l'ouvrage paraît au Cherche-Midi éditeur et connaît un grand succès en librairie. Il est, bien sûr, farci de perles distillées dans l'instant, improvisées. Quelques exemples : « La télé, c'est du chewing-gum pour les yeux » ;

1. In *Les Cahiers du cinéma*, n° 551, novembre 2000.

« L'Amérique ? un immense centre commercial avec un très grand parking. Si on est bien garé, ça va. Mais si on attend sa place, on peut crever » ; « Mon public se divise en deux, les fans et les fanés » ; « Le plaisir solitaire, à force, c'est pas très bon pour le mental. On se dépeuple » ; « Rien que je déteste plus que sortir de chez moi. Ou peut-être rentrer chez moi ». Etc.

Après *Merci pour le chocolat*, Dutronc joue dans *C'est la vie* de Jean-Pierre Améris aux côtés de Sandrine Bonnaire. Un rôle de décomposition, comme il se plaît à le qualifier lui-même, puisqu'il incarne, ou plutôt désincarne, un cancéreux en phase terminale. Le tournage a lieu à Draguignan dans un ancien hôpital psychiatrique. « Tout a été fait pour reproduire la maison de Gardanne [1], explique Jacques, et les vrais malades venaient d'une clinique voisine. Ils étaient ravis de tourner dans un film. » Le personnel médical est composé lui aussi d'authentiques professionnels de la santé, dont certains viennent également de Gardanne. Par égard pour lui, le producteur loge Jacques à Cannes, craignant qu'une totale immersion dans cet univers morbide ne soit trop dure à supporter. « Ça faisait pas mal de route pour aller sur le tournage mais ça valait le coup. Le voyage tous les matins me mettait en condition, et le retour sur Cannes le soir me faisait changer de décor. » Une manière de dédramatiser les choses et de se ressourcer face à la mer et à la Corse. C'est le célèbre Pépite, régisseur de son métier, qui conduit deux fois par jour Jacques, François Paoli et Sylvie Duval.

Le film est inspiré du livre de Marie de Hennezel, *La Mort intime*, grande spécialiste de l'accompagnement de fin de vie – c'est elle qui a aidé François Mitterrand à mourir. Le piège de ce genre de projet, c'est de tomber dans le pathos, le mélodrame facile. « Pendant tout le tournage, j'ai dit : "Attention à *Love Story* ! Sinon, c'est cuit." » Parce qu'il y a une histoire d'amour entre Dutronc le mourant et Bonnaire la visiteuse bénévole de la maison, bien sûr.

Les conditions de tournage ne sont pas toujours optimales. Sylvie Duval, qui est de tous les films aux côtés de Jacques dorénavant, fait

1. Unité de soins palliatifs.

le tampon, avec la vigilance qui la caractérise. Elle exige par exemple qu'on chauffe la chambre où Jacques est censé être alité : les draps sont glacés – on est en hiver. « Oui, mais on n'a pas le temps... », lui explique-t-on. Sylvie n'est pas du genre à abdiquer : « Vous allez installer deux radiateurs et passer un coup de séchoir sur les draps le temps que le lit se réchauffe ! » Elle obtient gain de cause et une couverture chauffante en prime. « Parce que bien entendu, poursuit Jacques, on était supposé être en été. Ils avaient même collé des feuilles aux arbres. Une par une ! »

Jacques n'aime pas refaire indéfiniment la même scène – à moins que des raisons techniques ne le justifient. Au bout de deux ou trois prises, le jeu devient mécanique et l'émotion disparaît. Le réalisateur de *C'est la vie* ne partage pas forcément cette opinion. « Améris s'énervait assez souvent. Il m'a fait refaire des scènes je ne sais combien de fois. Alors que je vois bien à l'écran que c'est la deuxième prise qui a été gardée. Il faut que les choses soient visibles. Mais lisibles, c'est trop ! » Le meilleur, c'est certainement la rencontre avec Sandrine Bonnaire : « J'ai été entièrement séduit par elle. Elle est tellement radieuse. » Elle a dit de Jacques qu'il était le deuxième comédien, après Mastroianni, à l'avoir vraiment impressionnée. Avant le tournage, Sandrine est venue à Monticello avec Améris passer quelques jours. Encore un réalisateur qui pensait bosser sur le film en allant chez Dutronc ! « Ça ne marche pas ici. On n'a rien fait du tout, on traînait là... C'est la meilleure des répétitions ! »

Le film sort sur les écrans en novembre 2001. *Télérama* (daté du 7 novembre 2001) parle d'« un sentiment de générosité et de justesse qui prévaut, largement redevable à l'interprétation parfaite, synchrone et sobre, de Sandrine Bonnaire et Jacques Dutronc. Celui-ci semble réellement regarder sa propre mort en la jouant. Conscient des dangers (en faire trop, arracher des larmes), il intériorise violemment, jusqu'à donner l'impression de résister à lui-même et à tout le monde. Cette lutte intérieure apporte beaucoup à ce film de facture classique, poignant, où se glisse un peu d'optimisme au moment même où il n'y a plus aucun espoir ». *Le Journal du dimanche* (4 novembre 2001) écrit : « Dutronc fait le mort avec un naturel et un humour déconcertants dans un film beau comme une journée d'automne au soleil. » *Le Figaroscope* (7 novembre 2001) n'est pas en reste : « Ce dialogue entre l'amour et la douleur du partir, qui se répondent et s'enrichissent sans cesse, donne au film sa beauté vivante et finalement pacifiée, conquise de haute lutte. » *Libé* (5 novembre 2001) offre à Dutronc sa dernière page avec un portrait truffé de bons mots et de contre-promo : « Comment inviter des gens à venir vous voir crever ? Le suspense n'est pas terrible. Avec l'euthanasie, on aurait pu faire un court métrage. [...] Rester dans un lit, j'ai pris des cours en Corse. » Sa scène préférée dans le film ? Celle du coma : « Dix fois j'ai entendu "action". J'avais juste à fermer les yeux. » La prestation de Jacques lui vaut le prix d'interprétation masculine au premier Festival international du film de Marrakech.

Passer d'un drame à une comédie grinçante, Dutronc a déjà démontré qu'il savait le faire. Il le prouve une nouvelle fois en acceptant un rôle étrange de bourgeois désabusé trompant sa femme avec un travesti black. « J'avais les cheveux en avant, donc j'étais éméché. Un petit clin d'œil puisque c'était le rôle d'un alcoolique. » *Embrassez qui vous voudrez* est le quatrième film de Michel Blanc (*Marche à l'ombre*, *Grosse fatigue*, *Mauvaise passe*). Michel et Jacques se connaissent, ils se sont rencontrés sur *Pierrot mon ami* et ont partagé dix ans plus tard l'affiche de *Chambre à part* de Cukier. « Il bosse bien le Blanc, c'est toujours intelligent et il me fait mourir de rire. Je suis très client. » Blanc et Dutronc sont épaulés par Charlotte Rampling, Carole Bouquet, Karin Viard, Denis Podalydès, Vincent Elbaz, Clotilde Courau, Lou Doillon, pour former des couples qui se mêlent et se démènent dans un vaudeville féroce. Le scénario est adapté par Michel Blanc du roman *Vacances anglaises* de Joseph Connolly. Jacques : « Je me sentais un peu plus aguerri sur ce film. J'ai dû vieillir. D'ailleurs on me disait tout le temps : "Si M. Dutronc veut bien s'asseoir..." Je me suis dit : "Ils me prennent pour un vieux monsieur !" »

Embrassez qui vous voudrez sort le 9 octobre 2002 et connaît un beau succès. Jacques a le vent en poupe, sa cote au cinoche s'en ressent. Il n'a enchaîné depuis quatre ans que des films de qualité, bien accueillis : *Place Vendôme*, *Merci pour le chocolat*, *C'est la vie*, *Embrassez qui vous voudrez*. « En ce moment j'ai une bonne position, me confie-t-il. J'ai pas fait de conneries ces dernières années. Comme dit Bertrand, faut pas gâcher ça. » Bertrand de Labbey, son agent depuis vingt ans, déjà, à qui il revient de négocier les cachets. « Cet aspect des choses ne me regarde pas, dit Jacques. Il y a une espèce de politesse par rapport à l'argent. J'accepte ou pas un film, ensuite il négocie de son côté avec la production. » Jacques sait très bien que cette cote favorable est fragile. « Il suffirait que je fasse le film d'un pote et hop ! ça retomberait. » Il a aidé à ce que plusieurs premiers films se fassent. Il lui arrive aussi de dire oui à des projets sur participation. Mais point trop n'en faut. « J'ai mes chats à nourrir, dit-il. Et le plus important dans tout ça, c'est quand même ce qu'il y a sur l'écran. »

Les scénarios arrivent chez Artmedia et sont lus par un comité de lecture, qui épluche, redirige. Jacques se marre : « Chaque scénario c'est : "Je ne pense qu'à vous pour le rôle." Les réalisateurs adorent dire ça à tous les comédiens. » Vous vous appelez Arnold Schwarzenegger et le rôle qu'on a écrit *spécialement pour vous* est finalement confié à Woody Allen – ou l'inverse.

La lecture de tous ces scénarios fausse sa lecture des romans. Lui qui a dévoré Céline, Kundera, Modiano, Saint-Exupéry et tant d'autres, dit ne plus arriver à lire comme un lecteur lambda, qui s'évaderait totalement. Des images se forment automatiquement, des décors lui envahissent la tête, c'est devenu problématique. Il le regrette. Reste *L'Éloge de l'ombre*, du Japonais Junichirô Tanizaki, son livre fétiche.

D'autres projets de films arrivent directement chez Dutronc, provenant de vagues connaissances ou d'anonymes qui déposent leur scénario dans sa boîte aux lettres, comme on envoie une bouteille à la mer. N'étant pas « recommandés », ceux-là ont peu de chances d'être lus...

* * *

« *Là où y a des frites, au rythme d'un orchestre qui fait des pom-pom !...* » Il y a quand même des moments où Jacques se lasse de Georgette Plana et a envie d'écouter autre chose. Philippe

Katherine, l'ultime enregistrement de Johnny Cash, un Peggy Lee millésimé fin seventies, Kyle Eastwood, Aïoli, Steely Dan... Non, aujourd'hui, ce sera *Focus*, de Stan Getz avec Eddie Sauter. Du jazz symphonique de haute volée.

Une dernière fois, nous nous retrouvons sur la terrasse de Monticello avec Françoise et Jacques, à parler cinéma dans la chaleur stagnante d'une fin d'après-midi. Ayant passé en revue toute sa filmographie, nous évoquons les films que Jacques n'a pas faits, pour diverses raisons, parfois oubliées, comme *La Pirate* de Jacques Doillon, *Vingt-Quatre Heures de la vie d'une femme*, de Laurent Bouhnik, ou *Le Journal du séducteur* de Danièle Dubroux, avec Chiara Mastroianni. Léos Carax aussi voulait Dutronc : il projetait de le faire apparaître en voiture avec Françoise dans un de ses films, mais sans qu'on les reconnaisse. Une idée farfelue qui ne pouvait que séduire Jacques.

Beaucoup d'autres réalisateurs l'ont approché, comme André Téchiné : « Catherine Deneuve ne comprend pas pourquoi je n'ai jamais tourné avec lui. Elle pense que ce serait parfait. » Ou comme Jean-Jacques Annaud : « Il était venu rue Hallé, dit Jacques.

– Je m'en souviens très bien, commente Françoise. C'est un des rares, avec Beineix, qui sachent faire des images en France.

– C'est vrai qu'il n'y en a pas beaucoup », acquiesce-t-il, un peu attristé par ce constat.

Il a aussi été question que Jacques joue dans *Élisa* de Jean Becker. C'est finalement Depardieu qui a eu le rôle. Une situation semblable s'était déjà produite avec *Loulou* de Pialat... Jacques s'amuse souvent à déclarer que Depardieu – « Trois-par-trois » lorsque Gérard prend du poids – aura fait une belle doublure pour lui...

Jacques s'éclipse sans crier gare. Pour aller nourrir ses chats ou planter un clou ? On ne sait pas au juste. « Jacques est comme un chat, me dit Françoise. Il apparaît et disparaît sans qu'on s'y attende. Il est totalement imprévisible. Et, comme un chat, il retombe toujours sur ses pattes. » Je profite de son absence momentanée pour demander à Françoise comment il réagit lorsqu'un interlocuteur important le demande au téléphone. « Pendant plusieurs années, nous n'avons eu qu'une seule ligne téléphonique. Comme il ne décrochait jamais, c'était toujours moi qui devais répondre à des personnes prestigieuses, metteurs en scène ou autres, auxquelles il refusait systématiquement de parler. J'en arrivais à éprouver de l'animosité à son égard parce qu'il m'était de plus en plus pénible de devoir annoncer qu'il n'était pas là alors qu'il était clair pour la personne à l'autre bout du fil que ce n'était pas vrai. Les seuls à qui il daignait parler au téléphone étaient ses vieux copains. »

Jacques réapparaît, un clos-de-l'oratoire [1] en main, qu'il va ouvrir dans la cuisine afin que le nectar s'aère avant la dégustation. Lorsqu'il nous a rejoints, je le rebranche sur ces projets inaboutis et sur les regrets que cela peut, le cas échéant, entraîner. « Lorsque je refuse un rôle, je ne vais pas voir le film. Je ne peux donc pas avoir de regret par rapport à ça. Bien souvent, on entend : “Tu as bien fait de ne pas le faire, c'est une merde !” Quoi répondre ? Tu ne peux pas dire : “Ça aurait été mieux avec moi.” On en revient toujours au même problème : vaut-il mieux être bon dans un mauvais film que mauvais dans un bon ?... Je pense qu'être mauvais dans un bon film, ça passe, on se dit : “Il a dû être mal dirigé.” Être bon dans un mauvais film, ça ne sert à rien... Pas la peine de le tourner. »

Jacques avoue qu'il aurait aimé incarner à l'écran le père de Foucault, ce missionnaire si atypique assassiné par des Touaregs. Mais il est trop tard. Plus l'âge. Bardamu, le héros de *Voyage au bout de la nuit*, l'aurait inspiré, lui aussi. D'ailleurs, la veuve de Céline lui a dit qu'elle n'avait toujours vu que lui dans ce rôle. Et puis le pétomane, ce phénomène de foire du début du XXᵉ siècle, était un autre rôle fait pour lui, un rôle qu'il « sentait » particulièrement. Mais les droits étaient bloqués.

Globalement, le cinéma d'aujourd'hui l'irrite : « J'en ai marre de la pyromania, des effets techniques, spéciaux... La moindre voiture qui explose est filmée avec huit caméras, on la voit sauter huit fois de suite sous tous les angles, au ralenti... Ras-le-bol ! » *Idem* pour cette recherche du contre-emploi factice : « Vous êtes blond ? On vous teint en brun. Vous portez des lunettes ? Pas de lunettes pour le rôle ! »

---

1. Saint-émilion grand cru classé 1995.

Mais ce qui semble le plus dur à vivre dans ce métier, à l'écouter, c'est l'après-film. « Il y a un vide terrible après un tournage. On se sent mal. Parce qu'on y a laissé des plumes. » Jacques décrit une sensation de manque, quelque chose de douloureux. Avant le premier coup de manivelle, on est un peu coincé, stressé ; pendant le tournage, on s'installe dans le rôle, le costume tombe de mieux en mieux et, tout d'un coup, au dernier clap de fin, il faut le rendre. Alors on se sent un peu nu, on voudrait bien se cacher, mais où ? Lorsqu'on dit à Jacques à l'issue d'un tournage : « Vous devez être tranquille maintenant ! » Hélas, non ! Les choses ne sont pas aussi simples.

La conversation s'oriente sur les acteurs qui l'ont marqué dans sa vie de comédien comme de spectateur. Il avoue un faible pour les montagnes américaines : Kirk Douglas, James Stewart, Clint Eastwood, qu'il apprécie beaucoup en tant que réalisateur aussi. De sa génération, Jacques cite Harvey Keitel et Al Pacino, deux Taureaux, qu'il adore l'un comme l'autre, et Jack Nicholson. Parmi les Français contemporains, Serrault et Rochefort sont les premiers noms à venir. Vite rattrapés par Noiret, Marielle… Chez les comédiennes, Kim Novak reste un fantasme d'adolescent, tandis que Micheline Presle et Claudia Cardinale incarnent selon lui l'union parfaite du talent et de la beauté.

Une de ses devises au cinéma : « Savoir retirer son préservatif au moment de la prise. » Quant à l'image qu'il dégage à l'écran, peut-être malgré lui, il aime dire que : « Si je parais parfois un peu désespéré dans les films, c'est parce que, à la différence du spectateur, je connais déjà la fin, hélas ! »

* * *

« C'est pas la page blanche qui me fait peur, déclare Dutronc dans *Libération* (5 novembre 2001) à propos de son album en chantier, mais la feuille bleue des huissiers ! »

La confortable avance versée par la maison de disques a été bue et fumée depuis longtemps. Jacques doit un album à Sony et il va bien falloir le rendre. L'idée première était de faire un disque de reprises. Dès 1999, il a commencé à enregistrer ses propres versions de chansons ayant bercé son enfance : *L'Homme et l'Enfant* (créée en

France par Eddie Constantine), *Un jour tu verras* (par Mouloudji), *La Chanson de Prévert*… ; il est également prévu de refaire *Le Petit Bal perdu*, *Opium*, etc. Parallèlement, Jacques a décidé de revisiter deux de ses anciens titres : *Et moi, et moi, et moi* et *Comment elles dorment*, totalement réorchestrés par Yvan Cassar ; il a même un temps caressé l'idée saugrenue de réveiller quelques standards en duo avec Tony Bennett. Thomas aurait émis un avis défavorable sur cette dernière hypothèse. Reste que l'idée des reprises devait être dans l'air puisque d'autres chanteurs l'ont adoptée et exploitée avec succès pendant que Dutronc y travaillait, à son rythme, entre deux films.

L'enregistrement de *Un jour tu verras* correspond au moment où Jacques termine le tournage de *C'est la vie*. C'est ainsi que, de passage un jour au studio, le producteur Philippe Godeau entend la chanson et s'emballe aussitôt : elle deviendra le générique du film. Michel Boulanger, toujours responsable artistique de Jacques chez Sony, ainsi que Jacques lui-même, souhaiteraient que le titre sorte en single. Refus de la maison de disques qui augmente la pression. Pondre de nouvelles chansons ! « Jacques avait quelques musiques d'avance, confie Boulanger. La difficulté, c'était de trouver des textes. J'ai passé des journées et des soirées entières à lire des paroles de chanson. J'en ai reçu des tonnes. Un carton entier de textes et de lettres de gens qui rêvaient d'écrire pour Jacques. Je crois que c'est un fantasme de journaliste ou de certains écrivains d'écrire pour Dutronc. J'en avais de Bernard Pivot, de Bénabar, de Bayon, de Miossec, de Jean Fauque, d'André Bercoff… Il y a même des gens, des anonymes, qui déposaient des textes ici à la maison, en Corse. Il y a quelques années, lors d'un séjour à Monticello, j'ouvre un jour le portail pour sortir ma voiture : il y avait trois ou quatre personnes qui attendaient. Ils avaient fait le voyage en voiture et bateau depuis Dunkerque pour déposer leurs textes. Ils étaient venus jusqu'ici pour être sûr que Jacques en ait connaissance… En fait, mon rêve de directeur artistique aurait été de lui faire écrire des chansons par Céline… et par Vian… »

Boulanger a beau s'abîmer les yeux à lire tous ces textes, rien ne semble convenir aux aspirations de Jacques. « Parallèlement, poursuit-il, j'étais toujours en contact avec Lanzmann et je lui demandais des textes, à lui aussi, mais je ne les présentais même pas à Jacques, je savais que ça ne lui plairait pas. Il voulait placer la barre plus haut. En fait, il fallait que Jacques initie les idées, puis que Lanzmann les mette en forme. »

C'est là qu'interviennent Jean-Marie Périer et son documentaire *Salut Sex !* que Sony lui a commandé pour Canal + et que nous avons déjà évoqué. Selon lui, Jacques n'a pas envie de faire ce disque. Le manque de textes n'est qu'une excuse. « Comme il disait non à tout ce qu'il recevait, explique Périer, à un moment donné, je me suis dit : s'il retrouve quelqu'un qu'il connaît déjà, ça pourra peut-être coller pour une chanson. Les médias ont tellement peu d'imagination que s'il refaisait quelque chose avec Lanzmann, ils se jetteraient dessus. Et comme Jacques a des charentaises dans la tronche, sous prétexte de faire ce film, j'ai emmené Lanzmann avec moi à Monticello. Dans mon esprit, si Lanzmann se présentait chez Dutronc avec des textes, il allait sur son terrain, il faisait donc amende honorable, d'une certaine façon. Et ils ont fait sept chansons ensemble... »

Effectivement, lorsque le disque sortira en 2003, les journalistes s'attarderont beaucoup sur la réunion Dutronc-Lanzmann. Dutronc insistera au micro d'Europe 1 sur le caractère spontané de ces retrouvailles : « Ça n'était pas programmé, pas une machination artistico-maison de disques, etc. Avec Jacques, c'étaient de vrais rapports. On n'a pas besoin de se parler. Pas besoin de briefing avec croissants ou ce genre de conneries. On était sur la même longueur d'onde et ça suffit. »

Le contact étant rétabli entre les deux hommes, le travail peut s'organiser. Lanzmann revient passer une semaine entière à Monticello. « Jacques voulait être dans l'actualité, explique Boulanger, il voulait qu'on retrouve dans les textes une sorte de narration, un constat de notre époque, et aussi le recul d'un artiste qui a vraiment marqué sa génération. » Ainsi naissent *La Vie en live*, *L'Ère de rien*, *Madame l'Existence*, etc. « D'un autre côté, poursuit-il, une grande partie du public adore le Dutronc crooner, celui de *Gentleman cambrioleur*. Quatre ou cinq chansons ont été faites dans cette veine-là. » Lanzmann écrit sur la table en tek sous le chêne, du matin au soir, pendant que Dutronc vaque à ses occupations habituelles, imperturbable. « Jacques me donnait ses musiques, raconte Boulanger, et

Lanzmann mettait ses textes en pieds. Je laissais le fruit du travail de la soirée sous une pierre, sur le bar. Le lendemain, Jacques me faisait ses commentaires et je retournais auprès de Lanzmann sous le chêne et ainsi de suite. » En fait, rien n'a changé dans leur façon de travailler. Dutronc émet des idées de départ, Lanzmann développe, l'un adapte ou adopte, l'autre s'adapte et *vice versa*. Entre eux : Boulanger fait le coursier. Distance de rigueur. Le temps n'a pas résorbé le fossé qui a toujours séparé les deux Jacques. Ce qui n'empêche pas leur télétravail d'avancer, sans heurts ni tension.

Jacques œuvre à son rythme dans le studio, à la guitare ou au synthé. Lorsqu'une idée se développe harmoniquement d'une manière intéressante, un peu comme dans un grand hôtel, il appelle le room service et Migeot, le fidèle soundman, descend en peignoir prendre place aux manettes.

Quelque temps après, une fois les maquettes de Jacques plus avancées, Lanzmann achève son travail d'écriture dans son riad de Marrakech. Dans l'intervalle, Alain Lubrano, un jeune musicien producteur qui a travaillé avec Françoise sur ses disques, est entré en piste. Il s'est rendu à Monticello avec tout un attirail de machines électroniques. À partir des prémaquettes de Jacques, il travaille sur des arrangements possibles. « Quand les titres comme *La Vie en live* sont nés, explique Boulanger, Jacques a décidé de faire appel à un producteur plus rock, plus acide. Alain Lubrano apportait un son nouveau, des tourneries intéressantes et Jacques a validé sa participation. Il voulait se démarquer complètement des productions actuelles. Je pense que ce disque va se révéler sur la longueur. Un peu comme *Melody Nelson* de Gainsbourg, qui n'a pas été un énorme succès à sa sortie, mais qui est maintenant considéré comme un chef-d'œuvre incontournable. »

Autant Jacques adore la technologie – il faut toujours qu'il possède le téléphone portable dernier cri, le must en matière de hi-fi ou de vidéo –, autant, pour ce qui concerne ses disques, il craint les machines. D'abord parce qu'elles ont pour principale fonction d'exclure l'emploi de musiciens de chair et d'os et donc le côté convivial, humain et rigolard des séances d'enregistrement classiques. Et puis, une machine peut parfois s'avérer plus compliquée qu'un musicos. Ça prend un temps infini à régler, à programmer. Mais il s'adapte aux méthodes de travail de Lubrano et au son froid de ses boîtes magiques. Encore une fois, lorsqu'il donne son accord, il ne revient pas sur sa décision. Sur plusieurs titres, Thomas apporte également son concours et Jacques en est fier. Il le dit à sa manière : « Il ne s'occupe pas du jardin, il faut quand même qu'il fasse quelque chose de temps en temps à la maison… »

L'enregistrement des play-back se fait à Paris, sur lesquels François Rauber greffera ses nappes orchestrales, puis Lubrano et Migeot retournent en Corse pour coucher les voix de Jacques. Ça se déroule le matin, dans la cosy cave studio, de 10 heures à midi, jamais au-delà ! Surtout ne pas perturber le rythme de vie. *Derrick*, les chats, les visites à son père, l'accueil des amis au comptoir de la terrasse… il y a des priorités dans l'existence.

Puisqu'il porte le titre de directeur artistique, je demande à Boulanger comment on dirige artistiquement le chanteur Dutronc. « Jacques sait ce qu'il ne veut pas. Des cordes trop pompeuses, par exemple. Il sait que ça ne sera pas pour lui. Parfois, à propos d'un texte, il va me dire, en parlant du premier couplet : "Je ne peux pas commencer une chanson par ça." Il y a beaucoup d'artistes qui diraient : "Je vais l'essayer." Lui, je ne l'ai jamais vu essayer un truc et dire après : "Non, c'est pas pour moi." Par contre, il reste ouvert et plutôt curieux quand il s'agit d'ajouter une guitare ici, une contrebasse là…

– Qu'est-ce qui fait qu'il n'y a pas eu de vrai tube dans sa production de ces vingt dernières années ?

– D'un point de vue qualitatif, je ne pense pas qu'il y ait une grande différence entre *Voulez-vous* ou *C'est peut-être ça*, et ses grands succès des années 1960. Rien ne manque. C'est la situation, le contexte médiatique qui a évolué. L'exposition est totalement différente. Dans *Brèves rencontres*, il y avait une chanson qui s'appelait *La Pianiste dans une boîte à Gand*, un blues extraordinaire qui est complètement passé à la trappe parce que les gens veulent aujourd'hui des choses formatées. Or Jacques ne fait pas de la musique spécialement conçue pour telle ou telle radio. Dans les années 1960, il n'y avait pas cette multiplication des médias et on reconnaissait la performance tout de suite. Quand on avait une grande chanson, on savait l'isoler. Mais si demain toutes les radios se mettaient à jouer *C'est peut-être ça*, ça ferait exactement le même score parce que c'est aussi bien écrit, produit, chanté qu'avant. »

Le premier à avoir eu l'idée d'enregistrer, même partiellement, cet album en Corse, c'est Jean-Charles Felli, une jeune recrue de Sony. En 1999, Jacques a enregistré un duo avec Stomy Bugsy pour l'album de ce dernier, *Trop jeune pour mourir*. La chanson s'intitule *Une tombe à la place du cœur*. Pour la petite histoire, Jacques sort tout juste de sa deuxième et très sérieuse alerte cardiaque… Felli, qui s'occupe de la promo du disque, rencontre Jacques et lui suggère cette idée de travailler en Corse, qui le séduit bien évidemment. Enfin quelqu'un qui devine à quoi il peut réagir. Une idée pareille, ça suffit pour que Jean-Charles se retrouve promu responsable marketing de *Madame l'Existence*. Lui aussi vient passer quelques jours de vacances chez Jacques en juillet 2003 et il accepte de dévoiler la stratégie décidée pour cet album. Selon lui, et même si Jacques se défend de s'y intéresser, il participe, à sa manière, à cet aspect des choses. « Je lui propose des idées, dit Jean-Charles, il apporte les siennes, et on élabore ensemble une stratégie. Mon boulot, c'est de comprendre ce qu'il désire et de transformer ça en actions concrètes… Par exemple, Jacques n'accepte pas de faire tout ce qui est creux, sans fond, c'est-à-dire la majorité des émissions de télé. Il n'aime pas être là pour le simple fait d'être là, faire des choses uniquement pour se montrer, ce qui amène à faire un tri obligatoirement très sélectif dans un planning promotionnel. »

Ce qui agace Felli, c'est d'entendre dire ici ou là que Jacques est fainéant. Rien n'est plus faux, selon lui. Il assure qu'il est très pointilleux, perfectionniste même. Sûr que s'il ne sent pas les choses bien ficelées, bien montées, par des gens motivés et passionnés, qui savent communiquer leur détermination et leur enthousiasme et démontrer qu'ils peuvent tenir un projet, il préférera ne pas se lancer plutôt que faire les choses à la va-vite pour des raisons purement contractuelles ou financières. « Alors si c'est ça la fainéantise… Pour cet album, poursuit Felli, nous voulions montrer qu'artistiquement Jacques était encore présent, obtenir une vraie reconnaissance artistique. *Brèves rencontres* avait apporté quelques déceptions, le disque n'avait pas bénéficié d'une presse dithyrambique et nous n'avions obtenu ni succès d'estime ni succès commercial. La première chose avec ce nouvel album était donc d'obtenir ce succès d'estime. *Madame l'Existence* n'est pas un disque facile, farci de tubes. Nous pensions qu'il fallait commencer par toucher le public spécialisé au travers des médias spécialisés et essayer d'élargir après. Par ailleurs, nous avons mis l'accent sur l'esthétique de l'objet, sans foutage de gueule, d'où cette vraie rencontre entre deux vrais artistes, Jacques et Bernard Pras, qui a donné naissance à ce poster inclus dans le disque. »

Cette rencontre avec Bernard Pras, c'est celle qui est narrée en introduction de ce livre. Ce matin du 6 mars 2003 où, dans l'atelier du plasticien à Montreuil, Jacques découvre son portrait en trois dimensions. Ce jour où, moi-même, je fais enfin la connaissance de Jacques et dois, à sa demande, l'interviewer pour la réalisation d'une vidéo promotionnelle. La boucle est presque bouclée. Pourquoi m'a-t-il sollicité pour cette interview ? Il ne m'en a, évidemment, jamais rien dit. « Ne cherche pas à comprendre », m'a-t-on répété dans son entourage. Toujours est-il que nous parlons longuement ce jour-là. Notamment de Bernard Pras. « Je ne connaissais de lui qu'un merveilleux livre [1], dit Jacques. Vu les personnes qu'il a déjà "opérées", si je puis dire, j'ai été très flatté de faire partie de sa collection. Mais je ne me doutais pas que c'était un travail aussi impressionnant. Je n'aurais jamais osé faire appel à son talent pour un malheureux disque. En tout cas, à l'époque des images de synthèse, voilà quelqu'un qui bosse avec du lourd. » Nous parlons aussi du contenu du CD, bien sûr. De la tonalité plutôt sombre qui frappe à la première écoute. « Oui, assez pessimiste, dit-il. J'étais dans un endroit idyllique, il était logique qu'il y ait une espèce de contre-pied. Si j'avais fait le disque à Montreuil, il aurait été plus optimiste. C'est tellement beau, la Corse, qu'au bout d'un certain temps, ça fait chier, on en a marre des couchers de soleil... De toute façon, je suis plutôt de nature pessimiste. Et toute personne lucide devrait l'être en ce moment... Disons que, dans ce disque, les choses ne sont pas dites sur le même ton qu'avant. Parmi les vieilles chansons,

1. *Bernard Pras*, Paris, Éditions Bruno Delarue, 2001.

comme *Les gens sont fous, les temps sont flous*, la démarche n'était pas très éloignée, la différence, c'est que j'employais peut-être des mots plus amusants à l'époque et, aussi, que le timbre de ma voix a changé depuis. C'est la manière de m'exprimer qui a évolué. Mais ce n'est pas pessimiste de dire : "Je voudrais m'acheter une démocratie." Je ne vais quand même pas le hurler, je ne suis pas un manifestant. » Nous disséquons l'album, chanson après chanson, nous nous attardons sur certaines, comme *La Vie en live*, qui nous amène à parler de ces émissions de télévision où l'on rend les téléspectateurs coupables de la misère des autres pour mieux les inviter à s'acquitter de leur mauvaise conscience. « Plus on voit des atrocités, plus c'est misérabiliste, dit Jacques, plus les gens regardent… Mais s'ils ont mauvaise conscience, qu'ils m'envoient les chèques, il faut que je parte en vacances… Mon père disait : "J'en ai marre de donner, l'État est là pour ça, il y a des ministères pour ça." C'est bien, cette démarche de *donner*, mais il faudrait de temps en temps aussi *donner* des résultats, quelques bonnes nouvelles. »

Des reprises issues du concept initial, Jacques a tenu à en intégrer deux à *Madame l'Existence* : *L'Homme et l'Enfant* et *Un jour tu verras*. Il adore l'une comme l'autre. « J'avais vraiment envie qu'elles soient sur l'album. *Un jour tu verras* sera toujours une chanson d'actualité. Quant à *L'Homme et l'Enfant*, j'aime le rapport entre l'adulte et l'enfant dans cette chanson. Pour une fois, il y a un môme qui pose une vraie question : "Dis, monsieur, est-ce que la Terre est ronde ?" Si on tourne un clip, je vais devoir me déguiser en Christophe Colomb ! » (Rires.)

Pour conclure cette discussion à propos de *Madame l'Existence*, je lui demande s'il n'éprouve pas une certaine frustration d'être davantage reconnu pour son côté séducteur, farceur ou déconneur, que pour sa sensibilité et les chansons qui illustrent cet aspect de son caractère. « Je n'ai jamais pensé à ça, dit-il. Je ne me suis jamais posé cette question. Là tu parles de travailleurs, de besogneux du disque, les faiseurs qui gambergent toute la journée comme des hommes politiques : faut être comme ceci, comme cela, parce qu'il y a tel créneau à prendre… Je n'ai jamais été comme ça. »

* * *

« À soixante ans, quand on se lève, si on n'a pas mal partout, c'est que l'on est mort ! » Jacques cite volontiers cette phrase de l'écrivain italien Andrea Demarchi. Le 28 avril 2003, il fête ses soixante ans à Paris, dans l'intimité de quelques proches. Je le revois le lendemain à midi chez Andiamo, un restaurant italien situé à deux pas de chez lui. La célébration n'est pas terminée... Il est accompagné de Sylvie Duval et du fidèle Migeot. Sylvie a arrangé ce rendez-vous afin de parler de ce livre. « C'est le bureau de Jacques, ici », me dit-elle en souriant. De fait, il y possède quelques repères, un siège dans un recoin du bar et une table habituelle derrière l'entrée. Je réalise ce jour-là à quel point Jacques aime la table et le temps qui se construit tout autour. Nous carlsbergons, puis déjeunons, puis champagnons sans mesurer les heures qui passent, cela en parlant de tout, sauf du livre en question. Vers 17 heures – Sylvie s'est retirée entre-temps –, Jacques s'inquiète de son dîner. Il sait que s'il ne se manifeste pas rapidement, Françoise ne tiendra pas compte de lui et il lui faudra se restaurer dehors. D'un autre côté, il est sorti avec une provision insuffisante de cigares ; il ne tiendra pas la soirée. Dilemme. Qu'à cela ne tienne, le patron du restaurant se lance dans une périlleuse chasse aux cigares dans le quartier – Jacques ne fume pas n'importe quoi. Il nous laisse les clés de l'établissement. Une demi-heure plus tard, il revient avec une poignée de barreaux de chaise très honorables qu'il offre à Jacques. Ce dernier se décide à appeler Françoise depuis son portable pour prévenir qu'il ne rentrera pas dîner. Au même moment, ma femme m'appelle sur le mien (j'avais annoncé un retour à la maison en début d'après-midi) ; Jean-Marie Migeot, lui, explique à la sienne qu'il aura du retard pour le vernissage auquel ils sont conviés. Nous ressemblons à trois ados ayant dépassé la permission de minuit.

De fil en coups de fil, de coupe en coupe, nous sommes toujours attablés lorsque Jacques décrète que l'heure de l'apéro nous a rattrapés. Nous avons vu les clients du déjeuner quitter l'établissement ; nous voyons les dîneurs l'investir. Sans avoir bougé. Les menus refont leur apparition à notre table, les appétits sont revenus.

Nous remangeons de bonne grâce. Aucun de nous trois n'est ivre. Après le château-margaux du dîner, un bouchon saute. D'autres sauteront encore. Avec Jacques, le verre ressemble à un compagnon de table. Pas un adversaire à qui l'on lance des défis. Juste une présence amicale, sociale, sociable, qu'il convient de remplir de temps à autre, mais sans précipitation. Nous nous quitterons sur le trottoir vers une heure du matin, treize heures après notre arrivée.

Madame l'Existence sort officiellement le 19 mai 2003. Les 21 et 22, Jacques enregistre à bord du *Napoléon-Bonaparte* une spéciale Dutronc pour France 2 intitulée *L'Ère de rien*, deux heures trente de *prime time* un samedi soir... Deux jours et deux nuits sur le luxueux ferry qui relie Marseille à Bastia pour mettre en boîte l'émission.

Le bateau grouille de stars de la chanson, de journalistes animateurs, de pontes de la télé et du show-biz, de vieux complices ainsi que de toute une délégation de la maison Sony. Le tableau serait incomplet, et surtout insupportable, sans quelques Corses : Jean Luisi, François Paoli, Jo-le-taxi sont là.

L'enregistrement en faux direct aura lieu au cours de la traversée du retour, lors de la deuxième nuit à bord. Les deux premières journées sont consacrées aux répétitions et à l'ampexage d'un maximum de séquences : morceaux d'interviews, sketches, duos, play-back... Jacques est sur la brèche du matin au soir, il se plie de bonne grâce aux desiderata de la production et du réalisateur, répétant tel ou tel play-back sans rechigner sur la scène du Galaxy, le night-club du bateau. En homme de cinéma, il sait combien la patience est une qualité indispensable sur un plateau. L'artiste n'est rien sans la technique. Entre deux prises, il se retire dans un petit salon privé où il recrée avec ses potes une atmosphère intimiste et rigolarde, à mille lieues du show-biz. Sylvie n'arrête pas de s'affairer, elle est en mouvement perpétuel.

« Jacques, tu veux que j'aille repasser ta veste ? Elle est un peu froissée dans le dos...

– Tu ne vas pas t'emmerder à repasser maintenant », grogne-t-il.

Il s'en fout de sa veste.

Chaque retour au salon privé est prétexte à l'ouverture d'une nouvelle bouteille.

Jacques n'est pas satisfait de certaines séquences enregistrées. Une interview qui manquait de chaleur, de spontanéité. Il s'interroge sur le cadrage d'un play-back. L'heure tourne. Peu avant la tombée de la nuit, le ferry quitte Marseille, lesté de ses passagers anonymes, pour une rotation normale, ce qui ne change rien au déroulement des opérations : le Galaxy est réservé à la production. Nouvelles prises, nouveaux breaks. On trinque encore. La plupart du temps, les coupes restent là, à moitié pleines, abandonnées par leurs propriétaires, s'éventant et se réchauffant pendant qu'on retourne au charbon.

« Bon, faut y aller mollo avec le champagne, dit Jacques qui s'inquiète pour ses munitions. Il en reste combien ?

– Une caisse, répond Jean-Charles Felli.

– C'est tout ? »

Il est vrai que, dès que saute un bouchon, une nuée de coupes avides se tendent dans un même élan vers le seau que Jacques alimente régulièrement.

La journée de travail terminée, Dutronc dîne en petit comité dans un des restaurants du ferry, loin de l'agitation de la production. Quelques dernières coupes au salon privé et il se retire vers minuit, tandis que d'autres feront la fête dans la discothèque puis dans le jacuzzi jusqu'au petit matin, lorsque le bateau accostera sur un quai du port de Bastia.

Au matin du deuxième jour, vers 10 heures, je retrouve sur le pont supérieur du bateau Sylvie, Jacques et Jean-Charles. La vue sur Bastia est unique et le soleil nous écrase déjà de chaleur. Jacques porte un débardeur noir sur un 501 délavé et ses inusables Fry. Au bout de quelques minutes seulement, Sylvie suggère un repli, le soleil tape trop fort et elle s'inquiète du teint de Jacques : « Tu risques d'être écrevisse pour l'émission… »

Le salon particulier est beaucoup plus cosy. Nous prenons place dans les fauteuils moelleux quand une assistante de chez Sony vient présenter à l'artiste la presse du jour, pas peu fière : *Le Monde*, *Télérama*, *L'Express*… De la surface et de l'éloge ! Dutronc survole les articles. Il est sans doute satisfait mais ne montre pas grand-chose. Quelques détails l'irritent. Il déclare ne pas aimer sa photo en couverture de *Télérama*. Véronique Mortaigne, qui signe le papier du *Monde*, a écorché le titre d'une chanson: *L'Homme et l'Enfant* est devenu *L'Enfant bleu.*

« Y a rien eu dans *Libé* ? » demande quelqu'un.

Apparemment non. Ils n'auraient pas aimé l'album.

Puis c'est au tour d'un autre employé de Sony de se pointer dans le petit salon avec les premiers chiffres de *Madame l'Existence.* Car, comme au cinéma, les scores relevés au cours des premières heures de mise en vente sont analysés par des spécialistes qui, à l'aide de diagrammes et de courbes, vous font un pronostic, paraît-il assez fiable, de la carrière d'un disque. Les chiffres sont excellents. Jacques ne fait pas de commentaire. Sa seule réaction: « Bon, je peux me servir une coupe, alors ! » Premier « pop ! » de la journée. Les bonnes nouvelles fusent dans les coursives du bateau. Des responsables de la production, de France 2 viennent trinquer. Tout va bien au royaume du show-biz quand le TOP 10, sorte de CAC 40 de l'industrie du disque, sourit. Une huile de chez Sony envoie quelqu'un à l'autre bout de la Corse afin d'y quérir une caisse du champagne préféré de Jacques. Une autre se penche tout contre lui pour l'entretenir sans doute de quelque fait majeur. Quand le confident aura quitté le salon, le chanteur fera la grimace et dira: « J'ai senti son haleine chaude et poisseuse contre mon oreille, ça me colle encore dans le cou. Beurk ! » (Rires.) S'amuser de celui qui vient de quitter la pièce est un sport assez couru par la bande à Dutronc. Les costards sont taillés rapidement et sans essayage. Mieux vaut être le dernier à sortir. « Mais, me dira Jacques bien plus tard, c'est comme ça qu'on s'aime entre nous. Quand je veux vraiment être méchant, je le suis en face. »

Un assistant de production vient ensuite détailler l'emploi du temps de la journée. Jacques est plutôt tranquille jusqu'au soir. L'après-midi sera consacré aux répétitions des artistes invités et à l'enregistrement de quelques séquences supplémentaires. À 13 heures passées, Jacques regarde sa montre et lâche avec un sourire amusé: « Ça va être l'heure de *Derrick* ! » Une manière de donner le change car on le sent de plus en plus contracté au fur et à mesure que l'heure avance.

Jacques mange peu, voire pas du tout, dans ce genre de circonstances. Il refuse d'aller déjeuner à terre car il sait que s'il quitte le bateau, les chances de ne pas remonter sont réelles… Dans le meilleur des cas, il manquerait de fraîcheur pour l'émission. Sagement conseillé par Sylvie, il décide d'aller se reposer quelques heures dans sa suite.

La sieste ne va pas durer. Contrarié, assailli par le doute, toujours plus sceptique quant au bien-fondé de cette émission, Jacques regagne le salon privé où le groupe de proches ne tarde pas à se reformer. Et Sylvie s'agite toujours. Elle court de droite à gauche, répond à un appel de la prod sur son portable, reçoit des journalistes, rappelle à Jacques qu'il a un comprimé à prendre, apporte de nouvelles coupes pour les derniers soiffards venus trinquer… Un responsable de la presse vient annoncer : TF1 veut venir en Corse la semaine prochaine tourner un sujet pour le JT de 20 heures. Jacques ne dit pas non. Un *oui peut-être* pour se débarrasser de l'intrus. Sylvie saisit la dérobade. Elle me livre une traduction simultanée : ça l'ennuie, ça va être à elle de faire comprendre que finalement, c'est non. Elle assume.

Vers 19 heures, les passagers « ordinaires » investissent le ferry, étonnés par l'agitation qui secoue le pont n° 9. Le risque est gros pour Dutronc. Une seule émission : pas droit à l'erreur. Avant le top départ de 21 heures, pendant que les techniciens, les danseurs et danseuses, les cascadeurs et les musiciens dînent au Montparnasse, Jacques se fait servir une assiette de saumon fumé. On le sent concentré. Le visage est crispé.

La nuit tombe, le ferry a quitté Bastia, cap au nord, il longe le cap Corse qui n'en finit pas de s'enfoncer dans la mer. L'enregistrement de *L'Ère de rien* peut démarrer… Et pendant que la croisière s'amuse, pendant que le *Napoléon-Bonaparte* vibre aux sons de *Madame l'Existence*, voguant paisiblement sur la grande bleue, sur la rive sud de celle-ci la terre algéroise tremble, frémit et ensevelit plusieurs milliers de personnes. « Jacques Dutronc, est-ce que vous êtes un homme heureux ? – Comment voulez-vous être pleinement heureux quand il se passe tant de choses tragiques à travers le monde… »

En sortant du Galaxy vers 2 heures du matin, Jacques a l'air épuisé – je l'ai décrit à cet instant précis plus tôt dans ce livre (en fin de troisième partie). Il semble persuadé que l'émission est ratée, se réfugie dans le salon privé, ne veut voir personne. Quelques VIP viennent tout de même partager une coupe avec lui et on se congratule, c'est la coutume. Il sourit, sans conviction. Je lis comme de l'angoisse sur son visage, presque du désespoir. Des regards vides le trahissent. Il n'est pas là.

Un peu plus tard, j'interroge Sylvie. « Il me fait chier ! » lâche-t-elle. Elle esquisse un sourire un peu triste. Elle est lessivée. Difficile d'assister un insomniaque anxieux. Un mois qu'elle est sur la brèche, elle aussi, de toutes les interviews, de chaque rendez-vous professionnel, de tous les instants publics de Jacques, doux ou électriques, gais ou tendus. Mais très vite elle se rattrape : « Ça va aller. »

Jacques aurait préféré faire une émission de deuxième partie de soirée, garante de plus de liberté. Le *prime time* impose des compromis, du consensuel, du grand public. Jean-Charles Felli est passé outre aux réticences de son artiste, préférant une émission de variétés traditionnelle pour plusieurs millions de téléspectateurs à un ovni dutronien pour *happy few*. *Ici c'est pas la République* et une major du disque ne sera jamais le ministère de la Culture.

Jacques ne fermera pas l'œil de la nuit.

À 6 h 45, branle-bas de combat dans les coursives. Pour la majorité de l'équipe, les heures de sommeil cumulées de ces deux nuits sur le *Bonaparte* se comptent sur les doigts d'une seule main. Jean Luisi, le doyen de l'équipe, après avoir pataugé dans le jacuzzi en compagnie de nymphettes jusqu'à 5 heures du matin la nuit précédente, ne se couche pas de la seconde. À l'arrivée à Marseille, il a une pêche d'enfer : « Je suis au top ! Formidable ! » Pour les autres, c'est le festival des lunettes noires. Est-ce dû au soleil qui inonde le port de Marseille d'une lueur cruelle ? Non, chacun se cache, masque les yeux rouges et les poches qui les soulignent. On ne sait plus qui regarde qui, qui salue qui, qui adresse un sourire fatigué à qui.

Jacques est prêt. Souriant. La page semble tournée. Sitôt accosté, il s'envole à bord d'un hélico avec sa garde rapprochée. Direction : Monticello.

* * *

Jacques a pris ses quartiers d'été à Monticello et c'est donc là-haut que je le retrouve, le 3 juillet 2003, avec dans mes bagages un projet de livre et quelques instruments de torture. Comme un ornithologue, je vais traquer mon oiseau rare pendant plus de cinq semaines au cours de l'été. Je l'observerai à distance, à la jumelle dans un premier temps, de peur qu'il ne s'envole. Puis de plus en plus près. Jusqu'à ce qu'il ne me remarque plus. Lorsque la confiance sera installée, les véritables entretiens démarreront. Il se montrera alors tour à tour farouche, bavard, chaleureux, fermé, las, enthousiaste, préoccupé, concerné, agacé, soucieux… Jamais démagogue ni malhonnête.

Dutronc a une façon unique de se prêter au jeu de l'entretien. Il est habile dans la pratique du contre-pied et ne craint pas la mauvaise foi s'il a décidé de s'opposer systématiquement à ce que vous cherchez à lui faire dire. Dans ce cas-là, si vous lui suggérez par exemple : « Mais vous avez aimé faire ce film ? » Il répondra quelque chose comme : « Ah non ! enfin je crois pas… » Si vous induisez au contraire une réponse négative : « Il paraît que vous n'appréciez pas beaucoup ce metteur en scène… » Il rétorquera : « Ah si, au contraire. Pourquoi pas ? » On l'attend ici, il surgit là. L'interview est un jeu de cache-cache. Il y a dans ses réponses des ellipses, des ralentis, des accélérés, des sauts en avant et des retours en arrière. Toute une rhétorique. S'entretenir avec Dutronc, c'est repartir avec des réponses à tiroirs (souvent dépourvus de poignées) et, quoi qu'il arrive, avec plus de questions qu'à l'arrivée. Son discours est émaillé de silences et de pointillés – s'il écrivait, il battrait Céline sur ce terrain-là –, de *peut-être*, de *je ne sais pas*, d'*en tout cas* et de *d'ailleurs*. Les phrases peuvent être bancales, on y trouve parfois des sujets orphelins de verbe, des propositions insubordonnées, voire relativement relatives. Toute l'énergie est focalisée sur une interprétation saugrenue ou insolite de la question posée, le sens caché des mots qui la composent. Un logiciel dans son cerveau intègre les mots clés et propose toutes les combinaisons et solutions possibles. Selon les réponses fournies par ce moteur de recherche, il va piocher la plus originale, souvent un jeu linguistique. Cette façon qu'il a de botter en touche est avant tout une manière de ne pas répondre directement à la question et donc de se préserver. Bien souvent, si on a la patience d'entrer dans son jeu et d'attendre, une réponse franche et plus directe fait suite à la défausse. Mais combien de journalistes ont cette capacité de respecter le silence ! Comme la nature a horreur du vide, ils ont la hantise du blanc et ils préfèrent relancer ou enchaîner plutôt que de se laisser déposséder de l'initiative du rythme donné à l'interview. Pourtant, Jacques sait donner une réponse consistante à qui sait patienter.

En ce mois de juillet 2003, *Madame l'Existence* en est à deux mois d'exploitation dans les bacs des disquaires. Il a obtenu en quelques semaines un disque d'or mais les ventes se sont essoufflées. Jacques ne cache pas sa déception. Pourtant, les critiques ont pour la plupart encensé l'album. Quelques exemples : « Dutronc surpasse, sans trop se forcer apparemment, tout ce qu'il a coulé dans le bronze au cours des deux dernières décennies » (*Les Inrockuptibles*, 7 mai 2003) ; « *Madame l'Existence* est son meilleur disque, de très loin, depuis… depuis… depuis très longtemps… Il retrouve cette sorte de radicalité décontractée, de concision contagieuse, de sobriété radicale qui était autrefois sa signature » (*Télérama*, 21 mai 2003) ; « Alléluia ! On a retrouvé le vrai Dutronc. Son meilleur album original, mine de rien » (*Rolling Stone*, mai 2003) ; « Onze titres savoureusement sarcastiques, un timbre sans pareil » (*VSD*, 22 mai 2003). *Le Monde* est plus nuancé dans son jugement : « Si les épreuves de la vie, le poids des rides font planer une tonalité crépusculaire d'une assez belle étoffe, plume et médiator paraissent émoussés » (20 mai 2003) ; et *Libération* ne consacrera finalement à l'album qu'un petit paragraphe ultra-cinglant se terminant par un conseil définitif : « Il serait bon de se dispenser de cet achat » (12 juin 2003). Et il suffit d'une seule critique défavorable pour occulter – temporairement – toutes les autres. L'artiste est blessé. La blessure peut être profonde. Mais : « Puisque tu parles de blessure, observe Jacques, il y en a d'autres qui soignent. Quand Jean-Louis Bory t'encense sur deux pages dans *Le Nouvel Obs*, tu es vite cicatrisé des petites blessures des autres. »

Une vraie critique, pourquoi pas ? Ça peut être constructif. Mais lorsqu'elle est vaseuse… « Sur la plage, il y a des milliards de grains de sable, tout va bien. Un seul dans l'œil, ça fait chier. » Selon lui : « Être critiqué, c'est déjà commencer à être aimé », et Jacques Dutronc, comme n'importe quel artiste, a besoin de se sentir aimé. Même si cela n'est pas conforme à son image publique de chanteur comédien désinvolte, détaché, il doute en permanence et la seule pommade connue pour apaiser cet état d'âme reste la reconnaissance de son travail. La critique en est une forme, le succès public l'autre.

Et que pense Dutronc de *Madame l'Existence* ? « Je trouve cet album beaucoup plus original que *Brèves rencontres* et *CQFD* ! » Bien sûr, il aime à répéter qu'il faut l'écouter plusieurs fois pour vraiment l'apprécier, comme on fait quelques pas pour casser le cuir de souliers neufs et en faire de confortables chaussures...

Sony mise sur la sortie de futurs extraits en single à destination des radios pour relancer l'album. La maison de disques envoie Migeot et Boulanger pour que Jacques refasse des voix sur *C'est peut-être ça* (à l'initiative du chanteur), afin d'en proposer une version plus adaptée à la diffusion radiophonique – plus de modulation dans le chant et un débit moins marqué sur le temps. Les deux hommes débarquent sur l'île de Beauté le 5 juillet pour quelques jours. Dès le lendemain matin, Migeot installe ses machines dans le studio en sous-sol. Boulanger essaie de convaincre Jacques de s'y mettre sans tarder. Le maître des lieux a une bonne excuse aujourd'hui : c'est dimanche ! Visite à son père. Tradition ! Le directeur artistique insiste un peu, pour la forme, mais Jacques rétorque : « Je ne vais quand même pas abandonner mon père pour une chansonnette ! » Il n'a pas franchement envie de refaire ces voix, n'en voit plus l'utilité. Ça sent la corvée. On dirait qu'il a l'intuition du coup pour rien. Un autre prétexte pour s'en dispenser sera trouvé le lendemain. *Idem* pour mardi où une délégation de journalistes belges et suisses est accueillie à la maison. Mercredi, veille du retour sur Paris de Migeot et Boulanger, on ne parle plus de l'enregistrement. Boulanger semble s'être fait une raison, il rentrera bredouille chez Sony. Pendant qu'il descend à la plage cet après-midi-là, Jacques chope Migeot et tous deux vont s'enfermer dans le studio. Ils en ressortiront quelques heures plus tard avec une nouvelle version de *C'est peut-être ça* correspondant parfaitement aux attentes du directeur artistique. Début septembre, les radios recevront le single promotionnel avec la version initiale de la chanson – celle de l'album.

Soupir de Jacques pour tout commentaire. On l'entendrait presque murmurer: «Qu'est-ce que je disais!»

Quelques jours plus tard, Thomas arrive à son tour en Corse avec sa compagne. Cette dernière possède une maison de famille à une quinzaine de kilomètres de Monticello. Un soir, après un dîner chez Jacques, alors que Jean Luisi a revêtu son tablier de barman, une conversation peu habituelle (selon l'aveu de Thomas) s'installe entre lui et son père au bar de la terrasse.

Thomas a émis des réserves sur la manière qu'a eue Jacques d'interpréter la chanson *L'Homme et l'Enfant* qui figure sur *Madame l'Existence*. On l'écoute sur la minichaîne du bar. Dès les premières notes, Jacques lâche, triste: «Il trouve que je chante mal.

– Je parle juste des deux premières phrases! rectifie Thomas. *Mon enfant, mon enfant*... Et je ne dis pas que tu chantes mal, je dis seulement que tu aurais pu faire mieux si tu avais pris le temps de refaire une prise.

– Non! Réécoute! Et arrête de parler d'un bout à l'autre!»

Jacques rappuie sur *play*, la chanson redémarre. On l'écoute jusqu'au bout cette fois.

«Je suis désolé, dit Jacques, ça correspond exactement au texte. Je suis obligé d'être en retrait, je ne peux pas attaquer autrement. J'ai peut-être des tics de comédien, mais ça va avec la petite fille qui dit *pourquoi*, etc.

– L'idée, c'est une enfant face à un homme sûr de lui. Et tu n'es pas sûr de toi, ça se sent. Parfois, ça te donne du charme, mais par rapport à un enfant qui te pose des questions, il aurait fallu donner une assurance qui fait défaut. Toi qui as vécu dix mille vies, tu n'avais pas besoin de mettre cette affectation, on n'a pas envie de ça dans cette chanson.

– Mais c'est de l'interprétation quand même, excuse-moi!

– Ce qui est dommage, c'est que tu pourrais te permettre de prendre beaucoup plus de temps pour faire mieux...

– Mais je l'ai refaite plein de fois, celle-là, tu demanderas à Migeot...

– J'en sais rien, après tout, lâche Thomas. C'est comme *Van Gogh*, tout le monde dit: "*Van Gogh*, j'ai adoré, Jacques est tellement génial…" Moi, je me suis emmerdé. Remarque, j'étais peut-être trop jeune à la sortie du film. Faudrait que je le revoie aujourd'hui.

– Ta mère a dormi sans arrêt la première fois… Elle l'a revu et elle a mis quatre étoiles partout. Je ne parle pas de moi, mais de ce qu'a fait Pialat.

– Autant dans *C'est la vie* ou *L'Important c'est d'aimer*, tu es parfait de bout en bout, autant dans *Van Gogh* je sens que quelque part tu t'emmerdes, que tu bosses, tu n'es pas à fond dans le truc.

– Je comprends ce que tu dis mais j'ai du mal à en parler.

– Essaie, ça m'intrigue, insiste Thomas.

– Pialat a voulu parler de la condition d'un artiste à la fin de ses jours et il a eu l'intelligence de ne pas mettre d'oreille coupée…

– Moi, je suis de l'avis de maman. Chaque fois que tu fais un film, tu t'emmerdes pour pas grand-chose. À quoi ça sert de jouer des personnages qui font chier… Je trouve dommage que tu t'investisses tant dans tes rôles sans que les gens en face répondent… Les cinéastes français sont des branquignols ! (Rires.)

– Il faut quand même que la France continue à faire des films, qu'il y ait une autre culture que les McDo, même si le cinéma français est devenu un gros commerce ! Saturnin Fabre, Gabin, Carette, c'est fini, mais faut pas baisser les bras. Ça y allait, les nanars à l'époque. N'empêche, quelques chefs-d'œuvre sont sortis du lot, c'est comme ça que les choses se font. »

L'heure tourne et la conversation se poursuit. Thomas avoue une gêne à regarder son père à l'écran parce qu'il arrive à deviner ce qu'il est en train de penser. Il apprécie davantage le Dutronc acteur de sa propre vie que le comédien dans ses rôles. « Avec papa, dit-il, le reportage à l'apéritif est souvent mieux que le film lui-même. Il se pose toujours un tas de questions sur comment faire les choses… »

Entre deux chansons de Johnny Cash, un chat-huant lance un cri discret tandis qu'en contrebas, au niveau de la mer, les lumières de l'Île-Rousse scintillent dans la nuit humide. Il est bientôt 4 heures du matin. Quelque chose tracasse Jacques. Il tourne un moment autour du pot avant de lancer, à l'attention de son fils : « Je ne te l'ai jamais dit, mais je voulais que tu saches que je suis très triste de ne pas te voir davantage. Françoise m'a envoyé chier l'autre jour en me disant : "Il a trente ans, il fait sa vie…" Mais je ne discute pas avec elle quand elle se met à parler comme ça, j'ai l'impression d'entendre sa mère… »

(Françoise m'avouera quelques jours plus tard que la pire des choses que Jacques pouvait lui dire pour la blesser était précisément : « Tu me rappelles quelqu'un ! » – en parlant de sa mère.)

« Je suis venu te voir dix mille fois, répond Thomas, et je me suis toujours régalé.

– Je ne te vois pas assez souvent, répète Jacques. Mon père, qui sait de quoi il parle, regrette de ne pas m'avoir vu plus souvent quand j'étais jeune. Sauf qu'ils n'avaient pas les moyens que nous avons.

– Mais il faut que je fasse ma vie ! Si je ne faisais rien du tout, je n'aurais rien à dire non plus.

– J'ai quand même soixante balais. Autant en profiter tant qu'il est encore temps !

– Moi, je vais sur mes soixante-dix-huit ans ! intervient soudain Luisi comme si un frelon l'avait piqué.

– Tu ne pourras plus lire Tintin, lui rétorque Jacques aussi sec. Moi, je les relis tous une fois par an. C'est très important !

– Moi, je lis Platon ! » conclut solennellement le Chauve corse.

* * *

Rien chez Dutronc ne rappelle la carrière d'un autre chanteur comédien. En France, il est le seul de sa génération à avoir traversé les décennies en passant du micro à la caméra sans que l'on n'entende jamais : tiens, un chanteur qui joue la comédie ; ou l'inverse : encore un comédien qui s'essaie à la chanson… La seule parenté se situe peut-être outre-Atlantique. Dutronc serait-il un lointain cousin de Dean Martin ? Dean Martin chantait avec décontraction, il jouait la comédie sans avoir l'air de forcer son talent. Il ne croyait ni en lui ni en ces métiers et se dévoilait fort peu. Il aimait boire, manier cynisme et causticité, et il ne se prenait pas au sérieux. Le cousinage se cantonne bien sûr essentiellement aux apparences, pourtant, en lisant la biographie de Nick Tosches [1], on trouve quelques citations

1. *Dino. La belle vie dans la sale industrie du rêve*, Paris, Rivages, 2001.

qui, dans la forme sinon le fond, pourraient sortir tout droit de la bouche de Jacques. Par exemple quand, de retour d'un voyage à Paris, Martin déclare à propos du musée du Louvre : « Une fois, un gars a repeint ma maison en deux jours, il peignait mieux que tous ces types. » À un autre moment, Tosches évoque un tour de chant de Dean Martin : « Il revint sur scène au MGM Grand en août et jeta langoureusement ses bribes de chansons à ceux qui étaient venus. "C'est quand même mieux, dit-il, qu'un type qui chante seize chansons d'affilée, en transpirant, avec les veines gonflées, en faisant un tas de fausses notes, non ?" » Et ne reconnaît-on pas Dutronc lorsqu'une ex-épouse de Martin raconte : « Quand il rentrait à la maison, je lui demandais : "Qu'est-ce qui s'est passé aujourd'hui ?" Il me répondait : "Rien." Je regardais les infos et là, j'apprenais que le roi et la reine d'Angleterre avaient visité les studios et avaient rencontré Dean Martin. Ça le laissait de marbre. Rien ni personne ne l'impressionnait profondément » ?

Jacques suscite beaucoup d'admiration parmi ses pairs. Beaucoup recherchent ses faveurs, voudraient être ses amis. Sans doute ne comprennent-ils pas comment un artiste peut être à la fois aussi concerné par son travail et détaché de tout ce qui tourne autour de celui-ci. Lorsque Johnny Hallyday fête ses soixante ans en grandes pompes médiatiques sur une scène installée sur la pelouse du parc des Princes, trois soirs de rang, il demande à son ami de la Trinité d'en être. Françoise : « Jacques m'a informée que Laetitia l'avait appelé plusieurs fois. Dans ce genre de situation, il devient injoignable. Il a du mal à dire non et ne veut pas se laisser embringuer dans un cirque pour lequel il ne se sent pas d'attaque. » Jacques ne donnera simplement pas suite. « Johnny sait bien que ce n'est pas mon truc, me dit-il. Ça fait américain. Et il est tellement mieux tout seul. Mais les autres se battaient pour y aller… Moi, je préfère inviter des journalistes sur scène… » Cette attitude n'entache en rien le respect et l'amitié qu'il éprouve pour Johnny. Pratiquement tous les étés, l'Idole vient mouiller dans la baie de Calvi avec son yacht, et c'est l'occasion d'une fête. Lors d'une de ces récentes retrouvailles, Johnny fait un aveu à Jacquot : il veut être enterré à côté de lui. « Ça se passait à Davia, raconte Françoise, dans la maison de Michel Mallory. Johnny, qui tient très mal l'alcool, vomissait partout.

C'est dans ces circonstances qu'il a dit à Jacques qu'il était le seul homme qu'il aimait et qu'il tenait à être enterré en Corse à côté de lui. L'alcool fait déborder d'amour ou de haine et je suppose qu'il est coutumier de ce genre de déclaration dès qu'il a un verre dans le nez. [Françoise en sait quelque chose : lors du dîner de mariage de Michel Sardou avec Anne-Marie Périer – la sœur de Jean-Marie –, quand en fin de soirée tout le monde s'est levé, Johnny s'est approché de Françoise et s'est lancé dans une grande déclaration d'amitié, d'affection, d'amour… Deux minutes plus tard, elle l'entendait débiter exactement la même chose à France Gall… n.d.a.] Mais bien qu'ils se voient fort peu, l'amitié qu'il dit éprouver pour Jacques est sûrement sincère. D'ailleurs Johnny s'était mis en tête de faire le rallye Paris-Dakar avec lui. "Tu dois t'entraîner et faire du sport tous les jours à partir de demain…", lui avait-il recommandé. Ça m'a fait rire parce que je voyais l'hypothétique rallye les mener directement à la tombe commune souhaitée par Johnny. »

Autre chanteur vedette à manifester son admiration pour Jacques : Renaud. Mais pas directement. Michel Boulanger : « Pas plus tard qu'il y a quinze jours, Renaud m'appelle et me dit : "J'adore l'album de Dutronc. J'aime beaucoup l'idée, les chansons, la façon dont Jacques chante. C'est mon disque de chevet ! Moi, je suis incapable de faire ça." Je lui ai proposé le numéro de Jacques mais il m'a dit : "Non, j'oserai jamais l'appeler." Renaud vient de vendre deux millions de disques et il est toujours aussi impressionné. »

Il n'y a pas de saison en Corse pour Jacques sans quelques dîners chez Bertin. Bertin, de son vrai nom Umbertino, est, comme Fanfan, un ancien berger et vieil ami des Hardy-Dutronc. Quiconque traverse la Balagne peut s'arrêter à Regino et se restaurer chez lui. L'adresse est bonne et l'entreprise familiale : la fille de Bertin et son gendre font tourner l'affaire, le petit-fils, quand il n'est pas à Aix-en-Provence où il prépare un DESS en sciences-éco, sert en salle et sur la terrasse. L'établissement s'appelle *U Paesanu* et la présence fréquente de Jacques est visible jusque sur les murs où l'on trouve, parmi des fusils en verre remplis de vin italien, des photos dédicacées, des coupures de journaux. En arrivant pas trop tard, une partie de boules à la fraîche est envisageable, après quoi il est recommandé de prendre l'apéro au bord de la petite route qui s'enfonce dans la Balagne. Vers 19h15, on entend siffler paresseusement, avant de la voir passer, la micheline qui relie Bastia à Calvi et dont le conducteur régulier n'est autre que le mari de Marie-Do, la cuisinière de Jacques… On est à quelques kilomètres seulement du front de mer, mais c'est déjà une autre Corse…

Outre la possibilité de parler de Dutronc avec Bertin ou sa descendance, on est sûr de bien manger. Le tôlier a inventé avec Jacques une recette de salade et lui a donné son nom. La salade Bertin est goûteuse et lumineuse comme un coucher de soleil un soir d'été en Corse. Et d'une simplicité enfantine : couper des tomates bien mûres et des poivrons verts en dés grossiers, ajouter de gros oignons violets en quantité respectable pareillement débités, ainsi que du basilic frais à profusion. Intégrer sel et poivre du moulin et huile d'olive vierge extra. Généreusement. Touiller et laisser mariner une bonne heure au réfrigérateur ; servir frais. Après cette mise en bouche, l'agneau corse rôti (à commander la veille) est absolument incontournable. Mais cette fois le déplacement s'impose car *l'aqua in bocca* (l'omerta corse) en couve la recette. Ajoutez à cela que Bertin sert les meilleures frites de l'hémisphère Nord – il faut voir Jacques se jeter dessus et en recommander trois fois de suite, quant à Thomas, il se damnerait pour un peu de rab. Une fois le plat de résistance englouti, on en vient à regretter que Bertin ne fasse pas hôtel. Heureusement, pour aider à digérer, on peut réclamer (outre les traditionnelles liqueurs de châtaigne, de *cedra…*) la *miraculeuse* ! Une poire à tomber (littéralement) par terre ! Également disponible et plus insolite : de l'alcool de thym…

Bertin est un monsieur âgé, à présent. Le visage est buriné, les mains râpeuses comme un dos d'éléphant, le ventre rond (l'ex-berger se vante de pouvoir avaler quatre cents escargots), mais le regard pétille encore. Il y a quelques années, lors de la venue de Sophie Marceau et de Zulawski à Monticello, Jacques lui présenta le metteur en scène. Ayant sans doute quelques difficultés de prononciation avec le polonais, Bertin lui demanda : « Je peux vous appeler Jules ? »

Autre ami de Jacques, maintes fois croisé à Monticello : Lucien Colombani, le taximan. J'ai essayé de l'interviewer mais je crois qu'il aime trop Jacques pour en parler. Au bout de dix minutes d'entretien, alors que je n'ai obtenu qu'un chapelet d'amabilités et de lieux communs, il avale une longue gorgée de Pietra. « Mais je vais te dire une chose », m'annonce-t-il en ajustant ses lunettes de soleil. Je tends l'oreille, l'impression qu'il va se lâcher, enfin. « Et attention : je te le dis en face, hein ! » La certitude me vient que je tiens mon scoop. « Jacques, dit-il en pesant ses mots, il est très gentil. » Ah ! « Et il est très généreux ! » ajoute-t-il, flairant que la révélation était un peu légère. Sacré Lucien ! Le fait est que Jacques est généreux. Chez lui comme au-dehors, c'est lui qui régale, systématiquement. Mais, d'après Françoise, il est plus concerné aujourd'hui qu'hier par les problèmes d'argent, et plus soucieux de sa situation financière. « Au début, dit-elle, équilibrer ses rentrées et ses dépenses était le cadet de ses soucis et il claquait un argent fou. Notre relation a failli en pâtir, car j'avais dû le dépanner quelquefois, ce qui avait fait sortir ma mère de ses gonds. Il en avait sombrement conclu que l'argent finirait par nous séparer. Mais il est devenu plus raisonnable avec le temps puisque je n'ai plus jamais eu à le dépanner. Il reste cependant assez irrationnel, dans la mesure où plus il est fauché, plus il dépense. Il appelle ça la "fièvre acheteuse". Comme ce genre d'attitude m'énerve et m'angoisse, j'ai fait en sorte que nos déclarations fiscales soient établies de façon à ce que je ne sois pas plus au courant de ses affaires que lui des miennes. Cela nous évite de nous fâcher bêtement.

– Se dit-il parfois : il faut absolument que je fasse un film avant la fin de l'année, par exemple ?

– Il se le dit en ce moment. »

Jacques n'a pas investi dans la pierre, ni placé grand-chose. Tout ce qui rentre se consume ou se consomme. Il s'est laissé convaincre, il y a quelques années, au plus fort de la Bourse, d'acheter un portefeuille d'actions. Le voir fondre comme neige au soleil depuis l'a conforté dans l'idée que l'argent est fait pour être dépensé. Il est cigale, Françoise est fourmi. L'équilibre est trouvé. Elle a acheté les pierres, il les brique. Elle investit, il entretient. Fini le temps des Porsche et des Lamborghini. Il possède une AMG à Paris et quelques voitures adaptées aux routes corses : la jeep, deux vieilles Lada, son van Dodge (vingt ans d'âge) et une 306 Peugeot. Seule fantaisie : une Coccinelle cabriolet noire, d'époque. Ses goûts font le grand écart entre luxe et simplicité. Il adore fréquenter les palaces et les grands restaurants tout en sachant apprécier un bon sandwich accompagné d'une bière au bistrot du coin. Il peut rouspéter pour un verre cassé et dans l'heure qui suit commander un jet privé pour un week-end ailleurs et raquer pour tout le monde.

L'ameublement de son appartement parisien aussi est à son image, fonctionnel et confortable. Canapés de cuir noir, tables basses modernes, moquettes crème, l'inévitable home-cinéma super haut de gamme avec projecteur, stores en bois sur baies vitrées, des statuettes africaines ou asiatiques, ramenées de lointains voyages. Jacques ne se souvient plus de leur provenance – ou il feint de… Quelques clins d'œil par-ci par-là, comme ce petit cadre dans l'entrée : une photo d'une salle commune dans un quelconque hospice. Trois vieillards sont affalés dans leur fauteuil, les yeux clos, la gueule de travers, menton contre poitrine, engloutis dans une torpeur d'après déjeuner ; face à eux, un peu de biais, l'inspecteur Derrick est figé sur l'écran d'un téléviseur… Le salon se prolonge par une petite terrasse en rez-de-chaussée. Une simple grille métallique, doublée de cannisses en plastique, le sépare du trottoir. De l'autre côté de la petite rue se dressent des immeubles dont on ne voit pas les combles. Un banc et un fauteuil en tek tentent une reproduction du potager corse.

« Voilà ma prison ! » me dit Jacques. La chambre est spacieuse, noire, elle se prolonge par un coin bureau. Il me montre avec fierté une photo dédicacée sous verre de Maurice Ravel. Le locataire des lieux préfère les souvenirs et les gadgets aux toiles de maîtres. Le bar en L de son salon dissimule un piano électrique discrètement intégré, clavier tourné vers le barman. « C'est un vrai piano-bar », commente-t-il, content de sa blague – je le soupçonne de l'avoir fait installer juste pour le plaisir de la faire. Côté extérieur, une biblio-DVD-vidéo-thèque est encastrée dans le bar. *L'Éloge de l'ombre* est là. Omniprésent. Jacques me montre la carafe avec bouchon verseur en argent dans laquelle il plaçait le 51 de Gainsbourg, laissée intacte (aux trois quarts vide) depuis sa mort. Il possède également une collection de machines à pets. « J'en ai offert plein, dont une à Chabrol, dit-il. C'est le seul qui a compris l'utilité de ce truc : ça permet d'en faire des vrais sans passer pour un porc ! »

Ce succès qu'il a très tôt embrassé, cette aisance matérielle qui est la sienne depuis si longtemps, ont-ils aidé à rendre Jacques heureux ? Qui est mieux placé que Françoise pour tenter une réponse à cette question ? « Il ne m'a pas souvent donné l'impression d'être heureux. C'en était même douloureux pour moi. J'avais l'impression de ne pas lui suffire autant qu'il me suffisait et qu'il ne m'aimait pas assez pour que ça le rende heureux. Mais je ne serais pas étonnée que, comme moi, il ait parfois la nostalgie de l'insouciance de nos jeunes années et, disons le mot, du bonheur que nous avons en fin de compte largement connu dans notre relation, en particulier quand Thomas était petit et pendant tout le temps qu'il a vécu avec nous. » Et ces absences, apparemment mélancoliques, qui si souvent le cueillent et semblent l'emporter tellement loin du réel… « Je l'ai souvent perçu ainsi, dans le cadre de notre relation en tout cas. »

Lors de mon dernier entretien avec Pierre Dutronc, je l'interroge, lui aussi, sur cette question du bonheur. Jacques est-il heureux ? « Je pense, dit le vieil homme un peu désarçonné par la question. Je l'espère en tout cas, car il le mérite. Maintenant, on ne sait jamais… » Non, on ne sait jamais. Quelques minutes plus tôt, M. Dutronc chantonnait des airs de son fils, ce qui semblait le mettre en joie : « *Les travestis vont se raser / Les strip-teaseuses sont rhabillées*… Fallait le trouver, non ? Elle restera, celle-là… J'aime beaucoup le dernier disque aussi, *Madame l'Existence*. Avant qu'il ne sorte, je l'écoutais très souvent chez moi. (Il récite :) *Moi je voudrais m'acheter une démocratie / Je voudrais m'acheter la liberté / Et un peu plus de fraternité*… C'est pas mal vu, ça aussi. Et *Un jour tu verras* : une très belle chanson. J'en ai fait une version pour moi d'ailleurs. (Il récite encore, avec un léger sourire ironique :)

Un jour tu verras
On me ramassera
Quelque part n'importe où
Tombé là par hasard

[...] À ceux qui me trouveront
Je leur dirai sur terre
Restez encore longtemps
Ce n'est pas une si mauvaise affaire
Mais permettez que je
Vous donne le bonsoir
Là-haut, j'en ai tant... à... revoir.

» ... C'est vrai que j'y pense souvent. C'est très difficile une fin de vie finalement... Il y a des moments où on a vraiment envie de vivre, on se dit que c'est dommage d'arriver au bout, puis d'autres où on souhaite que ça se dépêche au contraire, parce qu'on n'en peut plus... Moi encore, j'ai la chance d'avoir des gens qui s'occupent de moi, j'ai la chance d'avoir Jacques... »

Pierre Dutronc tripote machinalement sa canne posée sur son lit, le long de ses jambes, pensif. Son regard bleu se perd parmi les photos punaisées sur le mur qui lui fait face. Toute une vie résumée en quelques clichés...

* * *

C'est la mi-septembre. Beaucoup, les uns après les autres, ont déjà regagné le continent : Françoise, Migeot, Luisi... Jacques a décidé de rentrer à Paris à son tour... mais en bateau. Ceux qui se trouvent encore là, dans la maison, ont à faire à la capitale, eux aussi, et il n'est pas question pour Jacques de rester seul. Pourquoi le bateau ? Parce que c'est moins rapide. « Je ne peux pas quitter la Corse et être à Paris une heure et demie plus tard. D'un seul coup replonger dans les habitudes parisiennes, la pollution, les embouteillages. Il me faut des paliers de décompression. Si je revenais dans quelques jours ou dans deux semaines, je prendrais l'avion. Mais là, je ne sais pas du tout... » Il ne sait pas quand il reviendra mais il sait qu'il ne peut pas rester trop longtemps éloigné. « J'ai des obligations ici, je les assume. À part les chats, il y a mon papa. » Il craint déjà les coups de fil : « Dès que tu rentres à Paris : "Faut qu'on se voie ! Faut faire ceci, cela !" C'est chiant... »

Jacques demande à Sylvie de s'occuper des réservations sur le ferry *Danièle Casanova* (Bastia-Marseille) pour la troupe des derniers estivants. C'est lui qui invite, donc suites pour tous, c'est-à-dire Thomas, sa compagne, le frangin Philippe, sa femme, Sylvie Duval et lui. Jacques émet le désir de faire escale à Marseille ou à Cannes dans un palace, histoire de créer un palier supplémentaire. L'idée ne se concrétisera pas. On sent qu'il rentre à reculons : « Le retour, ça veut dire aussi que j'étais là, ce qui est déjà pas mal... Ici, en automne, c'est comme un lendemain de fête. C'est triste de ramasser les miettes. Les volets clos, les feuilles mortes... Retourner à Paris en septembre, c'est pas plus gai. » Mélancolique, Jacques. Mais extrêmement méticuleux lorsqu'il s'agit des préparatifs du départ. Il y a mille choses à faire et il ne se repose sur personne là-bas pour déléguer. Débrancher les batteries des voitures, bâcher celles qui n'entrent pas dans les garages, fermer certaines arrivées d'eau, vider les tuyauteries, programmer le chauffage dans la salle des chats, débrancher tous les appareils susceptibles d'être endommagés par la foudre... Et puis il y a les consignes à laisser, à Antoine, le jardinier, à Marie-Do, la femme de ménage, à François Paoli, au plombier qui doit venir effectuer des travaux de réparation... C'est des clés à donner à Untel qui les mettra à disposition d'Untel. Des mots à laisser pour les uns, des coups de fil à passer à d'autres. C'est mettre à l'abri tout le mobilier de jardin en bois. Jacques dirige les manœuvres avec Sylvie. Chacun aide comme il peut. Les chats ont compris ce qui se trame. « Ça m'embête de les quitter, dit Jacques, qu'est-ce qu'ils vont devenir, les pauvres ? » Il fait remarquer combien ils sont plus beaux qu'à son arrivée, au printemps dernier. Il sait qu'ils vont de nouveau dépérir, même s'il paie quelqu'un pour venir les nourrir et nettoyer leur local. Personne n'usera de la même patience avec eux.

Avec trois fois rien de restes dans le frigo, Sylvie, qui sait décidément tout faire, parvient à nourrir avec originalité et talent les voyageurs sur le départ. À 16 heures, Lucien et un collègue taximan sont là pour le grand départ. Une ultime Pietra sur le pouce dans la cuisine, quelques vérifications de dernière minute et le convoi peut se mettre en route. Les deux taxis traversent l'île d'ouest en est, croisant une zone dévastée par le feu. La terre y fume encore. Une rangée de camions rouges veille. Des hommes en uniforme munis de jumelles scrutent l'horizon. L'arrivée à Bastia se fait une heure avant l'horaire « public ». Sylvie a tout prévu : des consignes ont été données au personnel de la SNCM pour laisser monter les deux taxis de M. Dutronc. Aussitôt à bord, les suites investies, Jacques s'occupe de ce qu'il appelle son « plan de vol » : une mallette contenant deux bouteilles de champagne réfrigérées de sa propre cave, deux bouzy rosé grand cru Paul Bara. Jacques adore s'offrir cet apéro de luxe improvisé – en l'occurrence dans un coin salon du pont réservé aux suites –, il ne voyage jamais sans son « plan de vol ». Ce qui ne l'empêche pas, au départ de Bastia, dès l'ouverture du bar du ferry, d'entraîner ses invités à poursuivre les festivités. Tout le plaisir est dans la convivialité, dans le partage d'un bon moment. Comme d'habitude, Jacques se montre en ces circonstances d'une grande courtoisie, veillant à ce que chacun ne manque de rien. Ensuite, il nous emmène dîner dans le meilleur restaurant du bateau. À une jeune femme lui demandant un autographe, Jacques signe spontanément sur un de ses cigares…

Le lendemain, aux aurores, le débarquement se déroule avec la même fluidité que l'embarquement. Deux taximen marseillais convoqués par Sylvie se sont garés au pied des ascenseurs. Un quart d'heure plus tard, ils nous déposent à la gare Saint-Charles où travaille une parente de François Paoli. Elle nous conduit directement dans un wagon première classe d'un TGV vide où nous attendons confortablement l'heure du départ. À 9 h 31, la rame s'ébranle en direction de Paris. Malgré le gueuleton tardif de la veille, malgré le petit déjeuner royal sur le *Danièle Casanova*, Jacques et Thomas se découvrent une « petite » faim. Razzia sur le bar du TGV : cassolettes de pâtes, pizzas, sandwiches variés, bières, cafés… un vrai repas. À 10 heures, tout le monde dort.

Jean-Marie Migeot, Jo-le-taxi et Pierre, le fils de Sylvie Duval, attendent sur le quai de la gare de Lyon à midi trente. Jacques déteste rien moins que les adieux. « Et si on allait au restaurant ! » lance-t-il. Et de se retrouver tous chez Andiamo pour partager un dernier repas. Françoise est venue se joindre à la troupe.

Jacques aura tout fait pour retarder l'échéance de la solitude, du boulot, de la vie parisienne. Il sait ce qui l'attend : les rendez-vous avec ses agents, les réunions avec les gens de Sony, quelques télés à faire, la visite au docteur U… Il regrette déjà Monticello.

Fut un temps où il y avait suffisamment d'amis autour de lui pour assurer un roulement en Corse quasiment d'un bout à l'autre de l'année. Jean-Marie Migeot a vu les effectifs baisser avec les années : « Il y a toujours un turn-over autour de lui mais plus ça va, moins il y en a. Il reste un petit noyau de fidèles. Ça s'est fait tout seul. Il referait un Casino de Paris, tu verrais la troupe des anciens revenir au triple galop. Ça pourrait sous-entendre que ce n'est pas toujours désintéressé. Mais je crois qu'il aime bien les petits comités aujourd'hui. Peut-être qu'il fait aussi un peu de ménage de temps en temps. Certains sont moins fiables que d'autres. » Ses ennuis de santé y sont également pour quelque chose. Jean Luisi sait combien il en est affecté. Il me disait, il y a quelques semaines au bar de la terrasse, dans une de ces tirades dont il a le secret : « Depuis ses problèmes, Jacques a beaucoup changé, et c'est bien normal. Il y a une dualité chez lui : il se soucie beaucoup de sa santé, il prend ses médicaments à heure fixe, au milligramme près, il surveille sa tension, etc., mais quand il est derrière le bar il oublie tout… Ce qui compte avant tout pour Jacques, c'est l'amitié. Il pourrait très bien finir ses jours ici, entouré d'amis. Il n'a pas besoin d'autre chose. Il a hérité ça de ses parents, ses oncles et tantes. C'étaient des gens généreux, heureux de vivre. Jacques a été bercé dans cet esprit de famille et il reflète ça. C'est une affaire d'éducation… J'ai piqué cette formule à un humoriste anglais : “À quoi bon prendre la vie au sérieux ? De toute façon, on n'en sortira pas vivant.” Et on se rejoint avec Jacques là-dessus : on s'est toujours marrés. On ne pourra jamais nous enlever ça. Je sais qu'il y en a qui diront : “Oui, mais Jacques a les moyens de le faire !” C'est vrai qu'il a les moyens, mais il y a aussi un tempérament derrière. Je connais beaucoup de gens qui ont autant de moyens mais qui ne s'amusent pas… Jacques est né sous une bonne étoile : une belle gueule, du talent, de la jugeote… Il ne pouvait pas ne pas réussir. »

Jacques se languit de la Corse. Il compte les jours. En octobre, il s'acquitte de quelques corvées médiatiques et saute avec Sylvie dans un avion pour passer une dizaine de jours à Monticello. Début décembre, il balaye d'un revers de main le planning promotionnel concocté par sa maison de disques et loue les services d'un jet privé pour voler au chevet de son père qui vient d'être hospitalisé à Bastia. Il y reste en seule compagnie de Sylvie jusqu'après les fêtes.

Un mois au contact quasi quotidien de son « Jacquot » et Pierre Dutronc va mieux, son fils peut rentrer à Paris, démarrer en janvier 2004 le tournage de *Pédale dure*, la suite de la comédie à succès *Pédale douce*, aux côtés de Michèle Laroque, Gérard Darmon et Dany Boon, et sous la direction de Gabriel Aghion. Un film léger qui tranche avec ses récents rôles plutôt sombres imaginés par Chabrol, Garcia ou Améris. Dès la fin du tournage, fin mars, il s'échappe de la capitale pour aller observer les premiers bourgeons éclore dans son parc de Monticello.

Et la scène alors ? « Il faudrait qu'il en ait envie, estime Jean-Marie Migeot. Il se peut qu'il m'appelle demain et qu'il me dise : bon, on se la fait, la tournée ? Il faut savoir le convaincre. Bertrand ou Rose en seraient tout à fait capables. » Bertrand de Labbey et Rose Léandri, ses discrets agents. « Il les aime beaucoup, dit encore Migeot, mais ils sont là pour faire respecter certaines choses. Il vaut mieux que ce ne soit pas des gens avec qui il a une relation trop amicale. » Faire de la scène aujourd'hui serait synonyme d'un gros effort physique. Jacques sait que c'est une aventure qui lui prendra un an, entre les répétitions, le séjour dans une salle parisienne et l'inévitable tournée en province. Il doit se sentir prêt. Il l'exprime à sa manière en clamant que, s'il se décide, il embauchera un anesthésiste à la guitare, un cardiologue à la basse, des infirmières choristes, etc. Une boutade qui masque difficilement la réalité. Il n'a pas fini de payer la note. Quant à travailler à un autre disque, celui qu'il doit encore à Sony, rien ne presse. On ne peut pas forcer un artiste à créer.

« J'aime regarder les chats ou les arbres, disait-il l'autre jour au journaliste bruxellois du *Soir* venu jusqu'à Monticello l'interviewer, mais il m'arrive de m'ennuyer de moi. Par moments, je me laisse un peu aller. Il me faut du courage pour reprendre le dessus. » Comme il n'est jamais dupe, surtout pas de lui-même, Jacques a en permanence une conscience précise de ce qu'il est. N'éprouvant pas un amour immodéré pour sa personne, il ne baigne pas du matin au soir dans la béatitude. S'il y a un côté autodestructeur chez lui, voire suicidaire, c'est peut-être une volonté inconsciente de rééquilibrer les choses, noircir un peu le rose que l'existence lui a réservé.

« Je me suis marré tout le temps. En tout cas en public. Dans la loge, c'est un autre problème. Mais j'ai plutôt été droit vers la rigolade que vers une espèce de carrière élaborée... Cela dit, se marrer n'interdit pas d'être professionnel. » Ces phrases prononcées lors de notre première rencontre pourraient servir de conclusion à ce livre. D'autres réflexions, entendues depuis ici ou là, pourraient la compléter : « Le bonheur, ça ne se calcule pas » ou : « La vie est une gourmandise qu'il faut partager avec quelqu'un d'autre. »

Difficile de faire le tour d'un personnage à la fois si simple et si complexe. Françoise Hardy avoue peu le connaître ; Sylvie Duval le compare à du cristal. Entre insolence et indolence, Dutronc va son petit bonhomme de chemin tortueux. Entre fragilité et tendresse refoulée, celui que seuls son père et Johnny Hallyday appellent encore Jacquot roule sa petite bosse dans un monde auquel il ne comprend pas grand-chose. Loin des hommes et de leur logorrhée, proche de la nature et des animaux, il profite de ce que la vie lui a donné tout en se demandant pourquoi tant de bienveillance à son égard, quand la misère est un lot trop souvent partagé. On peut ajouter une sensibilité d'écorché vif, un instinct aiguisé comme une griffe de chat et une vraie gentillesse. Mais qui peut affirmer que cela suffirait à le résumer ? Sûrement pas lui. N'est-ce pas, Jacques ? Pour toute réponse, il paraphrase Antoine Blondin dans *Un singe en hiver* : « Je vis au seuil de moi-même ; à l'intérieur, il fait sombre. »

Mai 2004

SEPTIÈME PARTIE

2004 – 2009

Nous avons évoqué au début de ce livre (« Antipasti ») le retour sur scène de Jacques en janvier 2010. Mais est-il resté les bras croisés depuis 2004, à attendre que l'envie lui revienne de remonter sur les planches ? Non. Il n'a pas fait de nouveau disque, certes, mais il a tourné dans quelques films… Il a aussi été récompensé d'un César d'honneur, a fait du théâtre et de la télé à domicile, a enregistré un duo avec Françoise Hardy, a passé une nuit de la Saint-Sylvestre seul en Corse avec ses chats (ainsi qu'un réveillon de Noël, ayant pour la circonstance décoré un arbre avec des morceaux de poulet) et perdu deux êtres chers, son père et son ami Jean Luisi. Tout cela méritait bien quelques explications et commentaires, n'est-ce pas, M. Jacques ?

Juillet 2009, Monticello.

Au fond de son jardin, en contrebas de sa maison, Jacques a fait construire un nouveau bar baptisé la Guinguette. Salon de jardin en osier, chênes, fontaine, parasols… Frigo top bar, machine à glaçons… Les conditions sont réunies pour une petite causerie.

Flash-back !

Reprenons le fil de *La Bio*. Nous en étions restés au printemps 2004. *Pédale dure* est en cours de montage et Jacques a retrouvé sa maison et ses chats corses. De mon côté, j'ai terminé à Paris la rédaction de la première mouture de sa biographie. Comme je m'y étais engagé – sans qu'il me l'ait d'ailleurs demandé –, je propose de la lui expédier pour qu'il la lise avant que je finalise le texte avec l'éditeur.

« C'est long ? marmonne-t-il dans le combiné.

– Environ trois cent cinquante pages.

– Quoi ! Ah non, c'est trop ! Je pourrai jamais lire tout ça... Pourquoi tu reviendrais pas me la lire ? On en ferait un peu tous les jours, en fin de matinée, pendant une heure ou deux, au moment de l'apéro... Ça pourrait être bien, non ?... À raison d'une trentaine de pages par jour, en deux semaines c'est plié... »

Jacques a un fort pouvoir de conviction. Il sait par ailleurs que je tiens à obtenir son aval et ne me laisse par conséquent pas le choix... Me voilà donc reparti en avril à Monticello. En cette saison, les visiteurs sont peu nombreux – seul Jean-Marie Périer viendra passer quelques jours. Sa présence donnera lieu à une « oursinade », une orgie d'oursins crus dégustés dans le jardin avec un vin blanc adéquat et du pain trempé dans l'huile d'olive. Le patron de la Bergerie montera avec deux commis et un break gavé de sacs d'oursins. Durant deux heures, ils dégoupilleront des centaines de coquillages pour les convives de Jacques...

Comme promis, Dutronc me prête quotidiennement une oreille attentive. Cigare dans une main et flûte de champagne dans l'autre, il précise ici ou là une pensée, développe un paragraphe ou décrète que telle phrase n'est peut-être pas utile. En fait, il n'a à redire que lorsque c'est lui qui s'exprime sur tel ou tel personnage croisé dans sa vie. Peur de blesser inutilement, peur que ses propos puissent être mal interprétés. Il ne fait aucun commentaire sur ce que l'on dit de lui ou sur mon analyse. J'occupe mes après-midi à mettre en forme le travail réalisé en commun pendant l'apéro.

Nous tenons les délais et je repars avec son feu vert.

Le matin du 9 août de cette année-là, Jacques m'appelle : « Mon père est mort. » C'est dit d'une voix assez neutre, mais la pudeur masque tout juste la peine. Pierre Dutronc est décédé dans la nuit à l'âge de quatre-vingt-seize ans. Voilà des mois qu'il était hospitalisé à Calvi, refusant de bouger, couvert d'escarres. Jacques est triste et soulagé à la fois. La mort de Pierre Dutronc est une délivrance. Le vieil homme n'attendait que ça depuis longtemps. Une messe est célébrée à son intention le 12 août à Monticello, mais il ne sera enterré que le 1er octobre au cimetière de Bagneux, au côté de Madeleine, son épouse. Jacques me demande de l'y accompagner.

Ce jour-là, un office religieux est rendu en l'église Saint-Jacques-le-Majeur de Montrouge. Une centaine de Dutronc et apparentés sont venus rendre un dernier hommage à Pierre. Françoise est là, Jean Luisi et Jo-le-taxi aussi. Quelques proches, dont Philippe, l'autre fils de Pierre Dutronc, mais pas Jacques, prennent la parole, pour une lecture ou un petit speech.

Après la mise en terre, la tribu Dutronc est conviée chez Philippe à Châtenay-Malabry pour un verre.

Pédale dure sort fin octobre sur les écrans.

Le film de Gabriel Aghion traite de l'homoparentalité, un sujet qui le touche personnellement. « Devenir père, devenir mère, déclare-t-il, qu'est-ce que c'est que cette envie quand on est homosexuel ? C'est ce dont j'avais envie de parler, car ce désir d'enfant, je l'ai moi-même ressenti très fortement. Mais les choses s'arrangent plus facilement dans les comédies que dans la vraie vie. » L'intention est bonne mais le sujet, délicat, est abordé sans beaucoup de finesse. Le scénario (signé Gabriel Aghion, Bertrand Blier, Pierre Palmade et Patrick Timsit, rien que ça !) se résume à peu de choses : par amitié, une jeune et belle femme (interprétée par Michèle Laroque) prête son ventre à un couple gay (Gérard Darmon et Dany Boon) en mal d'enfant. Fécondation *in vitro*, naturellement. Mais un vilain hétéro vient tout remettre en cause. La mère porteuse tombe amoureuse de ce bel homme, mystérieux autant que ténébreux, incarné par Jacques.

« *Pédale douce* avait été un énorme succès, et c'était plutôt bien fait, m'explique Jacques. Ce qui était aussi très motivant dans cette aventure, c'était la signature de Bertrand Blier au scénario… Mais c'était pas tout à fait mon univers… Il me semble que Gabriel est allé un peu trop loin dans certaines choses et pas assez dans d'autres. Dany Boon est parfait, Darmon très drôle, Michèle Laroque adorable, mais moi, on se demande ce que je fais là. C'est difficile d'être une caricature d'hétéro… Et puis il a un peu débordé tout le monde avec cette scène dans l'escalier, qui était drôle sur le papier. Je l'avais lue différemment, un peu comme la cabine des Marx Brothers dans *Une nuit à l'Opéra*. Mais à l'arrivée, c'est pas ça du tout… »

Les critiques sont catastrophiques. « On ne rit jamais : c'est le lot de n'importe quelle comédie ratée » (Bernard Achour, *TéléCinéObs*) ;

« Recyclage de clichés, casting hétéroclite : Aghion perd les pédales » (Alex Masson, *Les Inrockuptibles*) ; « *Pédale dure* accumule un nombre de maux si considérable qu'il serait fastidieux de les énumérer. Reste, entre vulgarité, flottement et ineptie, un profond sentiment de perdition » (Jacques Mandelbaum, *Le Monde*). Le magazine *Première* se montre légèrement plus indulgent : « La comédie n'est pas réussie, mais pas insignifiante pour autant. Il y a des longueurs, des largeurs et aussi de la profondeur. » Le film fait un relatif bide en salle. « C'est ce qu'on appelle une comédie *dramatique* [1]. »

Bertrand de Labbey converse au téléphone avec Jacques un matin de cette fin d'année 2004. « Heureusement qu'il y a les papiers sur *La Bio* pour compenser ceux du film… » lui avoue-t-il. (*Dutronc, la Bio* première version est sorti quelques mois plus tôt et, bien que n'étant absolument pas tenu de le faire, Jacques a participé à sa promotion en acceptant quelques invitations à la télé, pour lesquelles il a eu l'élégance d'exiger de ses hôtes ma présence à ses côtés.)

Autre événement contemporain plus réjouissant : BMG, la major du disque qui a racheté le catalogue Vogue, sort pour les fêtes de fin d'année une nouvelle intégrale – dite « Le Cactus » –, encore plus intégrale que la fameuse boîte de conserve de 1992. Bonus supplémentaires : un CD regroupant quelques pittoresques versions espagnoles ou italiennes de succès des années 1960 (*Les Play-boys*, *Et moi, et moi, et moi*, *Il est cinq heures, Paris s'éveille*), des maquettes de morceaux inédits (*Cassoulet rock*, *Repose Beethoven*, *Effluves…*), des délires en studio, des versions alternatives (*Les gens sont fous, les temps sont flous*, *Le Dragueur des supermarchés*) et autres témoignages inattendus de l'époque. Un autre CD contient les disques-BD pour enfants réalisés avec Fred (*Le Sceptre* et *La Voiture au clair de lune*). Enfin, l'enregistrement *live* à la Tête de l'Art de 1971 est augmenté de quelques sketches et d'une reprise à coucher dehors : *Qu'elle est belle*, de Mireille Mathieu. Le tout est emballé dans un faux cactus en plastique du plus bel effet.

---

1. In Jacques Dutronc, *Encore !*, Paris, Le Cherche-Midi éditeur, coll. « Les Pensées », 2007.

Le 26 février 2005, Jacques fait un très bref séjour à la capitale. À l'occasion de la soirée annuelle des trophées du cinéma français, il empoche un César d'honneur récompensant l'ensemble de sa carrière de comédien – trente-cinq longs métrages au compteur à ce moment-là. On lui a demandé de choisir la personnalité qui le lui remettrait et il a tout de suite pensé à Sandrine Bonnaire. Ces deux-là ont tissé des liens très amicaux depuis le tournage de *C'est la vie* de Jean-Pierre Améris. Mais sans doute aurait-il mieux valu qu'il reçoive la statuette des mains d'un animateur télé aguerri au direct et aux dérapages (in)contrôlés du glissant lauréat : les deux comédiens sont tous les deux mal à l'aise sur la grande scène du Théâtre du Châtelet et Jacques se prête à reculons au jeu solennel de la remise du trophée. Sandrine Bonnaire a préparé un discours laudatif qu'elle récite sans beaucoup de distance. Il l'interrompt pour réclamer une coupe de champagne. Puis il interroge le public : « Est-ce que M. Rochefort est dans la salle ? » Elle perd les pédales, rit jaune, tente de reprendre le fil de son laïus, mais Jacques remet les pieds dans le plat : « Est-ce que Jean Rochefort est dans la salle ? » Ça part en vrille, les spectateurs sourient poliment. Il bredouille, elle bafouille, Jean Rochefort n'est pas là, on abrège, fiasco, rideau ! Bonnaire laisse exploser sa colère back-stage en accusant Dutronc de l'avoir ridiculisée.

« Le seul truc utile avec les Césars, et personne n'en parle, c'est que ça fait monter les prix. C'est tout. Sinon, c'est invendable [1]. »

De retour en Corse avec son trophée, Jacques s'arrête chez Jojo, le bar-hôtel-restaurant du village de Monticello. Le César n'ira pas plus loin. Il y est exposé depuis.

Ce même hiver, le journaliste Olivier Bas (France 2) se lance dans la réalisation d'une série d'émissions de radio consacrées à Dutronc. Le tout sera diffusé, à raison d'une heure chaque dimanche en fin de matinée, de début juillet à début septembre sur l'ensemble des radios nationales francophones (France Inter, RTBF, RSR…). Dix heures de dutronneries garanties sans pub !

1. *Ibid.*

L'idée séduit Jacques, qui se prête à de longs entretiens. Auparavant, Olivier Bas a tendu son micro à quelques people afin de multiplier les éclairages sur son sujet. L'entreprise est forcément un peu convenue : le people étant par nature prudent et diplomate, il sert généralement une soupe sans vagues ni grumeaux. Mais Bas a bien choisi ses personnalités et les témoignages sont souvent émouvants ou drôles. En voici quelques morceaux choisis :

Michel Blanc : « Jacques a une machine à pets télécommandée. Ce qui est l'extrême dans ce qu'on pourrait qualifier de mauvais goût. Et sa grande plaisanterie, c'est de la poser discrètement sur le chariot à liqueurs d'un très grand restaurant, genre trois macarons, et au moment où le serveur se penche auprès d'une table un peu chic, un peu ampoulée, pour attraper une bouteille d'alcool, il déclenche la machine. Ce qui provoque une gêne à la limite du scandale. C'est énorme de faire ça. Mais ce côté irrespectueux me plaît beaucoup quand même. »

Françoise Hardy : « Jacques est quelqu'un avec qui il est très difficile de faire quoi que ce soit. Même notre enfant, ça a été difficile. »

Sandrine Bonnaire : « Je suis plus sensible au charme qu'à la beauté. Mais Jacques a vraiment les deux. Il n'est pas dupe du métier. Il aime les gens simples. Et quand il les aime, il les adopte. L'amitié avec lui tient à de petites choses. Partager des repas, des coups à boire. Sans chichis. Sans longs discours. Sans philosophie, ou théorie à la con. [...] C'est quelqu'un d'angoissé, mais je le voyais plus complexe, plus cérébral, et plus nonchalant qu'il n'est. Et je vois quelqu'un d'extrêmement jeune, il me fait penser à un ado, on dirait un jeune mec, un peu timide avec les filles, alors du coup il va sortir un tas de trucs un peu machos, parce qu'il ne sait pas très bien comment faire... Il est vraiment bonne pâte, généreux, il donnerait sa chemise. Il y a des gens qui pourraient abuser. Mais il se protège beaucoup. Il est un peu comme un animal, il sait flairer les bonnes personnes. Il laisse faire parce que ce n'est pas quelqu'un qui aime le conflit, mais il sait faire le tri. »

Johnny Hallyday : « Jacques [...] a de beaux yeux bleus. Je ne suis pas pédé mais c'est un beau garçon, qui plaît beaucoup aux filles. Il a beaucoup de charisme. [...] Jacques, je t'aime, tu sais que c'est à la vie à la mort avec toi ! [...] Il est ancré dans mon cœur pour toujours, depuis notre enfance et jusqu'à ma mort… La mort de son père m'a énormément touché.»

Jacques confirme: «Quand mon père est mort, Johnny est le premier à m'avoir appelé…»

Au cours de ce passionnant feuilleton radiophonique qui s'étale sur l'été 2005, Jacques s'exprime sur des sujets personnels peu habituels, comme la colère: «J'ai un problème avec la colère. Et c'est d'ailleurs un problème au cinéma: la voix ne suit pas le sentiment, elle reste un peu blanche, un peu neutre, un peu gamin. Ça ne percute pas. Mais ça m'arrive de me mettre en colère. Seulement, je fais ça plutôt seul. Je vide mon sac et ça va mieux. Mais c'est long à démarrer…» Il réagit également par rapport au perfectionnisme: «Je ne suis pas perfectionniste. Tout ce que l'on fait n'est jamais fini, donc… Je peux faire chier pour que ce soit plutôt mieux que la moyenne, mais perfectionniste, non. Serge Gainsbourg l'était, Françoise l'est plus ou moins par rapport à ses disques. Moi, premier machin, ça me plaît, point. Tant pis s'il y a des impuretés, des saletés, on les digérera quand même.»

Jacques doit toujours un disque à Sony, et ses dirigeants, avec une régularité de métronome, reviennent à la charge. Discrètement mais sûrement. On lui soumet des noms de jeunes artistes qui ont le vent en poupe. On lui envoie des maquettes. Tu n'aimerais pas travailler avec Untel ou Untel? Bof! Ironie du sort, Sony et BMG ont fusionné: toute la discographie de Jacques se retrouve gérée par la même boîte et deux mammouths unis dans un combat des chefs pour le monopole d'un marché du disque groggy. Les ventes s'effondrent, on restructure, on fusionne, on licencie, moult artistes sont remerciés. Le contexte n'incite pas Dutronc à retourner en studio. «Ça sert à rien de refaire un disque puisque ça ne se vend plus!» C'est une façon de voir les choses. Son épouse, elle, ne baisse pas les bras. Virgin, sa maison de disques, la convainc en 2006 d'enregistrer un album de duos. Le casting que Françoise met sur pied ne manque pas de panache: Alain Bashung, Benjamin Biolay, Maurane, Henri Salvador, Alain Souchon, Julio Iglesias, Arthur H, Alain Delon, Ben Christopher, Hélène Grimaud… Elle propose également à Jacques d'en être et… il accepte. Le titre qu'elle choisit est une chanson enregistrée par Dutronc en 1969 : *Amour, toujours, tendresse, caresses*. Dans la foulée, elle confie à Thomas les arrangements. Anecdote qui en étonnera peut-être plus d'un : Jacques m'appelle un jour pour me demander si je n'aurais pas dans mes archives le texte de cette chanson car, en la réécoutant, il est incapable de déchiffrer un vers (« ... *Pas de lock-out chez les amants...* »). Sur le livret du CD, Françoise écrit : « J'ai toujours eu envie de reprendre cette jolie chanson oubliée ou peu connue de Jacques Dutronc parolée par Jacques Lanzmann. [...] Comme Jacques chante encore plus rarement que moi, il a paniqué la veille de l'enregistrement au point de faire irruption au studio où notre fils Thomas enregistrait la rythmique pour demander d'arrêter tout, car il n'y arriverait jamais. On a réussi à lui prouver que la tonalité lui convenait et quand je suis revenue avec lui le lendemain pour faire les voix, j'ai proposé qu'on chante ensemble, dans l'espoir qu'il s'ajusterait instinctivement à ma petite voix. Ça a marché et je suis très contente du résultat et très fière des guitares de Thomas. »

Jacques se montre aujourd'hui beaucoup moins enthousiaste quant au produit final. « Y a un truc qui colle pas dans ce duo, m'explique-t-il. C'est un peu faiblard, il y avait beaucoup plus d'ambiance dans la version 69. Peut-être que la chanson ne se prête pas au duo, après tout. Cela dit, je suis très heureux d'être sur son disque. Mais je préfère *Puisque vous partez en voyage*. Ça c'était bien, vis-à-vis de Mireille déjà, et puis... belle chanson ! Mais le meilleur duo qu'on ait fait avec Françoise, ça reste quand même Thomas ! »

Un mois après Jacques Lanzmann, dont la disparition le 21 juin 2006 ne donnera lieu à aucun commentaire public de Dutronc, Jean Luisi décède le 18 juillet des suites d'un cancer, à soixante-dix-neuf ans. Interprète de seconds rôles dans près d'une centaine de films (de Georges Lautner à José Giovanni en passant par le cinéma érotique), il a tenu un premier rôle dans la vie de Jacques. Depuis le tournage de *O.K. Patron* en 1973, le Chauve corse et lui ne se sont jamais quittés. Une longue amitié arrosée de bulles et de rigolades. Sur la fin, ils étaient comme un vieux couple, chacun passant son temps à asticoter l'autre, jusqu'à frôler la rupture. « Il me fait chier, j'en peux plus ! » m'a avoué Jean à maintes reprises. Mais les deux compères finissaient toujours par se réconcilier, non pas sur l'oreiller, mais autour d'un verre.

Jean Luisi est enterré à Figarella, son village natal du Cap Corse. Pour l'occasion, Jacques affrète un car avec chauffeur afin de conduire tous les amis de Monticello et de l'Île-Rousse. Car les obsèques d'un pareil bringueur ne peuvent être célébrées que sous le signe de la fête, et il n'est pas question de faire la route du retour bourré. À l'initiative de Jacques, la devise fétiche du Chauve corse a été gravée sur sa pierre tombale : « *Ci campemou !* »

« Quand j'ai rencontré mon ami Jean Luisi, j'avais l'impression de l'avoir déjà vu. En fait, c'était pas du déjà-vu, c'était autre chose. Il me rappelait un cours de chimie quand j'étais gamin. J'étais arrivé à fabriquer cinq litres de boules puantes [1]. »

Les années 2006 et 2007 sont consacrées au cinéma. Jacques va tourner successivement dans trois longs métrages. Le premier, *Ma place au soleil*, réalisé par Éric de Montalier, sort en mars 2007. Le casting est alléchant : Nicole Garcia, André Dussollier, François Cluzet, Élodie Bouchez, Mélanie Doutey, Hippolyte Girardot, Valeria Golino, Gilles Lellouche... Le reste l'est franchement moins.

Tout film choral [2] est, par définition, difficile à résumer. Les protagonistes de l'histoire, trois couples et un célibataire, sont englués dans des problèmes personnels ou professionnels. Ils se débattent pour en sortir et tenter de se rapprocher de la place qui leur est due... face au soleil. L'amour, la mort, la solitude, l'argent, le travail, tout y passe. Jacques joue le rôle d'un homme malade. La mort rôde autour de lui, incarnée par un personnage qui s'incruste dans son quotidien et que lui seul voit, un homme en noir interprété par Jérôme Kircher. « Ça m'avait plu, dans le scénar, toutes ces scènes à jouer avec la mort, me dit Jacques. L'idée était assez intelligente. Jérôme Kircher est très bien, mais je le voyais plus comme Olrik dans *La Marque jaune* de "Blake et Mortimer". Mais, une fois de plus, on m'a fait jouer un

1. *Ibid.*

2. On appelle film choral un film où un nombre relativement important de personnages s'entrecroisent sans que l'un d'eux ait plus d'importance que les autres (ex. : *Short Cuts*, de Robert Altman, *L'Auberge espagnole*, de Cédric Klapisch...).

mourant… » Cluzet tourne avec Dutronc pour la première fois et il est subjugué : « Je trouve Jacques absolument admirable dans le film, terriblement touchant, d'une pureté… Vraiment, j'ai été bluffé […]. C'est magnifique » (*Jour de fête*, France 2, 3 mars 2007).

Ma place au soleil est la première réalisation d'Éric de Montalier. Pas sûr qu'elle lui assure une place ensoleillée dans le cinéma français. Le film fait un bide, les critiques sont assassines : « Côté nanar, ce soleil-là en connaît effectivement un sacré rayon » (Bernard Achour, *Le Nouvel Observateur*) ; « S'il y a de l'argent pour produire pareille calamité, c'est qu'il y en a pour de bons scénarios, régulièrement ignorés parce qu'ils n'ont qu'un défaut : ils ne battent pas pavillon de copinage » (Pierre Vavasseur, *Le Parisien*) ; « Le film aligne de glorieux patronymes à son générique […] mais néglige l'essentiel : un scénario, une mise en scène » (*Première*) ; « Le navet de la semaine […], un bouillon inculte, un film choral discordant aux ambitions aussi évidentes qu'inassouvies » (Michel Palmiéri, *Elle*).

UV sort en salle le 30 mai. Tourné en juin et juillet de l'année précédente à Ramatuelle, le film est l'œuvre de Gilles Paquet-Brenner (*Les Jolies Choses*, *Gomez et Tavarès*) et réunit autour de Jacques Marthe Keller, Nicolas Cazalé, Laura Smet et Pascal Elbé. Il s'agit d'un thriller adapté du roman éponyme signé Serge Joncour.

Je me souviens d'une visite à Jacques en 2006 : il venait de recevoir le scénario d'*UV* et, assez enthousiaste, me l'avait fait lire. Il y avait quelque chose de chabrolien dans ce thriller tranquille, presque un huis clos dans une famille aussi aisée qu'oisive. La mécanique semblait efficace et une réelle atmosphère se dégageait de cette lecture.

Il était donc question d'une famille (Dutronc en interpréterait le père) dans une magnifique villa sur une petite île, au plus fort de l'été. Un jour, Boris, un inconnu, surgit. Il vient rendre visite à Philip, le fils de la maison, son vieil ami de lycée. Seulement Philip n'est pas là. Il n'arrivera que demain, ou après-demain, on ne sait pas précisément. Courtois, homme avisé et sûr de lui, Boris s'installe. Très rapidement, il se fond dans le décor et se révèle être le convive parfait, l'élément distrayant. Ravie, charmée, la famille de Philip se laisse happer par son pouvoir de séduction. Mais pourquoi Philip n'arrive-t-il pas ?

Le parti pris du réalisateur est simple. C'est l'été sur la Côte d'Azur, la chaleur est écrasante, la lumière aveuglante, l'immobilité règne en maître. Utilisons cet environnement naturel en le poussant à son paroxysme afin de créer une atmosphère angoissante, à la limite de l'irréel. D'où cette pellicule peu contrastée, ces images surexposées, l'utilisation de filtres… Du confort peut naître le malaise…

« Le livre et le scénar étaient bien, raconte Jacques sous l'ombre relative offerte par un parasol de la Guinguette. Mais le montage du dénouement me paraît extrêmement bizarre. C'était prévu autrement. Plus sobrement… Chabrol était sur le coup. Mais il aurait fait ça en Bretagne et sous la pluie, lui. Et puis il y aurait eu plus de scènes au restaurant ou de repas en terrasse… Spécialités bretonnes en tout genre… »

Bien sûr, en regardant *UV* on pense à *Plein soleil* de René Clément ou à *La Piscine* de Jacques Deray. Mais ces comparaisons sont éblouissantes et bien trop flatteuses. Le film sort dans une indifférence polie et fait à peine plus d'entrées que *Ma place au soleil*. Les critiques sont légèrement plus nuancées : « Bardé de belles références [...], ce thriller "social" prend trop la pause pour en imposer » (Julien Barcilon, *Télé 7 Jours*) ; « Le film de Gilles Paquet-Brenner ne sent pas le soufre, mais parvient à créer une atmosphère intrigante en s'appuyant plus volontiers sur ce que disent les images que les mots » (Carlos Gomez, *Le Journal du Dimanche*) ; « Gilles Paquet-Brenner se contente d'illustrer le roman de Serge Joncour [...] sans se préoccuper le moins du monde de ses interprètes, visiblement livrés à eux-mêmes » (Jean-Philippe Guerand, *TéléCinéObs*) ; « Ce thriller estival se prend les pieds dans les clichés. Les ficelles de l'histoire se voient tout de suite comme un string blanc sur une fesse bronzée, quant aux dialogues, ils sont aussi profonds qu'une piscine… gonflable » (Alain Spira, *Paris Match*).

L'Homme assis dans le couloir est un texte court de Marguerite Duras [1]. C'est l'histoire de la rencontre d'un homme et d'une femme. Il y est question de désir et de jouissance. Razerka Ben Sadia-Lavant

1. Paris, Éditions de Minuit, 1980.

en fait un spectacle (théâtre-danse). Le texte est lu et enregistré par deux comédiens (Dutronc et l'Israélienne Tal Beït-Halachmi). Sur la scène, une danseuse (Sarah Crépin) évolue. En abordant ce texte, la chorégraphe Ben Sadia-Lavant maintient l'ambiguïté entre le réel et l'imaginaire : s'est-il vraiment passé quelque chose avec cet homme, ou bien la femme a-t-elle fantasmé la rencontre ? Le mouvement de la danseuse Sarah Crépin naît de cette rêverie, accompagné par les voix *off* de Dutronc et de Tal Beït-Halachmi. Le spectacle est créé au Théâtre national de Chaillot le 27 septembre 2007. Après trois semaines à Paris, il tourne en province.

Demandons à Jacques quelques explications sur cette insolite participation.

« Une fille m'a demandé d'enregistrer ce texte. Bien sûr, il n'y avait pas d'argent à la clé… Mais je l'ai fait quand même, ici, dans le studio… C'est un texte extrêmement bizarre, pas facile à lire, mais c'est beau !

– Tu as vu le spectacle ?

– Non.

– Tu n'as aucune idée de ce qu'ils ont fait de ta voix ?

– Ben non. »

Pas si étonnant que ça de la part de Jacques, finalement. Son instinct l'a poussé à accepter cette sollicitation parce qu'il « sentait » le projet, lequel avait dû lui être intelligemment présenté. Il a très probablement lu et enregistré son texte avec une vraie conscience professionnelle. Mais de là à prendre l'avion pour voir le spectacle… Il a donné satisfaction au metteur en scène, c'est tout ce qui compte. Jacques assiste rarement aux premières des films dans lesquels il joue. Il fuit en général les mondanités, ces moments obligés où l'on congratule comme on respire. On ne saura donc rien de plus sur *L'Homme assis dans le couloir*, si ce n'est ce que peuvent nous en dire quelques coupures de presse : « Passé la grâce des premiers instants, la seule danseuse visible semble coincée dans un rôle illustratif, parasitant l'écoute du texte durassien. Pourtant, la voix de Dutronc et de sa complice le font résonner avec force, l'appuyant juste ce qu'il faut, sans emphase superflue » (*Télérama*) ; « Sans y prendre garde, nous voilà embarqués dans l'histoire de deux corps, une histoire de plaisir et d'amour. L'homme est assis dans l'ombre d'un couloir, il la regarde, puis ils se voient, se désirent, se découvrent. Et nous, on écoute les mots de Duras et on en regarde l'interprétation personnelle de Razerka Ben Sadia-Lavant, au travers du corps de Sarah Crépin. Dans le texte, ils font l'amour, elle le fait jouir, ils jouissent ensemble. Puis il la gifle et elle en redemande. Sur le plateau, la danseuse exécute des fouettés jusqu'à l'épuisement [...]. Plaisir du chaos» (*Libération*, 15 octobre 2007).

Plutôt qu'un remake, *Le Deuxième Souffle* d'Alain Corneau est la seconde adaptation du roman éponyme de José Giovanni [1], quarante ans après celle de Jean-Pierre Melville avec Lino Ventura dans le rôle principal, sortie en 1966. Pour cette relecture, plus fidèle à l'œuvre originelle selon le réalisateur, de ce classique du polar français, Corneau réunit aux côtés de Dutronc un casting impressionnant: Daniel Auteuil, Monica Bellucci, Michel Blanc, Éric Cantona, Gilbert Melki, Daniel Duval, Jacques Bonnaffé...

Corneau et Dutronc ne se connaissent pas. Comme c'est arrivé souvent par le passé, Jacques invite le réalisateur à venir lui rendre visite à Monticello, plus pour découvrir le bonhomme que pour parler du projet. Dans la tête de Jacques, l'affaire est conclue: «Un type comme Corneau qui m'amène un rôle pareil, ça ne se refuse pas.» Mais bien sûr sa réponse n'est pas aussi directe. Corneau étant anxieux, il ne sait trop comment l'interpréter. Il repart un peu inquiet et n'apprendra finalement qu'en lisant *Corse-Matin*, quelques semaines plus tard, que Jacques interprétera le rôle d'Orloff.

Entre les deux hommes, le courant passe instantanément. «Avec Jacques Dutronc, c'est une grande histoire d'amour, déclare Corneau sur le site www.biosstars.com. On s'est tout de suite plu, dès notre première rencontre en Corse [...]. C'est un vrai dandy. Il veut toujours avoir l'air de ne rien faire, mais il bosse, il est hyper concentré, il sait son texte au cordeau et il négocie les phrases de dialogue comme un musicien, avec une finesse, une précision, une émotion...» Même son de cloche du côté du comédien: «Corneau? Un type formidable et un vrai metteur en scène. Il a touché à tous les genres!» Jacques

1. Paris, Gallimard, 1958.

me parle avec admiration de quelques-uns de ses films : *Série Noire* avec Dewaere, *Fort Sagane* avec Deneuve, Depardieu et Noiret, *Stupeur et tremblements* avec Sylvie Testud... Autre aspect de la personnalité de Corneau qui ne pouvait que le séduire : « C'est un grand spécialiste de jazz ! Bref, on s'est revus plein de fois, on ne se perd pas de vue... »

Le tournage se déroule en automne-hiver 2006-2007, entre Paris et Marseille. Jacques retrouve son ami Michel Blanc et fait réellement connaissance avec Daniel Auteuil : là encore, le courant passe. Il tourne également quelques scènes avec Monica Bellucci. « Vous la préférez en blonde ou en brune ? lui demande Laurent Ruquier avec une sacrée pertinence sur le plateau de son émission *On n'est pas couchés* [1]. – Je ne sais pas, répond Jacques, quand on voit Monica Bellucci, y a pas uniquement la tête qui compte. »

Le synopsis est un classique du genre : en 1958, Gu (Auteuil), un célèbre et dangereux gangster condamné à perpétuité, s'évade de prison. Traqué par la police, il veut s'enfuir avec la femme qu'il aime, Manouche (Bellucci). Pour cela, il a besoin d'argent, et le seul moyen pour en obtenir rapidement et en quantité suffisante est de participer à un dernier hold-up, dans lequel mouille Orloff (Dutronc), une vieille connaissance. Le casse est une véritable réussite mais, victime d'une machination mise en place par le commissaire Blot (Blanc), Gu passe pour un traître auprès de ses complices. Il se voit alors obligé de laver son honneur...

Un film de gangsters, donc, mais de gangsters d'un autre temps, un temps où les truands avaient un honneur à défendre, une parole, une « éthique », serait-on tenté de dire. « Il aurait peut-être fallu transposer l'histoire aujourd'hui, me confie Jacques, mais ça n'était pas possible. La parole d'un homme ou d'un voyou, ça ne veut plus rien dire. On te tue pour un portable, maintenant. »

À sa sortie, le 24 octobre 2007, le film fait figure d'événement, tant par son casting et son budget que par le challenge que représente le fait de s'être attaqué à ce polar de Giovanni déjà à l'origine du chef-d'œuvre de Melville. Et c'est peut-être cette encombrante

1. France 2, le 20 octobre 2007.

référence qui sera responsable du semi-échec commercial du film (un demi-million de spectateurs : bien en deçà de ce à quoi une telle production peut prétendre), lequel ne laisse pas Jacques indifférent du tout. Il s'énerverait presque : « D'abord, toutes les grosses productions françaises de cette saison se sont plantées : *Sa Majesté Minor* de Jean-Jacques Annaud, *L'Auberge rouge* avec Balasko, Clavier et Jugnot... Ensuite, les gens ont parlé sans arrêt de remake, de remake... Mais tout le monde en fait, des remakes, faut pas charrier ! *Les Choristes*, ça a marché du feu de Dieu, mais c'était exactement, images et dialogues, *La Cage aux rossignols*. Aucun journaliste ne s'est permis d'en parler. Là, ça n'a été que ça : Daniel Auteuil n'est pas Lino Ventura, etc. Mais, moi, je trouve que c'est vachement bien fait ! »

Les critiques sont partagées : « [Le film noir] a toujours réussi à se régénérer de l'intérieur. C'est d'ailleurs précisément ce qu'accomplit ce second *Deuxième Souffle*, film noir aux couleurs éclatantes et aux acteurs flamboyants » (Pascal Mérigeau, *Le Nouvel Observateur*) ; « Revisité avec un fort parti pris esthétique par Alain Corneau [...], ce polar renoue avec la grande tradition du film noir à la française. Captivante de bout en bout, rythmée comme une sulfateuse, cette tragédie policière nous donne à déguster une brochette d'acteurs prestigieux » (Alain Spira, *Paris Match*) ; « Corneau n'a ni produit un remake ni livré un polar de plus [...]. Il livre une nouvelle œuvre où l'incarnation des personnages a pris le pas sur un système de mise en scène qui faisait aussi tout l'intérêt esthétique et politique du film de Melville » (Pierre Eisenreich, *Positif*) ; « D'une distribution luxueuse émergent tout de même quelques bonheurs : Jacques Dutronc, Jacques Bonnaffé, Gilbert Melki et même Nicolas Duvauchelle jouent juste parce qu'ils sont dans le plaisir de la composition, et non pas dans le hiératisme du tragique forcé. La mise en scène d'Alain Corneau a parfois l'efficacité des petits maîtres hollywoodiens – la scène du casse, en particulier. Mais il manque à ce *Deuxième Souffle* un moteur plus puissant que la simple nostalgie d'un genre et d'une époque. Il y manque la vie, tout simplement » (Aurélien Ferenczi, *Télérama*).

Alain Corneau a fait le choix esthétique de tourner le dos au polar français tel qu'on le pratiquait jusqu'alors. Il préfère s'inspirer de l'école asiatique (clins d'œil à Wong Kar-Wai ou à Johnny To) en usant de couleurs vives saturées, de jets d'hémoglobine et de ralentis à répétition. Le film (qui dure deux heures et demie) est long à démarrer mais la mayonnaise finit par prendre et le vrai souffle est trouvé. Dès lors, le spectateur est happé et en ressort groggy.

Le rôle de Jacques est modeste, en termes de nombres de scènes, mais son interprétation d'Orloff est remarquable. Alain Corneau est le premier à le savoir et à le clamer : « Je pense que sur la surface de cette terre, déclare-t-il sur France 2, personne d'autre que Jacques Dutronc ne pouvait faire Orloff. Je ne vois pas qui peut condenser autant de classe, de sagesse, d'ironie, de recul et d'élégance que Jacques Dutronc. C'était un éblouissement sur le plateau. Je suis aux anges de savoir que Jacques a accepté de jouer ce rôle. Il m'a apporté énormément. »

Pour l'anecdote, quarante ans plus tôt, dans le numéro de janvier 1967 de *Salut les copains*, un journaliste demandait à Jacques : « Quel est le dernier bon film que tu aies vu ?

– *Le Deuxième Souffle*, un film à vous couper le premier souffle. »

En novembre 2007, le Cherche-Midi éditeur a la bonne idée de publier une version augmentée de *Pensées et répliques* (initialement publié en 2000), sous le titre évocateur de *Encore !* (référence aux *Play-boys*, bien sûr). L'occasion de se mettre sous la dent quelques trouvailles linguistiques, bons mots, blagues de potache ou aphorismes supplémentaires. Quelques exemples ? « Je ne sais plus pourquoi j'ai arrêté de boire. Je devais être bourré ce jour-là ! » « Le cigare… T'as les détracteurs qui te disent : "Oui, ce connard, il tête toujours les seins de sa mère !" Mais je veux dire, si tous les nibards des gonzesses ont le goût du havane, j'arrête le cigare et je redeviens bébé. » « J'adorerais faire une émission en n'invitant que des gens qui me détestent. Faux cul jusqu'au sommet… ce serait drôle. » « Ils ont refusé que je fasse "Le Divan" de Chapier. Parce que je voulais le faire sur le ventre pour voir comment ça allait dégénérer »…

Il y a longtemps que le projet était en gestation. Au cours de l'été 2008, Jean-Marie Périer débarque à Monticello avec quelques techniciens armés de caméras et de micros. Son idée est originale et elle a séduit Jacques d'emblée. Tout est parti de la lecture d'un livre qu'il a adapté pour en faire une série de cinquante saynètes de deux minutes. Il explique son propos sur le site web de *TVMag* : « J'en ai un peu marre qu'on explique aux jeunes gens qu'ils doivent absolument réussir socialement, je crois qu'on peut vivre intelligemment sans être le premier, le plus grand, le plus beau, le plus riche. Quand j'ai lu le livre de Dominique Noguez [1], j'ai trouvé ça formidable et je me suis dit, tiens, là il y a de l'espoir, enfin un type qui voit les choses avec un peu de recul. Et il n'y avait que Dutronc qui pouvait faire passer ce message-là, parce qu'il faut à la fois la tendresse, le cynisme, le recul… et Jacques a tout ça. […] Le programme est assez éclectique, puisque ça va de comment rater quand on est écrivain, journaliste ou policier, à comment rater une fellation ou un cunnilingus. Dans toutes les situations de la vie des gens, on donne le secret pour être absolument certain que ça foire. Dans une époque où il est de bon ton d'être un gagnant, ça me fait marrer de voir un mec dire : ben non, on peut rater, et c'est pas mal non plus. »

Malgré l'intérêt suscité par le projet chez des professionnels de la télévision, Périer a beaucoup de mal à trouver un producteur. Il faut soi-disant un sponsor pour cofinancer l'opération. Mais allez convaincre un investisseur de mettre des ronds dans une série TV ayant pour titre *Comment rater complètement sa vie* !

Quatre années seront nécessaires et c'est finalement Paris-Première qui acceptera seule de la produire.

Lorsqu'on travaille chez Dutronc, c'est lui qui impose ses horaires : tous les jours de 9 heures à midi ! Ensuite, apéro, déjeuner, repos… Un studio minimaliste est aménagé dans la « petite maison » près des eucalyptus. Un fond noir, une table, une chaise, quelques spots, trois caméras et zou ! La mise en scène est épurée au maximum pour mieux mettre en valeur le texte et le jeu de Jacques. On le voit en plan américain, serré ou de profil, attablé, chemise et lunettes noires, distiller doctement ses conseils pour tout gâcher : réussissez vos insomnies, sachez vous brouiller avec vos amis… En une

1. *Comment rater complètement sa vie en onze leçons*, Paris, Payot, 2001.

semaine, Périer et Dutronc mettent en boîte les cinquante modules de la série.

L'initiative de Jean-Marie et la prestation de Jacques font l'unanimité. « Il [Jacques Dutronc, n.d.a.] cite Diderot, Robbe-Grillet, donne des conseils pour foirer sa vie avec panache. Hélas, le résultat n'est pas suffisamment déprimant : ces pastilles quotidiennes d'humour noir révèlent trop de grâce et d'esprit. Si rater sa vie, c'est réussir du Desproges, alors rien ne va plus » (Erwan Desplanques, *Télérama*, 15 octobre 2008).

Jacques garde un excellent souvenir de ce tournage. Voilà comment il aime travailler : à domicile, avec des amis, horaires à la carte. Une seule chose l'a agacé, concernant l'accueil critique de la série : « Bien entendu, ils n'ont pas pu s'empêcher de rapprocher ça de *La Minute nécessaire de M. Cyclopède*, alors que ça n'a rien à voir. Il faut tout le temps qu'ils trouvent des références en France, sinon ils ne savent pas quoi dire. »

« Qu'est-ce qu'il faut faire pour vous garder à la maison ?

– Me casser les deux jambes [1]. »

Fin septembre, Jacques rentre à Paris pour être hospitalisé à l'Hôpital américain, non pour cause de jambes cassées, mais afin d'y subir une nouvelle opération de la hanche. Sa prothèse a déjà dix ans et elle le fait atrocement souffrir. Usure naturelle, lui dit-on. « On a fait des progrès depuis, m'explique-t-il. En principe, maintenant, avec ce que j'ai là, je suis tranquille jusqu'à… » Étant donné ses problèmes cardiaques, l'opération est longue et délicate. On pratique une greffe d'os. De retour avenue Foch, il doit garder le lit pendant d'interminables semaines. Puis débute la rééducation, longue, douloureuse. Breuvages capiteux interdits. Séances de kiné intensives. Surtout ne pas forcer tant que la greffe n'a pas pris à 100 %. Jacques ne quitte pas son repaire parisien pendant des mois. Les proches sont là, bienveillants. Les fêtes de fin d'année arrivent mais les cotillons ne sont pas de mise. Le moral est bas – il le serait à moins. Dans ces moments-là, Dutronc ne veut voir personne. À quoi cela servirait-il

1. In *Encore !*, *op. cit.*

puisque d'apéro et de rigolade il n'est plus question ? Au nouvel an, je lui adresse mes vœux par texto. Sa réponse : « À toi aussi ! Toujours entre deux cannes. Pas de bulles. Rien. Triste. Je t'embrasse. M. Jacques. »

Puis les choses s'arrangent, peu à peu Jacques retrouve de la mobilité. En février 2009, il lâche enfin sa deuxième canne. Quelques semaines plus tard, un dernier scanner pour s'assurer que la greffe a bien pris, et hop ! il s'envole pour Monticello.

Forcément, ça va tout de suite mieux. Le soleil, l'air de la Méditerranée, les amis corses, les chats, le jardin, la terrasse, le bar... Un petit verre de bordeaux de temps à autre pour commencer, ou une bière à 2°... Lui qui a déclaré un jour qu'il était pour « une augmentation du goût de la vie » voit le sien remonter en flèche. Et cette idée de refaire une tournée, que Thomas lui a fourrée dans le crâne durant sa convalescence, fait tranquillement son chemin...

Pendant que Jacques était cloué au lit avenue Foch, tentant de cohabiter avec ce corps étranger greffé dans le sien, Françoise courait à droite et à gauche pour faire la promo de sa remarquable autobiographie [1] – laquelle a connu l'immense succès que l'on sait : plus de 300 000 exemplaires vendus en première édition. Bien sûr, on y apprend beaucoup de choses sur leur relation. Françoise en parle avec le recul offert par le temps et la franchise qui la caractérise. Elle rapporte, entre autres, cette anecdote particulièrement éclairante et vieille de plus de trente ans : la scène se passe en Corse, Jacques a trop bu et il se sent si mal qu'il se croit aux portes de la mort. « Ce fut l'une des rares fois où je le vis pleurer à la pensée du gâchis incommensurable qu'il aurait fait de sa vie si elle s'arrêtait là. [...] Je n'avais pas encore compris que le jouisseur se doublait chez lui d'un pervers attiré par certaines transgressions, certains dangers [...]. Dès lors que tout ou presque était à sa portée d'enfant gâté, que tout ou presque lui réussissait et que personne ne s'opposait à lui, il fallait sans doute qu'il aille chercher lui-même sa punition en repoussant les limites jusqu'à ce que cela se retourne contre lui... »

1. *Le Désespoir des singes... et autres bagatelles*, Paris, Robert Laffont, 2008.

Par ailleurs, Françoise «officialise» la relation qui existe depuis dix ans entre Jacques et Sylvie. C'est lui qui l'a mise un jour au parfum, par téléphone. «J'admirerais par la suite la sûreté de l'instinct qui l'attirait vers une femme idéale pour lui : belle, courageuse, débordante d'énergie, toujours prête à sauter dans un avion pour le rejoindre et capable de cuisiner, réparer un toit, rempailler une chaise, édifier un muret, peindre, coudre, panser, mille autres choses encore... Il m'arrive de plaisanter en disant qu'elle sait tout faire... sauf des chansons. [...] Je me souviens aussi que Sylvie et moi sommes tombées d'accord et avons bien ri quand, un jour où Jacques se morfondait seul en Corse, j'en arrivai à la conclusion que nous n'étions pas assez de deux et qu'une troisième "fiancée" s'imposait pour un meilleur roulement. À la décharge de l'intéressé, la maturité aidant, il semble faire pour Sylvie un peu plus d'efforts qu'il n'en aura faits pour moi.» Françoise assure n'en concevoir aucune amertume, bien au contraire. Elle dit ne plus connaître les affres de la jalousie. «On devrait toujours non seulement accepter mais se réjouir qu'une autre apporte à l'homme de sa vie ce qu'on n'est plus à même de lui donner, tant il est vrai, comme l'a si drôlement dit l'inénarrable Claude Sarraute, qu'avoir des relations physiques avec son vieux mari revient quasiment à commettre un inceste.»

Lorsque je croise Thomas au Bataclan, le 2 juin, il déclare ne pas avoir lu le livre. Pas plus qu'il n'a lu *La Bio*, d'ailleurs. Il compte s'y mettre mais ne sait par lequel commencer. Jacques, lui, m'avoue avoir profité de son hospitalisation pour lire de longs extraits du *Désespoir des singes*. Et on dirait bien que Françoise l'a bluffé sur ce coup. «Quand elle dit du mal de quelqu'un, il y a l'explication. Et en plus, elle écrit bien!» Autrement dit, rien n'est gratuit. Tout constat, toute opinion, tout point de vue est étayé par une thèse clairement et honnêtement exposée. Et, elle-même ne s'épargnant pas, qui pourrait lui reprocher d'écrire ce qu'elle pense des autres? Certains passages du livre le concernant l'ont visiblement surpris – le mot est peut-être faible. Il ne dira pas lesquels. Pas plus, semble-t-il, qu'il ne fera de commentaires à l'auteur.

Le 3 mars 2009, avant de s'envoler pour Monticello, Jacques va applaudir son fils, à Courbevoie. C'est la première fois qu'il voit le spectacle *Les Esprits manouches*, concocté par Thomas pour promouvoir son disque [1]. Un spectacle de chansons, entrecoupé de sketches, happenings et autres intermèdes ludiques, offrant des incursions dans le funk ou la pop et, bien sûr, lardé d'une épaisse tranche de jazz manouche. Jacques se dit impressionné. Tout comme il le fut en recevant le CD de son fils. « Il n'avait jamais dit, ni à Françoise ni à moi, qu'il chantait dessus. Je crois qu'il ne voulait pas qu'on s'en mêle, ça ne regardait que lui. Il ne nous a pas demandé d'aide. S'il se plantait, il se plantait tout seul, et je trouve ça plutôt bien de sa part. » De plantade, il ne fut pas question puisque l'album a été plébiscité par le public (plus de 250 000 exemplaires vendus !), que la chanson titre du CD lui a valu la Victoire de la chanson originale de l'année 2008 et que le spectacle sillonne sans relâche la francophonie depuis bientôt deux ans. Thomas a réussi à s'imposer tout seul, à trente-quatre ans, après avoir gratté pendant quinze ans dans des orchestres de jazz. Son univers artistique est certainement plus proche de celui de son père que de celui de sa mère. L'humour n'est jamais très éloigné – comme Jacques, il n'envisage pas le spectacle sans gags et déconnade – et les références musicales se rejoignent aussi : Jacques n'enregistrait-il pas en 1968 *À tout berzingue*, une ritournelle originale 100 % manouche ? Et ne cite-t-il pas les guitaristes virtuoses Barney Kessel ou Chet Atkins lorsqu'on l'interroge sur les musiciens qui l'ont marqué ? « Je jouais Django Reinhardt à l'âge de 15 ans. Et c'est devenu son guitariste préféré. Il y a une certitude donc, c'est qu'il n'est pas le fils du facteur [2] ! »

« Tu ne te revois pas en voyant Thomas sur scène ?

– Il paraît que son spectacle me ressemble, me répond Jacques. C'est vrai que je faisais ça moi aussi sur scène, il y a longtemps. Le côté bande de potes, discussion avec le public… Bertrand de Labbey m'a dit : "J'ai vu Thomas sur scène, j'ai eu l'impression de te revoir à la Tête de l'Art !" Thomas n'était pourtant pas né à cette époque ! »

Non, et il n'existe pas de traces filmées de ces mythiques concerts. Atavisme, donc.

---

1. *Comme un manouche sans guitare*, ULM-Universal, octobre 2007.
2. In *Paris Match*, 8 octobre 2009.

Quoi qu'il en soit, Jacques se dit ravi du succès de son fils et fier de lui. Fier de ce qu'il est et de ce qu'il fait. Il apprécie l'artiste et ses talents d'auteur. Françoise, elle, est bien évidemment la plus grande fan de Thomas : elle ne rate aucune de ses prestations parisiennes et achète elle-même ses places (les meilleures) dès la mise en vente des billets.

En mai 2009, Jacques rentre à Paris pour démarrer le tournage de *Joseph et la Fille*. Deuxième long métrage de Xavier de Choudens, ce polar raconte la rencontre entre deux âmes égarées : celle de Joseph (interprété par Jacques), qui sort de prison et dont le corps l'abandonne, et celle de Julie (rôle confié à Hafsia Herzi, l'actrice qui monte), qui dévore l'existence au point de s'y perdre. Après vingt ans passés derrière les barreaux, Joseph décide de repiquer et prépare un braquage. Pourquoi ne pas faire équipe avec la fille de son excodétenu ? Entre eux deux va naître une relation où se mêlent le désir, l'amitié, la relation entre un père et une fille, entre un corps qui s'en va et un autre qui explose de vie, entre deux amants. « J'aime bien les rapports équivoques qu'il y a entre elle et moi, dit Jacques. J'ai connu son père en prison. Je l'ai fait parler pendant trois ans et j'ai tout appris par cœur. Quand je sors de tôle, je vais droit à sa planque et je tombe sur sa fille… Il est intéressant, Xavier de Choudens. Il a des cadrages assez uniques… »

Le tournage n'est terminé que depuis trois semaines lorsque nous évoquons le film. Les souvenirs sont frais dans son esprit et on perçoit un réel enthousiasme dans le commentaire de Jacques. Tous les longs métrages dans lesquels il a joué ces dernières années, de *Pédale dure* au *Deuxième Souffle*, ont été, à des degrés divers, des échecs commerciaux. Il a plus que jamais besoin d'un succès cinématographique. Dans *Joseph et la Fille*, il tient le premier rôle masculin, ce qui n'était plus arrivé depuis *C'est la vie*, de Jean-Pierre Améris (2001). Qui sait, peut-être qu'une attente particulière est liée à la sortie du film de Xavier de Choudens…

Les chansons de Tino Rossi tournent en boucle sur un i-Pod à la Guinguette, vingt-quatre heures sur vingt-quatre. Ses roucoulades se mêlent au vent brûlant qui agite les branchages des chênes et des oliviers. Ça ne rend pas la chaleur ambiante plus supportable.

Jacques lève son verre : « Tu crois que je peux prendre une autre bière ? »

Puis la discussion dérive sur bien d'autres sujets. La météo de l'été (chaude et très sèche en Balagne), l'orgie matinale de la veille chez Bertin (un *spuntinu* [1] englouti dès 9 heures, composé de harengs marinés, œufs mayonnaise, salade Bertin, fromages, vins), la crise économique (« Si j'étais riche, dit-il, il y aurait moins de pauvres ! » – comprenne qui pourra)… Puis nous en arrivons à cette tournée à venir… Mais nous en avons déjà dit ce qu'il était possible d'en dire en introduction de ce livre.

Nous décidons de changer de crémerie et nous rabattons sur le bar de la terrasse. Ce sera bientôt, après le repas des chats, la bonne heure pour se poser sous le chêne et y contempler, à travers le feuillage, le soleil entamer sa descente en direction du petit port de l'Île-Rousse. Ainsi va la vie à Monticello. Quelqu'un va aux glaçons, un autre se charge des verres et des coupes. Un bouchon sautera sous peu. J'observe Jacques et le trouve en pleine forme. Teint hâlé, cigare bien en bouche, ligne impeccable et blague facile. Il y a longtemps qu'il ne m'a pas paru aussi bien.

Une hanche toute neuve et un film prometteur en boîte, un retour sur scène qui fera, quoi qu'il arrive, couler beaucoup d'encre… Vue de l'automne 2009, l'année 2010 s'annonce plutôt bien pour Dutronc. Et si c'était un grand cru ?…

Octobre 2009

1. Casse-croûte traditionnel des bergers corses pris au milieu de la matinée.

ANNEXES

Discographie

Albums originaux

Jacques Dutronc (33 tours Vogue CLD 70130/1966/réédité en CD)
Les Play-boys (Jacques Lanzmann/Jacques Dutronc)
L'Espace d'une fille (Jacques Lanzmann/Jacques Dutronc)
Sur une nappe de restaurant (Jacques Lanzmann/Jacques Dutronc)
J'ai mis un tigre dans ma guitare (Jacques Lanzmann/Jacques Dutronc)
Les Cactus (Jacques Lanzmann/Jacques Dutronc)
Et moi, et moi, et moi (Jacques Lanzmann/Jacques Dutronc)
L'Opération (Jacques Lanzmann/Jacques Dutronc)
On nous cache tout, on nous dit rien (Jacques Lanzmann/Jacques Dutronc)
La Fille du Père Noël (Jacques Lanzmann/Jacques Dutronc)
Les gens sont fous, les temps sont flous (Jacques Lanzmann/Jacques Dutronc)
La Compapadé (Jacques Dutronc/Jacques Dutronc)
Mini-mini-mini (Jacques Lanzmann/Jacques Dutronc)

Jacques Dutronc (33 tours Vogue CLD 722/1968/réédité en CD)
Comment elles dorment (Jacques Lanzmann – Anne Segalen/Jacques Dutronc)
Fais pas ci, fais pas ça (Jacques Lanzmann – Anne Segalen/Jacques Dutronc)
La Métaphore (Jacques Lanzmann – Anne Segalen/Jacques Dutronc)
La Publicité (Jacques Lanzmann – Anne Segalen/Jacques Dutronc)
L'Augmentation (Jacques Lanzmann – Anne Segalen/Jacques Dutronc)
Hippie hippie hourrah (Jacques Lanzmann – Anne Segalen/Jacques Dutronc)

Il est cinq heures, Paris s'éveille (Jacques Lanzmann – Anne Segalen / Jacques Dutronc)
Les Métamorphoses (Jacques Lanzmann – Anne Segalen / Jacques Dutronc)
Ça prend, ça n'prend pas (Jacques Lanzmann – Anne Segalen / Jacques Dutronc)
Les Rois de la réforme (Jacques Lanzmann – Anne Segalen / Jacques Dutronc)
Le Courrier du cœur (Jacques Lanzmann – Anne Segalen / Jacques Dutronc)
Le plus difficile (Jacques Lanzmann – Anne Segalen / Jacques Dutronc)

Jacques Dutronc (33 tours Vogue CLD 727 / 1969 / réédité en CD)
À tout berzingue (Jacques Lanzmann / Jacques Dutronc)
La Seine (Jacques Lanzmann – Anne Segalen / Jacques Dutronc)
Les Vangauguins (Jacques Lanzmann / Jacques Dutronc)
Transes-dimanche (Jacques Lanzmann – Anne Segalen / Jacques Dutronc)
Proverbes (Jacques Lanzmann – Anne Segalen / Jacques Dutronc)
L'Opportuniste (Jacques Lanzmann – Anne Segalen / Jacques Dutronc)
Le Roi de la fête (Jacques Lanzmann / Jacques Dutronc)
Amour, toujours, tendresse, caresse (Jacques Lanzmann / Jacques Dutronc)
Je suis content (Jacques Lanzmann / Jacques Dutronc)
La Leçon de gymnastique du professeur Dutronc (Jacques Lanzmann – Anne Segalen / Jacques Dutronc)
La Solitude (Jacques Lanzmann / Jacques Dutronc)
Le Mythofemme (Jacques Lanzmann – Anne Segalen / Jacques Dutronc)

Jacques Dutronc (33 tours Vogue SLVLX 440 / 1970 / réédité en CD)
Le Responsable (Jacques Lanzmann / Jacques Dutronc)
L'Idole (Jacques Lanzmann / Jacques Dutronc)
L'amour est le moteur du monde (Jacques Lanzmann / Jacques Dutronc)
La Maison des rêves (Jacques Lanzmann / Jacques Dutronc)
Quand c'est usé on le jette (Jacques Lanzmann / Jacques Dutronc)
Les Petites Annonces (Jacques Lanzmann / Jacques Dutronc)
Où est-il l'ami Pierrot ? (Jacques Lanzmann / Jacques Dutronc)
L'Aventurier (Jacques Lanzmann / Jacques Dutronc)
Laquelle des deux est la plus snob (Jacques Lanzmann / Jacques Dutronc)
Les Femmes des autres (Jacques Lanzmann / Jacques Dutronc)
La Paresse (Jacques Lanzmann / Jacques Dutronc)
L'Hôtesse de l'air (Jacques Lanzmann / Jacques Dutronc)

Jacques Dutronc (33 tours Vogue SLD 806/1971)
L'Arsène (Jacques Lanzmann/Jean-Pierre Bourtayre)
Restons français, soyons gaulois (Jacques Lanzmann/Jacques Dutronc)
Ma poule n'a plus que 29 poulets (Jacques Lanzmann/Jacques Dutronc)
Il suffit de leur demander (Jacques Lanzmann/Jacques Dutronc)
Le Conte de fées (Jacques Lanzmann/Jacques Dutronc)
Les Parasites (Jacques Lanzmann/Jacques Dutronc)
Le Monde à l'envers (Jacques Lanzmann/Jacques Dutronc)
Le fond de l'air est frais (Fred/Jacques Dutronc)
À la queue les Yvelines (Jacques Lanzmann/Jacques Dutronc)
Elle m'a dit non, elle m'a dit oui (Jacques Lanzmann/Jacques Dutronc)
L'âne est au four et le bœuf est cuit (Fred/Jacques Dutronc)
J'avais la cervelle qui faisait des vagues (Jacques Dutronc/Jacques Dutronc)

1972 (33 tours Vogue LDM 30114/1972)
Le Petit Jardin (Jacques Lanzmann/Jacques Dutronc)
Vie privée, domaine public (Jacques Lanzmann/Jacques Dutronc)
L'Éléphant aveugle (Fred/Jacques Dutronc)
Ne pas t'oublier (Jacques Lanzmann/Jacques Dutronc)
Ksst ksst (Jacques Lanzmann – Gérard Sire/Jo Moutet)
Elle est si... (Serge Gainsbourg/Jacques Dutronc)
L'Âge d'or (Jacques Lanzmann/Jacques Dutronc)
L'Homme de paille (Jacques Lanzmann/Jacques Dutronc)
Le Combat (Jacques Lanzmann/Jacques Dutronc)
Adieu ma vie (Jacques Lanzmann/Jacques Dutronc)
Tic tic (Jacques Lanzmann/Jacques Dutronc)

Jacques Dutronc (33 tours Vogue LDY 28033/1975)
L'Île enchanteresse (Serge Gainsbourg/Jacques Dutronc)
Le Testamour (Jacques Lanzmann/Jacques Dutronc)
La France défigurée (Jacques Lanzmann/Jacques Dutronc)
L'Amour à la chaîne (Jacques Lanzmann/Jacques Dutronc)
Le Dilemme (Jacques Lanzmann/Jacques Dutronc)
J'comprends pas (Jean-Loup Dabadie/Jacques Dutronc)
Gentleman cambrioleur (Franck Harvel – Yves Dessca/Jean-Pierre Bourtayre)
L'Amour prison (Serge Gainsbourg/Jacques Dutronc)
Mais surtout sentimentale (Jean-Loup Dabadie/Jacques Dutronc)

Les Roses fanées (Serge Gainsbourg/Serge Gainsbourg)
Le Bras mécanique (Serge Gainsbourg/Jacques Dutronc)

Guerre et pets (33 tours Gaumont-Musique 753801/1980)
L'Hymne à l'amour (moi l'nœud) (Serge Gainsbourg/Jacques Dutronc)
Ballade comestible (Serge Gainsbourg/Jacques Dutronc)
Le Temps de l'amour (André Salvet – Lucien Morisse/Jacques Dutronc)
L'Éthylique (Serge Gainsbourg/Jacques Dutronc)
J'ai déjà donné (Serge Gainsbourg/Jacques Dutronc)
La Vie dans ton rétroviseur (Jacques Lanzmann/Jacques Dutronc)
Manque de tout (Jacques Lanzmann/Jacques Dutronc)
Mes idées sales (Serge Gainsbourg/Jacques Dutronc)
L'Avant-guerre c'est maintenant (Serge Gainsbourg/Jacques Dutronc)

C'est pas du bronze (33 tours Gaumont-Musique 753809/1982)
C'est pas du bronze (Anne Segalen/Jacques Dutronc)
Tous les goûts sont dans ma nature (Jacques Dutronc/Jacques Dutronc)
Savez-vous planquer vos sous (Jacques Dutronc/Jacques Dutronc)
L'Écorchée vive (Anne Segalen/Jacques Dutronc)
L'Autruche (Jacques Dutronc/Jacques Dutronc)
Le Cœur lourd dans mon poids lourd (Anne Segalen/Jacques Dutronc)
Vidéo gratias (Anne Segalen/Jacques Dutronc)
Remue-ménages (Anne Segalen/Jacques Dutronc)
Berceuse (Anne Segalen/Jacques Dutronc)
Transit aigu (Anne Segalen/Jacques Dutronc)

Re-mix again (33 tours Gaumont-Musique 753813/1984)
J'ai déjà donné (Re-mix) (Serge Gainsbourg/Jacques Dutronc)
La Vie dans ton rétroviseur (Re-mix) (Jacques Lanzmann/Jacques Dutronc)
Le Temps de l'amour (Re-mix) (André Salvet – Lucien Morisse/Jacques Dutronc)
Transit aigu (Re-mix) (Anne Segalen/Jacques Dutronc)
Merde in France (Cacapoum) D.J. Mix (Jacques Dutronc/Jacques Dutronc)
Merde in France (Cacapoum) (Jacques Dutronc/Jacques Dutronc)
L'Hymne à l'amour (moi l'nœud) (Serge Gainsbourg/Jacques Dutronc)
Berceuse (Serge Gainsbourg/Jacques Dutronc)
Savez-vous planquer vos sous (Jacques Dutronc/Jacques Dutronc)

Camisole (Jacques Dutronc / Jacques Dutronc)
C'est pas du bronze (Anne Segalen / Jacques Dutronc)

CQFD (33 tours CBS 460405 1 / 1987 / réédité en CD)
Les Gars de la narine (Jacques Dutronc / Jacques Dutronc)
Europe' n' roll (Jacques Dutronc / Jacques Dutronc)
À nous deux (c.q.f.d.) (Jacques Dutronc / Jacques Dutronc)
Corsica (Jean-François Bernardini / Jacques Dutronc)
Qui se soucie de nous (Étienne Daho – Jacques Dutronc / Jacques Dutronc)
Beau blaireau (Jacques Dutronc / Jacques Dutronc)
Strip-tease (Jacques Dutronc / Jacques Dutronc)
Opium (avec Bambou) (Charlys – Guy d'Abzac / Charlys)
Sainte Suzanne (instrumental) (Jacques Dutronc)

Brèves rencontres (CD Sony Columbia COL 481167 2 / 1995)
L'Âme sœur (Linda Lê / Jacques Dutronc)
À part ça (Thomas Dutronc – Arnaud Garoux / Jacques Dutronc)
Faut qu'je rôde (Thomas Dutronc – Arnaud Garoux / Jacques Dutronc)
Tous les goûts sont dans ma nature (avec Étienne Daho) (Jacques Dutronc / Jacques Dutronc)
Entrez m'sieur dans l'humanité (Linda Lê / Jacques Dutronc)
La Pianiste dans une boîte à Gand (David Mc Neil / Jacques Dutronc)
Elle m'a rien dit m'a tout dit (Jean Fauque / Jacques Dutronc)
Brèves rencontres (David Mc Neil / Jacques Dutronc)
Laisse Lucie faire (Thomas Dutronc – Arnaud Garoux / Jacques Dutronc)
Rappelez-moi de vous oublier (Linda Lê / Jacques Dutronc)
Thomas (instrumental) (Jacques Dutronc)

Madame l'Existence (CD Sony Columbia COL 511224 2 / 2003)
Madame l'Existence (Jacques Dutronc – Jacques Lanzmann / Jacques Dutronc)
La Vie en live (Jacques Dutronc – Jacques Lanzmann / Jacques Dutronc – Alain Lubrano)
Un jour tu verras (Marcel Mouloudji / Georges Van Parys)
Face à la merde (Jacques Dutronc – Jacques Lanzmann / Jacques Dutronc)
L'Homme et l'Enfant (en duo avec Louise Duval) (Renaud Rouzaud / Shanklin)
Voulez-vous (Jacques Dutronc – Jacques Lanzmann / Jacques Dutronc)

L'Ère de rien (Jacques Dutronc – Jacques Lanzmann / Jacques Dutronc)
Transat en solitaire (David Mc Neil – Jacques Lanzmann / Jacques Dutronc)
C'est peut-être ça (Jacques Dutronc – Jacques Lanzmann / Jacques Dutronc)
Sainte Suzanne (Jacques Dutronc)
Dou douce (Jacques Dutronc – Jacques Lanzmann / Jacques Dutronc)

Principales intégrales

L'Intégrale Jacques Dutronc 1966-1976 – Les Années Vogues (BMG 8 28766 2512-2 / 2004)
Coffret dit « Le Cactus » incluant sept CD. Toute la discographie Vogue remastérisée et augmentée de raretés et d'inédits. Quatre CD contiennent tous les enregistrements en studio de 1966 à 1976. Un cinquième CD propose un enregistrement en public à la Tête de l'Art datant de septembre 1971. Le sixième rassemble inédits, versions étrangères et alternatives (*Il Mondo va cosi / Los Play-boys / Son las cinco, Paris despierta / Les gens sont fous, les temps sont flous / Délire orgue-voix / Le John Wayne des HLM / Cassoulet rock / Délire piano-voix / Monsieur Cyber / Repose Beethoven / Effluves / Gala chez Vogue*). Le septième regroupe les deux disques pour enfants : *La Voiture au clair de lune* et *Le Sceptre*

L'Intégrale Dutronc – Les Années Columbia (Sony Columbia 472940 2 / 1992)
Coffret de deux CD comprenant tous les enregistrements de 1980 à 1987 (périodes Gaumont et CBS)

Enregistrements en public

L'Espace d'une fille, enregistrement (pirate) effectué à Iverdon (Suisse), en 1966 (CD Yé-yé memories YYM005 / 1991)
Mini-mini-mini / Sur une nappe de restaurant / On nous cache tout, on nous dit rien / Les gens sont fous, les temps sont flous / La Compapadé / Qu'elle est belle / L'Amour avec toi / La Fille du Père Noël / L'Espace d'une fille / Les Cactus / Et moi, et moi, et moi

La Tête de l'Art, 1971 (CD inclus dans L'Intégrale Vogue, « Le Cactus » / 2004)
Le Fond de l'air est frais / Les Play-boys / Les Rois de la réforme / Et moi, et moi, et moi / L'Opportuniste / J'aime les filles / Qu'elle est belle / J'avais la cervelle qui faisait des vagues / L'Arsène / Les Cactus / L'Idole / L'Hôtesse de l'air / Il est cinq heures, Paris s'éveille / + sketches

Dutronc au Casino (CD Sony Columbia COL 472834-2 / 1992)
L'Opportuniste / J'aime les filles / La Fille du Père Noël / Qui se soucie de nous / Les Roses fanées / Les Cactus / J'comprends pas / L'Hymne à l'amour (moi l'nœud) / Opium / Corsica / À la vie, à l'amour / J'ai déjà donné / Entrez m'sieur dans l'humanité / L'Âme sœur / Berceuse / Il est cinq heures, Paris s'éveille / La Compapadé / Merde in France (Cacapoum) / Et moi, et moi, et moi

Enregistrements divers

El Toro et les Cyclones
Réédition sur un seul CD des 22 titres enregistrés par El Toro et les Cyclones, Les Cyclones (instrumentaux) et El Toro sans les Cyclones. Huit chansons avec Jacques Dutronc à la guitare. (CD *El Toro et les Cyclones / French 60's EP collection*, Magic records 521452 / 1995)

La Voiture au clair de lune et *Le Sceptre*
Deux bandes dessinées pour enfants signées Fred (textes et illustrations), mises en musique, chantées et racontées par Jacques Dutronc. (Disques-livres 17 cm 33 tours, Vogue Enf 3313 et 3314 / 1970)

Quand un garçon (Roger Dumas – Jean-Jacques Debout)
Duo avec Sophie Darel (45 tours Vogue V 4075 / 1972)

Brouillard dans la rue Corvisart (Michel Jonasz – Gabriel Yared)
Duo avec Françoise Hardy (LP *Musique saoule*, Pathé Marconi 2C070 14697 / 1978)

Coup de foudre (Luc Plamandon – Michel Berger)
Duo avec Patricia Kaas (CD *Les Enfoirés chantent Starmania*, Sony Columbia COL 474469 2 / 1993)

Lily Marlene (Hans Leip/Henri Lemarchand – Norbert Schultze)
Duo avec Zao (CD *Zao*, Barclay 513457 2/1993)

Émilie Jolie
Dutronc tient le rôle du Conteur dans le conte musical de Philippe Chatel. Il interprète par ailleurs *Chanson de la petite fille dans la chambre vide*, *Chanson du hérisson*, *Chanson du petit caillou*, *Chanson du début de la fin* et *Chanson finale*, seul ou en duo avec Axelle Red, Alain Chamfort ou Khaled (toutes les chansons : Philippe Chatel – Philippe Chatel). (CD *Émilie Jolie*, Polydor 539 281-2/1997)

Une tombe à la place du cœur
Duo avec Stomy Bugsy (CD *Trop jeune pour mourir*/Sony Colombia/2000)

Puisque vous partez en voyage (Jean Nohain – Mireille)
Duo avec Françoise Hardy (CD single extrait de l'album CD *Clair obscur* Virgin 896745 2/2000)

Amour, toujours, tendresse, caresses (Jacques Lanzmann – Jacques Dutronc)
Duo avec Françoise Hardy (CD *(Parenthèses...)* Virgin-EMI 094635040227/2006)

Enregistrement vidéo

Dutronc au Casino (DVD Columbia/Sony Music Vidéo 2013092, 2001)
Intégralité du concert donné au Casino de Paris en novembre 1992, suivi du film documentaire *Salut Sex!* de Jean-Marie Périer.

Filmographie

Antoine et Sébastien de Jean-Marie Périer (1973)
Avec François Périer, Ottavia Piccolo, Keith Carradine, Marie Dubois, Pierre Tornade, Jacques François, Hadi Kalafate…

O.K. Patron de Claude Vital (1973)
Avec Mireille Darc, André Pousse, Maurice Biraud, Francis Blanche, Daniel Ceccaldi, Paul et Jacques Préboist, Robert Dalban, Renée Saint-Cyr, Michel Constantin, Hadi Kalafate, Jean Luisi, Henry Guibet…

L'Important c'est d'aimer d'Andrzej Zulawski (1974)
Avec Romy Schneider (César de la meilleure actrice), Fabio Testi, Klaus Kinski, Claude Dauphin, Roger Blin…
(Édité en DVD chez Universal/Studio Canal)

Le Bon et les Méchants de Claude Lelouch (1975)
Avec Marlène Jobert, Jacques Villeret, Bruno Cremer, Brigitte Fossey, Jean-Pierre Kalfon, Philippe Léotard, Serge Reggiani, Valérie Lagrange, Jean Luisi, Étienne Chicot…
(Édité en DVD chez TF1 Vidéo)

Mado de Claude Sautet (1976)
Avec Michel Piccoli, Ottavia Piccolo, Romy Schneider, Charles Denner, Julien Guiomar, Claude Dauphin, Jean Bouise, Nathalie Baye, Bernard Fresson, Michel Aumont…
(Édité en DVD chez Universal/Studio Canal)

Violette et François de Jacques Rouffio (1977)
Avec Isabelle Adjani, Serge Reggiani, Léa Massari, Sophie Daumier…
(Édité en cassette VHS chez Gaumont-Columbia-Tristar-Home-Vidéo)

Le Point de mire de Jean-Claude Tramont (1977)
Avec Annie Girardot, Matthias Habich, Jean-Claude Brialy, Jean Bouise, Françoise Brion, Claude Dauphin, Michel Robin…
(Édité en cassette VHS chez Fil à Film)

Sale rêveur de Jean-Marie Périer (1978)
Avec Léa Massari, Jean Bouise, Maurice Bénichou, Anémone, Marthe Villalonga, Caroline Lœb…
(Édité en cassette VHS chez L.G.V.)

L'État sauvage de Francis Girod (1978)
Avec Marie-Christine Barrault, Claude Brasseur, Michel Piccoli, Doura Mane, Rudiger Vogler…
(Édité en DVD chez Paramount Home Entertainment)

Pierrot mon ami de François Leterrier – téléfilm (1978)
Avec Jacques Dufilho, Anne Jousset, Jean-Marc Thibault, Sylvie Joly, Maurice Biraud, Gérard Jugnot, Michel Blanc, Étienne Chicot, Ginette Garcin…

Retour à la bien-aimée de Jean-François Adam (1978)
Avec Isabelle Huppert, Bruno Ganz, Jean-François Adam…
(Édité en DVD chez Avitana films)

À nous deux de Claude Lelouch (1979)
Avec Catherine Deneuve, Jacques Villeret, Paul Préboist, Marc Jolivet, Anne Jousset, Daniel Auteuil, Gérard Darmon, Bernard Lecoq…
(Édité en DVD chez TF1 Vidéo)

Le Mors aux dents de Laurent Heynemann (1979)
Avec Michel Piccoli, Michel Galabru, Nicole Garcia, Charles Gérard, Jean Benguigui, Michel Beaune, Roland Blanche, Philippe Khorsand, Jean Luisi, Jean-Michel Ribes…
(Édité en DVD chez Sara Films)

Le Mouton noir de Jean-Pierre Moscardo (1979)
Avec Tanya Lopert, Arthur Wilkins, Hélène Rolles, Raymond Bussières, Brigitte Fossey, Jean Luisi…
(Édité en cassette VHS chez Nostalgie)

Sauve qui peut (la vie) de Jean-Luc Godard (1979)
Avec Isabelle Huppert, Nathalie Baye (César du meilleur second rôle féminin), Roland Amstutz, Fred Personne, Anna Baldaccini…
(Édité en DVD chez Artificial Eye)

L'Entourloupe de Gérard Pirès (1980) / prix du Public au Festival de Chamrousse
Avec Jean-Pierre Marielle, Gérard Lanvin, Anne Jousset, Daniel Laloux, Isabelle Mergault…
(Édité en DVD chez Seven Sept)

Rends-moi la clé de Gérard Pirès (1980)
Avec Jane Birkin, Guy Marchand, Roland Bertin, Nathalie Nell…

Malevil de Christian de Chalonge (1980)
Avec Michel Serrault, Jean-Louis Trintignant, Jacques Villeret, Robert Dhéry, Hanns Zischler…
(Édité en casette VHS chez Ciné Collection)

L'Ombre rouge de Jean-Louis Comolli (1981)
Avec Claude Brasseur, Nathalie Baye, Andréa Ferréol, Maurice Risch, Pascal Bonitzer…
(Édité en DVD chez Editions Traversière)

Y a-t-il un Français dans la salle ? de Jean-Pierre Mocky (1982)
Avec Victor Lanoux, Marion Peterson, Jacqueline Maillan, Michel Galabru, Jean-François Stévenin, Jacques Dufilho, Andréa Ferréol, Emmanuelle Riva, Jean-Luc Bideau, Dominique Lavanant, François Cavanna…
(Édité en DVD chez Fox Pathé Europa)

Paradis pour tous d'Alain Jessua (1982)
Avec Patrick Dewaere, Fanny Cottençon, Stéphane Audran, Philippe Léotard…
(Édité en cassette VHS chez Fil à Film et en DVD chez Universal, dans un coffret Hommage à Patrick Dewaere 10 DVD)

Une jeunesse de Moshé Mizrahi (1982)
Avec Ariane Lartéguy, Patrick Norbert, Charles Aznavour, Michel Lonsdale, Henri Tisot, Jean-Claude Dauphin…

Sarah de Maurice Dugowson (1983)
Avec Léa Massari, Gabrielle Lazure, Heinz Bennent, Jean-Claude Brialy, Gabriel Yared, Jean-Claude Dauphin…
(Édité en DVD chez One Plus One)

Tricheurs de Barbet Schroeder (1983)
Avec Bulle Ogier, Kurt Raab, Virgilio Teixeira, Robby Muller…
(Édité en DVD chez Homevision)

Mes nuits sont plus belles que vos jours d'Andrzej Zulawski (1988)
Avec Sophie Marceau, Valérie Lagrange, Myriam Mézières, François Chaumette, Salim Talbi, Alexandra Kazan…
(Édité en DVD chez Arthaus)

Chambre à part de Jacky Cukier (1989)
Avec Michel Blanc, Lio, Frances Barber, Catherine Frot, Engelbert Humperdinck…
(Édité en DVD chez Aventi)

Van Gogh de Maurice Pialat (1991)
Avec Alexandra London, Gérard Sety, Bernard Le Coq, Elsa Zylberstein, Corinne Bourdon, André Bernot, Patrick Lecroc… (César du meilleur acteur pour Jacques Dutronc)
(Édité en DVD chez Gaumont-Columbia-Tristar-Home-Vidéo)

Toutes peines confondues de Michel Deville (1992)
Avec Patrick Bruel, Mathilda May, Bruce Myers, Vernon Dobtcheff, Benoît Magimel…
(Édité en DVD chez Gaumont DVD dans le coffret Michel Deville Volume 4)

Le Maître des éléphants de Patrick Grandperret (1995)
Avec Erwan Baynaud, Sotigui Kouyaté, Sidy Lamine Diarran Halilou Bouba…
(Édité en DVD chez TF1 Vidéo)

Les Victimes de Patrick Grandperret (1996)
Avec Vincent Lindon, Florence Thomassin, Karin Viard, Gérard Darmon…
(Édité en DVD chez Aventi)

Place Vendôme de Nicole Garcia (1998)
Avec Catherine Deneuve (prix d'interprétation à la Mostra de Venise), Jean-Pierre Bacri, Emmanuelle Seigner, Bernard Fresson, François Berléand…
(Édité en DVD chez Universal Pictures Vidéo / Studio Canal)

Merci pour le chocolat de Claude Chabrol (2000)
Avec Isabelle Huppert, Anna Mouglalis, Brigitte Catillon, Michel Robin…
(Édité en DVD chez Warner Home Vidéo / MK2)

C'est la vie de Jean-Pierre Améris (2001)
Avec Sandrine Bonnaire, Emmanuelle Riva, Jacques Spiesser, Annie Grégorio… (prix d'interprétation masculine au Festival international du film de Marrakech pour Jacques Dutronc).
(Édité en DVD chez Warner Home Vidéo)

Embrassez qui vous voudrez de Michel Blanc (2002)
Avec Michel Blanc, Charlotte Rampling, Carole Bouquet, Denis Podalydès, Karin Viard, Lou Doillon, Clotilde Courau, Sami Bouajila, Vincent Elbaz…
(Édité en DVD chez Warner Home Vidéo / UGC)

Pédale dure de Gabriel Aghion (2004)
Avec Michèle Laroque, Gérard Darmon, Dany Boon…
(Édité en DVD chez Pathé)

Ma place au soleil d'Éric de Montalier (2007)
Avec Nicole Garcia, André Dussollier, François Cluzet, Élodie Bouchez, Mélanie Doutey, Hippolyte Girardot, Valeria Golino, Gilles Lellouche…
(Édité en DVD chez Universal Studio Canal Vidéo)

UV de Gilles Paquet-Brenner (2007)
Avec Marthe Keller, Nicolas Cazalé, Laura Smet, Pascal Elbé…
(Édité en DVD chez TF1 Vidéo)

Le Deuxième Souffle d'Alain Corneau (2007)
Avec Daniel Auteuil, Monica Bellucci, Michel Blanc, Éric Cantona, Gilbert Melki, Daniel Duval, Jacques Bonnaffé…
(Édité en DVD chez TF1 Vidéo)

Joseph et la Fille de Xavier de Choudens (sortie prévue en 2010)
Avec Hafsia Herzi, Aurélien Recoing, Denis Ménochet, Thierry Gibault…

Bibliographie

Gérard Halimi, *Jacques Dutronc*, Paris, Solar, coll. « Solarstar », 1980.
André Chomier et Jean-Charles Lemeunier, *Jacques Dutronc – Crac ! Boum ! Huuuue !*, Paris, Taillandier, 1993.
Christian Eudeline, *Jacques Dutronc*, Paris, Éditions Parallèles, 1994.
Michel Leydier, *Dutronc*, Paris, J'ai lu, coll. « Librio musique », 1999.
Gilles Lhote, *Dutronc de A à Z*, Paris, Albin Michel, 2000.
Jacques Dutronc, *Pensées et répliques*, Paris, Le Cherche-Midi éditeur, 2000.
Chansons de Dutronc en bandes dessinées, collectif, Paris, Éditions Petit à petit, 2004.
Michel Leydier, *Dutronc, la Bio*, Paris, Seuil, 2004.
Yann Plougastel, *Hardy-Dutronc*, Paris, Flammarion, 2004.
Jacques Dutronc, *Encore !*, Paris, Le Cherche-Midi éditeur, coll. « Les Pensées », 2007.

Remerciements

L'auteur tient à remercier :

BB, pour son soutien ;

Philippe Blanchet, pour avoir déclenché quelque chose ;

Natacha Kranz, Michel Boulanger, Jean-Charles Felli, pour leur concours ;

Pierre Gimenez, Benoît Mas, pour leur érudition et leur aide ;

Bertin, Lucien Colombani, Fanfan, Jean Luisi, Marie-Do, François Paoli, pour la corsican touch ;

André Bernot, André Crudo, Hadi Kalafate, Jean-Marie Migeot, Jean-Marie Périer, Georges Rodi, Jacques Wolfsohn, Zouzou, pour leurs précieux témoignages ;

Françoise Hardy, Philippe Dutronc, Pierre Dutronc, Thomas Dutronc, pour leur disponibilité, leur complicité et leur confiance ;

Sylvie Duval, pour tout ;

Jacques Dutronc, pour le reste…

(Un merci particulier à Sylvie, Jacques et Thomas pour la mise à disposition de leurs photos et archives personnelles.)

Table

RÉALISATION : PAO ÉDITIONS DU SEUIL
IMPRESSION : CPI - FIRMIN-DIDOT AU MESNIL-SUR-L'ESTRÉE
DÉPÔT LÉGAL : JANVIER 2010. N° 101287 (97666)
IMPRIMÉ EN FRANCE